2018

工商管理专业知识与实务（中级）

李争 主编

环球网校经济师考试研究院 组编

中国商业出版社

图书在版编目（CIP）数据

工商管理专业知识与实务：中级/李争主编；环球网校经济师考试研究院组编．—北京：中国商业出版社，2018.7
ISBN 978-7-5208-0464-6

Ⅰ.①工… Ⅱ.①李… ②环… Ⅲ.①工商行政管理－资格考试－自学参考资料 Ⅳ.①F203.9

中国版本图书馆 CIP 数据核字(2018)第 146618 号

责任编辑　孙锦萍

中国商业出版社出版发行
010－63180647　www.c-cbook.com
(100053　北京广安门内报国寺1号)
新华书店经销
三河市华润印刷有限公司印制

★ ★ ★ ★

787 毫米×1092 毫米　16 开　19 印张　456 千字
2018 年 7 月第 1 版　2018 年 7 月第 1 次印刷
定价：72.00 元

★ ★ ★ ★

（如有印装质量问题可更换）

作者寄语

从事经济师辅导工作十余载，一路陪伴了数以万计的考生通过了经济师考试。在这些考生中，有为了事业拼搏的有志青年，也有为了安居落户的新婚小夫妻，甚至还有已步入不惑之年的人士。我与他们共同经历过失败的悲伤，也分享过成功的喜悦，但更多是体会到他们要兼顾工作、家庭和学习的艰辛！所以"能够让考生更加轻松地通过考试"成为了我十余年来不断追求的目标。

在中级经济师的考试科目中，《工商管理专业知识与实务》（中级）涵盖了各类型企业管理者所必备的基础知识，很多内容专业性太强，比如生产、技术创新、财务管理等等，里面涉及了大量的专业术语、公式符号，这对第一次接触经济师教材的考生来说如同"天书"一般，也就更谈不上清晰记忆了。因此，在本辅导书中，针对这些问题，我特别补充了简单易懂的注释、图形、举例和灵活的记忆方法，希望能够将这些专业性的知识用比较"接地气"的方式教授给每一位考生，为他们打开知识圣殿的大门。

除此之外，在与考生多年的交流中，我也发现了大多数考生失败的原因是没有正确的学习思路和做题方法，所以本辅导书特意以层层递进的方式引领考生进行学习。首先，对中级工商科目考试和教材的整体性的介绍，为考生指明一个学习的方向；其次，对近年每一个考点进行提炼，对易错易混淆点进行针对性的讲解，保证考生能最快、最准确地掌握考试要点；最后，配备了习题、历年真题和模拟题，并且给出了详细的做题思路分析，方便考生在锻炼做题能力的同时学会正确的做题方法，以此达到学习的最大效用。

最后，感谢一路陪伴我的莘莘学子们，在与你们的交流过程中，我也得到了很多教学上的灵感和方法，希望你们在翻开这本书的时候喜欢我回馈给你们的这份礼物！

李争

2018年7月

本书亮点介绍

第 1 篇　历年命题规律总结及2018年备考指导

本篇旨在通过分析历年考试特点、命题规律来为考生指引备考经济师的方向。只有方向明确了，才能避免南辕北辙。

第 2 篇　考点精讲及同步练习

◆ **考点详尽，讲解透彻**　本书结合考试大纲对精华考点逐一讲解，并辅之以经典例题，方便考生明确考点，同时掌握考点的考查方式。

◆ **点线/变色，重点突出**　本书对于正文中以文字叙述的非常关键的考点采用字体变蓝色的方式突出标记，以表格呈现的部分采用点线的形式标记，方便考生在较长的文字中抓取关键词句，从而进行有针对性的记忆。

◆ **图表结合，便于记忆**　大量的文字内容不便于考生记忆，所以本辅导书尽量将笔墨较多的文字以图形或者表格的形式体现出来，内容上更加清晰，有助于分类记忆。

◆ **授之以鱼并授之以渔**　本辅导书除了告诉考生有哪些重要的考点外，还将很多考点通过【考点小贴士】的版块告知考生应如何巧妙记忆，考生可参考这种方式根据自身情况对所学知识点进行总结，以一定的方法来巧记、速记。

◆ **易错易混，辨析明确**　由于应试的考点较多，极易混淆，所以本书每章都提炼了【本章易错易混考点】，详细讲解，并配以相应的题目予以区分。

◆ **经典真题，回顾总结**　在《工商管理专业知识与实务》（中级）科目的考试中，历年真题所涉及的有关考点重复率较高，因此本书在每一章都配备了【历年经典真题回顾】，通过这些题目，考生可以明确历年考试中的出题点、命题规律。

◆ **同步练习，强化考点**　每一章考点掌握如何，还需要考生亲自做题来检验和强化，故本书也给考生配备了【本章同步练习】，对于这些题目需要"做会"，就是除了做对之外，还能够举一反三，争取能够以不变应万变。

第 3 篇　2018年模拟试卷及参考答案与解析

经过各章的学习后，考生还应要进行综合训练，以应对考试。本书按照考试的题型、题量给考生配备了一套高质量的模拟试题，并给出详细的解析。希望通过这套试题来总结过去、预测未来，也就是检验考生整个科目考点的掌握情况，同时也对2018年的考试试题做出一定的预测。请考生尽最大努力掌握每道题目的考点及相关考点以应对变形题目。

目 录

第一篇 历年命题规律总结及 2018 年备考指导

一、2018 年中级经济师《工商管理专业知识与实务》科目考试详解/3

二、《工商管理专业知识与实务》(中级)教材介绍/5

三、应试技巧及学习建议/6

第二篇 考点精讲及同步练习

第一章 企业战略与经营决策/11

本章考情分析/11

本章学习提示/11

第一节 企业战略概述/12

本节考点概览/12

本节考点详解/12

第二节 企业战略分析/17

本节考点概览/17

本节考点详解/17

第三节 企业战略类型/23

本节考点概览/23

本节考点详解/24

第四节 企业经营决策/32

本节考点概览/32

本节考点详解/32

本章易错易混考点/38

历年经典真题回顾/39

本章同步练习/44

本章同步练习参考答案及解析/47

第二章 公司法人治理结构/51

本章考情分析/51

本章学习提示/51

第一节 公司所有者与经营者/52

本节考点概览/52

本节考点详解/52

第二节 股东机构/55

本节考点概览/55

本节考点详解/56

第三节 董事会/61

本节考点概览/61

本节考点详解/61

第四节 经理机构/66

本节考点概览/66

本节考点详解/66

第五节 监督机构/68

本节考点概览/68

本节考点详解/68

本章易错易混考点/70

历年经典真题回顾/71

本章同步练习/73

本章同步练习参考答案及解析/75

第三章　市场营销与品牌管理/77

本章考情分析/77

本章学习提示/77

第一节　市场营销概述/78

本节考点概览/78

本节考点详解/78

第二节　市场营销环境/80

本节考点概览/80

本节考点详解/80

第三节　目标市场战略/82

本节考点概览/82

本节考点详解/82

第四节　市场营销组合策略/86

本节考点概览/86

本节考点详解/86

第五节　品牌管理/95

本节考点概览/95

本节考点详解/95

本章易错易混考点/97

历年经典真题回顾/99

本章同步练习/103

本章同步练习参考答案及解析/106

第四章　生产管理与控制/108

本章考情分析/108

本章学习提示/108

第一节　生产计划/109

本节考点概览/109

本节考点详解/109

第二节　生产作业计划/114

本节考点概览/114

本节考点详解/114

第三节　生产控制/117

本节考点概览/117

本节考点详解/117

第四节　生产作业控制/120

本节考点概览/120

本节考点详解/120

第五节　现代生产管理与控制的方法/123

本节考点概览/123

本节考点详解/123

本章易错易混考点/126

历年经典真题回顾/127

本章同步练习/131

本章同步练习参考答案及解析/134

第五章　物流管理/137

本章考情分析/137

本章学习提示/137

第一节　企业物流管理概述/138

本节考点概览/138

本节考点详解/138

第二节　企业采购管理与供应物流管理/141

本节考点概览/141

本节考点详解/141

第三节　企业生产物流管理/143

本节考点概览/143

本节考点详解/144

第四节　企业仓储与库存管理/147

本节考点概览/147

本节考点详解/147

第五节　企业销售物流管理/151

本节考点概览/151

本节考点详解/151

本章易错易混考点/154

历年经典真题回顾/155

本章同步练习/158

本章同步练习参考答案及解析/159

第六章　技术创新管理/161

本章考情分析/161

本章学习提示/161

第一节　技术创新的含义、分类与模式/162

本节考点概览/162

本节考点详解/162

第二节　技术创新战略与技术创新决策评估方法/165

本节考点概览/165

本节考点详解/165

第三节　技术创新组织与管理/169

本节考点概览/169

本节考点详解/169

第四节　技术贸易与知识产权管理/173

本节考点概览/173

本节考点详解/173

本章易错易混考点/178

历年经典真题回顾/180

本章同步练习/184

本章同步练习参考答案及解析/186

第七章　人力资源规划与薪酬管理/188

本章考情分析/188

本章学习提示/188

第一节　人力资源规划/189

本节考点概览/189

本节考点详解/189

第二节　绩效考核/194

本节考点概览/194

本节考点详解/195

第三节　薪酬管理/198

本节考点概览/198

本节考点详解/199

本章易错易混考点/203

历年经典真题回顾/205

本章同步练习/210

本章同步练习参考答案及解析/212

第八章　企业投融资决策及重组/215

本章考情分析/215

本章学习提示/215

第一节　财务管理的基本价值观念/216

本节考点概览/216

本节考点详解/216

第二节　筹资决策/223

本节考点概览/223

本节考点详解/223

第三节　投资决策/230

本节考点概览/230

本节考点详解/230

第四节　并购重组/236

本节考点概览/236

本节考点详解/237

本章易错易混考点/241

历年经典真题回顾/242

本章同步练习/248

本章同步练习参考答案及解析/250

第九章　电子商务/253

本章考情分析/253

本章学习提示/253

第一节　电子商务概述/254

本节考点概览/254

本节考点详解/254

第二节　电子商务的运作系统/257

　　本节考点概览/257

　　本节考点详解/257

第三节　电子支付/260

　　本节考点概览/260

　　本节考点详解/261

第四节　网络营销/263

　　本节考点概览/263

　　本节考点详解/263

本章易错易混考点/266

历年经典真题回顾/266

本章同步练习/268

本章同步练习参考答案及解析/269

第三篇　2018年模拟试卷及参考答案与解析

2018年工商管理专业知识与实务(中级)模拟试卷/273

2018年工商管理专业知识与实务(中级)模拟试卷参考答案与解析/284

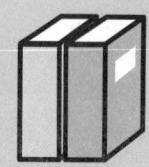

第一篇
历年命题规律总结及2018年备考指导

　　脚踏实地,大地才会留下你的脚印,一步一个脚印地学习是成功的开始!

第一篇 历年命题规律总结及2018年备考指导

中级经济师考试是我国职称考试之一,实行全国统一考试制度,考试每年举行一次,考试时间一般安排在每年的11月份。参加经济专业中级资格考试并成绩合格者,获得中级专业技术资格,由人事部统一发放合格证书。中级经济师考试科目包括《经济基础知识》和《专业知识与实务》。《经济基础知识》科目是必考科目,《专业知识与实务》科目是在下表15个专业中任选其一并参加考试,考试成绩仅当年有效,考生需在一个考试年度内同时通过两个科目的考试。为了方便读者更清楚地了解考试情况,本辅导书在此特别对中级工商管理专业考试情况和教材内容进行详细介绍。

一、2018年中级经济师《工商管理专业知识与实务》科目考试详解

(一)考试时间

截至目前公布的各地的考试事项通知中,本年度中级经济师按专业分四个批次考核(但不排除有些地区例外,以各地具体通知为准),每个批次3小时,总共考核两个科目,即《经济基础知识》和《专业知识与实务》。每一科目的考试时间为1.5小时,两门连考。

要通过中级工商管理专业的考试要备考两个科目,分别为《经济基础知识》和《工商管理专业知识与实务》。参加考试的人员须在一个考试年度内通过两个科目的考试才能取得合格证书。目前公布的十几个地区的中级经济师考试科目及对应时间表参见下表所示,请注意一下2018年中级工商的考试时间。

2018年中级经济师考试科目及对应时间表

批次	专业	考试时间		科目
1	农业经济、房地产经济、建筑经济等3个专业	11月3日上午	09:00—10:30	经济基础知识(中级)
			10:30—12:00	专业知识与实务(中级)
2	运输水路、运输公路、运输铁路、运输民航、人力资源管理、邮电经济、旅游经济等7个专业	11月3日下午	15:00—16:30	经济基础知识(中级)
			16:30—18:00	专业知识与实务(中级)
3	商业经济、金融、保险等3个专业	11月4日上午	09:00—10:30	经济基础知识(中级)
			10:30—12:00	专业知识与实务(中级)
4	工商管理、财政税收等2个专业	11月4日下午	15:00—16:30	经济基础知识(中级)
			16:30—18:00	专业知识与实务(中级)

(二)考试题型介绍

中级工商管理科目的考试难度在中级经济师各专业中处于中等偏上。其考查内容覆盖面广,题目较为灵活,往年考试题型及分值如下表所示。

题型	题量(个)	分值(分)
单项选择题	60	1×60
多项选择题	20	2×20
案例分析题(不定项选择题)	20	2×20
合计	100	140
合格标准	84分	

【注意】由于今年考试时长有变化,因此上述题型及分值的介绍仅供参考。

(三)历年出题规律分析

1. 各类考点考试频率分析

中级工商管理专业知识与实务每年整套试题的难度波动不大,考试范围不会超出考试大纲的

要求，试题主要涉及常规考点、非常规考点和新增考点的考查，各类考点所占比例如下表所示。

考点类型	常规考点		非常规考点或新增考点
	重要考点	次要考点	
占总分比例	35%—45%左右	25%—35%左右	30%左右

表中，重要考点为每年必考知识点或近年出题频率极高的知识点，属于考试大纲中需要考生重点掌握的内容，其中部分考点涉及的题目较为灵活，也是案例分析题主要考查的对象；次要考点在近年出题频率为1—2次，考试难度较为简单，属于考试大纲中需要考生熟悉的内容；非常规考点或新增考点部分是针对往年从未出题的内容或新的一年教材中新增加的内容进行考查。

2. 各类知识点出题特点分析

中级工商管理考试出题的特点和模式有一定的规律可循，特别是涉及常规考点的出题重复度较高，在此介绍几种常见的出题方式。

（1）历年原题重复考查或者相同知识点及其相似题目的考查。这类题目多为常规考点，具体包括文字类题目和计算类题目。

1）文字类题目的题型涉及单项选择题、多项选择题和案例分析题，一般出题情况参考以下举例。

【考点举例】 股东享有的权利和董事会的职权。这两个知识点是历年重要考点，常将两个知识点合并为一题考查，考查二者的区分。

[2016年真题·多选题] 根据我国公司法，股东享有的权利有（　　）。

A. 股东会的出席权、表决权　　　　B. 董事的选举权、被选举权
C. 经理的聘任权、解聘权　　　　　D. 内部管理机构的设置权
E. 公司股利的分配权

[答案] ABE

[分析] 2016、2014、2012、2010等年份均出过类似题目，仅选项顺序或内容微调，出题方式和难度完全一致。

2）计算类题目的题型涉及单项选择题和案例分析题。涉及计算类题目的知识点在单项选择题和案例分析题中的考查难度是一致的，考生只需要在单项选择题题干中或案例分析题所给的资料中找准数据代入公式计算出结果即可，此类题目一般出题情况参考以下举例。

【考点举例】 经济订货批量的计算。本知识点为历年重要考点，在近年每年必考，仅题目给出的数据每年不一样，但出题的方式和考查的公式均相同。

[2017年真题·单选题] 企业某种原材料的年需求量为1 600吨，单价为1 000元/吨，单次订货费用为400元，每吨年保管费率为3.2%，则该种原材料的经济订货批量为（　　）吨。

A. 200　　　　B. 150　　　　C. 100　　　　D. 50

[答案] A

[分析] 2011—2017年均出过类似题目，均考查经济订货批量的计算，每年仅在数据上进行调整。

（2）对系统性知识点中的具体内容进行轮流考查。该类知识点一般包含多项内容，历年会轮流挑选其中的内容进行考查，题目涉及的知识点也基本为常规考点，其题型涉及单项选择题、多项选择题和案例分析题，一般出题情况参考以下举例。

【考点举例】 企业战略实施的模式。该知识点包含五种模式，分别为指挥型、变革型、合作型、文化型和增长型。每年在单项选择题中轮流考查其中一种模式的概念和特点。

[2016年真题·单选题] 企业高层领导决定企业战略，并强制下级管理人员实施，这种战略实施模式为（　　）模式。

A. 指挥型　　　　B. 转化型　　　　C. 增长型　　　　D. 合作型

[答案] A

[分析] 2008、2016年均考查了战略实施的五种模式中指挥型的概念及特点，仅题目个别文字和选项顺序内容作了微调。

[2014年真题·单选题] 某企业将战略决策范围由少数高层领导扩大到企业高层管理集体，积极协调高层管理人员达成一致意见，并将协商确定后的战略加以推广和实施。该企业采用的战略实施模式是（　　）模式。

A. 指挥型　　　　B. 变革型　　　　C. 合作型　　　　D. 文化型

[答案] C

[分析] 本题考查了战略实施的五种模式中合作型的概念及特点。

[2012年真题·单选题] 企业战略从基层单位自下而上产生，并加以推进和实施，这种战略实施模式为（　　）模式。

A. 指挥型　　　　B. 变革型　　　　C. 增长型　　　　D. 合作型

[答案] C

[分析] 2009、2012年均考查了战略实施的五种模式中增长型的概念及特点，仅题目个别文字和选项顺序内容作了微调。

（3）偏僻考点、新增知识点或极少数常规考点增加灵活性和难度。这种出题情况在单项选择题、多项选择题和案例分析题均有涉及，一般出题情况参考以下举例。

【考点举例1】7S模型。

[2017年真题·多选题] 下列要素中，属于麦肯锡公司提出的7S模型中软件要素的有（　　）。

A. 人员　　　　B. 制度　　　　C. 技能　　　　D. 结构

E. 共同价值观

[答案] ACE

[分析] 7S模型为2017年教材的新增知识点，在当年考试中第一次进行出题。一般新增知识点考试难度较低，题目既不灵活也不深入。

【考点举例2】注册商标的有效期及延续。

[2017年真题·单选题] 某企业注册商标于2016年5月9日有效期满，该企业的续展申请于2016年8月10日获得核准，则该商标的有效期延至（　　）。

A. 2026年5月8日　　　　B. 2026年5月9日
C. 2026年8月9日　　　　D. 2026年8月10日

[答案] B

[分析] 本题属于偏僻考点的考查，且题目较为灵活。注册商标的有效期为10年，且到期可以延续，每次延续的期限也是10年。在有效期的起始日的计算上有两种情况：一种是首次注册后的有效期的起始日。该起始日是从商标核准注册之日起算。另一种是到期后延续的有效期的起始日。该起始日是从商标上一届有效期满次日计算。本题考查的是后者的情况。出题人不但考查了从未出过题目的知识点，且并未进行原文考查，反而是以实例题的形式出题，增加了题目的灵活性，且在起始日计算上特别给出了注册商标核准日这一干扰数据，增加了考试的难度。

二、《工商管理专业知识与实务》（中级）教材介绍

想要达到事半功倍的效果，必须对中级工商教材的内容有一个初步的了解，再根据自身的能力制定针对性的复习计划，在此特别对中级工商管理专业教材结构、各章所占分值比例、案例分析题出题章节和每章学习特点进行详细的介绍。

（一）教材结构及各章在历年考试中所占分值比例介绍

章	分值（分）	比例
第一章 企业经营战略与经营决策	19	约占14%
第二章 公司法人治理结构	10—11	约占7%—8%
第三章 市场营销与品牌管理	10—19	约占7%—14%
第四章 生产管理与控制	14—22	约占10%—15%
第五章 物流管理	10—11	约占7%—8%
第六章 技术创新管理	13—22	约占9%—15%
第七章 人力资源规划与薪酬管理	13—21	约占9%—15%
第八章 企业投融资决策及重组	18—21	约占13%—15%
第九章 电子商务	10—12	约占7%—9%

（二）近年案例分析题在章节考点分布概况

年份 章	2017	2016	2015	2014	2013
第一章 企业经营战略与经营决策	第3、4节	第2、3、4节	第3、4节	第2、3、4节	第2、3、4节
第二章 公司法人治理结构	近年未出案例分析题				
第三章 市场营销与品牌管理	第4节	第3、4节	未出题	第3、4节	第4节
第四章 生产管理与控制	第2节	第2节	第2节	第1节	未出题
第五章 物流管理	近年未出案例分析题				
第六章 技术创新管理	第3、4节	未出题	第3、4节	未出题	第3、4节
第七章 人力资源规划与薪酬管理	未出题	第1节	第1、2节	第1节	第1节
第八章 企业投融资决策及重组	第3节	第3节	第3节	第2节	第1节
第九章 电子商务	近年未出案例分析题				

三、应试技巧及学习建议

（一）各类题型应试技巧

1. 单项选择题

◆特点：大部分单项选择题题目难度不大，一个题目有4个备选项，仅有一个正确答案。

◆应对技巧：必须选择，不能为空，如能直接选出答案则直接选择，如不熟悉或遗忘该题知识点的情况下，可采用排除法、合理的逻辑分析、第一印象等方法进行选择。

[历年考题举例]下列物品中，属于包装用辅助材料的是（　　）。

A. 纸箱　　　　　B. 塑料袋　　　　　C. 打包带　　　　　D. 铁桶

[答案] C

[分析] 此题可根据生活常识，对比四个选项的特点做题。纸箱、塑料袋、铁桶都是生活中常见的包装材料制成的包装，而C项的打包带明显与其余几项不同，打包带并不是包装，而是为了辅助包装活动完成的材料，且由于是单选题，仅一个答案正确，因此正确答案肯定具有与其他几项不同的特点，所以综合分析可判断C项正确。

2. 多项选择题

◆特点：多项选择题由于备选项比单项选择题多，且答案不止一个选项，因此比单项选择题难度大，但题目灵活度不高，大多为比较明显的知识点的考查，只有极少数题目涉及多个知识点的综合考查。多项选择题每题有5个备选项，有2个或2个以上符合题意，至少有1个错项。多选、错选本题均不得分，少选，所选的每个选项得0.5分。

◆应对技巧：

(1) 选择要谨慎，避免因多选、错选的失分，保住能得分的选项。

例如，某多项选择题的正确答案为 A、B、C 三项，如做题时仅确定 A、B 两项是符合题意的，而其他选项不能确定是否正确，那么建议只选择 A、B 两项，每个选项可得 0.5 分，则 A、B 两项可得 1 分。一旦冒失地选择了答案中没有的 D 项或 E 项，则该题只能得 0 分。

(2) 在完全记不清该题涉及的知识点的情况下，有些题目除采用排除法、逻辑分析外，还可采用比较法进行筛选。如该题目完全没有任何头绪，建议猜选 1—2 个选项成功的概率会比较高，选的选项越多错误的概率就越高，千万不要选择 ABCDE（全选），此情形必然为零分。

[历年考题举例] 实现电子商务的最基层网络硬件基础设施包括（   ）。

A. 远程通信网　　　B. 有线电视网　　　C. 无线通信网　　　D. 电网
E. 互联网

[答案] ABCE

[分析] 此题依据生活常识就很容易排除掉错项。与电子商务有直接联系的就是网络，而与网络有关的基础设施很明显不会涉及电网，因为电网是供电用的设施，而不是连接网络用的设施。

3. 案例分析题

◆特点：难度最大，题目较为灵活，考试主要为知识点结合实务出题，大多出在教材中的计算类知识点或可结合实际出题的一些知识点。案例分析题为不定项选择，即需要考生自行判断该题目是单项选择题还是多项选择题。近年每套试卷有 5 个案例，每个案例有 4 道小题，每个题目有 4 个备选项，有 1 个或多个选项正确。多选、错选本题均不得分。少选，所选每个选项得 0.5 分。

◆应对技巧：案例分析题其实是包装后的单项选择题或多项选择题，大部分知识点的考查难度与单项选择题、多项选择题无异。历年出现过相同知识点在案例分析、单项选择题或多项选择题之间互换出题的情形，部分题目即使不看案例资料也可根据原知识点内容做出正确选择。做题时先不要着急阅读前面大段的案例资料，建议先认真阅读每个案例资料下附带的题目信息，一般题目会明确告知该题考查的知识点，做到胸有成竹后，再针对性地在案例资料中找各题需要的信息分析做题。这样既可防止漏掉重要信息又可屏蔽一些混淆视听的信息，以此节省时间、提高做题效率。

[历年考题举例] 甲企业拟引进乙企业的专利技术。经专家评估，该技术能够将甲企业的技术能力大幅提高，该技术的技术性能修正系数为 1.15，时间修正系数为 1.1，技术寿命修正系数为 1.2。经调查，2 年前类似技术交易转让价格为 50 万元。甲企业与乙企业签订合同约定，甲企业支付款项后可以使用该项技术。甲企业使用该技术后，发现对技术能力的提高不及预期，于是同丙企业签订合作协议，将相关技术研发委托给丙企业。技术开发成功后，甲企业于 2015 年 9 月 17 日向国家专利部门提交了发明专利申请，2017 年 7 月 20 日国家知识产权局授予甲企业该项技术发明专利权。

根据上述资料，回答下列问题。（仅摘选其中 2 题为例）

1. 采用市场模拟模型计算，甲企业购买该技术的评估价格为（   ）万元。

A. 58.6　　　　B. 63.7　　　　C. 69.8　　　　D. 75.9

[答案] D

[分析] 根据题干信息可确定本题考点为技术价值的评估方法中的市场模拟模型。题目难度与计算类的单选题没有区别。根据公式，技术商品的价格＝类似技术实际交易价格×技术经济性能修正系数×时间修正系数×技术寿命修正系数，从案例资料中找出所需的数据代入公式计算即可。

2. 甲企业将技术研发委托给丙企业的研发模式称为（   ）。

A. 自主研发　　　B. 项目合作　　　C. 研发外包　　　D. 联合开发

[答案] C

[分析] 根据题干信息和选项内容可确定考查的是研发模式中各类模式的概念。由于题目给出了限制性条件，问的是甲企业与丙企业之间合作的研发模式，因此对应查找案例资料信息可知，甲企业同丙企业签订合作协议，将相关技术研发委托给丙企业，从"委托"一词就可以知道考查的是委托研发的概念，而委托研发也称为研发外包。本题的出题难度与文字类的单选题没有区别，只是将所需的信息放置在案例资料中而已。

(二) 学习建议

1. 制定学习计划，并严格执行计划

历年很多考生并不是因为能力不够而不能通过考试，反而是因为没有做合理的时间安排或者是制定了计划却不按照计划执行，导致学习不能完成。为了方便第一次参加考试的考生制定合理的学习计划，在此建议参照下面几个阶段的时间安排制定适合自己的学习计划。

(1) 第 1 阶段：4月—7月（4个月左右）。

◆该阶段学习要点：此阶段主要是夯实基础，对两个科目的教材进行比较详细、系统的学习，以理解为主、记忆为辅熟悉教材内容，如学习能力较好、每天学习时间充足的学员，也可在2—3个月内完成。

【注意】该阶段的起始时间和结尾时间可以根据实际情况调整，但建议最迟不晚于8月份结束该阶段的学习。

(2) 第 2 阶段：8月—9月中旬（1个半月左右）。

◆该阶段学习要点：强化记忆常规考点，必须结合大量题目的练习，特别是历年真题的练习是必不可少的，在该阶段必须从知识点的记忆过渡到实际做题。历年很多考生自我感觉能记住知识点，但考试分数仍然不理想，究其原因就是在该阶段做题太少，因此缺乏做题的经验和技巧，以及对考题规律、出题模式和文字陷阱不熟悉，从而导致不必要的失分！

【注意】如遇特殊情况，建议最迟在10月份前结束该阶段的学习。

(3) 第 3 阶段：9月中旬—10月底（1个半月）。

◆该阶段学习要点：本阶段是大量汇总做题阶段。可将历年真题或者市面上质量较高的练习题反复做熟悉，不断完善自我的学习。除此之外，一定要模拟考场环境，闭卷成套地做近年的历年考题或模拟试题，适应考试氛围，做最后的提升。

【注意】在此阶段，首先要保证吃透常规考点涉及的题目，如想获得更高的分数，可在完成了第3阶段学习的情况下，留1周左右时间详细地通读教材，查漏补缺。

2. 采用科学的学习方法，提升学习的效率

中级经济师考试涉及考点广，因此学习时切忌死记硬背！学员应在理解每个知识点原理的基础上结合一些记忆方法来学习才记得快、记得牢。本辅导书根据历年考试规律，对各考点进行了总结并给出了相应的学习建议和记忆方法，帮助考生更有效地学习和记忆。同时，本辅导书还配有大量的历年真题和练习题，并且给出了详细的题目解析和技巧性的做题思路，既能在记忆知识点之后通过做题进行再次巩固，也能锻炼做题的经验和技巧。

3. 树立牢固的心理防线，对消极思想进行及时地消除

历年每位参加中级经济师考试的考生都需要历经几个月甚至是一年的漫长学习，在此期间，很多考生往往因为一些消极的思想和行为半途而废，比如每天抱怨没有时间、觉得自己年纪大、记忆力不好等等。在此，特别提醒各位考生，你们认为的这些"特殊情况"并不特殊，每一位考生与你们面临的是相同的问题，但是每年仍然有不少考生一次性通过了考试。中级经济师考试的难度设置是与在职人员的能力相匹配的，国家考虑到在职人员需兼顾工作和家庭的情况，因此不会轻易提高考试难度，在职人员只要努力就可以保证顺利通过。成功的关键在于坚持，在面对困难时我们应该迎难而上，不断挑战自我才能成功！

第二篇
考点精讲及同步练习

自信是人格的核心，相信自己，只要比昨天的你更强就是好的！

第一章 企业战略与经营决策

本章考情分析

节名	题型 分值 年份	2017	2016	2015	2014	2013
第一节 企业战略概述	单项选择题	1分	2分	2分	3分	2分
	多项选择题	2分	0分	0分	2分	2分
	案例分析题	0分	0分	0分	0分	0分
第二节 企业战略分析	单项选择题	3分	2分	1分	2分	3分
	多项选择题	0分	0分	2分	0分	0分
	案例分析题	0分	2分	0分	2分	2分
第三节 企业战略类型	单项选择题	2分	2分	3分	1分	1分
	多项选择题	2分	2分	2分	2分	2分
	案例分析题	4分	2分	4分	2分	2分
第四节 企业经营决策	单项选择题	1分	1分	1分	1分	1分
	多项选择题	0分	2分	0分	0分	0分
	案例分析题	4分	4分	4分	4分	4分
合计		19分	19分	19分	19分	19分

本章学习提示

本章主要介绍了制定战略和进行决策所必须具备的基本知识，属于案例分析题重点考查的一章，题目考查较灵活、深入，需要考生对很多概念能够进行深刻地分析和理解。建议复习时结合历年考题的表达方式和出题规律进行理解和记忆。除此之外，本章还会涉及计算题的考查，但出题难度不大，每年考题仅对题目给出的条件中的数据进行变化，但运用的公式基本都是固定不变的，学会找准数据套入公式计算即可。

第一节 企业战略概述

本节考点概览

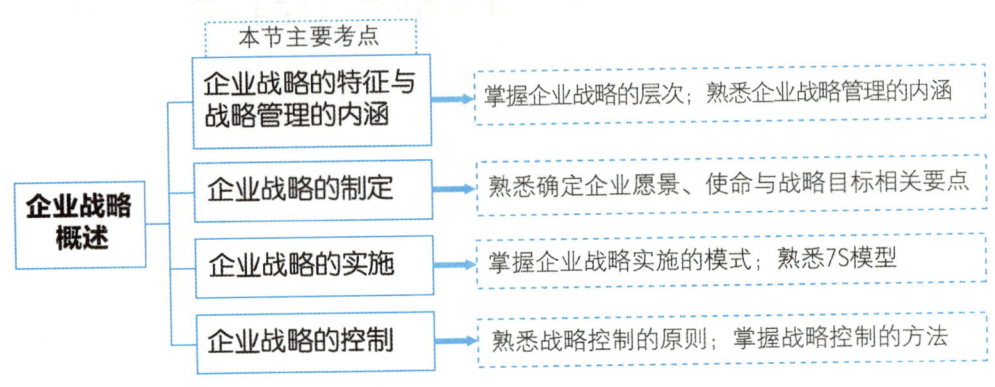

本节考点详解

【考点一】企业战略的特征与战略管理的内涵

一、企业战略的特征与层次

（一）企业战略的特征

（1）全局性与复杂性。

（2）稳定性与动态性。

（3）收益性与风险性。

（二）企业战略的层次

企业战略一般分为三个层次，具体内容如表1-1-1所示。

表1-1-1 企业战略的层次

层次	具体内容
企业总体战略	是企业总体的最高层次的战略，是整个企业发展的总纲，为企业确定经营范围、经营领域
企业业务战略	又称竞争战略或事业部战略。企业实施该层次战略主要是为了获得或提高业务/产品在行业或市场中的竞争优势、竞争地位
企业职能战略	是企业各职能部门做出的具体实施战略，为了实现各职能部门职责和能力范围内的优势，包括生产制造战略、市场营销战略、财务管理战略、人力资源管理战略、研究与开发战略等

【考点小贴士】历年常考查三个层次战略的概念。企业战略的三个层次实际是一个从总体到具体的过程：首先，总体战略确定经营范围和领域；其次，业务战略的重点是提高经营范围内的业务或产品在行业或市场中的竞争力，因此也称为竞争战略；最后，为了实现总体战略和业务战略，需要各职能部门做好具体的事，因此产生了职能战略。

经典例题

[2016年真题·单选题] 某化妆品企业为了扩大产品的销量,拟定了新的市场营销战略,积极开展市场营销活动,从企业战略层次分析,该企业的此项战略属于( )。
A. 企业总体战略　　B. 企业紧缩战略　　C. 企业稳定战略　　D. 企业职能战略
[答案] D
[解题思路] 首先,根据题目信息"从企业战略层次分析",可知涉及企业总体战略、企业业务战略和企业职能战略三个层次,而企业紧缩战略和企业稳定战略属于企业战略的具体类型,而不属于战略层次的内容,因此B、C两项错误。其次,题目中出现了"市场营销战略"这一职能战略的类型的名称,再结合题目中提及的"扩大产品的销量、积极开展市场营销活动"等内容分析,这些内容均属于市场营销这一职能部门的职责或能力范围内能实现的优势,综合判断可知该题所述的是企业职能战略,因此D项正确。

[2014年真题·单选题] 为了提升市场竞争地位,某汽车制造企业成立跑车事业部,投资研发运动型硬顶敞篷跑车,并开展市场营销活动,从企业战略层次分析,该企业的此项战略属于( )。
A. 企业总体战略　　　　　　　B. 企业业务战略
C. 企业稳定战略　　　　　　　D. 企业职能战略
[答案] B
[解题思路] 分析过程同上题,排除非战略层次的选项后,找准题干中关键信息做题。根据题目信息"为了提升市场竞争地位,某汽车制造企业成立跑车事业部,投资研发运动型硬顶敞篷跑车",可知实施该项战略主要是为了提升汽车产品在市场的竞争地位,符合企业业务战略的概念,因此B项正确。
[注意] 很多考生在当年考试中因该题题目中"开展市场营销活动"一句误选了企业职能战略。在此特别提醒,做这类题首先要注意题目的整体叙述,该题大部分的文字都在叙述与市场业务战略有关的信息。而且市场营销活动并不是市场营销战略,因此不能判断为企业职能战略。

二、企业战略管理的内涵

企业战略管理的内涵如表1-1-2所示。

表 1-1-2　企业战略管理的内涵

内涵要点	具体内容
主体	企业战略管理者
过程	动态管理过程
基本任务	实现特定阶段的战略目标
最高任务	实现企业的使命

经典例题

[2013年真题·单选题] 关于企业战略管理的说法,错误的是( )。
A. 企业战略管理的基本任务是实现特定阶段的战略目标
B. 企业战略管理的最高任务是实现企业使命
C. 企业战略管理的主体是企业全体员工
D. 企业战略管理是一个动态过程
[答案] C
[解析] C项,企业战略管理的主体应该是企业战略管理者,而不是企业的全体员工。

【考点二】企业战略的制定

企业战略制定的过程如表 1-1-3 所示。

表 1-1-3 企业战略制定的过程

过程		要点
确定企业愿景、使命与战略目标	企业愿景	由企业内部的成员制定（不只专属于高层管理者），借由团队讨论，获得企业一致共识，形成的大家愿意全力以赴的未来方向。企业愿景包括核心信仰、未来前景两部分
	企业使命	说明企业的根本性质与存在的理由，说明企业的宗旨、哲学、信念、原则，根据企业服务对象的性质揭示企业长远发展的前景，为企业战略目标的确定与战略制定提供依据。企业使命定位包括企业生存目的的定位、企业经营哲学的定位、企业形象的定位三个方面
	企业战略目标	是企业在一定时期内沿其经营方向所预期达到的理想成果
准备战略方案		企业管理者将与企业战略专家及其他有关人员一起参与企业战略方案的规划，即实现战略目标的详细行动计划
评价和选择战略方案		应遵循择优原则、民主协调原则和综合平衡原则

【考点小贴士】本考点在历年考试时，常常要求考生判断关于企业愿景、使命和战略目标各方面的说法是否正确，考试常颠倒概念或设置文字陷阱，复习时注意表格 1-1-3 中划线部分的要点。同时，三者概念的区分也可详见本章末尾【本章易错易混考点】中的分析。

经典例题

[2017年真题·单选题] 关于企业使命的说法，正确的是（　　）。

A. 企业使命等同于企业愿景
B. 企业使命阐明了企业的根本性质与存在的理由
C. 企业使命的定位由企业经营哲学的定位和企业形象的定位两部分构成
D. 企业使命包括核心信仰和未来前景两部分

[答案] B
[解析] A 项，企业愿景、使命和战略目标分别是三个不同的概念。C 项，企业使命的定位由企业生存目的的定位、企业经营哲学的定位、企业形象的定位三部分构成，而不是两部分构成。D 项，企业愿景包括核心信仰和未来前景两部分，而不是企业使命。

【考点三】企业战略的实施

一、企业战略实施的步骤

(1) 战略变化分析。
(2) 战略方案分解与实施。
(3) 战略实施的考核与激励。

扫码听课

【考点小贴士】本考点近年均未出题，仅在早年出过一次题目，注意企业战略实施步骤的第一步是战略变化分析。

二、企业战略实施的模式

在企业战略实践中，战略实施有五种不同的模式，具体内容如表 1-1-4 所示。

表 1-1-4　企业战略实施的模式

实施模式	特点
指挥型	高层领导考虑如何制定一个最佳战略。该模式由高层领导决策、强制下层管理人员执行，即高层领导不考虑如何实施战略，只是站在自己的角度制定完战略后，强制下层人员执行
变革型	高层领导重点考虑如何实施战略。该模式重视运用组织结构、激励手段和控制系统来促进战略实施
合作型	决策范围扩大到企业高层管理集体之中
文化型	参与成分扩大到企业较低层次，使整个企业人员都支持企业的战略，管理者担任指导者角色，灌输一种适当的企业文化
增长型	企业的战略是从基层单位自下而上地形成

【考点小贴士】本考点主要考查五种模式的特点，做题和记忆按下列思路进行：

（1）前四种模式实施方向均是从上往下进行，而只有增长型是自下而上进行的。因此做题首先看题目叙述中是否有"自下而上"这个词，来判断是否为增长型。

（2）前四种模式的区分主要在于参与战略决策的人员范围不同。

1）指挥型/变革型：主要由高层领导决策，二者区别在于，前者高层领导只考虑制定最佳战略而不考虑如何实施战略，后者高层领导需要考虑如何实施战略。

2）合作型：决策范围扩大到高层管理集体之中。

3）文化型：参与成分扩大到企业较低层次，整个企业人员都参与并支持企业的战略。

经典例题

[2016年真题·单选题] 企业高层领导决定企业战略，并强制下级管理人员实施，这种战略实施模式为（　　）模式。

A. 指挥型　　　　B. 转化型　　　　C. 增长型　　　　D. 合作型

[答案] A

[解题思路] 首先，题目叙述未涉及"自下而上"这个关键词，因此可排除增长型。其次，根据题目关键信息"高层领导决定企业战略，并强制下级管理人员实施"，可知属于指挥型模式。

[例题·单选题] 企业战略从基层单位自下而上产生，并加以推进和实施，这种战略实施模式为（　　）模式。

A. 指挥型　　　　B. 变革型　　　　C. 文化型　　　　D. 增长型

[答案] D

[解题思路] 根据题目关键信息"企业战略从基层单位自下而上产生"，可直接判断为增长型，可知D项正确。

三、7S模型

麦肯锡公司提出的7S模型指出，企业在发展过程中，需要全面考虑7个方面，具体内容如表1-1-5所示。

表 1-1-5　麦肯锡7S模型

7S模型	具体内容
硬件要素	（1）战略。它是制定企业规划和计划的基础 （2）结构。它是企业的目标、协调、人员、职位、相互关系、信息等组织要素的有效排列组合方式 （3）制度。它是各项制度又是企业精神和战略思想的具体体现

续表

7S模型	具体内容
软件要素（因"人"而异）	(1) 共同价值观 (2) 人员 (3) 技能 (4) 风格。其主要指企业文化，是在长期的生产经营过程中形成的，为全体员工共同认可和遵循的价值观念、职业道德和行为规范的总和。企业文化为企业战略目标的实现奠定观念平台和思想基础

【考点小贴士】企业在战略实施过程中往往具备很好的"战略、结构、制度"这些硬件要素，但却忽视了"人的因素"，由于很多人为因素而导致战略最后实施失败。因此7S模型总结得出，战略实施成功需要企业同时兼顾硬件要素和软件要素共7个方面的内容。考试注意区分硬件要素和软件要素各自的内容。

经典例题

[2017年真题·多选题] 下列要素中，属于麦肯锡公司提出的7S模型中软件要素的有（　　）。
A. 人员　　　　B. 制度　　　　C. 技能　　　　D. 结构
E. 共同价值观
[答案] ACE
[解析] 7S模型中的软件要素包括共同价值观、人员、技能、风格，可知A、C、E三项正确。B、D两项属于硬件要素。

【考点四】企业战略的控制

一、战略控制的原则

战略控制的原则具体如表1-1-6所示。

表1-1-6　战略控制的原则

原则	要点
确保目标原则	战略控制过程是确保达成企业目标的过程，通过执行战略计划确保战略目标的实现
适度控制原则	控制过程要严格但不乏弹性
适时控制原则	控制要掌握适当时机、选择适当的契机进行战略修正
适应性原则	控制应能反映不同经营业务的性质与需要，应视各部门的业务范围、工作特点等制定不同的监控标准和方式

二、战略控制的流程

(1) 制定绩效标准。
(2) 衡量实际绩效。
(3) 审查结果。
(4) 采取纠偏措施。

三、战略控制的方法

战略控制代表性的三种控制方法如表1-1-7所示。

表1-1-7　战略控制的方法

方法	要点
杜邦分析法	旨在财务控制

续表

方法	要点
平衡计分卡 （四个角度）	（1）财务角度。其指标包括营业收入、资本报酬率、经济增加值 （2）顾客角度。其指标包括顾客满意度、顾客保持率、顾客获得率、顾客盈利率、在目标市场中所占的份额 （3）内部流程角度 （4）学习与成长角度。其指标包括员工满意度、员工保持率、员工培训成本
利润计划轮盘 （三部分组成）	（1）利润轮盘 （2）现金轮盘 （3）净资产收益率轮盘——战略的最高业绩目标

【考点小贴士】本考点主要以原文考查为主，注意战略控制三种方法的名称以及各方法中详细的内容及要点。

经典例题

[2014年真题·多选题] 下列方法中，企业可选择的战略控制方法有（　　）。
A. 平衡计分卡   B. PEST分析法   C. 杜邦分析法   D. 杠杆分析法
E. 利润计划轮盘
[答案] ACE
[解析] 战略控制的方法包括杜邦分析法、平衡计分卡、利润计划轮盘。

[例题·单选题] 利润计划轮盘是由罗伯特·西蒙斯提出的一种基于企业战略的业绩评价模式，由利润轮盘、现金轮盘和（　　）组成。
A. 资产轮盘   B. 负债轮盘   C. 销售利润轮盘   D. 净资产收益率轮盘
[答案] D
[解析] 利润计划轮盘包括利润轮盘、现金轮盘、净资产收益率轮盘。

第二节　企业战略分析

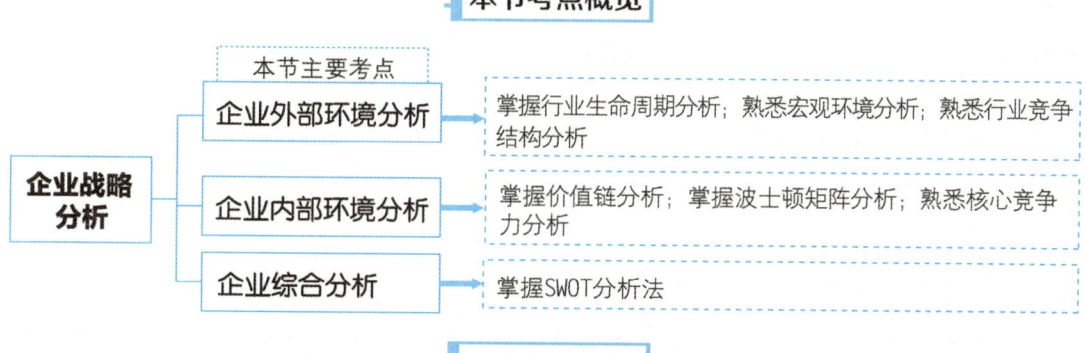

[考点一] 企业外部环境分析
一、宏观环境分析
宏观环境，又称一般环境，是指在国家或地区范围内对一切行业部门和企业都将产生影响的各种因素或力量。企业可以采用 **PESTEL 分析方法** 对企业外部的宏观环境进行战略分析。PESTEL 分析方法的内容具体如表 1-2-1 所示。

表 1-2-1　PESTEL 分析法

宏观环境	分析的具体内容
政治环境（P）	政治制度、政治体制、政治结构、方针政策、政治形势
经济环境（E）	（1）宏观经济环境。主要指一个国家的人口数量及其增长趋势、国民收入、国民生产总值及变化情况以及通过这些指标能够反映的国民经济发展水平和发展速度 （2）微观经济环境。主要指企业所在地区或所服务地区的消费者的收入水平、消费偏好、储蓄情况和就业程度等因素
社会环境（S）	企业所处的社会结构、社会风俗、宗教信仰、价值观念、行为规范、生活方式、文化传统、消费偏好、人口状况与地理分布等因素
科技环境（T）	企业所在的地区或国家的科技水平、科技政策、新产品开发的能力以及技术发展动向等
生态环境（E）	影响企业生存与发展的水资源、土地资源、生物资源以及气候资源等因素
法律环境（L）	企业相关的社会法制系统及其运行状态，主要包括国家和地方的法律法规、国家司法、行政执法机关等因素

> 【经典例题】
>
> [2017年真题·单选题] 企业在制定未来的发展战略时，可以选择的外部宏观环境分析方法是（　　）。
> A. 价值链分析法　　　　　　B. 杜邦分析法
> C. PESTEL 分析法　　　　　 D. 波士顿矩阵分析法
> [答案] C
> [解析] 企业可以采用 PESTEL 分析方法对企业外部的宏观环境进行战略分析，可知 C 项正确。

二、行业环境分析

（一）行业生命周期分析

行业生命周期分为四个阶段，具体特点如表 1-2-2 所示。

表 1-2-2　行业生命周期四个阶段的特点

阶段	行业特点	市场特点	竞争程度	企业关键职能
形成期	产品刚出现，有较多小企业	刚形成	压力小，不激烈	研究开发、工程技术
成长期	产品已较完善，行业规模扩大，有些不成功企业已开始退出	迅速扩大，销售额和利润迅速增长	日趋激烈	市场营销、生产管理
成熟期	只留下少量大企业，合并、兼并大量出现	趋于饱和，销售额难以增长	异常激烈	产品成本控制、市场营销
衰退期	行业规模缩小，留下的企业越来越少（夕阳行业）	萎缩	依然残酷	—

【考点小贴士】本考点在历年考试中，常需要考生根据题目所述判断属于生命周期的哪一个阶段。在记忆和做题时，建议根据四个周期的名称对应其特点的用词来记忆。例如历年常考的"成长期""成熟期"来说，成长即扩大、增长，该阶段各方面特点的用词多为"扩大""增长""日趋""扩张"等与成长意思相近的词；而成熟即发育完备状态，很难再增长了，因此该阶段各方面特点的用词多为"大企业""趋于饱和""难以增长""异常"等与成熟意思相近的词。

> **经典例题**
>
> [例题·单选题] 从行业生命周期各阶段的特点来看,行业的产品逐渐完善,规模不断扩大,市场迅速扩张,行业内企业的销售额和利润迅速增长,则该行业处于( )。
> A. 形成期 B. 成长期 C. 成熟期 D. 衰退期
> [答案] B
> [解题思路] 根据题目叙述中的用词"行业的产品逐渐完善,规模不断扩大,市场迅速扩张",可知为"成长期"的特点,因此B项正确。

(二)行业竞争结构分析

著名战略管理学家迈克尔·波特教授提出的"五力模型"分析法是分析行业结构的重要工具,波特"五力模型"如图1-2-1所示。

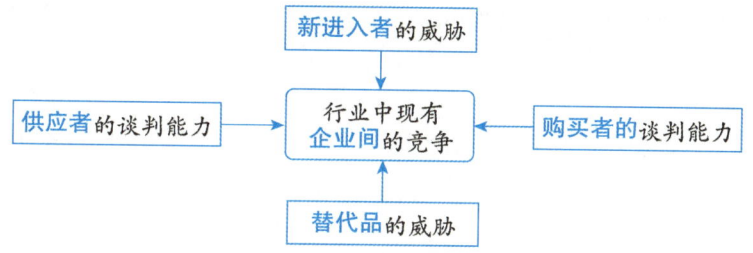

图 1-2-1 波特"五力模型"图

【考点小贴士】本考点主要考查模型中五方面的内容,建议考生按"中上下左右"的顺序理解记忆五种竞争力量。首先,中间位置"行业现有企业间的竞争"是众所周知最明显的竞争力量;其次,上下的"新进入者的威胁"和"替代品的威胁",这两股竞争力量一旦形成,实际上类似于现有企业间的竞争力量;再次,左右两边即企业的上下游企业,上游"供应商的谈判能力"决定了企业采购产品的成本和质量,下游"购买者的谈判能力"决定企业的利润,都会进一步对企业的竞争力产生影响。

> **经典例题**
>
> [例题·多选题] 根据迈克·波特提出的"五力模型",在行业中普遍存在五种竞争力量,除了行业内现有企业间的竞争力量之外,还包括( )。
> A. 供应者的谈判能力 B. 新进入者的威胁
> C. 替代品的威胁 D. 商品价格水平
> E. 购买者的谈判能力
> [答案] ABCE
> [解析] 波特"五力模型"涉及的五种竞争力量分别是:行业内现有企业间的竞争、新进入者的威胁、替代品的威胁、购买者的谈判能力、供应者的谈判能力。

(三)战略群体分析

战略群体是指一个行业内执行同样或相似战略并具有类似战略特征或地位的一组企业。评价企业战略的相同或类似之处,主要是指这一组企业的战略及其竞争地位的决策变量比较接近。这些决策变量主要包括企业规模、产品技术选择、产品质量水平、垂直化分工程度、分销渠道选择等。

三、外部因素评价矩阵

外部因素评价矩阵(EFE矩阵)是对企业的关键外部因素进行分析和评价的常用方法。该方法是从机会和威胁两个方面找出影响企业未来发展的关键因素,根据各个因素影响程度大小确定权数,再按企业对各关键因素的有效反应程度对各关键因素进行评分,最后计算出企业的总加权分数。总加权分数的范围是从最低的1.0到最高的4.0,平均分为2.5。如总加权分低于2.5,则表明该企业对外部影响因素的反应程度相对较差,需要改进经营战略以适应外部环境的变化;如总加权分高于2.5,则表明该企业对外部影响因素能做出较好的反应,其经营战略是积极、有效的。

【考点二】企业内部环境分析

企业内部环境是指企业能够加以控制的内部因素。

一、核心竞争力分析

核心竞争力是一个企业能够长期获得竞争优势的能力,是企业特有的、能够经得起时间考验的、具有延展性的,并且是竞争对手难以模仿的技术或能力。

(一)核心竞争力的体现

(1)关系竞争力,即企业在竞争过程中所发生的或者可以形成的各种"关系"。如企业所在产业的状况、本企业与相关企业的关系、企业活动与国家的关系、企业活动所处的国际经济关系以及经济、社会、政治环境。

(2)资源竞争力,即企业所拥有的或者可以获得的各种"资源",包括外部资源和内部资源。如人力资源、原材料资源、土地资源、技术资源、资金资源、组织资源、社会关系资源、区位优势、所在地的基础设施等。

(3)能力竞争力,即能够保证企业生存和发展以及实施战略的"能力"。如企业的战略、体制、机制、经营管理、商业模式、团队默契、对环境的适应性、对资源开发控制的能动性以及创新性等。

> **经典例题**
>
> [2017年真题·单选题] 某家电企业不断实施现代化管理方法,着手进行业务流程再造,在经营管理方面打造了企业持有的核心竞争力。这种核心竞争力是( )。
> A. 关系竞争力　　　B. 资源竞争力　　　C. 区位竞争力　　　D. 能力竞争力
> [答案] D
> [解题思路] 根据题目关键信息"在经营管理方面打造了企业持有的核心竞争力",可知该企业的核心竞争力主要体现在经营管理方面,而经营管理属于能力竞争力的具体体现,因此D项正确。

(二)核心竞争力的特征

核心竞争力的特征如表1-2-3所示。

表1-2-3　核心竞争力的特征

特征	具体内容
价值性	核心竞争力必须特别有助于实现顾客看重的核心价值,如显著降低成本、提高产品质量、提高顾客满意度等
异质性	核心竞争力不大可能在其他企业重复出现
延展性	核心竞争力可以支持企业向多种产品或服务的领域发展,如某企业的液晶显示技术,使其可以在笔记本电脑、计算器、电视显像技术等领域都比较容易地获得一席之地,取得竞争优势
持久性	持久性是指无形资源的持久性
难以转移性	转移性是指战略性资源转移的程度
难以复制性	复制性是指企业的战略资源能被竞争对手轻易模仿和复制的可能性

二、价值链分析

企业价值链由主体活动和辅助活动构成,具体内容如表1-2-4所示。

表 1-2-4　企业价值链的构成

价值链要素	具体内容
主体活动	原料供应、生产加工、成品储运、市场营销和售后服务
辅助活动	企业采购、技术开发、人力资源管理、企业基础职能管理

【考点小贴士】主体活动是环环相扣的,与商品实体加工流转相关且按企业经营流程顺序排列,较容易记忆。历年常考查主体活动与辅助活动的区分,因此无需两个部分内容都去记忆,建议只记忆主体活动,如考辅助活动的内容,则可用排除法做题。

经典例题

[2015年真题·单选题]下列企业活动过程中,属于企业价值链辅助活动的是（　　）。
A. 原料供应　　　B. 售后服务　　　C. 市场营销　　　D. 技术开发
[答案] D
[解题思路] 此题考查的是价值链要素中辅助活动的内容,可采用排除法做题。原料供应、生产加工、成品储运、市场营销和售后服务均属于主体活动,因此排除涉及这几项内容的选项,可知D项属于辅助活动。

三、波士顿矩阵分析

波士顿矩阵根据业务增长率和市场占有率两项指标,将企业的业务或产品分为四大类,具体如图1-2-2所示。

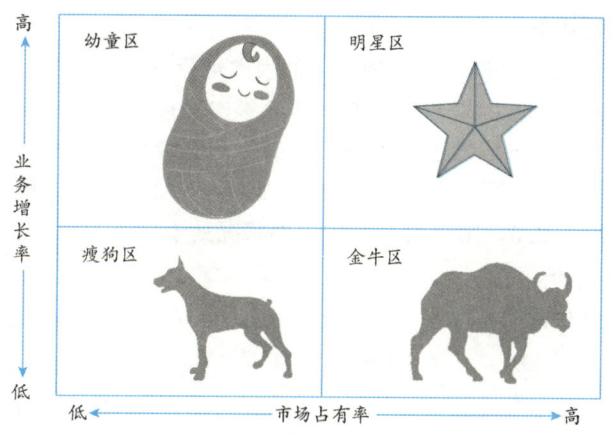

图 1-2-2　波士顿矩阵四个区域的特点

【考点小贴士】对企业来说,业务增长率（体现业务或产品未来的发展）和市场占有率（体现业务和产品目前的实力）都是"越高越好",因此可以按照如图1-2-3所示的思路分为两组,通过区域的名称进行形象记忆和做题。

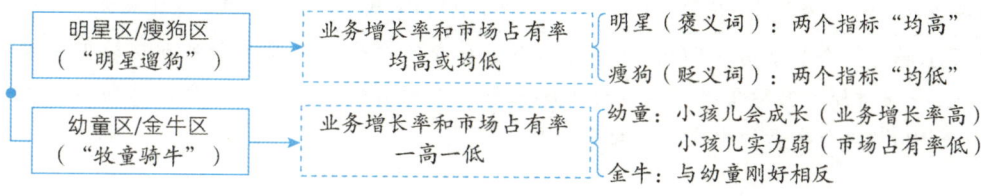

图 1-2-3　波士顿矩阵分析要点归纳

> **经典例题**
>
> [2016年真题·单选题] 某型号智能手表的业务增长率和市场占有率都低，表明该型号智能手表处于波士顿矩阵图的（　　）。
> A. 幼童区 B. 明星区
> C. 瘦狗区 D. 金牛区
> [答案] C
> [解题思路] 首先，根据题目信息"业务增长率和市场占有率都低"，可知属于业务增长率和市场占有率均高或均低的一组，即"明星区或瘦狗区"这一组，排除幼童区和金牛区。其次，明星区和瘦狗区这一组通过名称可知，褒义词的"明星"对应的是两个指标"均高"的区域，贬义词的"瘦狗"对应的两个指标"均低"的区域，可知该题应当是瘦狗区，因此C项正确。
>
> [例题·单选题] 在波士顿矩阵中，幼童区的产品特征是（　　）。
> A. 业务增长率比较低，市场占有率比较高
> B. 业务增长率比较低，市场占有率比较低
> C. 业务增长率比较高，市场占有率比较低
> D. 业务增长率比较高，市场占有率比较高
> [答案] C
> [解题思路] 首先，根据记忆和做题思路，幼童区和金牛区是一组，这组区域的特征是业务增长率和市场占有率两个指标是"一高一低"的，因此排除两个指标均高或均低的情形，可知B、D两项错误。其次，幼童的特点是未来会成长，但目前实力弱，即业务增长率高，市场占有率低，因此C项正确。

四、内部因素评价矩阵

内部因素评价矩阵（IFE矩阵），是一种对内部因素进行分析的工具。它从优势和劣势两个方面找出影响企业未来发展的关键因素，根据各个因素影响程度的大小确定权数，再按企业对各关键因素的有效反应程度对各关键因素进行评分，最后算出企业的总加权分数。总加权分数的范围是从最低的1.0到最高的4.0，平均分为2.5。如总加权分数低于2.5，则说明企业的内部状况处于弱势；如总加权分数高于2.5，则说明企业的内部状况处于强势。

【考点三】企业综合分析

进行企业综合分析常用 **SWOT 分析法**。采用该方法可进行战略选择和制定，具体如表1-2-5所示。

表1-2-5　SWOT战略选择

企业面临的环境	选择的战略
内部具有优势（S），外部存在机会（O）	优势—机会（SO）战略：使用优势，利用机会
内部存在劣势（W），外部存在机会（O）	劣势—机会（WO）战略：克服劣势，利用机会
内部具有优势（S），外部面临威胁（T）	优势—威胁（ST）战略：使用优势，避免威胁
内部存在劣势（W），外部面临威胁（T）	劣势—威胁（WT）战略：克服劣势，避免威胁

【考点小贴士】企业采用SWOT分析法对企业自身的内部环境因素和外部环境因素综合进行分析，根据企业所处的实际情况，再针对性地采取应对的战略。本考点历年考试难度不高，考生只需要把SWOT四个字母的中文含义记住，即可做题。

第二篇 考点精讲及同步练习

> **经典例题**

[2017年真题·单选题] 采用 SWOT 分析法进行战略选择时,重在发挥企业优势,利用市场机会的战略是( )。
A. SO 战略　　　B. WO 战略　　　C. ST 战略　　　D. WT 战略
[答案] A
[解题思路] 根据题目信息"发挥企业优势,利用市场机会",优势的英文首写字母为 S,机会的英文首写字母为 O,因此组合在一起即 SO 战略,可知 A 项正确。

> **本节小结**

熟悉本节考点的整体框架,考试常考查行业环境分析、企业内部环境分析的内容以及各种环境分析涉及的方法。企业战略环境分析的具体内容如表 1-2-6 所示。

表 1-2-6　企业战略环境分析

战略环境分析		具体方法
企业外部环境分析	宏观环境分析	采用 PESTEL 分析法
	行业环境分析	包括行业生命周期分析、行业竞争结构分析、战略群体分析
	外部因素评价矩阵（EFE 矩阵）	
企业内部环境分析	包括企业核心竞争力分析、价值链分析、波士顿矩阵分析、内部因素评价矩阵（IFE 矩阵）	
企业综合分析	采用 SWOT 分析法	

> **经典例题**

[例题·多选题] 企业进行战略环境分析时,行业环境分析的主要内容有( )。
A. 社会文化环境分析　　　　　　B. 行业生命周期分析
C. 企业核心竞争力分析　　　　　D. 行业竞争结构分析
E. 战略群体分析
[答案] BDE
[解析] A 项,社会文化环境分析属于外部环境分析中宏观环境分析的内容,不属于行业环境分析的内容。C 项,企业核心竞争力分析属于企业内部环境分析的内容,而不属于企业外部环境分析中的行业环境分析的内容。

第三节　企业战略类型

> **本节考点概览**

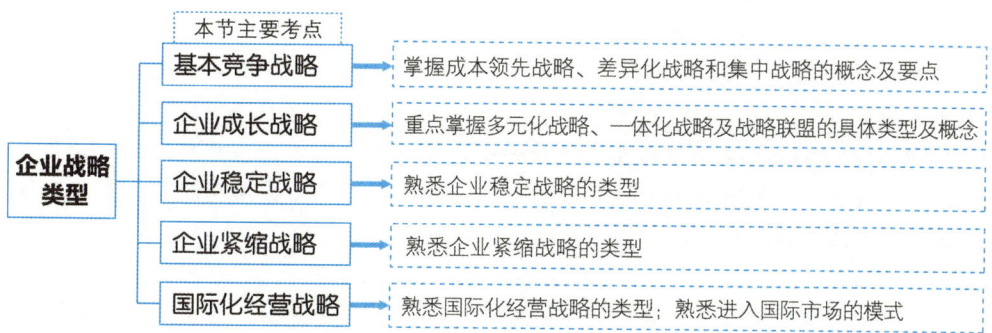

本节考点详解

【考点一】基本竞争战略

一、成本领先战略、差异化战略和集中战略的概念

（一）成本领先战略的概念

成本领先战略，又称低成本战略，即企业的全部成本低于竞争对手的成本，甚至是同行业中的最低成本。其核心是企业加强内部成本控制，在研究开发、生产、销售、服务和广告等领域把成本降到最低，成为行业中的成本领先者，从而获得竞争优势。

【考点小贴士】历年案例分析题中常考查成本领先战略的概念，此概念看似简单，但一定要审题仔细，注意历年考题在这方面的用词和设置的文字陷阱，具体举例如下：

[历年真题案例节选1]某汽车生产企业通过联合生产形式与外国某世界500强汽车公司建立战略联盟，获得良好的市场效果，为降低企业生产成本，该企业进军汽车配件行业，自主生产和供应汽车配件……

[分析]该案例全文仅在蓝色文字部分提及了企业为了降低生产成本做了什么，未做其他方面进一步地描述，即无法确定该企业是否在各内部环节都进行了成本控制，使得其全部成本领先于同行业其他企业，因此不能判断为实施了成本领先战略。

[历年真题案例节选2]某洗衣机生产企业通过行业分析发现，洗衣机市场已经趋于饱和，销售额难以增长，行业内部竞争异常激烈，中小企业不断退出，行业由分散走向集中。该企业一方面加强内部成本控制，以低成本获得竞争优势。

[分析]该案例蓝色文字部分用词完全符合成本领先战略的概念描述，可判断实施了成本领先战略。

（二）差异化战略的概念

差异化战略是通过提供与众不同的产品或服务，满足顾客的特殊需求，从而形成一种独特的优势。差异化战略的核心是取得某种对顾客有价值的独特性。

【考点小贴士】差异化战略概念也是历年案例分析题常考点。这个概念注意结合其名称来做题，案例分析的文字叙述中常常会出现与"差异化"相近的词或者文字描述，如"独特的……""独家推出……""提供与众不同的……"等等。

（三）集中战略的概念

集中战略，又称专一化战略，是指企业把其经营活动集中于某一特定的购买者群、产品线的某一部分或某一地区市场上的战略。

【考点小贴士】集中战略的概念结合其名称理解，企业往往是因为资源或能力有限，无法像实施成本领先战略或差异化战略的企业去覆盖整个行业或市场，因此才会集中在某一个特定的细分市场（顾客群），针对这一个细分市场去提供产品，在历年考题的用词上，特别注意与差异化的区分，具体举例如下：

[历年真题案例节选3]某洗衣机生产企业……，另一方面，该企业积极研发新型产品，推出具有特色的内衣洗衣机，受到消费者的青睐。与此同时，为了扩大企业利润，该企业积极进军手机行业，推出自主品牌的手机产品。

[分析]差异化战略的用词体现的是某企业经营产品的"差异性""独特性""异质性"，而这些产品仅是企业经营的一部分。以该案例为例可以看出，该企业不但经营洗衣机，后续还涉及手

机产品的经营，因此推出具有特色的内衣洗衣机只是其经营的某一系列产品，以满足消费者不同的差异化需求，从"具有特色的"这一用词，可以看出其产品与行业中其他产品的差异性，因此可判断该企业采用的是差异化战略。

[历年真题案例节选4] 国内某手机生产企业将目标顾客定位于年轻购买者群体，专门生产具有较强娱乐功能的智能手机产品，取得了良好的市场效果……。（该案例后续叙述也未提及该企业涉及其他领域的经营）

[分析] 集中战略用词体现的是企业把其经营集中在某一个独特或有优势的方面，可以是产品、地区或者是客户群等，而这方面是该企业经营的全部内容。以该案例为例，该企业针对年轻购买者这一特殊群体，专门生产智能手机产品。句中"专门生产"一词可以体现出该企业致力于这一方面的经营，且案例后续的文字也未提及该企业从事了其他领域的经营，因此可知智能手机产品是这个企业经营的全部内容，从而判断该企业采用的是集中战略。

二、成本领先战略和差异化战略的适用范围

成本领先战略和差异化战略的适用范围如表1-3-1所示。

表1-3-1　成本领先战略和差异化战略的适用范围

项目	成本领先战略	差异化战略
适用范围	（1）大批量生产的企业，产量要达到经济规模 （2）较高的市场占有率 （3）能使用先进的生产设备 （4）严格控制一切费用开支	（1）很强的研究开发能力 （2）领先的声望，具有一定的知名度和美誉度 （3）很强的市场营销能力
记忆思路	采用该战略的企业一般在生产、销售上有规模，如（1）、（2）项的情况，且能通过（3）、（4）项降低成本	采用该战略的企业一般能通过上述第（1）项实现差异性并且能通过上述第（2）、（3）项让市场能接受这种差异性

三、实施成本领先战略和差异化战略的途径

实施成本领先战略和差异化战略的途径如表1-3-2所示。

表1-3-2　实施成本领先战略和差异化战略的途径

项目	成本领先战略	差异化战略
途径	（1）规模效应 （2）技术优势 （3）企业资源整合 （4）经营地点选择优势 （5）与价值链的联系 （6）跨业务相互关系	（1）通过产品质量的不同实现差异化战略 （2）通过提高产品的可靠性实现产品差异化战略 （3）通过产品创新实现差异化战略 （4）通过产品特性差别实现差异化战略 （5）通过产品名称或品牌的不同实现差异化战略 （6）通过提供不同的服务实现差异化战略
记忆思路	以上途径均可达到降低成本、节省费用的目的	以上途径都是为了突出差异，但成本会提高

> **经典例题**
>
> [2017年真题·多选题] 企业实施差异化战略的途径包括（　　）。
> A. 发挥规模效应　　　　　　　　B. 创新产品的功能
> C. 整合企业资源　　　　　　　　D. 更换为具有吸引力的产品名称
> E. 提升产品的质量
> [答案] BDE
> [解析] A、C两项，发挥规模效应、整合企业资源均可降低企业成本，因此属于成本领先战略实施的途径；而B、D、E三项，实则为从产品功能、名称和质量方面实现差异化，可知属于差异化战略实施的途径。

【考点二】企业成长战略

一、密集型成长战略

密集型成长战略是指企业在原来的业务领域里,通过加强对原有产品与市场的开发渗透来寻求企业未来的发展机会的一种发展战略。密集型成长战略的三种具体的战略形式如表1-3-3所示。

表1-3-3 密集型成长战略的战略形式

战略形式	概念要点
市场渗透战略	通过市场营销努力,提高产品或服务在现有市场上的份额
市场开发战略	在市场范围上的扩展,打入新市场
新产品开发战略	在产品上的扩展

经典例题

[2016年真题·单选题] 某自行车生产企业为提高主打产品在现有市场的市场占有率,加大营销宣传,采用多种促销手段,发现潜在顾客,提高产品销售额。该企业采取的成长战略是( )。

A. 市场开发战略
B. 新产品开发战略
C. 市场渗透战略
D. 成本领先战略

[答案] C

[解题思路] 首先,对比选项分析题目,选项中A、B、C三项均属于密集型成长战略,只有D项为基本竞争战略中的成本领先战略,而题目的文字叙述中均未涉及任何关于成本领先战略的内容,因此首先可排除D项。其次,根据题目信息"提高主打产品在现有市场的市场占有率,加大营销宣传,采用多种促销手段,发现潜在顾客,提高产品销售额",句中营销宣传、促销手段都是属于市场营销的手段,提高市场占有率、销售额即提高市场份额,可知该企业就是通过市场营销的努力,提高产品或服务在市场上的份额,符合密集型成长战略中的市场渗透战略的概念,因此C项正确。

二、多元化战略

多元化战略,又称多样化战略、多角化战略、多种经营战略,是指<u>一个企业同时在两个或两个以上行业中进行经营</u>。多元化战略的类型如表1-3-4所示。

表1-3-4 多元化战略的类型

类型	概念	具体内容
相关多元化	新进入的行业与原有行业有关联	(1) 水平多元化。在同一专业范围内进行多种经营,如某汽车制造厂,由生产摩托车扩展到生产卡车和轿车等不同类型的车辆 (2) 垂直多元化。沿产业价值链或企业价值链延伸经营领域,即企业往其产业链上游或下游延伸,如铁矿石供应商向钢铁制造延伸;某轮胎制造企业自主供应原材料,向橡胶种植延伸 (3) 同心型多元化。以市场或技术为核心的多元化,如某家电生产企业,其经营范围覆盖电视机、空调、洗衣机等各种家电产品,即以"家电市场"为核心的多元化;某船舶制造运用其技术承接了海洋工程、钢结构加工等,即以"技术"为核心的多元化
非相关多元化	新进入的行业与原有行业没有关联	如一家汽车生产企业决定进军医药行业

【考点小贴士】多元化战略的概念一般是历年案例分析题的常考点,在单选题中也有考核,注意非相关多元化的概念和表中相关多元化的举例。历年常在单选题中考同心型多元化的举例的简单变形。

> **经典例题**
>
> [2015年真题·单选题] 某家电生产企业围绕家电市场，生产电视机、洗衣机、电冰箱、空调等系列家电产品。该企业采取的是（　　）战略。
> A. 水平多元化　　　　　　　　B. 垂直多元化
> C. 同心型多元化　　　　　　　D. 非相关多元化
> [答案] C
> [解题思路] 本题的叙述为同心型多元化的举例的简单变形，电视机、洗衣机、电冰箱和空调均属于家电，因此属于以"家电市场"为中心展开的同心型多元化战略，故C项正确。
>
> [例题·单选题] 某著名家电集团公司建立医药子公司，进军医药行业，该集团公司采用的战略是（　　）战略。
> A. 横向一体化　　　　　　　　B. 纵向一体化
> C. 相关多元化　　　　　　　　D. 非相关多元化
> [答案] D
> [解题思路] 根据题目信息分析，该集团公司原来的经营领域为家电，现在进入了医药行业。"家电"与"医药"明显属于不相关的两个行业，可知为非相关多元化，因此D项正确。

三、一体化战略

一体化战略，又称企业整合战略，是指企业有目的地<u>将相互联系密切的经营活动纳入企业体系中</u>，组成一个统一的经济组织进行全盘控制和调配，以求共同发展的一种战略。

（一）纵向一体化战略

纵向一体化战略的实质就是企业扩大单一业务的经营范围，沿着"供—产—销"的产业链往上下游的经营领域纵向发展，具体类型如图1-3-1所示。

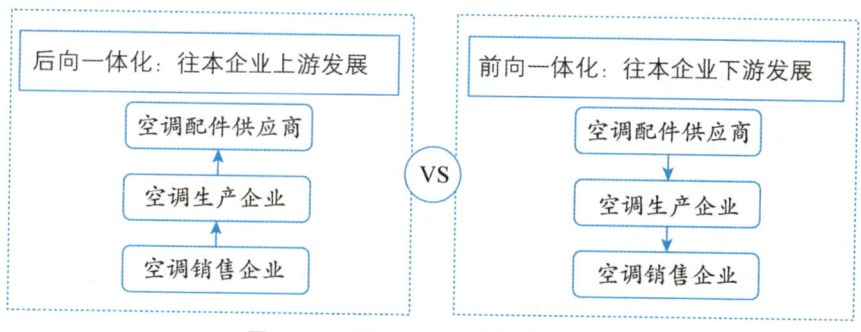

图 1-3-1　纵向一体化战略具体类型

（二）横向一体化战略

横向一体化战略是指为了扩大生产规模、降低成本、巩固企业的市场地位、增强企业竞争优势、增强企业实力而通过资产纽带或契约方式<u>与同行业企业进行联合</u>的一种战略。横向一体化战略具体如图1-3-2所示。

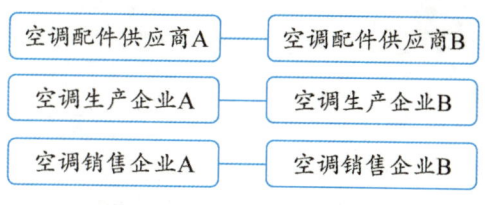

图 1-3-2　横向一体化战略

【考点小贴士】一体化战略的概念是历年案例分析题的常考点，横向一体化战略和纵向一体化战略概念上区分的思路如下：

第一步：看企业新进入的业务领域与原有业务领域的关系。

(1) 进入相关联的领域，即本企业上下游业务领域，为纵向一体化。

(2) 进入与本企业一样的领域，即与本企业经营同类产品或业务的领域，为横向一体化。

第二步：如为纵向一体化，再进一步判断如下类型。

(1) 进入本企业的上游业务领域，为后向一体化。

(2) 进入本企业的下游业务领域，为前向一体化。

经典例题

[2014年真题·单选题] 为降低生产成本，某火力发电企业进军煤炭行业，自主供应原材料。该企业采取的企业战略是（　　）。

A. 前向一体化战略　　　　　　　　B. 后向一体化战略
C. 转向战略　　　　　　　　　　　D. 差异化战略

[答案] B

[解题思路] 分析题目信息，该企业原有的业务领域为火力发电，新进入的行业为煤炭行业，而根据题目信息可知煤炭为火力发电的原材料，可知该企业是往本企业的"上游"原材料供应行业发展，因此可知为纵向一体化战略中的"后向一体化战略"，因此B项正确。

[例题·单选题] 某空调生产企业为了进一步扩大生产规模，收购另一家空调生产企业，这属于（　　）战略。

A. 横向一体化　　　　　　　　　　B. 纵向一体化
C. 非相关多元化　　　　　　　　　D. 混合一体化

[答案] A

[解题思路] 分析题目信息，该企业原有的业务领域为空调生产，收购的另一家企业也是空调生产企业，即进入了与本企业经营同类产品或业务的领域，可知为横向一体化战略，因此A项正确。

四、战略联盟

战略联盟是指两个或两个以上的企业为了实现资源共享、风险和成本共担、优势互补等特定战略目标，在保持自身独立性的同时，通过股权参与或契约联结的方式，建立较为稳固的合作伙伴关系。战略联盟的具体类型如表1-3-5所示。

表1-3-5　战略联盟的类型

类型	具体类型	概念要点
股权式	合资企业	共同出资、共担风险、共享收益（各方资产、人员须合并）
	相互持股	相互持有对方一定数量的股份（各方资产、人员无须合并）
契约式	技术开发与研究联盟	技术研发上的合作，研究成果归所有参与者共同享有
	产品联盟 （与产品生产有关）	产品生产上的合作，具体形式包括联合生产、贴牌生产、供求联盟、生产业务外包等
	营销联盟 （与经营、销售有关）	通过联盟伙伴的分销系统增加销售，具体形式包括特许经营、连锁加盟、品牌营销、销售渠道共享
	产业协调联盟	建立全面协调和分工的产业联盟体系，避免恶性竞争和资源浪费，一般多见于高新技术企业

【考点小贴士】本考点为历年常考点，常考契约式战略联盟的类型，案例分析题也涉及本考点的考查，但难度与单项选择题一样，通过联盟类型的名称熟悉概念，特别注意产品联盟和营销联盟的具体形式。

经典例题

[2016年真题·单选题] 某餐饮企业通过连锁加盟形式与多家餐饮企业建立战略联盟，该战略联盟属于（　　）。

A. 技术开发与研究联盟　　　　B. 营销联盟
C. 产品联盟　　　　　　　　　D. 产业协调联盟

[答案] B

[解题思路] 首先，题目未提及双方涉及股权方面的融合，且选项中不涉及股权式战略联盟的形式，可知本题考查契约式战略联盟中的某一个类型。其次，根据题目信息"连锁加盟"，可知该形式为营销联盟的具体形式之一，因此B项正确。

【考点三】企业稳定战略

稳定战略是指受经营环境和内部资源条件的限制，企业基本保持目前的资源分配和经营业绩水平的战略。企业稳定战略的类型如表1-3-6所示。

表1-3-6　企业稳定战略的类型

类型	要点
无变化战略	企业过去的经营很成功，无问题，不用调整
维持利润战略	注重短期效益，渡过暂时性难关
暂停战略	快速发展后遇到问题，降低企业目标和发展速度，重新调整，为了以后更好发展打基础
谨慎实施战略	外部环境变化趋势不明显，又难以预测，放缓进度，谨慎实施或调整

【考点小贴士】本考点通常是与下文的企业紧缩战略混合考查，常考企业稳定战略有哪些类型。四种类型的名称基本上都体现"保持目前状态、稳定不变"的含义，与其他战略类型的名称区别明显。四种类型的概念在历年极少考查，个别年份的考题也可通过名称对应分析概念。

经典例题

[2017年真题·单选题] 某汽车生产企业在较长时间的快速发展后，降低企业发展速度，重新调整企业内部各要素，优化配置现有资源，实施管理整合，该企业采取的稳定战略是（　　）。

A. 无变化战略　　B. 维持利润战略　　C. 暂停战略　　D. 谨慎实施战略

[答案] C

[解题思路] 首先，根据选项内容可初步判断是考查稳定战略中某一个类型的概念。其次，根据题目信息"在较长时间的快速发展后，降低企业发展速度，重新调整企业内部各要素，优化配置现有资源，实施管理整合"，可知该企业采用的稳定战略为暂停战略，因此C项正确。

【考点四】企业紧缩战略

紧缩战略是企业在目前的经营战略领域和基础水平上收缩和撤退，且偏离起点较大的一种战略。紧缩战略的类型如表1-3-7所示。

表1-3-7　紧缩战略的类型

类型	概念要点
转向战略	压缩原领域投资，转向新机会

续表

类型	概念要点
放弃战略	转让、出卖或停止经营旗下的一个或几个部门
清算战略	终止整个企业的存在，卖掉其资产或停止整个企业运营

【考点小贴士】本考点通常与企业稳定战略混合考查，常考紧缩战略有哪些类型。紧缩战略的类型的名称都体现企业在原领域经营不善，因此才转向"放弃"或"清算"，与其他战略类型的名称区别明显。个别年份考过紧缩战略中放弃战略的概念，注意放弃战略与清算战略的区分。放弃战略只涉及企业旗下<u>部分资产或部门</u>的转让、出卖或停止经营，而清算战略涉及的是<u>整个企业</u>的终止及资产的清算。

经典例题

[2016年真题·多选题] 下列企业战略中，属于紧缩战略的有（　　）。
A. 维持利润战略　　B. 暂停战略　　C. 清算战略　　D. 放弃战略
E. 谨慎实施战略
[答案] CD
[解题思路] 紧缩战略名称体现企业在原领域经营不善，所以才会转向放弃、清算，因此，C、D两项正确。A、B、E三项内容，从名称中"维持""暂停""谨慎"可体现出"保持目前状态，稳定不变之意"，可知为稳定战略的类型。

[例题·单选题] 为了扭转亏损，某家电生产企业特将旗下的洗衣机事业部整体出售，这一做法表明该企业采取的战略是（　　）。
A. 放弃战略　　B. 暂停战略　　C. 转向战略　　D. 清算战略
[答案] A
[解题思路] 首先，分析题目可知该企业经营不善涉及到资产出售，初步判定考查紧缩战略的类型，所以排除B项稳定战略中的暂停战略。其次，根据题目信息"将旗下的洗衣机事业部整体出售"，即涉及将企业旗下的部分资产出售，紧缩战略中涉及将企业旗下部分资产转让或出售的战略是放弃战略，可知A项正确。

【考点五】国际化经营战略

扫码听课

一、钻石模型

钻石模型用于分析一个国家某种产业为什么会在国际上具有较强的竞争力。该模型认为决定和影响一个国家某种产业竞争力有四个要素和两个变量，具体如表1-3-8所示。

表1-3-8　钻石模型

项目		具体内容
四个要素	生产要素	(1) 初级生产要素，如企业所处国家和地区的地理位置、自然资源、人口、气候、非技术工人等 (2) 高级生产要素，如训练有素的中高级人才、教育科研体系、现代通信的基础设施等
	需求条件	国内市场对某个行业的产品或服务的需求性质
	相关支撑产业	国内是否存在具有国际竞争力的供应商和关联辅助行业
	企业战略、产业结构和同行竞争	企业恰当的战略、国家合理的产业结构和行业良性的同业竞争
两个变量		机会、政府

二、国际化经营战略的类型

国际化经营战略的类型具体如表1-3-9所示。

表1-3-9 国际化经营战略的类型

战略类型	优点	缺点	其他要点
全球化战略（成本领先）	加强了企业在各国之间的统一协调性，形成经验曲线和规模经济效益，能获取以低成本为基础的竞争优势	标准化产品，无差异，无法满足当地市场本土化需求，市场反应迟钝	适用于成本压力大，东道国市场特殊需求较少的企业
多国化战略（差异化）	差异化研发、生产和销售，注重当地市场本土化需求	成本结构高，不能降低成本；分权到各东道国的战略单元，由战略单元向本地市场提供本土化产品，因此很难跨国利用和转移公司资源；无法获得经验曲线效益和区位效益	适用于在国际竞争中占有统治地位而且具有高度本土化反应能力的企业
跨国化战略	兼顾成本领先和差异化。业务经营的多样化和注重市场的多样性，强调寻求全球的高效率和本土化的快速响应的统一；可以实现规模经济、适应当地市场，实现全球化学习	劣势体现在该战略的可行程度上，企业的经营者和管理者面临更大的挑战	母公司与子公司、子公司与子公司的关系是双向的，实现全球化学习

【考点小贴士】本考点极少出题，熟悉三种类型的优缺点和适用范围即可，全球化和多国化的内容刚好相反，跨国化兼顾前述二者的优点。

三、进入国际市场的模式

企业进入国际市场的模式包括三大类，具体如表1-3-10所示。

表1-3-10 进入国际市场的模式

模式	概念	要点
贸易进入模式	企业在国内进行产品的生产和加工，通过国内或国外的中间商向海外市场出口： （1）直接出口，即不通过国内中间商 （2）间接出口，即通过国内中间商	不在海外投资建立企业，只是有形产品的出口
契约进入模式	通过与目标市场国家的企业之间订立长期的、非投资性的无形资产转让合作合同或契约而进入目标国家市场，包括许可证经营、特许经营、合同制造、管理合同	不在海外投资建立企业，通过契约形式向海外进行无形资产的转让或提供服务
投资进入模式	在国际目标市场投资建立或扩充一个永久性企业，并对其经营管理拥有一定程度的控制权的市场进入模式，包括合资进入、独资进入	在海外投资建立永久性的企业

【考点小贴士】本考点通常考核三种模式的概念上的区分，结合表格中划线部分的关键要点对应模式的名称记忆概念。

> **经典例题**
>
> [2017年真题·单选题] 某食品公司通过出口直接将国内生产的食品销售给国外消费者，该公司采用的进入国际市场的模式是（　　）。
> A. 投资进入模式　　B. 贸易进入模式　　C. 联邦模式　　D. 契约进入模式
> [答案] B

[解题思路] 首先,根据题目信息可知本题考查的是进入国际市场的模式中某一类型的概念,三种模式不包括联邦模式,因此可排除C项。其次,根据题目关键信息"通过出口直接将国内生产的食品销售给国外消费者",即有形产品的出口,且题目未提及在海外投资建立永久性的企业,可知为贸易进入模式,因此B项正确。

第四节 企业经营决策

本节考点概览

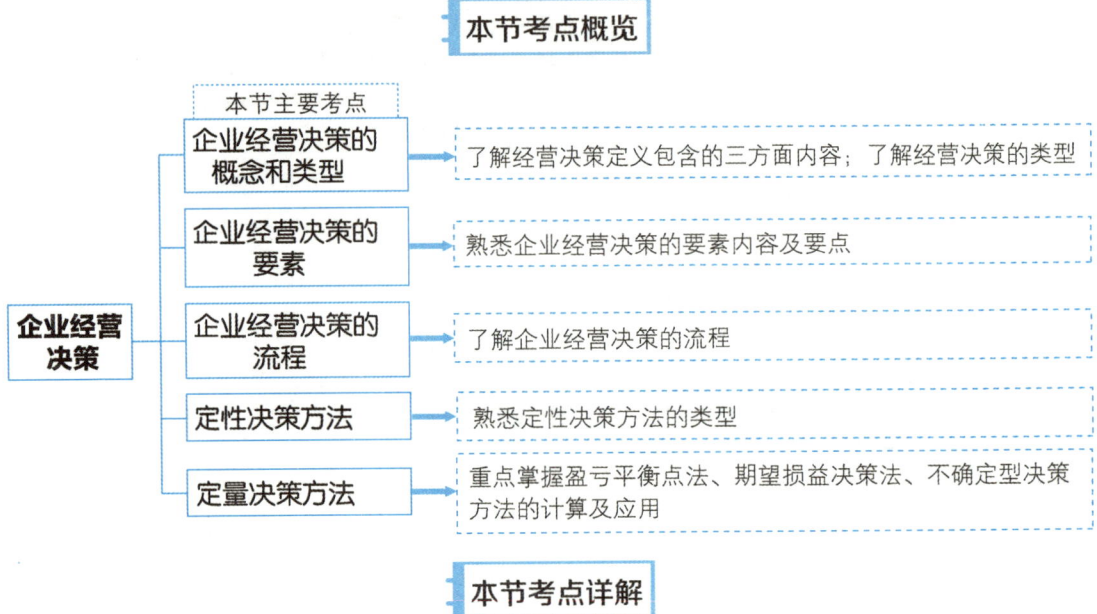

本节考点详解

【考点一】企业经营决策的概念和类型

一、企业经营决策的概念

企业经营决策是指企业通过内部条件和外部环境的调查研究、综合分析,运用科学的方法选择合理方案,实现企业经营目标的整个过程。这一定义包含三方面内容:

(1)决策要有明确的目标,没有目标就无从决策。
(2)决策要有多个可行方案供选择。
(3)决策是建立在调查研究、综合分析、评价和选择的基础上的。

二、企业经营决策的类型

企业经营决策的类型如表1-4-1所示。

表1-4-1 企业经营决策的类型

划分的标准	具体类型
决策影响的时间	长期决策、短期决策
决策的重要性	总体层经营决策、业务层经营决策、职能层经营决策
环境因素的可控程度	确定型决策、风险型决策、不确定型决策
决策目标的层次性	单目标决策、多目标决策

【考点二】企业经营决策的要素

企业经营决策的要素如表1-4-2所示。

表1-4-2 企业经营决策的要素

要素	要点
决策者	是企业经营决策的主体,是决策最基本的要素
决策目标	决策目标的确立是科学决策的起点
决策备选方案	备选方案的存在是决策的前提
决策条件	即决策环境。企业经营决策要充分考虑决策条件的制约,决策效果受决策条件的影响
决策结果	是指决策实施后所产生的效果和影响

经典例题

[2013年真题·单选题] 关于企业经营决策的说法,错误的是( )。
A. 决策者是企业经营决策的主体
B. 备选方案的存在是企业经营决策的前提
C. 企业经营决策应当建立在调查研究、综合分析、评价和选择的基础上
D. 备选方案的选择是企业经营决策的起点
[答案] D
[解析] D项,决策目标的确立是科学决策的起点。

【考点三】企业经营决策的流程

企业经营决策的流程包括五个阶段:①确定目标阶段;②拟定方案阶段;③选定方案阶段;④方案实施和监督阶段;⑤评价阶段。

【注意】确定目标阶段是企业经营决策流程的首要步骤。拟定备选方案阶段(备选方案的存在)是决策的基础。选定方案阶段是决策中最关键的一步,是决策的决策。由于确定决策目标和拟定备选方案阶段(即备选方案的存在)均发生在选定方案(决策)之前,因此二者均为企业经营决策的前提。

经典例题

[例题·单选题] 企业进行科学经营决策的流程中,( )是企业经营决策的前提。
A. 确定决策目标   B. 调查分析决策条件
C. 确定决策标准   D. 评估决策备选方案
[答案] A
[解析] 企业经营决策的流程包括五个阶段。其中,确定目标是企业经营决策流程的首要步骤,也是企业经营决策的前提,因此A项正确。
[注意] 此题常误选D项,要留意该项的用词。经营决策的前提,意为发生在经营决策(选定方案)这个阶段之前的先决因素。根据经营决策的流程分析可知,发生在选择方案(决策)这个阶段之前的是确定决策目标和拟定方案两个阶段。D项是评估决策备选方案,并不是拟定备选方案,是在做决策的时候才会进行评估方案,该行为是在决策阶段发生的,而不是在决策之前发生的,所以并不是经营决策的前提。

【考点四】定性决策方法

定性决策方法主要有下列几种,具体如表1-4-3所示。

表 1-4-3　定性决策方法

类型	要点
头脑风暴法	专家、面对面、明确具体决策问题、给出具体意见
德尔菲法	专家、背对背、匿名、轮番征询意见
名义小组技术	非专家、背对背、独立思考给出意见
哥顿法	专家、面对面、不明确阐述决策问题、海阔天空讨论

经典例题

[2016年真题·多选题] 下列经营决策方法中，适用于企业定性决策的有（　　）。
A. 哥顿法　　　　B. 线性规划法　　　　C. 德尔菲法　　　　D. 名义小组技术
E. 头脑风暴法
[答案] ACDE
[解析] B项，线性规划法属于定量决策方法中的确定型决策方法。

【考点五】定量决策方法

一、确定型决策方法

确定型决策方法是指**在稳定可控条件下进行决策**，只要满足数学模型的前提条件，模型就能给出特定的结果。确定型决策方法主要有线性规划法、盈亏平衡点法。本辅导书主要介绍历年常考的盈亏平衡点法的计算，该方法的计算公式如下：

$$盈亏平衡点销售量 = \frac{总固定成本}{销售单价 - 单位变动成本}$$

【考点小贴士】本考点主要涉及计算题的考查，可出单项选择题或者案例分析题，难度一致，题目会给出"盈亏平衡点销售量、总固定成本、销售单价、单位变动成本"四个变量中三个变量的数据，求剩余一个变量的数据，常考查的是"盈亏平衡点销售量"的计算。

经典例题

[2015年真题·单选题] 某企业的总固定成本为60万元，单位可变成本为12元，产品单位售价为17元，则该产品盈亏平衡点的产量是（　　）万件。
A. 5　　　　　　B. 10　　　　　　C. 12　　　　　　D. 15
[答案] C
[解析] 根据公式，盈亏平衡点销售量＝总固定成本/（销售单价－单位变动成本），将题干数据代入可得，盈亏平衡点销售量＝600 000/（17－12）＝600 000/5＝120 000（件）＝12（万件）。

二、风险型决策方法

风险型决策，也称统计型决策、随机型决策，是指**已知决策方案所需的条件，但每种方案的执行都可能出现不同后果，多种后果的出现有一定的概率**，即存在着"风险"，因此称为风险型决策。风险型决策主要有期望损益决策法、决策树分析法。本辅导书主要介绍历年常考的"期望损益决策法"的计算，该方法的决策步骤如下：

第一步：计算各方案的期望损益值。
$$期望损益值 = \sum 该方案在各种市场状态下的损益值 \times 该市场状态发生的概率$$

第二步：选择期望损益值最大的方案为最优方案。

【考点小贴士】本考点主要涉及计算题的考查，可出单项选择题或案例分析题，难度一致，题目给出计算各方案期望损益值所需的数据,要求考生用期望损益值公式计算某一种方案的期望损益值,或者用该方法选择出最优方案。

经典例题

[例题·单选题]某企业拟生产某种产品,根据预测估计,该产品的市场状态及概率是:畅销为0.3、一般为0.5、滞销为0.2,这三种市场状态下的损益值分别为40万元、30万元和25万元。该产品的期望损益值为( )万元。

A. 28   B. 32   C. 36   D. 38

[答案] B

[解析] 本题只需要用题目中已知数据计算出该种产品的期望损益值即可。因此,根据公式,该产品的期望损益值=0.3×40+0.5×30+0.2×25=32(万元),因此B项正确。

[例题·单选题]某厂在下一年拟生产某种产品,需要确定产品批量。根据预测估计,这种产品不同市场状态发生的概率是:畅销为0.3,一般为0.5,滞销为0.2。其他有关数据如表1-4-4所示,使该厂取得最大经济效益的方案为( )。

表1-4-4 其他有关数据

损益值 方案	市场状态 概率	畅销 0.3	一般 0.5	滞销 0.2
Ⅰ		30	25	20
Ⅱ		35	30	20
Ⅲ		20	30	25
Ⅳ		35	30	25

A. Ⅰ   B. Ⅱ   C. Ⅲ   D. Ⅳ

[答案] D

[解析] 本题需要根据期望损益决策法的步骤判断选择出最优的方案。具体步骤如下:

第一步:计算各方案的期望损益值。方案Ⅰ:30×0.3+25×0.5+20×0.2=9+12.5+4=25.5;方案Ⅱ:35×0.3+30×0.5+20×0.2=10.5+15+4=29.5;方案Ⅲ:20×0.3+30×0.5+25×0.2=6+15+5=26;方案Ⅳ:35×0.3+30×0.5+25×0.2=10.5+15+5=30.5。

第二步:选择期望损益值最大的方案为最优方案。由第一步计算结果可知,方案Ⅳ期望值最大,即最优方案,可知选择方案Ⅳ可取得最大经济效益,因此D项正确。

三、不确定型决策方法

不确定型决策是指在决策所面临的<u>市场状态难以确定而且各种市场状态发生的概率也无法预测的条件下所做出的决策</u>。不确定型决策常遵循的原则如表1-4-5所示。

表1-4-5 不确定型决策遵循的原则

原则	决策方法
乐观原则	大中取大,即选择最好市场状态下损益值最大的方案
悲观原则	小中取大,即选择最差市场状态下损益值最大的方案
折中原则	(1)计算出各方案的折中损益值 折中损益值=α×最好市场状态损益值+(1-α)×最差市场状态损益值 式中,α为乐观系数(考试时一般会直接给出其数据) (2)选择折中损益值最大的方案

续表

原则	决策方法
等概率原则	(1) 计算出各方案所有市场状态损益值的平均数 (2) 选择损益值的平均数最大的方案
后悔值原则	(1) 确定标准值：比较每种市场状态下各方案的损益值，选出最大损益值作为该市场状态下的标准值 (2) 计算后悔值：用第一步选出的各市场状态下的标准值减去该市场状态下的各方案的损益值 (3) 确定各方案的最大后悔值：比较每个方案各市场状态下第二步计算出的后悔值，选出最大后悔值 (4) 选择最大后悔值最小的方案为最优方案

【考点小贴士】本考点在历年通常考查计算题，以案例分析题为主，难度不大，每年只是涉及数据的变化，考查的计算方式不变。考查概率最大的是折中原则和后悔值原则。

经典例题

[例题·案例分析题] 某企业在开业前要选择本企业经营商品的品种，现有甲、乙、丙、丁四大类商品可供选择。由于对未来几年的市场需求无法做到比较准确的预测，只能大致估计为：需求量较高、需求量一般和需求量较低三种情况。三种市场状态下预计损益值如表1-4-6所示。

表1-4-6 三种市场状态下预计的损益值

市场状态	各经营品种的预计损益值（万元）			
	甲	乙	丙	丁
需求量较高	3 000	5 000	3 000	4 000
需求量一般	1 000	500	2 000	1 000
需求量较低	−800	−1 000	−200	100

根据上述资料，完成下列问题。

1. 如采用悲观原则来决策，选择的商品大类是（　　）。
A. 甲　　　　B. 乙　　　　C. 丙　　　　D. 丁

[答案] D

[解题思路] 本题考查采用悲观原则选择最佳商品大类。该原则的决策方法是在最差市场状态下选择损益值最大的方案为最佳方案，具体步骤如下：①确定最差市场状态，根据题目信息可知为"需求量较低"这一状态。②在需求量较低的市场状态下比较选择损益值最大的方案为最优方案。根据表格数据可知，需求量较低的市场状态下，四种商品的损益值分别为：甲（−800）、乙（−1 000）、丙（−200）、丁（100），可知丁商品损益值最大，因此选择的商品大类应为丁，D项正确。

2. 如采用乐观原则来决策，选择的商品大类是（　　）。
A. 甲　　　　B. 乙　　　　C. 丙　　　　D. 丁

[答案] B

[解题思路] 本题考查采用乐观原则选择最佳商品大类。该原则的决策方法是在最好市场状态下选择损益值最大的方案为最佳方案，具体步骤如下：①确定最好市场状态，根据题目信息可知为"需求量较高"这一状态。②在需求量较高的市场状态下比较选择损益值最大的方案为最优方案。根据表格数据可知，需求量较高的市场状态下，四种商品的损益值分别为：甲（3 000）、乙（5 000）、丙（3 000）、丁（4 000），可知乙商品损益值最大，因此选择的商品大类应为乙，B项正确。

3. 如当乐观系数 α 为0.6时，采用非确定型决策的折中原则来选择的商品大类是（　　）。
A. 甲　　　　B. 乙　　　　C. 丙　　　　D. 丁

[答案] B

[解题思路] 本题考查采用折中原则选择最佳商品大类。该原则的决策方法步骤如下：①计算出各方案的折中损益值，根据公式，折中损益值＝α×最好市场状态损益值＋（1－α）×最差市场状态损益值，计算四种商品的折中损益值，分别为：甲：0.6×3 000＋（1－0.6）×（－800）＝1 800＋（－320）＝1 480；乙：0.6×5 000＋（1－0.6）×（－1 000）＝3 000＋（－400）＝2 600；丙：0.6×3 000＋（1－0.6）×（－200）＝1 800＋（－80）＝1 720；丁：0.6×4 000＋（1－0.6）×100＝2 400＋40＝2 440。②选择折中损益值最大的方案为最优方案。根据第一步中计算的四种商品的折中损益值的结果可知，乙商品的折中损益值最大，因此选择的商品大类应是乙，B项正确。

4. 如采用后悔值原则，选择的商品大类是（　　）。
A. 甲　　　　　B. 乙　　　　　C. 丙　　　　　D. 丁

[答案] D

[解题思路] 本题考查采用后悔值原则选择最佳商品大类。具体步骤如下：

（1）确定标准值：比较每种市场状态下各方案的损益值，选出最大损益值作为该市场状态下的标准值。根据表格数据选择如下：需求量较高——四种商品的损益值最大的是5 000，需求量一般——四种商品的损益值最大的是2 000，需求量较低——四种商品的损益值最大的是100。

（2）计算后悔值，用第一步选出的各市场状态下的标准值减去该市场状态下的各方案的损益值，具体如表1-4-7所示。

表1-4-7　后悔值计算表

自然状态	各经营品种的预计损益值（万元）			
	甲	乙	丙	丁
需求量较高	5 000－3 000＝2 000	5 000－5 000＝0	5 000－3 000＝2 000	5 000－4 000＝1 000
需求量一般	2 000－1 000＝1 000	2 000－500＝1 500	2 000－2 000＝0	2 000－1 000＝1 000
需求量较低	100－（－800）＝900	100－（－1 000）＝1 100	100－（－200）＝300	100－100＝0

（3）确定各方案的最大后悔值，即比较每个方案各市场状态下第二步计算出的后悔值，选出最大后悔值。甲商品各市场状态下的后悔值分别为2 000、1 000、900，最大后悔值是2 000；乙商品各市场状态下的后悔值分别为0、1 500、1 100，最大后悔值是1 500；丙商品各市场状态下的后悔值分别为2 000、0、300，最大后悔值是2 000；丁商品各市场状态下的后悔值分别为1 000、1 000、0，最大后悔值是1 000。

（4）选择最大后悔值最小的方案为最优的方案。根据第三步计算结果可知，丁商品最大后悔值是1 000，是四种商品中最小的，因此选择的商品大类应为丁，D项正确。

5. 如认为需求量市场状态发生的概率是未知的，应给各种需求量可能的结果以相同的权数，用等概率准则来选择比较满意的方案，选择的经营商品大类是（　　）。
A. 甲　　　　　B. 乙　　　　　C. 丙　　　　　D. 丁

[答案] D

[解题思路] 本题考查采用等概率原则选择最佳商品大类。具体步骤如下：

（1）计算出各方案所有市场状态损益值的平均数。甲：[3 000＋1 000＋（－800）]/3＝3 200/3≈1 067；乙：[5 000＋500＋（－1 000）]/3＝4 500/3＝1 500；丙：[3 000＋2 000＋（－200）]/3＝4 800/3＝1 600；丁：(4 000＋1 000＋100)/3＝5 100/3＝1 700。

（2）选择损益值的平均数最大的方案为最优方案。对比第一步的计算结果可知，丁商品的损益值平均数最大，因此选择的商品大类应为丁，D项正确。

本章易错易混考点

【易错易混考点一】企业愿景、使命和战略目标

企业愿景、使命和战略目标的概念可根据以下要点进行区分：

（1）企业愿景：概念最为抽象，不一定能体现出企业的业务是什么，无具体实现期限。

【举例】某个酒类生产企业的愿景是"享誉全球"，这个愿景很抽象，也无法看出该企业的业务是什么，也无法确定该企业何时能够享誉全球。

（2）企业使命：相对于愿景来说，能够体现出企业的业务是什么，即能说明企业的根本性质与存在的理由。但同样无具体实现期限。

【举例】某电脑生产公司的企业使命是"让每个办公桌上有一台个人电脑"，从该使命可以看出该企业的业务与电脑有关，但无法确定这一使命何时能实现。

（3）企业战略目标：为了实现愿景和使命的具体化的短期内实现的目标，能够确定实现的时间期限，是一定时期内所预期达到的理想成果。

【举例】某企业的战略目标是"今年实现 5 亿元的销售额"，从该目标可以看出有时间期限，而且非常地具体化，通过每阶段这类战略目标的实现，进一步实现企业长远的愿景和使命。

【注意】在实际中，很多企业没有区分愿景和使命，愿景和使命常常是等同的，在不同国家对二者的解释也有不同，但在经济师考试中，企业愿景不等于企业使命。

【易错易混考点二】多元化战略和一体化战略

多元化战略和一体化战略的概念是站在不同角度去定义的，多元化主要以"在两个及两个以上行业经营"来定义，而一体化是以"进入与本企业经营有一定关联的领域"来定义。二者具体的类型中，有的类型可能出现重合，有的类型有明显的区分，特别是在做案例分析题时，很多考生无法确定该如何选择，建议可参考下列方式进行做题：

第一步：确定题目是否是针对某一时间阶段进行提问，如果涉及某一时间阶段问企业采用的战略类型，则需对应选择该时间阶段内企业采用的战略类型；如题目不针对某一时间阶段进行提问，则只要案例中叙述到的战略类型均可选择。

第二步：涉及多元化战略和一体化战略类型的选择的思路。

（1）首先确定该企业原有的经营领域是什么领域。

（2）对比原有的经营领域，看新进入的经营领域是什么领域？一般有如下几种情况：

1）如与原有的经营领域完全一样，可能涉及的战略是横向一体化。

【举例】某电视机生产企业，为了扩大生产规模，并购了另一家电视机生产企业。则可选择横向一体化战略。

2）如与原有的经营领域有一定关联，即往该企业产业链的上游或下游领域发展，可选战略类型有纵向一体化的类型、垂直多元化、相关多元化、多元化。

【举例】某电视机生产企业，为了降低成本，并购了一家电视机显像管生产企业。则可选择后向一体化战略、纵向一体化战略、垂直多元化战略、相关多元化战略、多元化战略。

3）如与原有的经营领域完全无关联或经营的各行业完全无关联，即可选择非相关多元化或多元化。

【举例】某集团公司，经营领域涉及家电、房地产、医药等行业，则可选择非相关多元化战略或多元化战略。

第三步：最后仔细检查，避免错选或遗漏。在案例分析题中，多元化战略和一体化战略常常还会与基本竞争战略的三个类型一并考查。注意案例分析题是不定项选择，既可以是单项选择题，

也可以是多项选择题,具体根据题目和文字资料信息判断,只要符合题目要求的选项都是可以做选择的。

【易错易混考点三】不同类型定量决策法的区分

不同类型定量决策法的区分如表Ⅰ所示。

表Ⅰ 不同定量决策法的区分

决策	概念要点	具体方法
确定型决策	稳定可控条件下进行决策	线性规划法、盈亏平衡点法
风险型决策	可预估出方案执行的结果或市场状态出现的一定概率	期望损益决策法、决策树分析法
不确定型决策	无法预测或估计各种市场状态发生的概率	乐观原则、悲观原则、折中原则、后悔值原则、等概率原则

【考点小贴士】案例分析题中,可结合文字资料的信息和该案例中考查的计算题涉及的具体方法,来判断采用了哪一种大类的决策方法。则如案例文字资料中给出了类似"各方案未来发生的市场状态的概率无法预估"的信息,且同时该案例的计算题考查了折中原则,则可确定该企业采用了不确定型决策。

历年经典真题回顾

一、单项选择题(每题1分,每题备选项中,只有1个最符合题意)

1. 下列企业活动中,属于价值链主体活动的是( )。[2016年真题]
   A. 生产加工 B. 企业基本职能管理
   C. 技术开发 D. 采购
   [答案] A
   [解析] 价值链要素中,主体活动包括原料供应、生产加工、成品储运、市场营销、售后服务,可知 A 项正确。B、C、D 三项均属于辅助活动。

2. 关于企业经营决策的说法,错误的是( )。[2016年真题]
   A. 企业经营决策要有明确的目标
   B. 企业经营决策可分为单目标决策和多目标决策
   C. 决策者是企业经营决策的主体
   D. 决策树分析法适用于确定型企业经营决策
   [答案] D
   [解析] 本题的考点为企业经营决策的概念和类型、企业经营决策的要素及定量决策方法相关内容。D 项,决策树分析法属于定量决策分析法中的风险型决策方法,适用于风险型经营决策。

3. 某企业在战略控制过程中,注意掌握控制时机,选择恰当的时间进行战略修正,尽可能避免在不该修正时进行修正或需要修正时没有及时纠正,这体现了战略控制的( )原则。[2015年真题]
   A. 确保目标 B. 适度控制 C. 适应性 D. 适时控制
   [答案] D
   [解析] 本题的考点为企业战略控制的原则。其中,适时控制原则是指控制要掌握适当时机、选择适当的时候进行战略修正,要尽可能避免在不该修正时采取行动或者在需要纠正时没有及时采取行动。

4. 某食品企业选择儿童为目标客户，专一生产儿童食品，该企业采取的是（　　）。[2015年真题]
   A. 成本领先战略 　　　　　　　　B. 多元化战略
   C. 一体化战略 　　　　　　　　　D. 集中战略
   [答案] D
   [解析] 本题的考点为集中战略的概念。集中战略，又称专一化战略，是指企业把其经营活动集中于某一特定的购买者群、产品线的某一部分或某一地区市场上的战略。根据题目叙述"选择儿童为目标客户，专一生产儿童食品"，可知符合集中战略的概念，D项正确。

5. 甲企业为了进入国际市场，采用特许经营的形式与目标市场国家的乙企业订立了长期的无形资产转让合同，甲企业采取的进入国际市场的模式是（　　）。[2015年真题]
   A. 直接出口模式 　　　　　　　　B. 契约进入模式
   C. 投资进入模式 　　　　　　　　D. 间接出口模式
   [答案] B
   [解析] 本题的考点为进入国际市场模式。其中，契约进入模式主要是通过契约形式向海外进行无形资产的转让或提供服务，其具体形式包括许可证经营、特许经营、合同制造、管理合同等，根据题目信息"采用特许经营的形式与目标市场国家的乙企业订立了长期的无形资产转让合同"，可知符合契约进入模式的概念，B项正确。

6. 某企业将战略决策范围由少数高层领导扩大到企业高层管理集体，积极协调高层管理人员达成一致意见，并将协商确定后的战略加以推广和实施。该企业采用的战略实施模式是（　　）。[2014年真题]
   A. 指挥型　　　B. 变革型　　　C. 合作型　　　D. 文化型
   [答案] C
   [解题思路] 本题的考点为企业战略实施的模式。首先，本题不涉及增长型的叙述和选项，因此无需考虑此模式。其次，其余模式主要看参与战略决策的人员范围，根据题目关键信息"将战略决策范围由少数高层领导扩大到企业高层管理集体"，可知为合作型，因此C项正确。

7. 某型号智能手机的业务增长率较低，但市场占有率较高。采用波士顿矩阵法分析，该型号手机处于（　　）。[2014年真题]
   A. 金牛区 　　　　　　　　　　　B. 瘦狗区
   C. 幼童区 　　　　　　　　　　　D. 明星区
   [答案] A
   [解题思路] 本题的考点为波士顿矩阵分析。首先，根据题目信息"业务增长率较低，市场占有率较高"，可知两个指标是"一高一低"的情形，因此考虑幼童区和金牛区；其次，幼童区的特点是业务增长率高（小孩儿会成长），市场占有率低（小孩儿实力弱），明显与题目所给出的区域特点相反，因此可判断为金牛区，A项正确。

二、多项选择题（每题2分，每题备选项中，有2个或2个以上符合题意，至少有1个错项。错选，本题不得分；少选，所选的每个选项得0.5分）

1. 下列方法中，可以用于企业内部环境分析的有（　　）。[2015年真题]
   A. 行业生命周期分析法 　　　　　B. 价值链分析法
   C. EFE矩阵分析法 　　　　　　　D. IFE矩阵分析法
   E. 波士顿矩阵分析法
   [答案] BDE
   [解析] 本题的考点为企业内部环境分析的内容。企业内部环境分析包括企业核心竞争力分析、

价值链分析、波士顿矩阵分析、内部因素评价矩阵（IFE矩阵），可知B、D、E三项正确。A、C两项属于企业外部环境分析。

2. 下列企业战略中，属于稳定战略的有（　　）。[2015年真题]
   A. 维持利润战略　　　　　　B. 暂停战略
   C. 转向战略　　　　　　　　D. 放弃战略
   E. 无变化战略
   [答案] ABE
   [解析] 本题的考点为企业稳定战略。企业稳定战略包括无变化战略、维持利润战略、暂停战略、谨慎实施战略，可知A、B、E项正确。C、D两项属于紧缩战略的类型。

3. 下列战略联盟形式中，属于契约式战略联盟的有（　　）。[2014年真题]
   A. 合资企业　　　　　　　　B. 产品联盟
   C. 相互持股　　　　　　　　D. 产业协调联盟
   E. 营销联盟
   [答案] BDE
   [解析] 本题的考点为战略联盟。其中，契约式战略联盟的类型包括技术开发与研究联盟、产品联盟、营销联盟、产业协调联盟，可知B、D、E三项正确。A、C两项属于股权式战略联盟的类型。

4. 美国战略学家迈克尔·波特提出的基本竞争战略包括（　　）。[2013年真题]
   A. 成本领先战略　　　　　　B. 多元化战略
   C. 集中战略　　　　　　　　D. 市场渗透战略
   E. 差异化战略
   [答案] ACE
   [解析] 本题的考点为基本竞争战略。基本竞争战略包括成本领先战略、差异化战略、集中战略，可知A、C、E三项正确。B、D两项属于企业成长战略的类型。

三、案例分析题（每题2分。由单选和多选组成。错选，本题不得分；少选，所选的每个正确选项得0.5分）

（一）

某服装加工企业通过大规模的并购活动，兼并多家中小服装企业，大幅提升了生产规模和市场占有率，为了降低产品成本，该企业进军纺织行业，自主生产服装面料。但是，目前服装加工行业市场趋于饱和，内部竞争异常激烈，许多小企业逐步被淘汰，行业由分散走向集中，因此，该企业决定进军家电行业，成立空气净化器事业部，生产和销售空气净化器，进行新产品经营决策。该企业共有A产品、B产品、C产品、D产品四种空气净化器产品方案可供选择，每种产品均存在着市场需求高、市场需求一般、市场需求低三种市场状态，对应的市场状态及其概率、损益值（单位：百万元）如下表所示。

损益值　市场状态 方案　　　概率	市场需求高 0.3	市场需求一般 0.5	市场需求低 0.2
A产品	45	40	−15
B产品	42	38	12
C产品	40	30	18
D产品	38	28	20

根据上述资料，回答下列问题。[2016年真题]

1. 该企业目前实施的战略是（　　）。

   A. 多元化战略　　　　　　　　B. 横向一体化战略

   C. 前向一体化战略　　　　　　D. 后向一体化战略

   [答案] A

   [解题思路] 本题的考点为企业成长战略中多元化战略和一体化战略。分析案例资料"某服装加工企业通过大规模的并购活动，……但是，目前服装加工行业市场趋于饱和，内部竞争异常激烈，许多小企业逐步被淘汰，行业由分散走向集中，因此，该企业决定进军家电行业，成立空气净化器事业部，生产和销售空气净化器……"，这段话表明，该企业原来的经营领域是服装加工，然后兼并了多家同行业的服装企业，即采用了横向一体化战略；为了降低成本又进入了纺织行业，纺织行业为服装加工的上游领域，即采用了后向一体化战略；目前由于市场饱和，该企业决定进军家电行业，家电行业与服装加工行业是完全无关联的，即采用了非相关多元化战略。再结合题干的要求，题目问"该企业目前实施的战略是"，因此以上涉及的三种战略不能都做选择，要针对性看目前阶段实施的战略类型，目前涉及的战略是非相关多元化。非相关多元化属于多元化战略的类型之一，因此A项正确。

2. 按照行业生命周期理论，目前服装加工行业处于（　　）。

   A. 形成期　　　　　　　　　　B. 成长期

   C. 成熟期　　　　　　　　　　D. 衰退期

   [答案] C

   [解题思路] 本题的考点为行业生命周期分析中成熟期的特点。根据案例资料"但是，目前服装加工行业市场趋于饱和，内部竞争异常激烈，许多小企业逐步被淘汰，行业由分散走向集中"，可知属于成熟期的特点，因此C项正确。

3. 该企业此次新产品经营决策属于（　　）。

   A. 稳定型决策　　　　　　　　B. 不确定型决策

   C. 风险型决策　　　　　　　　D. 无风险型决策

   [答案] C

   [解题思路] 本题的考点为风险型决策的概念。根据案例资料"该企业共有A产品、B产品、C产品、D产品四种空气净化器产品方案可供选择，每种产品均存在着市场需求高、市场需求一般、市场需求低三种市场状态，对应的市场状态及其概率……"，即能够预估出市场状态发生的概率，且本案例的下一题也同时考查了风险型决策中的期望损益决策法，综合可判断该企业此次新产品经营决策是风险型决策，C项正确。

4. 若采用期望损益决策法进行决策，可使该企业获得最大经济效益的方案为生产（　　）。

   A. A产品　　　B. B产品　　　C. C产品　　　D. D产品

   [答案] B

   [解析] 本题的考点为风险型决策中的期望损益决策法。期望损益决策法的决策步骤如下：

   (1) 计算各方案的期望损益值。根据期望损益值=∑该方案在各种市场状态下的损益值×该市场状态发生的概率，分别计算四种产品的期望损益值。A产品期望损益值＝$45×0.3+40×0.5+(-15)×0.2=13.5+20-3=30.5$；B产品期望损益值＝$42×0.3+38×0.5+12×0.2=12.6+19+2.4=34$；C产品期望损益值＝$40×0.3+30×0.5+18×0.2=12+15+3.6=30.6$；D产品期望损益值＝$38×0.3+28×0.5+20×0.2=11.4+14+4=29.4$。

   (2) 选择期望损益值最大的方案为最优方案。根据第一步计算结果可知，B产品的期望损益值最大，因此可使该企业获得最大经济效益的方案为生产B产品，B项正确。

（二）

某汽车生产企业通过联合生产形式与外国某世界500强汽车公司建立战略联盟，获得良好的市场效果，为降低企业生产成本，该企业进军汽车配件行业，自主生产和供应汽车配件，同时，为扩大企业利润，该企业建立手机事业部，推出自主品牌的新型手机，通过预测，手机市场存在畅销、一般、滞销三种市场状态，新型手机的生产共有甲、乙、丙、丁四种方案可供选择，每种方案的市场状态及损益值如下表所示（单位：万元）。

损益值 市场状态 方案	畅销	一般	滞销
甲	430	300	50
乙	440	350	−100
丙	500	390	−120
丁	530	380	−220

根据上述资料，回答下列问题。[2015年真题]

1. 该企业与世界500强汽车公司建立的战略联盟是（　　）。

   A. 技术开发与研究联盟　　　　　B. 产品联盟
   C. 营销联盟　　　　　　　　　　D. 产业协调联盟

   [答案] B

   [解题思路] 本题的考点为战略联盟。首先，分析题目选项内容，可看出考查契约式战略联盟的类型。其次，分析案例文字信息"某汽车生产企业通过联合生产形式与外国某世界500强汽车公司建立战略联盟"，可知其战略联盟形式为联合生产，契约式战略联盟中，与产品生产有关的联盟形式只有产品联盟，其具体形式包括联合生产、贴牌生产、供求联盟、生产业务外包等形式，因此B项正确。

2. 该企业目前实施的战略是（　　）。

   A. 多元化战略　　　　　　　　　B. 成本领先战略
   C. 前向一体化战略　　　　　　　D. 后向一体化战略

   [答案] AD

   [解题思路] 本题的考点为基本竞争战略和企业成长战略。根据案例文字资料信息"为降低企业生产成本，该企业进军汽车配件行业，自主生产和供应汽车配件，同时，为扩大企业利润，该企业建立手机事业部，推出自主品牌的新型手机"，分析如下：①文字资料虽涉及了"成本"二字，但仅提及"为了降低企业生产成本，该企业进军了汽车配件行业"，后续再无进一步叙述，因此无法确定该企业是否对内部各环节均进行了成本控制，使得全部成本低于同行业其他企业，故不能判定实施了成本领先战略。②该企业原经营领域为汽车生产行业，现在进入汽车配件行业，即沿着产业链往上游领域发展，可知采用了垂直多元化战略；同时该企业为了扩大利润，又建立了手机事业部，即进入了手机行业，而手机和汽车生产完全无关联，可知采用了非相关多元化战略。由于垂直多元化战略和非相关多元化战略均属于多元化战略的类型，也可视为采用了多元化战略。③根据前一环节的分析，已知该汽车生产企业往其上游领域发展，这同时符合纵向一体化战略中"后向一体化战略"的概念。另本案例未涉及前向一体化战略的描述。综上所述，该企业目前实施的战略有多元化战略和后向一体化战略，A、D两项正确。

3. 采用折中原则进行决策（乐观系数为 0.75），则该企业应采用的手机生产方案为（　　）。

  A. 甲   B. 乙   C. 丙   D. 丁

[答案] C

[解析] 本题的考点为不确定型决策方法中的折中原则。折中原则进行决策步骤如下：

(1) 计算出各方案的折中损益值。根据折中损益值＝α×最好市场状态损益值＋（1－α）×最差市场状态损益值，计算四种商品的折中损益值。甲方案折中损益值＝430×0.75＋50×（1－0.75）＝322.5＋12.5＝335；乙方案折中损益值＝440×0.75＋（－100）×（1－0.75）＝330－25＝305；丙方案折中损益值＝500×0.75＋（－120）×（1－0.75）＝375－30＝345；丁方案折中损益值＝530×0.75＋（－220）×（1－0.75）＝397.5－55＝342.5。

(2) 选择折中损益值最大的方案为最优方案。根据第一步中计算的结果可知，丙方案折中损益值最大，因此该企业应采用的手机生产方案为丙，C 项正确。

4. 若采用后悔值原则进行决策，则该企业应采用的手机生产方案为（　　）。

  A. 甲   B. 乙   C. 丙   D. 丁

[答案] A

[解析] 本题的考点为不确定型决策方法中的后悔值原则。后悔值原则决策步骤如下：

(1) 确定标准值。比较每种市场状态下各方案的损益值，选出最大损益值作为该市场状态下的标准值。根据表格数据选择如下：畅销——四种方案的损益值最大的是 530；一般——四种方案的损益值最大的是 390；滞销——四种方案的损益值最大的是 50。

(2) 计算后悔值。用第一步选出的各市场状态下的标准值减去该市场状态下的各方案的损益值，具体如下表所示。

方案	畅销	一般	滞销
甲	530－430＝100	390－300＝90	50－50＝0
乙	530－440＝90	390－350＝40	50－（－100）＝150
丙	530－500＝30	390－390＝0	50－（－120）＝170
丁	530－530＝0	390－380＝10	50－（－220）＝270

(3) 确定各方案的最大后悔值，即比较每个方案各市场状态下的后悔值，选出最大后悔值。甲方案各市场状态下的后悔值分别为 100、90、0，最大后悔值是 100；乙方案各市场状态下的后悔值分别为 90、40、150，最大后悔值是 150；丙方案各市场状态下的后悔值分别为 30、0、170，最大后悔值是 170；丁方案各市场状态下的后悔值分别为 0、10、270，最大后悔值是 270。

(4) 选择最大后悔值最小的方案为最优的方案。根据第三步计算结果可知，甲方案最大后悔值是 100，是四个方案中最小的，因此该企业应采用的手机生产方案为甲，A 项正确。

本章同步练习

一、单项选择题（每题 1 分，每题备选项中，只有 1 个最符合题意）

1. 某日化生产企业为了提高牙膏产品在市场中的竞争地位，加大儿童牙膏的投资和研发力度，不断开拓儿童牙膏市场。从企业战略层次分析，该企业的此项战略属于（　　）。

  A. 企业总体战略   B. 企业业务战略

  C. 企业营销战略   D. 企业职能战略

2. 关于企业愿景的说法，正确的是（　　）。

  A. 企业愿景等同于企业使命

B. 只有高层管理者才能制定企业愿景

C. 企业愿景明确了企业期望达到的利润水平

D. 企业愿景包括企业核心信仰和未来前景两部分内容

3. 战略实施流程的第一步骤为（　　）。

A. 战略方案的分解与实施

B. 战略变化分析

C. 组织结构调整

D. 战略实施的考核与奖励

4. 企业在战略实施过程中，深入宣传发动、使所有人员都参与并且支持企业的目标和战略，这是（　　）战略实施模式。

A. 指挥型　　　　　　　　B. 变革型

C. 合作型　　　　　　　　D. 文化型

5. 企业通常运用各种现代化的控制方法进行战略控制。运用杜邦分析法旨在进行（　　）。

A. 质量控制　　　　　　　B. 进度控制

C. 财务控制　　　　　　　D. 工艺控制

6. 某高新技术企业积极吸引并聚集了大量高素质的研发人才和管理人才，构建了企业的核心竞争力，该企业的核心竞争力体现为（　　）。

A. 关系竞争力　　　　　　B. 环境竞争力

C. 资源竞争力　　　　　　D. 市场竞争力

7. 在造船业不景气的情况下，某造船厂除仍承接石油运输船的生产业务外，开始承接建筑工程和石油勘探设备的钢结构加工业务，该造船厂实施的是（　　）战略。

A. 水平多元化　　　　　　B. 垂直多元化

C. 同心型多元化　　　　　D. 非相关多元化

8. 某农场是国内多家知名食品生产企业的原料供应商，在充分分析行业竞争结构的基础上，该农场决定将业务范围扩大到农产品的深加工领域，进行儿童食品的生产，该农场实施的战略是（　　）。

A. 后向一体化　　　　　　B. 前向一体化

C. 横向一体化　　　　　　D. 非相关多元化

9. 国内某汽车生产企业与世界知名汽车生产企业建立联盟，共同研发新型太阳能汽车，该企业建立的战略联盟属于（　　）。

A. 产品联盟　　　　　　　B. 营销联盟

C. 股权式联盟　　　　　　D. 技术开发与研究联盟

10. 企业经营决策的最基本要素是（　　）。

A. 决策者　　　　　　　　B. 决策目标

C. 决策方案　　　　　　　D. 决策条件

二、**多项选择题**（每题2分，每题备选项中，有2个或2个以上符合题意，至少有1个错项。错选，本题不得分；少选，所选的每个选项得0.5分）

1. 下列要素中，属于麦肯锡公司提出的7S模型中硬件要素的是（　　）。

A. 风格　　　　　　　　　B. 战略

C. 结构　　　　　　　　　D. 人员

E. 制度

2. 平衡计分卡将组织的战略落实为可操作的衡量指标和目标值，平衡计分卡的设计包括（   ）等内容。
   A. 财务角度 B. 顾客角度
   C. 生产角度 D. 内部流程角度
   E. 学习与成长角度

3. 企业核心竞争力的特征主要体现在（   ）。
   A. 价值性 B. 同质性
   C. 延展性 D. 持久性
   E. 易转移性

4. 钻石模型是由经济学家迈克尔·波特提出，该模型认为决定一个国家某种产业竞争力的要素除了企业战略、产业结构和同行竞争外，还包括（   ）。
   A. 需求条件 B. 相关支撑产业
   C. 国家政策 D. 生产要素
   E. 市场机会

5. 下列关于国际化经营战略的说法，正确的是（   ）。
   A. 多国化战略向全世界的市场推广标准化的产品或服务
   B. 跨国化战略优势主要体现在实现规模经济、适应当地市场、实现全球化学习
   C. 实施跨国化战略的企业的经营者面临更大的挑战
   D. 全球化战略加强了企业在各个国家之间的统一协调性
   E. 跨国化战略母公司与子公司的关系是单向的

6. 下列决策方法中，属于确定型决策方法的有（   ）。
   A. 线性规划法 B. 盈亏平衡点法
   C. 决策树分析法 D. 决策收益表法
   E. 后悔值分析法

三、案例分析题（每题2分。由单选和多选组成。错选，本题不得分；少选，所选的每个正确选项得0.5分）

（一）

国内某知名电视生产企业采用SWOT分析法，分析企业面临的内外部环境，并进行战略选择。该企业不断收购中小电视生产企业，扩大企业生产规模；加强内部成本控制，降低产品价格，成为行业中的成本领先者；同时，该企业针对儿童观看电视的需求，独家推出保护视力的防眩光、不闪式液晶电视，获得了市场的认可和顾客的青睐。

该企业拟推出一款新型平板电视，共有甲产品、乙产品、丙产品和丁产品四种产品方案可供选择。每种产品方案均存在着畅销、一般、滞销三种市场状态，三种市场状态发生的概率无法预测。每种方案的市场状态及损益值如下表所示（单位：万元）。

损益值 市场状态 产品	畅销	一般	滞销
甲产品	640	350	−250
乙产品	680	460	−350
丙产品	500	300	−200
丁产品	700	440	−400

根据上述资料，回答下列问题。
1. 采用SWOT分析法进行战略选择，WT战略是指（　　）。
   A. 利用企业优势，利用环境机会
   B. 利用环境机会，克服企业劣势
   C. 利用企业优势，避免环境威胁
   D. 使企业劣势最小化，避免环境威胁
2. 该企业目前实施的战略为（　　）。
   A. 成本领先战略　　　　　　　B. 差异化战略
   C. 横向一体化战略　　　　　　D. 纵向一体化战略
3. 该企业此次新产品经营决策属于（　　）。
   A. 确定型决策　　　　　　　　B. 不确定型决策
   C. 风险型决策　　　　　　　　D. 无风险型决策
4. 若根据折中原则进行决策（乐观系数 $\alpha=0.7$），生产丙产品能使该企业获得的经济效益为（　　）万元。
   A. 410　　　　　　　　　　　B. 60
   C. 350　　　　　　　　　　　D. 290

（二）

某知名啤酒生产企业，为满足市场需求，不断研发啤酒新品种，开发适合不同顾客群体的啤酒，走差异化战略道路。该企业在市场调研的基础上，推出一款专门针对年轻人口味的啤酒。生产该品种啤酒总固定成本为600万元，单位变动成本为2.5元，产品售价为4元/瓶。该企业采用盈亏平衡点法进行产量决策。

根据上述资料，回答下列问题。
1. 该企业实施的战略适用于（　　）。
   A. 具有很强研发能力的企业
   B. 市场营销能力较弱的企业
   C. 产品或服务具有领先声望的企业
   D. 具有很强市场营销能力的企业
2. 该企业生产该品种啤酒的盈亏平衡点产量为（　　）万瓶。
   A. 90　　　　　　　　　　　B. 150
   C. 240　　　　　　　　　　　D. 400
3. 如果该品种啤酒的产量增加到500万瓶，总固定成本增加到650万元，单位变动成本不变，则盈亏平衡点时的产品售价为（　　）元/瓶。
   A. 1.2　　　B. 1.3　　　C. 3.8　　　D. 5.3
4. 该企业所进行的产量决策属于（　　）。
   A. 确定型决策　　　　　　　　B. 不确定型决策
   C. 风险型决策　　　　　　　　D. 离散型决策

本章同步练习参考答案及解析

一、单项选择题
1. [答案] B
   [解题思路] 本题的考点为企业战略的层次。首先，根据题目信息"从企业战略层次分析"，可知涉及企业总体战略、企业业务战略和企业职能战略，可排除C项企业

营销战略。其次，根据题目信息"为了提高牙膏产品在市场中的竞争地位，加大儿童牙膏的投资和研发力度"，可知实施该项战略主要是为了提升牙膏产品在市场的竞争地位，符合企业业务战略的概念，因此B项正确。

2. [答案] D
   [解析] A项，企业愿景和企业使命是两个不同概念；B项，企业愿景不只专属于高层管理者，企业内部每一位员工都应参与构思制定愿景，通过沟通达成共识，可知并不是只有高层管理者才能制定企业愿景；C项，企业愿景是企业的一种远大的目标或追求，是企业长远发展需要实现的目标，而不是明确企业期望达到的利润水平这种短期具体目标。

3. [答案] B
   [解析] 本题的考点为企业战略实施的步骤。企业战略实施的步骤是：战略变化分析→战略方案的分解与实施→战略实施的考核与激励。第一步为战略变化分析，因此B项正确。

4. [答案] D
   [解题思路] 本题的考点为企业战略实施的模式。首先，题目和选项均不涉及增长型，因此无需考虑此模式。其次，其余模式主要分析参与战略决策的人员范围，根据题目信息"使所有人员都参与并且支持企业的目标和战略"，可知为"文化型"，D项正确。

5. [答案] C
   [解析] 本题的考点为战略控制的方法。其中，杜邦分析法是基于财务指标的控制方法，即旨在财务控制，因此C项正确。

6. [答案] C
   [解题思路] 本题的考点为企业核心竞争力分析中核心竞争力的体现。根据题目信息可知构成该企业核心竞争力的是研发人才和管理人才这类人力资源，而人力资源是资源竞争力的具体形式，可知C项正确。

7. [答案] C
   [解题思路] 本题的考点为多元化战略。题目所述为本书同心型多元化的举例的简单变形，可知C项正确。

8. [答案] B
   [解题思路] 本题的考点为一体化战略。分析题目可知，该农场原有经营领域为食品原料供应，现在进入的领域为农产品深加工食品，即往供应链下游领域发展，可知为纵向一体化战略中的前向一体化战略，B项正确。

9. [答案] D
   [解题思路] 本题的考点为战略联盟。首先，本题未提及两家企业有股权方面的融合，因此可排除C项股权式联盟。其次，根据题目信息可知两家企业建立联盟是共同研究开发新型太阳能汽车，符合技术开发与研究联盟的概念，D项正确。

10. [答案] A
    [解析] 本题的考点为企业经营决策的要素。其中，决策者是企业经营决策的主体，是决策最基本的要素，可知A项正确。

二、多项选择题

1. [答案] BCE
   [解析] 本题的考点为7S模型。7S模型中硬件要素包括战略、结构、制度，可知B、C、E三项正确。A、D两项属于软件要素的内容。

2. [答案] ABDE
   [解析] 本题的考点为战略控制的方法。其中，平衡计分卡的设计从四个角度展开：财务角度、顾客角度、内部流程角度、学习与成长角度。

3. [答案] ACD
   [解析] 本题的考点为企业核心竞争力分析。企业核心竞争力的特征主要体现在六个方面：价值性、异质性、延展性、持久性、难以转移性、难以复制性。

4. [答案] ABD
   [解析] 本题的考点为国际化经营战略中钻石模型相关内容。钻石模型提及的决定一

个国家某种产业竞争力的四要素包括：生产要素、需求条件、相关支撑产业以及企业战略、产业结构和同业竞争。

5. [答案] BCD
[解析] 本题的考点为国际化经营战略的类型。A项，多国化战略整体上来说是实施全球范围的差异化战略，根据当地市场需求提供本土化的产品，而不是标准化的产品或服务；E项，跨国化战略母公司与子公司、子公司与子公司的关系是双向的，不仅母公司向子公司提供产品与技术，子公司也可以向母公司提供产品与技术。因此，A、E两项错误。

6. [答案] AB
[解析] 本题的考点为定量决策方法。其中，确定型决策方法包括线性规划法、盈亏平衡点法，可知A、B两项正确。

三、案例分析题

（一）

1. [答案] D
[解析] 本题的考点为企业综合分析。根据SWOT分析法的内容，其中，W（weakness），即劣势；T（threat），即威胁，因此WT战略是指使劣势最小化，避免威胁，D项正确。

2. [答案] ABC
[解题思路] 本题的考点为成本领先战略、差异化战略和一体化战略的相关概念。根据案例资料"国内某知名电视生产企业采用SWOT分析法，分析企业面临的内外部环境，并进行战略选择。<u>该企业不断收购中小电视生产企业</u>，扩大企业生产规模；<u>加强内部成本控制，降低产品价格，成为行业中的成本领先者</u>；同时，该企业针对儿童观看电视的需求，<u>独家推出保护视力的防眩光、不闪式液晶电视</u>，获得了市场的认可和顾客的青睐"，分析如下：①该企业原经营领域为电视机生产，不断收购中小电视生产企业，即并购了同行业企业，可知采用了横向一体化战略。②该企业加强内部成本控制，降低产品价格，成为行业中的成本领先者，可知采用了成本领先战略。③该企业独家推出保护视力的防眩光、不闪式液晶电视，"独家推出"即只有这家企业生产经营这种电视，而其他企业没有这种产品，体现了该企业产品上的与众不同的特点，且由于该企业还经营其他领域，可知这款电视仅是其推出的一款产品，以满足顾客差异化需求，可知采用了差异化战略。④本案例文字资料未提及该企业沿产业链在上下游领域发展，因此不涉及采用纵向一体化战略。综上所述，该企业目前实施的战略为成本领先战略、差异化战略、横向一体化战略，因此A、B、C三项正确。

3. [答案] B
[解题思路] 本题的考点为不确定型决策的概念。根据案例资料"三种市场状态发生的概率无法预测"，可知为不确定型决策，B项正确。

4. [答案] D
[解题思路] 本题的考点为不确定型决策方法中的折中原则。本题只需要采用折中原则中的折中损益值的公式计算出丙产品的折中损益值即可，无需采用折中原则选择最优方案。根据折中损益值＝α×最好市场状态损益值＋（1－α）×最差市场状态损益值，丙产品的折中损益值＝0.7×500＋（1－0.7）×（－200）＝350－60＝290（万元），D项正确。

（二）

1. [答案] ACD
[解析] 本题的考点为差异化战略。根据案例资料信息"走差异化战略道路"，再结合题目选项可知本题实则考查差异化战略适用的范围。实施差异化战略适用于符合以下条件的企业：①企业要有很强的研究开发能力；②企业在产品或服务上要有领先的声望，具有很高的知名度和美誉度；③企业要有很强的市场营销能力。

2. [答案] D
[解析] 本题的考点为盈亏平衡点法。根据

公式，盈亏平衡点销售量＝总固定成本/（销售单价－单位变动成本），将案例已知数据代入公式，盈亏平衡点销售量＝6 000 000/（4－2.5）＝6 000 000/1.5＝4 000 000（瓶）＝400（万瓶），D项正确。

3. [答案] C

   [解析] 本题的考点为盈亏平衡点法。根据公式，盈亏平衡点销售量＝总固定成本/（销售单价－单位变动成本），将题干和案例已知数据代入公式，盈亏平衡点销售量＝6 500 000/（销售单价－2.5）＝5 000 000，由此推出单价为3.8元，C项正确。

4. [答案] A

   [解题思路] 本题的考点为确定型决策。虽然案例资料中未涉及任何定量决策方法的概念描述，但是根据本案例前面考查的计算题可知，该企业采用的是盈亏平衡点法进行的销售量决策，而盈亏平衡点法属于确定型决策，因此A项正确。

错题收集

第二章 公司法人治理结构

本章考情分析

节 名	题 型	2017	2016	2015	2014	2013
第一节 公司所有者与经营者	单项选择题	0分	0分	0分	0分	0分
	多项选择题	0分	0分	2分	0分	0分
第二节 股东机构	单项选择题	3分	2分	3分	3分	2分
	多项选择题	2分	2分	0分	2分	2分
第三节 董事会	单项选择题	1分	1分	3分	2分	2分
	多项选择题	2分	2分	0分	2分	2分
第四节 经理机构	单项选择题	1分	2分	1分	1分	1分
	多项选择题	0分	0分	0分	0分	0分
第五节 监督机构	单项选择题	1分	1分	0分	1分	2分
	多项选择题	0分	0分	2分	0分	0分
合计		10分	10分	11分	11分	11分

本章学习提示

本章主要以我国《公司法》为基础,介绍了公司组织结构中股东机构、董事会、经理机构和监事会相关的基本知识。本章考试内容在近几年未进行大幅度变动,考试不涉及案例分析题的考查,考题难度不大,但考点较为分散、易混淆,建议考生配合本辅导书总结的内容对比记忆,并通过做题巩固知识点,以达到事半功倍的效果。

第一节 公司所有者与经营者

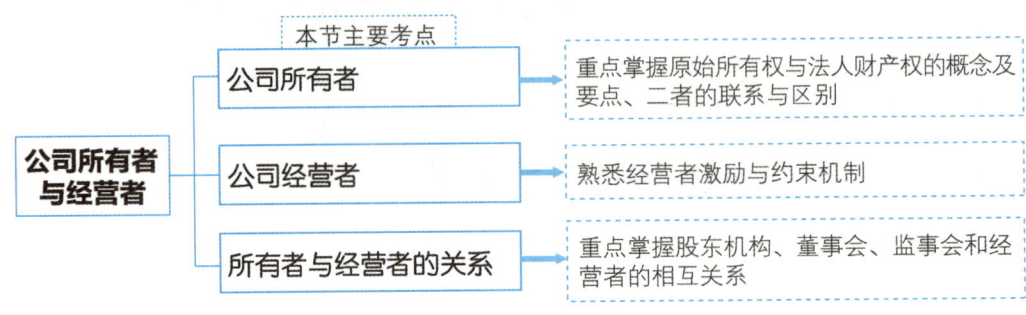

【考点一】公司所有者

所有者是指企业财产所有权（或产权）的拥有者。

所有权或产权是指经济主体对稀缺性资源所拥有的一组权利的集合，包括占有、使用、收益和处置等权利。

经营者是指控制并领导公司（日常）经营事务的人员。他们是公司中的高级经营管理人员。

一、公司的原始所有权与法人财产权

（一）原始所有权

原始所有权是出资人（股东）对投入资本的终极所有权。其表现为股权。

【注意】公司制企业的出现，使得企业所有者与经营者发生了分离。一般情况下，股东没有对公司直接经营的权利，也没有直接处置法人财产的权利。

（二）法人财产权

公司法人财产权，即法人产权，是指公司作为法人对公司财产的排他性占有权、使用权、收益权和处分转让权。

公司法人财产是由在公司设立时出资者依法向公司注入的资本金及其增值和公司在经营期间负债所形成的财产构成。

【注意】公司拥有法人财产权（或法人产权）。

二、公司财产权能的两次分离

公司财产权能的两次分离是以公司法人为中介的所有权与经营权的两次分离。第一次分离：具有法律意义的原始所有权与法人产权的分离；第二次分离：具有经济意义的法人产权与经营权的分离。

（一）原始所有权与法人产权的分离

原始所有权与法人产权的联系与区别如表2-1-1所示。

表 2-1-1　原始所有权与法人产权的联系与区别

项目	原始所有权	法人产权
概念	出资人（股东）对投入资本的终极所有权，其表现为股权	公司作为法人对公司财产的排他性占有权、使用权、收益权和处分转让权，表现为对公司财产的实际控制权
联系	客体是同一财产，反映的是不同的经济法律关系	
区别	股东保留对股票的占有权利，原始所有权体现这一财产最终归谁所有	法人享有对实物资产的占有权利，法人产权体现这一财产由谁占有、使用和处分
	终极所有权	派生所有权

（二）法人产权与经营权的分离

法人产权与经营权的区别如表 2-1-2 所示。

表 2-1-2　法人产权与经营权的区别

	法人产权	经营权
概念	对公司财产的占有权、使用权、收益权、处分转让权	对公司财产占有、使用和依法处分的权利
区别	包括对公司财产的收益权	不包括对公司财产的收益权

【考点小贴士】本考点常考查概念或者要求考生对原始所有权和法人财产权的说法判断正误，考试常故意颠倒二者概念，或者对上述考点中标有下划线的一些文字进行考查，一定注意仔细审题。

经典例题

[例题·单选题] 公司制企业有明晰的产权关系，其中对全部法人财产依法拥有独立支配权力的主体是（　　）。
A. 公司　　　　　　　　　B. 股东
C. 监事会　　　　　　　　D. 董事会
[答案] A
[解析] 公司对其全部法人财产依法拥有独立支配的权利，A 项正确。

[例题·单选题] 关于原始所有权与法人产权的说法，正确的是（　　）。
A. 原始所有权是一种派生所有权
B. 原始所有权与法人产权的客体不是同一财产
C. 法人产权表现为对公司财产的实际控制权
D. 法人产权体现的是财产最终归谁所有
[答案] C
[解析] A 项，原始所有权是一种终极所有权，而不是派生所有权；B 项，原始所有权与法人产权的客体是同一财产；D 项，法人产权体现的是财产由谁占有、使用和处分，而原始所有权体现这一财产归谁所有。

【考点二】公司经营者

一、公司经营者的概念

经营者是指在一个所有权和经营权分离的企业中承担法人财产的保值增值责任，对法人财产拥有绝对经营权和管理权，全面负责企业日常经营管理，由企业在经理人市场中聘任，以年薪、股权和期权等为获得报酬主要方式的经营人员。

二、经营者激励与约束机制

（一）报酬激励

报酬激励的主要形式包括年薪制、薪金与奖金相结合、股票奖励、股票期权。

（二）声誉激励

通过对经营者履行职能状况的综合考察，并据此给予经营者相应的社会地位，使经营者获得心理上的优越感，通过这种方式可以激励他们努力工作。

（三）市场竞争机制

市场竞争机制包括企业家市场、资本市场和产品市场的竞争。市场对经营者的约束和激励可归纳为两个方面：

（1）市场竞争机制具有信息显示功能，企业的经营状况通过各种市场指标反映出来。这在一定程度上体现出经营者的能力和其在企业经营活动中的努力程度。

（2）市场竞争的优胜劣汰机制对经营者位置形成直接的威胁。

经典例题

[例题·单选题] 某公司采用股票期权来激励经营者，这种激励属于（　　）。
A. 声誉激励　　　　　　　　　B. 报酬激励
C. 外部激励　　　　　　　　　D. 市场竞争激励
[答案] B
[解析] 经营者激励与约束机制包括报酬激励、声誉激励、市场竞争机制。其中，报酬激励的主要形式有年薪制、薪金与奖金相结合、股票奖励、股票期权。

【考点三】所有者与经营者的关系

一、所有者与经营者之间的委托代理关系

经营者作为意定代理人，其权力受到董事会委托范围的限制。公司对经营人员是一种有偿委任的雇佣，经营人员有义务和责任依法经营好公司事务，董事会有权对经营人员的经营业绩进行监督和评价，并据此对经营人员做出（或约定）奖励或激励的决定，并可以予以解聘。

二、股东（大）会、董事会、监事会和经营者之间的相互制衡关系

（1）股东作为所有者掌握最终的控制权，可以决定董事会的人选，并有推选或不推选直至起诉某位董事的权利。

（2）董事会作为公司最主要的代表人，全权负责公司经营，拥有支配法人财产的权利和任命、指挥经营者的全权，但董事会必须对股东负责。

（3）经营者受聘于董事会，作为公司的意定代表人统管企业日常经营事务，在董事会授权范围内，经营者有权决策，他人不能随意干涉，经营者的管理权限和代理权限不能超过董事会决定的授权范围。

（4）监事会是公司内部的专职监督机构，监事会对股东机构负责，以出资人代表的身份行使监督权力，其基本职能是监督公司的一切经营活动，对董事会和经营者的工作实行全面监督。

【考点小贴士】所有者与经营者的关系建议在下图 2-1-1 的基础上形象理解记忆，切忌死记硬背，本章后续几节内容中一些相关知识点也可通过该示意图进行扩展理解。

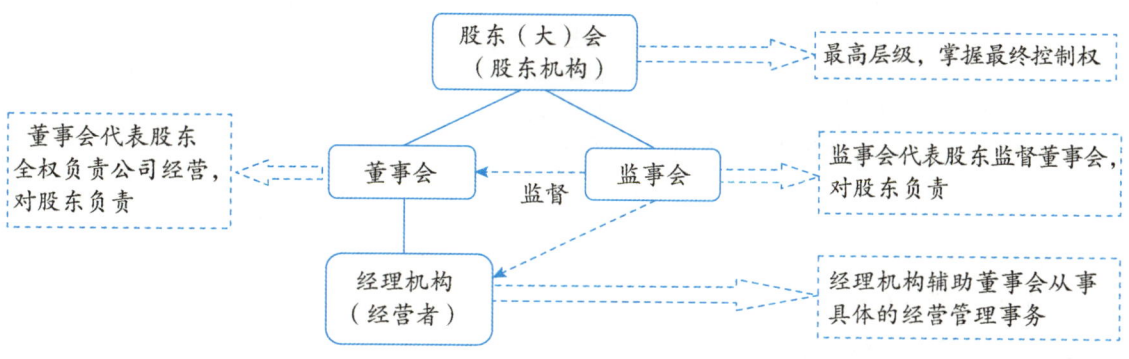

图 2-1-1 股东机构、董事会、监事会和经理机构的相互关系

经典例题

[例题·多选题] 下列关于公司股东会、董事会、监事会和经营人员之间的相互制衡关系的说法,正确的是（　　）。
A. 股东掌握着最终的控制权
B. 董事会必须对股东负责
C. 监事会必须向董事会负责
D. 经营者的管理权限由董事会授予
E. 经营者受聘于股东大会
[答案] ABD
[解析] C项,监事会向股东机构负责,其基本职能是监督公司的一切经营活动,以董事会和总经理为主要监督对象。E项,经营者受聘于董事会,而不是受聘于股东大会。

第二节　股东机构

本节考点概览

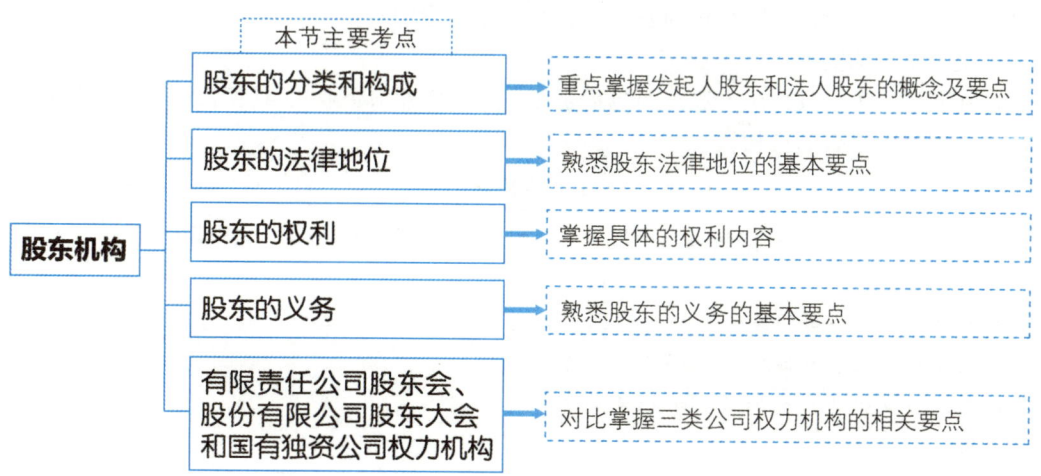

【考点一】股东的分类和构成

一、发起人股东与非发起人股东

（一）发起人的概念

发起人是指参加公司设立活动并对公司设立承担责任的人。

（二）与一般股东相比，发起人股东的特点

1. 对公司设立承担责任

根据《公司法》规定，发起人应当承担下列责任：①对设立行为所产生的债务和费用负连带责任；②公司不能成立时，对认股人已缴纳的股款，负返还股款并加算银行同期存款利息的连带责任；③在公司设立过程中，由于发起人的过失致使公司利益受到损害的，对公司承担赔偿责任。

2. 股份转让受到一定限制

根据《公司法》规定，发起人持有的本公司股份自公司成立之日起1年内不得转让。

3. 资格的取得受到一定限制

自然人作为发起人应当具备完全民事行为能力；法人作为发起人应当是法律上不受限制者。发起人的国籍和住所受到一定限制。我国《公司法》规定，设立股份公司，其发起人必须一半以上在中国有住所。

二、自然人股东与法人股东

（一）自然人与法人的概念

自然人是指生物学意义上的基于出生而取得民事主体资格的人，包括本国公民、外国公民和无国籍的人。

法人是指具有民事权利能力和民事行为能力，依法独立享有民事权利和承担民事义务的组织。法人是社会组织在法律上的人格化，是法律意义上的"人"，而不是实实在在的生命体。

（二）我国《公司法》关于自然人股东与法人股东的规定

（1）自然人（包括中国公民和外国国籍的人）和法人均可成为公司股东。

（2）自然人作为股份有限公司的发起人股东，作为参加有限责任公司组建的设立人股东，应当具有完全民事行为能力。

（3）在我国，可以成为法人股东的包括企业法人（含外国企业）、社团法人、各类投资基金组织和代表国家进行投资的机构。

经典例题

[2016年真题·单选题] 根据我国《公司法》，关于发起人股东的说法，错误的是（　　）。

A. 股份公司的发起人必须一半以上在中国有住所
B. 发起人持有的本公司的股份自公司成立之日起三年内不得转让
C. 自然人发起人应当具备完全民事行为能力
D. 发起人对设立行为产生的债务承担连带责任

[答案] B

[解析] B项，《公司法》对发起人转让股份的行为做了限制，规定发起人持有的本公司股份自公司成立之日起一年内不得转让。

经典例题

[例题·单选题] 根据我国《公司法》，参加股份有限公司设立活动并对公司设立承担责任的主体称为（　　）。
A. 代理人　　　　B. 债务人　　　　C. 债权人　　　　D. 发起人
[答案] D
[解析] 发起人是指参加公司设立活动并对公司设立承担责任的人。

[例题·多选题] 根据我国《公司法》，可以成为法人股东的有（　　）。
A. 自然人　　　　　　　　　　B. 社团法人
C. 企业法人　　　　　　　　　D. 投资基金组织
E. 代表国家进行投资的机构
[答案] BCDE
[解析] 在我国，可以成为法人股东的包括企业法人（含外国企业）、社团法人、各类投资基金组织和代表国家进行投资的机构。

【考点二】股东的法律地位

（1）股东是公司的出资人。

（2）股东是公司经营的最大受益人和风险承担者。

（3）股东享有股东权。这是股东最根本的法律特征，是股东法律地位的集中体现。

（4）股东承担有限责任。我国《公司法》规定，公司以其全部财产对公司的债务承担责任。有限责任公司的股东以其认缴的出资额为限对公司承担责任；股份有限公司的股东以其认购的股份为限对公司承担责任。

【注意】股东承担有限责任，即以其出资额为限承担有限责任，因此不涉及股东其他未作为出资的个人资产或家庭资产。

（5）股东平等。这是指基于股东资格而发生的公司与股东之间以及股东与股东之间的法律关系中，所有股东均按其所持股份的性质、内容和数额平等地享受权利，承担义务。

经典例题

[2016年真题·单选题] 有限责任公司的股东以其（　　）为限，对公司负有限责任。
A. 个人资产　　　B. 家庭资产　　　C. 实缴的出资额　　　D. 认缴的出资额
[答案] D
[解析] 我国《公司法》规定，公司以其全部财产对公司的债务承担责任，有限责任公司的股东以其认缴的出资额为限对公司承担责任。

【考点三】股东的权利

（1）股东（大）会的出席权、表决权。

（2）临时股东（大）会召开的提议权和提案权。

（3）董事、监事的选举权、被选举权。

（4）公司资料的查阅权。

（5）公司股利的分配权。

（6）公司剩余财产的分配权。

（7）出资、股份的转让权。

（8）其他股东转让出资的优先购买权。

(9) 公司新增资本的优先认购权。

(10) 股东诉讼权。

【考点小贴士】 本知识点常与第三节中董事会的职权混合出题，需要对比记忆，为了方便考生复习，在本章末尾【本章易错易混考点】部分会进行汇总。

经典例题

[2016年真题·多选题] 根据我国《公司法》，股东享有的权利有（   ）。

A. 股东会的出席权、表决权　　　　　B. 董事的选举权、被选举权

C. 经理的聘任权、解聘权　　　　　　D. 内部管理机构的设置权

E. 公司股利的分配权

[答案] ABE

[解析] C、D两项，经理的聘任权、解聘权和内部管理机构的设置权属于董事的职权。

【考点四】股东的义务

(1) 缴纳出资的义务。这是股东最重要的义务。

【注意】 公司登记后，股东不得抽回出资，公司的发起人、股东在公司成立后，抽逃其出资的，由公司登记机关责令改正，处以所抽逃出资金额5%以上、15%以下的罚款。

(2) 以出资额为限对公司承担责任。

(3) 遵守公司章程。这是公司股东最基本的义务。

(4) 忠诚义务。其包括三个方面：①禁止损害公司利益；②考虑其他股东利益；③谨慎负责地行使股东权力及其影响力。

经典例题

[2017年真题·单选题] 王某是甲公司的发起人股东，公司成立后，王某因抽逃5 000万元被查处，根据我国公司法，对王某处以（   ）万元的罚款。

A. 50～250　　　B. 50～500　　　C. 250～750　　　D. 250～1 000

[答案] C

[解析] 公司登记后，股东不得抽回出资，公司的发起人、股东在公司成立后，抽逃其出资的，由公司登记机关责令改正，处以所抽逃出资金额5%以上、15%以下的罚款。对比题目信息，王某抽逃出资的金额为5 000万元，因此应处以5 000万元的5%以上、15%以下的罚款，即处以250万元～750万元的罚款，可知C项正确。

【考点五】有限责任公司股东会、股份有限公司股东大会和国有独资公司权力机构

一、有限责任公司股东会和股份有限公司股东大会的职权

有限责任公司的股东会或股份有限公司的股东（大）会是公司的最高权力机构，享有对公司重要事项的最终决定权。其具体的职权如下：

(1) 决定公司的经营方针和投资计划。

(2) 选举和更换非由职工代表担任的董事、监事，决定有关董事、监事的报酬事项。

(3) 审议批准董事会的报告。

(4) 审议批准监事会或者监事的报告。

(5) 审议批准公司的年度财务预算方案、决算方案。

(6) 审议批准公司的利润分配方案和弥补亏损方案。

(7) 对公司增加或减少注册资本做出决议。

(8) 对公司发行债券做出决议。

(9) 对公司合并、分立、解散、清算或者变更公司形式做出决议。

(10) 修改公司章程。

(11) 公司章程规定的其他职权。

【考点小贴士】本考点常与第三节董事会的职权混合出题，不建议单独记忆，可参考本章结尾部分【本章易错易混考点】中总结的表格进行对比记忆。

二、有限责任公司股东会和股份有限公司股东大会的种类及决议方式

有限责任公司股东会和股份有限公司股东大会会议的种类及决议方式涉及的考试要点如表2-2-1所示。

表2-2-1 有限责任公司股东会和股份有限公司股东大会会议的种类及决议方式

项目	有限责任公司股东会		股份有限公司股东大会	
会议种类	首次会议	公司成立后召集的第一次会议，由出资最多的股东召集	股东年会	股东大会应当每年召开1次年会
	定期会议	按照公司章程规定按时召开	临时股东大会	有下列情形之一，应当在2个月内召开临时股东大会：①董事人数不足法律规定人数的2/3时；②公司未弥补的亏损达实收股本总额1/3时；③单独或者合计持有公司10%以上股份的股东请求时；④董事会认为必要时；⑤监事会提议召开时；⑥公司章程规定的其他情形
	临时会议	召开的情形：代表1/10以上表决权的股东、1/3以上董事，监事会或者不设监事会的公司的监事提议召开的，应当召开临时会议		
决议方式	(1) 普通决议。经1/2以上表决权的股东通过 (2) 特别决议。经2/3以上表决权的股东通过 特别决议内容包括：①修改公司章程；②增加或减少注册资本；③公司合并、分立、解散或变更公司形式			

经典例题

[2017年真题·单选题] 某公司为上市公司，根据我国《公司法》，下列情形中，该公司应召开临时股东大会的是（　　）。

A. 持有该公司5%股份的股东请求召开　　B. 该公司未弥补的亏损额达实收股本总额的1/5

C. 1/5的监事提议召开　　D. 董事人数不足法律规定人数的2/3

[答案] D

[解析] 本题仅D项内容为召开临时股东大会的情形。A项错误，召开临时股东大会的情形之一是单独或者合计持有公司10%以上股份的股东请求时，而仅持有5%股份的股东还达不到召开情形中持股比例的要求。B项错误，召开临时股东大会的情形之一是公司未弥补的亏损达实收股本总额1/3时，而不是1/5。C项错误，召开临时股东大会的情形之一是监事会提议召开，而不是1/5的监事提议召开。

[例题·多选题] 股份有限公司的股东大会类型包括（　　）。

A. 大股东会议　　B. 定期股东会议　　C. 股东年会　　D. 临时股东会议

E. 特别会议

[答案] CD

[解析] 股份有限公司股东大会的种类有两种：股东年会和临时股东会议。

三、股份有限公司股东大会的召开

（一）股东出席会议

股东可以亲自参加股东大会会议，也可以委托代理人出席股东大会会议，法律对这种代理做出了两点限制：①代理人应当向公司提交股东授权委托书以证明身份；②代理人必须在授权范围内行使表决权。

（二）股东行使表决权的依据

（1）一股一权是股份有限公司股东行使股权的重要原则。

（2）累积投票制，是指股东大会选举董事或者监事时，每一股份拥有与应选董事或者监事人数相同的表决权，股东拥有的表决权可以集中使用。累积投票制主要保障中小股东有可能选出自己信任的董事或监事。

> **经典例题**
>
> [2017年真题·多选题] 根据我国《公司法》，关于股份有限公司股东大会的说法，正确的有（　　）。
> A. 股东大会应当每年召开两次
> B. 股东大会的表决实行一人一票
> C. 股东可以委托代理人出席股东大会
> D. 股东大会增加注册资本的决议，必须经出席会议的股东所持表决权的过半数通过
> E. 股东大会享有对公司重要事项的最终决定权
> [答案] CE
> [解析] A项，我国《公司法》规定，股东大会应当每年召开1次。B项，一股一权是股份有限公司行使股权的重要原则，而董事会的决议原则才是一人一票、多数通过。D项，股东大会做出修改公司章程、增加或者减少注册资本的决议，以及公司合并、分立、解散或者变更公司形式的特别决议，必须经出席会议的股东所持表决权的2/3以上绝对多数通过，而不是过半数通过。

四、国有独资公司的权力机构

国有独资公司不设股东会，由国有监督管理机构行使股东会的职权。国有独资公司权力机构与有限责任公司和股份有限公司权力机构的对比如表2-2-2所示。

表 2-2-2　各类公司的权力机构

公司	有限责任公司	股份有限公司	国有独资公司
权力机构	股东会	股东大会	国有资产监督管理机构

国有资产监督管理机构可以授权公司董事会行使股东会的部分职权，决定公司的重大事项，但下列情况除外：

（1）公司的合并、分立、解散、增加或者减少注册资本和发行公司债券，必须由国有资产监督管理机构决定。

（2）重要的国有独资公司合并、分立、解散、申请破产的，应当由国有资产监督管理机构审核后，报本级人民政府批准。

【注意】本级人民政府是指重要的国有独资公司直属的那一级人民政府，比如某省A市市属的重要的国有独资公司涉及合并、分立、解散，则需报A市人民政府批准。

【考点小贴士】国有独资公司在公司组织结构上，除了最高权力机构外，其他的部分与有限责任公司和股份有限公司基本相同。国有独资公司的股东实际就是国家，因此不设股东会，由国有资产监督管理机构代表国家行使股东的权力，在学习本章后续几节相关知识点时，都可在下图2-2-1的基础上扩展理解学习。

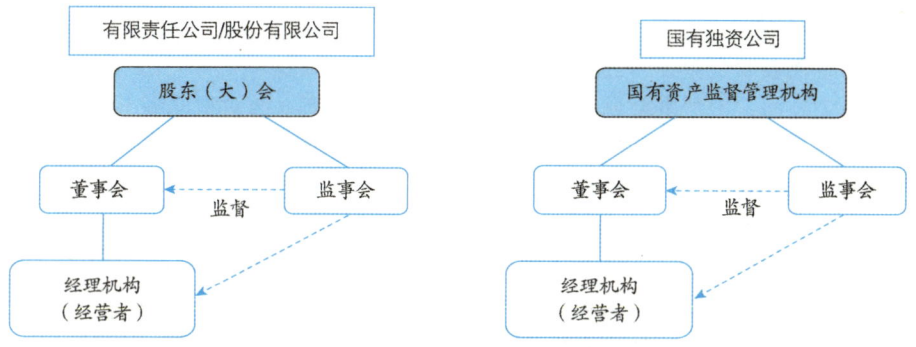

图 2-2-1　各类公司所有者与经营者的关系

经典例题

[例题·单选题] 国有独资公司不设股东会，行使股东会职权的机构是（　　）。
A. 国有资产监督管理机构　　　　B. 董事会
C. 监事会　　　　　　　　　　　D. 职工代表大会
[答案] A
[解析] 国有独资公司不设股东会，由国有资产监督管理机构行使股东会职权。

第三节　董事会

本节考点概览

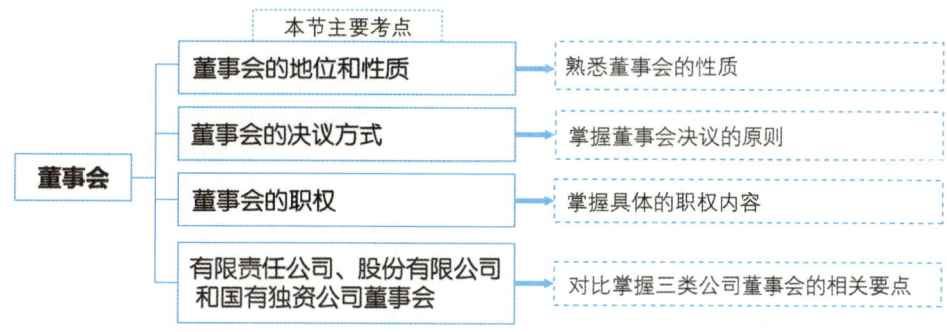

本节考点详解

【考点一】董事会的地位和性质

一、董事会的地位

（1）股东机构作为最高权力机构，对公司的经营管理有广泛的决策权，董事会的权力源于股东机构的授权并受其限制，董事会的职责只是单纯地执行股东机构的决议。

(2) 董事会处于公司决策系统和执行系统的交叉点，兼有执行股东机构重要决策和一般经营决策的双重职能。

1) 在决策权力系统内，股东机构是决策机构（重大决策），董事会是执行机构，其依附于股东大会。

2) 在执行决策的系统内，董事会为决策机构（一般决策），经理机构是实际执行机构。

二、董事会的性质

(1) 董事会是代表股东对公司进行管理的机构。

这体现在三个方面：①董事会成员由股东选举产生；②董事会对股东机构负责，向股东机构汇报工作，接受股东（通过监事会）的监督；③董事会代表股东利益，反映股东意志，其行使职权不得违背股东制定的公司章程，不得违背股东机构决议。

(2) 董事会是公司的执行机构。

董事会负责执行股东机构的决议，负责管理、执行公司业务和公司事务。

(3) 董事会是公司的经营决策机构。

(4) 董事会是公司法人的对外代表机构。

(5) 董事会是公司的法定常设机构。

董事会（或者董事）是公司的法定必备机构，根据各国《公司法》，公司必须设立董事会（小规模的有限责任公司必须设董事）。

董事会作为常设机构的性质主要体现在：①董事会成员固定、任期固定且任期内不能无故解除；②董事会决议内容多为公司经常性重大事项，董事会会议召开次数较多；③董事会通常设置专门工作机构（如办公室、秘书室）处理日常事务。

经典例题

[例题·多选题] 下列关于董事会性质的说法，正确的有（　　）。

A. 董事会是公司的执行机构　　B. 董事会是公司法人的对外代表机构
C. 董事会是公司的法定常设机构　　D. 董事会是公司的经营决策机构
E. 董事会是公司的最高权力机构

[答案] ABCD

[解析] E项，股东机构才是公司的最高权力机构。

【考点二】董事会的决议方式

董事会会议的表决实行董事数额多数决，即以下两个原则：

(1) "一人一票"原则。我国《公司法》明确规定，董事会决议的表决，实行一人一票。

(2) "多数通过"原则。我国《公司法》规定，股份有限公司董事会会议应由1/2以上的董事出席方可举行，董事会做出决议须经全体董事的过半通过。

【考点小贴士】董事的身份有三种情况：①股东选择的非股东的人员担任的董事；②股东自己被选为董事；③职工代表担任的董事。由此可知，董事不一定是股东，考虑到非股东的董事没有公司股权或股份，因此在设置董事会决议的方式时，就不能采用资本多数决或者一股一票等与股权挂钩的表决方式，而是采用一人一票，多数通过的原则。

经典例题

[2013年真题·单选题] 根据我国公司法，董事会的表决实行（　　）的原则。

A. 一人一票　　B. 一股一票　　C. 累计投票　　D. 资本多数决

[答案] A

[解析] 董事会的表决实行两个原则，即：一人一票和多数通过。

【考点三】董事会的职权

根据我国《公司法》规定，有限责任公司和股份有限公司董事会的职权完全相同，具体如下：

（1）召集股东（大）会会议，并向股东报告工作。
（2）执行股东大（会）的决议。
（3）决定公司的经营计划和投资方案。
（4）制定公司的年度财务预算方案、决算方案。
（5）制定公司的利润分配方案和弥补亏损方案。
（6）制定公司增加或者减少注册资本以及发行公司债券的方案。
（7）制定公司合并、分立、解散或者变更公司形式的方案。
（8）决定公司内部管理机构的设置。
（9）决定聘任或者解聘公司经理及其报酬事项，并根据经理的提名决定聘任或者解聘公司副经理、财务负责人及其报酬事项。
（10）制定公司的基本管理制度。
（11）公司章程规定的其他职权。

【考点小贴士】本考点常与第二节中股东的权利和职权或第四节中经理机构的职权混合出题，因此建议考生不要单独记忆，配合本章结尾部分【本章易错易混考点】总结的内容对比掌握。

经典例题

[2017年真题·多选题] 根据我国《公司法》，有限责任公司董事会享有的职权有（　　）。
A. 决定公司内部管理机构的设置
B. 决定公司合并、分立和解散
C. 制定公司的基本管理制度
D. 执行股东会的决议
E. 批准公司利润分配方案

[答案] ACD

[解析] B项，董事会的职权之一是制定公司合并、分立、解散或者变更公司形式的方案，而决定公司合并、分立和解散是股东（大）会的职权。E项，董事会的职权之一是制定公司的利润分配方案和弥补亏损方案，而批准公司利润分配方案是股东（大）会的职权。

【考点四】有限责任公司、股份有限公司和国有独资公司董事会

一、有限责任公司、股份有限公司和国有独资公司董事会成员组成及任期

三类公司董事会成员组成及任期如表2-3-1所示。

表2-3-1　三类公司董事会成员组成及任期

项目	有限责任公司	股份有限公司	国有独资公司
董事会人数	3—13人	5—19人	3—13人
董事任期	任期由公司章程规定，每届任期不得超过3年，连选可连任		每届任期不得超过3年
董事会组成	（1）应有职工代表 （2）董事长、副董事长产生由公司章程规定	（1）可有职工代表 （2）董事长、副董事长由董事会以全体董事的过半数选举产生	（1）应有职工代表 （2）董事长、副董事长由国有资产监督管理机构从董事会成员中指定 （3）董事会成员产生的形式：国有资产监督管理机构委派、职工代表大会选举

> **经典例题**
>
> [2014年真题·单选题] 我国《公司法》规定，股份有限公司设立董事会，其成员数量为（ ）人。
> A. 5—12 B. 5—17
> C. 5—19 D. 5—20
> [答案] C
> [解析] 我国《公司法》规定，股份有限公司董事会的成员为5—19人。
>
> [2013年真题·单选题] 我国《公司法》规定，有限责任公司董事的任期每届不得超过（ ）。
> A. 一年 B. 两年
> C. 三年 D. 四年
> [答案] C
> [解析] 有限责任公司董事的任期由公司章程规定，但每届任期不得超过3年。

二、有限责任公司和股份有限公司董事的任职资格及义务

（一）有限责任公司和股份有限公司董事的任职资格

根据我国《公司法》的规定，对于有下列情形之一的，不得担任公司的董事、监事和高级管理人员：①无民事行为能力或者限制民事行为能力；②因贪污、贿赂、侵占财产、挪用财产或者破坏社会主义市场经济秩序，被判处刑罚，执行期满未逾5年，或者因犯罪被剥夺政治权利，执行期满未逾5年；③担任破产清算的公司、企业的董事或者厂长、经理，对该公司、企业破产负有个人责任的，自该公司、企业破产清算完结之日起未逾3年；④担任因违法被吊销营业执照、责令关闭的公司、企业的法定代表人，并负有个人责任的，自该公司、企业被吊销营业执照之日起未逾3年；⑤个人所负数额较大的债务到期未清偿。

（二）有限责任公司和股份有限公司董事的义务

（1）忠实义务。其具体包括：自我交易之禁止、竞业禁止、禁止泄露商业秘密、禁止滥用公司财产。

（2）注意义务。

> **经典例题**
>
> [2015年真题·单选题] 根据我国《公司法》，下列人员中，不得担任有限公司监事的是（ ）。
> A. 年满18岁、具有完全民事行为能力的人
> B. 因贪污被判处刑罚，执行期满已逾5年的人
> C. 负有数额较大的债务到期未清偿的人
> D. 因犯罪被剥夺政治权利，执行期满已逾5年的人
> [答案] C
> [解析] 本题仅C项的内容符合不得担任有限责任公司监事的情形。A项，不得担任董事、监事和高级管理人员的情形之一是无民事行为能力或者限制民事行为能力，可知此项错误。B、C两项错在"已逾"二字，不得担任董事、监事和高级管理人员的情形之一是因贪污、贿赂、侵占财产、挪用财产或者破坏社会主义市场经济秩序，被判处刑罚，执行期满未逾5年，或者因犯罪被剥夺政治权利，执行期满未逾5年。

三、有限责任公司和股份有限公司的董事会会议

有限责任公司和股份有限公司的董事会会议的对比如表2-3-2所示。

表 2-3-2 有限责任公司和股份有限公司的董事会会议的对比

公司类型 会议种类	有限责任公司	股份有限公司
定期会议	根据公司章程规定的期限定期召开	每年至少召开2次会议。每次会议应当于会议召开10日前通知全体董事
临时会议	必要时召开	有权提议董事会召开临时会议的情形有：代表1/10以上表决权的股东、1/3以上董事或监事会可以提议召开。董事长应自接到提议后10日内，召集和主持董事会会议，并于会议召开10日前通知全体董事和监事

四、关于独立董事

根据我国《公司法》的规定，上市公司应设独立董事。根据证监会《关于在上市公司建立独立董事制度的指导意见》（下文简称《指导意见》）要求上市公司在 2003 年 6 月 30 日前董事会成员中应当至少包括1/3独立董事。

上市公司独立董事是指不在公司担任除董事外的其他职务，并与其所受聘的上市公司及其主要股东不存在可能妨碍其进行独立客观判断的关系的董事。

（一）独立董事的任职资格

1. 独立董事应当具有独立性

下列人员不得担任独立董事：①在上市公司或者其附属企业任职的人员及其直系亲属、主要社会关系。②直接或间接持有上市公司已发行股份1%以上或者是上市公司前 10 名股东中的自然人股东及其直系亲属。③在直接或间接持有上市公司发行股份5%以上的股东单位或者在上市公司前 5 名股东单位任职的人员及其直系亲属。④最近一年内曾经具有前三项所列举情形的人员。⑤为上市公司或者其附属企业提供财务、法律、咨询等服务的人员。⑥公司章程规定的其他人员。⑦中国证监会认定的其他人员。

2. 独立董事的任职条件

（1）根据法律、行政法规及其他有关规定，具备担任上市公司董事的资格。
（2）具有《指导意见》所要求的独立性。
（3）具备上市公司运作的基本知识，熟悉相关法律、行政法规、规章及规则。
（4）具有 5 年以上法律、经济或者其他履行独立董事职责所必需的工作经验。
（5）公司章程规定的其他条件。

（二）独立董事的职权

独立董事的职权范围与发表独立意见的事项具体如表 2-3-3 所示。

表 2-3-3 独立董事的职权范围与发表独立意见的事项

项目	职权	发表独立意见
具体内容	（1）重大关联交易应由独立董事认可后，提交董事会讨论 （2）向董事会提议聘用或解聘会计师事务所 （3）向董事会提请召开临时股东大会 （4）提议召开董事会 （5）独立聘请外部审计机构和咨询机构 （6）可以在股东大会召开前公开向股东征集投票权 [注意]独立董事行使上述职权应取得全体独立董事的 1/2 以上同意	（1）提名、任免董事 （2）聘任或解聘高级管理人员 （3）公司董事、高级管理人员的薪酬 （4）上市公司的股东、实际控制人及其关联企业对上市公司现有或新发生的总额高于 300 万元或高于上市公司最近经审计净资产值的 5% 的借款或其他资金往来，以及公司是否采取有效措施回收欠款 （5）独立董事认为可能损害中小股东权益的事项 （6）公司章程规定的其他事项

> **经典例题**
>
> [2016年真题·多选题] 某公司为上市公司,根据我国《公司法》,下列人员中,不得担任该公司独立董事的有( )。
> A. 在该公司任职的人员
> B. 持有该公司0.5%已发行股份的人员
> C. 该公司前十名股东中的自然人股东
> D. 在该公司第六大股东单位任职的人员
> E. 为该公司提供法律服务的人员
> [答案] ACE
> [解析] A、C、E三项均符合不得担任独立董事的情形,因此正确。B项,应当是持有该公司1%以上已发行股份的人员不得担任该公司独立董事,而不是0.5%,因此错误。D项,应当是在该公司前5名(即第1—5名)股东单位任职的人员不得担任该公司独立董事,而第六名已经是在前5名范围之外,因此错误。
>
> [例题·单选题] 独立董事的职权之一是( )。
> A. 任免董事
> B. 解聘高级管理人员
> C. 制定公司董事的薪酬
> D. 提议召开董事会
> [答案] D
> [解析] 独立董事的职权之一为提议召开董事会,可知D项正确。A、B、C三项,属于独立董事发表独立意见的情形,而不是职权的范围。

第四节 经理机构

本节考点概览

本节主要考点:
- 经理机构的地位 → 熟悉经理机构与董事会的关系
- 有限责任公司、股份有限公司和国有独资公司经理机构 → 掌握经理的选任与解聘;熟悉经理机构的职权

本节考点详解

【考点一】经理机构的地位

经理又称经理人,是指由董事会做出决议聘任的主持日常经营工作的公司负责人。经理机构作为董事会的辅助机关,经理从属于董事会,他必须听从作为法定业务执行机关董事会的指挥和监督。

经理的职权范围是来自董事会的授权,只能在董事会或董事长授权的范围内对外代表公司。

董事会与经理的关系是以董事会对经理实施控制为基础的合作关系。其中，控制是第一性的，合作是第二性的。

经典例题

[2015年真题·单选题] 在现代公司治理结构中，董事会与经理的关系是（ ）。
A. 以契约为基础的平等协商关系
B. 以委托—代理为基础的互助关系
C. 以董事会对经理实施控制为基础的合作关系
D. 以董事会对经理授权为基础的隶属关系
[答案] C
[解析] 董事会与经理的关系是以董事会对经理实施控制为基础的合作关系，可知C项正确。

【考点二】有限责任公司、股份有限公司和国有独资公司经理机构

一、经理的选任与解聘

根据我国《公司法》规定，有限责任公司、股份有限公司和国有独资公司设经理，由董事会聘任或解聘，经理对董事会负责。

二、经理机构的职权

有限责任公司、股份有限公司和国有独资公司经理机构的职权相同，具体如下：
（1）主持公司的生产经营管理工作，组织实施董事会决议。
（2）组织实施公司年度经营和投资方案。
（3）拟定公司内部管理机构设置方案。
（4）拟定公司的基本管理制度。
（5）制定公司的具体规章。
（6）提请聘任或者解聘公司副经理、财务负责人。
（7）聘任或者解聘除应由董事会聘任或者解聘以外的管理人员。
（8）公司章程和董事会授予的其他职权。

【考点小贴士】本考点常与第三节中董事会的职权混合出题，因此建议参考本章结尾部分【本章易错易混考点】总结的内容对比复习。

经典例题

[2017年真题·单选题] 根据我国《公司法》，有限责任公司经理的聘任或解聘由（ ）决定。
A. 股东会   B. 董事会
C. 监事会   D. 职工大会
[答案] B
[解析] 根据我国《公司法》规定，有限责任公司、股份有限公司和国有独资公司设经理，由董事会聘任或解聘，经理对董事会负责。

[例题·单选题] 下列选项中，不属于经理机构的职权的是（ ）。
A. 制定公司的基本管理制度   B. 提请聘任或者解聘公司的副经理、财务负责人
C. 制定公司的具体规章   D. 组织实施公司年度经营和投资方案
[答案] A
[解析] A项，"制定"公司的基本管理制度属于董事会的职权，经理机构对应的职权是"拟定"公司的基本管理制度，可知A项不属于经理机构的职权。

第五节 监督机构

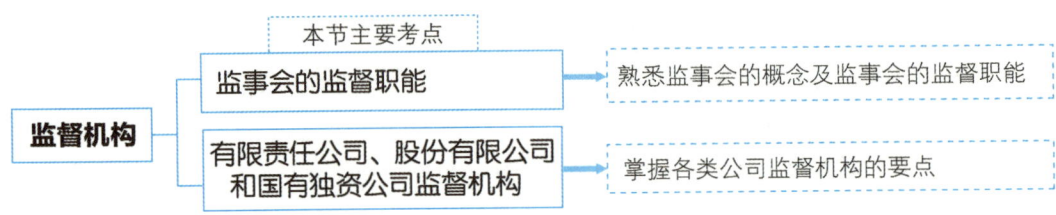

本节考点详解

【考点一】监事会的监督职能

监事会是指以<u>检查监督公司的财务及业务执行状况</u>为目的而设立的公司机关。我国《公司法》要求，股份有限公司和有条件的有限责任公司设立监事会机构。一般情况下，公司监事会的监督职能主要表现在三个方面：

（1）监事会是公司内部的专职监督机构。其监督具备如下特点：①监事会具有完全独立性，<u>董事、经理人员不得兼任监事</u>；②监事个人行使监督职权具有平等性，对公司的业务和账册均有平等的无差别的监督权。

（2）监事会的基本职能是监督公司的一切经营活动，<u>以董事会和总经理为主要监督对象</u>。

（3）监事会监督的形式多种多样。

【考点二】有限责任公司、股份有限公司和国有独资公司监督机构

一、监事会成员组成及任期

有限责任公司、股份有限公司和国有独资公司的监事会成员组成及任期如表2-4-1所示。

表2-4-1 三类公司的监事会成员组成及任期

组成及任期	有限责任公司	股份有限公司	国有独资公司
监事会成员人数	不得少于3人，规模较小的有限责任公司可设1—2名监事，不设监事会	不得少于3人	不得少于5人
监事会职工代表比例	不得低于1/3		不得低于1/3，职工代表出任的监事为兼任监事
	监事会中的职工代表由职工代表大会选举产生		
监事会主席的产生	由全体监事过半数选举产生		由国有资产监督管理机构从成员中指定
监事任期	每届任期为3年，任期届满，连选可连任		—

> **经典例题**

[2017年真题·单选题] 根据我国公司法，关于股份有限公司监事会的说法，错误的是（   ）。

A．监事会成员不得少于3人

B．监事会中职工代表比例不得少于1/3

C. 监事会主席由全体监事过半数选举产生
D. 监事会的监事任期届满不得连任
[答案] D
[解析] D项，股份有限公司监事会的监事任期每届为3年，任期届满，连选可以连任。

二、监事会的职权

三类公司监事会的职权大致相同，如表2-4-2所示，历年考试常考查股份有限公司监事会的职权。

表2-4-2 有限责任公司、股份有限公司和国有独资公司的监事会职权

公司	有限责任公司	股份有限公司	国有独资公司
监事会职权	(1) 检查公司财务 (2) 对董事、高级管理人员执行公司职务的行为进行监督，对违反法律、行政法规、公司章程或者股东会决议的董事、高级管理人员提出罢免的建议 (3) 当董事、高级管理人员的行为损害公司的利益时，要求董事、高级管理人员予以纠正 (4) 提议召开临时股东会会议，在董事会不履行法律规定召集和主持股东会会议职责时召集和主持股东会会议 (5) 向股东会会议提出提案 (6) 对董事、高级管理人员提起诉讼 (7) 公司章程规定的其他职权	(1) 检查公司财务 (2) 对董事、高级管理人员执行公司职务的行为进行监督，对违反法律、行政法规、公司章程或者股东会决议的董事、高级管理人员提出罢免的建议 (3) 当董事、高级管理人员的行为损害公司的利益时，要求董事、高级管理人员予以纠正 (4) 提议召开临时股东会会议，在董事会不履行法律规定召集和主持股东会会议职责时召集和主持股东会会议 (5) 向股东会会议提出提案 (6) 对董事、高级管理人员提起诉讼 (7) 公司章程规定的其他职权。如在发现公司经营情况异常时，拥有调查权，以及对董事会决议事项的质询与建议权等	(1) 检查公司财务 (2) 对董事、高级管理人员执行公司职务的行为进行监督，对违反法律、行政法规、公司章程或者股东会决议的董事、高级管理人员提出罢免的建议 (3) 当董事、高级管理人员的行为损害公司的利益时，要求董事、高级管理人员予以纠正 (4) 向股东会会议提出提案 (5) 对董事、高级管理人员提起诉讼 (6) 发现公司经营情况异常时，可以进行调查，必要时可以聘请会计师事务所协助工作 (7) 列席董事会会议，并对董事会决议事项提出质询和建议 (8) 国务院和公司章程规定的其他职权

经典例题

[2016年真题·单选题] 根据我国《公司法》，下列职权中，不属于有限责任公司监事会的职权是（　　）。
A. 检查公司财务
B. 提议召开临时股东会议
C. 向股东会会议提出提案
D. 聘任管理人员
[答案] D
[解析] D项，聘任管理人员属于经营方面的事务，属于董事会的职权，不属于有限责任公司监事会的职权。

三、有限责任公司与股份有限公司监事会会议

有限责任公司与股份有限公司监事会会议如表2-4-3所示。

表 2-4-3　有限责任公司与股份有限公司监事会会议

项目	有限责任公司	股份有限公司
定期会议	每年至少召开 1 次	每 6 个月至少召开一次会议
临时监事会议	监事可以提议召开	由监事提议召开
议事规则	监事会决议应当经半数以上监事通过	

四、国有资产监督管理机构向国有独资公司派出监事会的目的

（1）从体制上、机制上加强对国有企业的监管。
（2）促进企业董事、高级管理人员忠实勤勉地履行职责。
（3）确保国有资产及其权益不受侵犯。

本章易错易混考点

本章历年考生最容易混淆的考点主要是股东机构、董事会和经理机构职权的内容。这类考点一般无需考生区分公司类型，考试一般考查股东机构、董事会和经理机构的职权的具体内容中容易混淆的条款，建议考生按照下面的表格对比熟悉，<u>特别注意各项内容有区别的文字及用词</u>，为了方便考生对比复习，在排列时特将一些条款顺序做了调整，但内容一致。

【易错易混考点一】股东机构与董事会职权的对比

股东机构与董事会职权的对比如表 Ⅰ 所示。

表 Ⅰ　股东机构与董事会职权的对比

股东的权利	股东（大）会的职权	董事会的职权
（1）股东（大）会的出席权、表决权 （2）临时股东（大）会召开的提议权和提案权 （3）董事、监事的选举权、被选举权 （4）公司资料的查阅权 （5）公司股利的分配权 （6）公司剩余财产的分配权 （7）出资、股份的转让权 （8）其他股东转让出资的优先购买权 （9）公司新增资本的优先认购权 （10）股东诉讼权	（1）决定公司的经营方针和投资计划 （2）审议批准公司的年度财务预算方案、决算方案 （3）审议批准公司的利润分配方案和弥补亏损方案 （4）对公司增加或减少注册资本做出决议 （5）对公司发行债券做出决议 （6）对公司合并、分立、解散、清算或者变更公司形式做出决议 （7）选举和更换非由职工代表担任的董事、监事，决定有关董事、监事的报酬事项 （8）修改公司章程 （9）审议批准董事会的报告 （10）审议批准监事会或者监事的报告 （11）公司章程规定的其他职权	（1）决定公司的经营计划和投资方案 （2）制定公司的年度财务预算方案、决算方案 （3）制定公司的利润分配方案和弥补亏损方案 （4）制定公司增加或者减少注册资本以及发行公司债券的方案 （5）制定公司合并、分立、解散或者变更公司形式的方案 （6）决定聘任或者解聘公司经理及其报酬事项，并根据经理的提名决定聘任或者解聘公司副经理、财务负责人及其报酬事项 （7）制定公司的基本管理制度 （8）决定公司内部管理机构的设置 （9）召集股东（大）会会议，并向股东报告工作 （10）执行股东大（会）的决议 （11）公司章程规定的其他职权

[2017年真题·多选题] 根据我国《公司法》，有限责任公司董事会享有的职权有（　　）。
A. 决定公司内部管理机构的设置
B. 决定公司合并、分立和解散
C. 制定公司的基本管理制度
D. 执行股东会的决议
E. 批准公司利润分配方案

[答案] ACD

[解析] A、C、D三项均属于董事会的职权范围。B项，董事会的职权之一是制定公司合并、分立、解散或者变更公司形式的方案，而决定公司合并、分立和解散是股东（大）会的职权，可知此项错误。E项，董事会的职权之一是制定公司的利润分配方案和弥补亏损方案，而批准公司利润分配方案是股东（大）会的职权，可知此项错误。

【易错易混考点二】董事会与经理机构的职权对比

董事会与经理机构的职权对比如表Ⅱ所示。

表Ⅱ 董事会与经理机构的职权对比

董事会	经理机构
（1）决定公司的经营计划和投资方案 （2）决定聘任或者解聘公司经理及其报酬事项，并根据经理的提名决定聘任或者解聘公司副经理、财务负责人及其报酬事项 （3）决定公司内部管理机构的设置 （4）制定公司的基本管理制度 （5）制定公司的年度财务预算方案、决算方案 （6）制定公司的利润分配方案和弥补亏损方案 （8）制定公司增加或者减少注册资本以及发行公司债券的方案 （9）制定公司合并、分立、解散或者变更公司形式的方案 （10）召集股东（大）会会议，并向股东报告工作 （11）执行股东大（会）的决议 （12）公司章程规定的其他职权	（1）组织实施公司年度经营和投资方案 （2）提请聘任或者解聘公司副经理、财务负责人 （3）聘任或者解聘除应由董事会聘任或者解聘以外的管理人员 （4）拟定公司管理机构设置方案 （5）拟定公司的基本管理制度 （6）制定公司的具体规章 （7）主持公司的生产经营管理工作，组织实施董事会决议 （8）公司章程和董事会授予的其他职权

[2016年真题·单选题] 根据我国《公司法》，下列职权中，不属于有限责任公司经理职权的是（ ）。

A. 主持公司生产经营管理　　　B. 拟定公司内部管理机构设置方案
C. 组织实施董事会决议　　　　D. 制定公司章程

[答案] D

[解析] D项，制定或修改公司章程是股东的权力，不属于经理的职权范围。

历年经典真题回顾

一、单项选择题（每题1分，每题备选项中，只有1个最符合题意）

1. 某股份有限公司董事会由15名董事组成，根据我国《公司法》，该公司董事会的决议必须至少由（ ）名董事通过才能生效。[2016年真题]

   A. 5　　　　B. 6　　　　C. 8　　　　D. 10

   [答案] C

   [解题思路] 本题的考点为董事会的决议方式。董事会做出决议须遵循两个原则：一人一票、多数通过。对比题目数据董事会成员数量为15名，多数通过，即需要8人以上通过，且题目问的是"至少由几名董事通过才能生效"，所以根据至少二字可知为8名，因此C项正确。

2. 根据我国《公司法》，国有独资公司经理的聘任或解聘由（ ）决定。[2016年真题]

   A. 董事会　　　　　　　　　B. 监事会
   C. 职工代表大会　　　　　　D. 国有独资监督管理机构

   [答案] A

   [解析] 本题的考点为经理的聘任或解聘。根据我国《公司法》规定，有限责任公司、股份有限公司和国有独资公司设经理，均由董事会聘任或解聘，经理对董事会负责。

3. 某公司是甲省乙市的市属重要国有独资公司，为扩展业务，该公司决定与甲省乙市另一公司合并，对于这一事项，国有资产监督管理机构审核后，应报（ ）批准。[2015年真题]
   A. 乙市人民政府　　　　　　　B. 甲省国资委
   C. 甲省人民政府　　　　　　　D. 国务院国资委
   [答案] A
   [解题思路] 本题的考点为国有独资公司权力机构。重要的国有独资公司合并、分立、解散、申请破产的，应当由国有资产监督管理机构审核后，报本级人民政府批准。根据题目所述，"某公司是甲省乙市的市属重要国有独资公司"，由"市属"二字可判断该国有独资公司属于乙市管理的国有独资公司，且合并也是与乙市的另一公司合并，由于是重要的国有独资公司合并，因此需经本级人民政府批准，即乙市人民政府批准，可知A项正确。

4. 根据我国《公司法》，召集董事会会议应当于会议召开（ ）日前通知全体董事。[2014年真题]
   A. 10　　　　B. 15　　　　C. 20　　　　D. 25
   [答案] A
   [解析] 本题的考点为董事会会议。召集董事会会议，应当于会议召开10日前通知全体董事，可知A项正确。

5. 股份有限公司的股东以其（ ）为限，对公司负有限责任。[2013年真题]
   A. 个人资产　　　　　　　　　B. 全部资产
   C. 家庭收入　　　　　　　　　D. 认购的股份
   [答案] D
   [解析] 本题的考点为股东的法律地位。我国《公司法》规定，公司以其全部财产对公司的债务承担责任，股份有限公司的股东以其认购的股份为限对公司承担责任，可知D项正确。

二、多项选择题（每题2分，每题备选项中，有2个或2个以上符合题意，至少有1个错项。错选，本题不得分；少选，所选的每个选项得0.5分）

1. 关于公司原始所有权与法人产权的说法，正确的有（ ）。[2015年真题]
   A. 法人产权是一种派生所有权
   B. 原始所有权表现为对公司财产的实际控制权
   C. 法人产权表现为股权
   D. 原始所有权与法人产权的客体是同一财产
   E. 原始所有权与法人产权反映的是不同的经济法律关系
   [答案] ADE
   [解析] 本题的考点为公司财产权能的两次分离。B、C两项，原始所有权表现为股权，而法人产权表现为对公司财产的实际控制权。

2. 关于国有独资公司监事会的说法，正确的有（ ）。[2015年真题]
   A. 监事会成员不得少于3人
   B. 监事会成员中的职工代表的比例不得低于三分之一
   C. 监事会成员中的职工代表由国有资产监督管理机构委派
   D. 监事会主席由监事会中半数以上监事选举产生
   E. 监事会中的职工代表为兼职监事
   [答案] BE
   [解析] 本题的考点为国有独资公司监督机构。A项，国有独资公司的监事会成员不得少于5人，而不是3人；C项，监事会成员中的职工代表由职工代表大会选举产生，而不是由国有资

产监督管理机构委派；D项，国有独资公司监事会主席由国有资产监督管理机构从成员中指定，而不是由监事会中半数以上监事选举产生。

3. 根据我国《公司法》，股东享有的权利有（　　）。[2014年真题]
   A. 股东会的出席权
   B. 董事的选举权
   C. 经理的聘任权
   D. 内部管理机构的设置权
   E. 股份的转让权
   [答案] ABE
   [解析] C、D两项，经理的聘任权和内部管理机构的设置权属于董事会的职权。

4. 关于股份有限公司股东大会的说法，正确的有（　　）。[2013年真题]
   A. 股东大会应当每年召开一次年会
   B. 监事会提议召开时，应当在三个月内召开临时股东大会
   C. 股东大会做出决议，必须经出席会议的股东所持表决权过半数通过
   D. 股东大会选举董事、监事时，可以实行累积投票制
   E. 股东大会修改公司章程的决议，必须经由出席会议的股东所持表决权的三分之二以上通过
   [答案] ACDE
   [解析] B项，股份有限公司临时股东大会符合召开情形的，应当是在两个月内召开临时股东大会，可知此项错误。

5. 根据我国《公司法》，董事会的职权有（　　）。[2013年真题]
   A. 召集股东会会议
   B. 决定公司合并、分立和解散
   C. 决定公司内部管理机构的设置
   D. 制定公司的基本管理制度
   E. 决定公司的利润分配方案
   [答案] ACD
   [解析] B、E两项属于股东（大）会的职权。

本章同步练习

一、单项选择题（每题1分，每题备选项中，只有1个最符合题意）

1. 公司的原始所有权是出资人（股东）对投入资本的终极所有权，其表现为（　　）。
   A. 法人产权　　B. 股权　　C. 经营权　　D. 债权

2. 在现代公司治理结构中，股东会、董事会、监事会和经营者之间的相互制衡关系的表现，下列说法错误的是（　　）。
   A. 股东掌握着最终的控制权，可以决定董事会的人选
   B. 董事会负责公司经营，但必须对股东负责
   C. 经营者受聘于董事会，统管企业日常经营事务
   D. 董事会和经营者互相牵制，经营者可监督董事会

3. 股东的忠诚义务不包括（　　）。
   A. 遵守公司章程
   B. 禁止损害公司利益
   C. 考虑其他股东利益
   D. 谨慎负责地行使股东权力

4. 根据我国《公司法》，有限责任公司首次股东会议的召集人为（　　）。
   A. 董事会主席
   B. 工会主席

C. 监事会主席　　　　　　　　　　D. 出资最多的股东

5. 下列关于股份有限公司董事会的说法，错误的是（　　）。
   A. 董事会成员为 5—19 人
   B. 董事任期由董事会决定，每届任期不得超过 3 年
   C. 董事会每年度至少召开 2 次会议
   D. 代表 1/10 以上表决权的股东有权提议董事会临时会议，董事长应自接到提议后 10 日内，召集和主持董事会会议

6. 下列人员中，不得担任该公司独立董事的是（　　）。
   A. 在该公司第 10 大股东单位任职的人员
   B. 在持有该公司 1%已发行股份的股东单位任职的人员
   C. 在该公司第 2 大股东单位任职的人员
   D. 在持有该公司 3%已发行股份的股东单位任职的人员

7. 根据我国有关法律法规，上市公司董事会成员中独立董事的比例不得小于（　　）。
   A. 五分之一　　　　　　　　　　B. 三分之一
   C. 二分之一　　　　　　　　　　D. 三分之二

8. 拟定公司内部管理机构设置方案、制定公司的具体规章，属于公司中（　　）的职权。
   A. 监事会　　　　　　　　　　　B. 经理机构
   C. 董事会　　　　　　　　　　　D. 股东会

9. 我国《公司法》，有限责任公司监事会的监事任期为每届（　　）。
   A. 一年　　　　　　　　　　　　B. 两年
   C. 三年　　　　　　　　　　　　D. 五年

10. 我国《公司法》规定，股份有限公司监事会会议每（　　）至少召开一次。
    A. 两个月　　　　　　　　　　　B. 三个月
    C. 六个月　　　　　　　　　　　D. 一年

二、**多项选择题**（每题 2 分，每题备选项中，有 2 个或 2 个以上符合题意，至少有 1 个错项。错选，本题不得分；少选，所选的每个选项得 0.5 分）

1. 关于公司原始所有权、法人产权和经营权的说法，正确的有（　　）。
   A. 原始所有权表现为对公司财产的实际控制权
   B. 原始所有权和法人产权反映的是相同的经济法律关系
   C. 法人产权体现的是公司财产由谁占有、使用和处分
   D. 经营权是对公司财产的占有权、使用权、收益权、处分转让权
   E. 法人产权是派生的所有权

2. 下列关于发起人股东的说法，错误的有（　　）。
   A. 对公司设立承担责任
   B. 发起人持有的本公司股份自公司成立之日起 2 年内不得转让
   C. 设立股份公司，发起人必须均为中国国籍
   D. 法人作为发起人应当是法律上不受限制者
   E. 自然人作为发起人应当具备完民事全行为能力

3. 下列关于股份有限公司临时股东大会的说法，正确的有（　　）。
   A. 符合临时股东大会召开情形的，应当在 3 个月内召开临时股东大会
   B. 董事人数不足法律规定的 2/3 时应召开临时股东大会

C. 单独或合计持有公司3%以上股份的股东请求时可召开临时股东大会

D. 公司未弥补的亏损达实收股本总额1/3时应召开临时股东大会

E. 监事会可提议召开临时股东大会

4. 股份有限公司董事的忠实义务包括（　　）。

A. 自我交易之禁止　　　　B. 禁止关联交易

C. 竞业禁止　　　　　　　D. 禁止泄露商业秘密

E. 禁止滥用公司财产

5. 根据我国《公司法》，国有独资公司的董事会成员产生的形式包括（　　）。

A. 股东大会选举　　　　　B. 职工代表大会选举

C. 国有资产监督管理机构委派　　D. 独立董事聘任

E. 现任公司领导委派

本章同步练习参考答案及解析

一、单项选择题

1. [答案] B

[解析] 本题的考点为原始所有权的概念。原始所有权是出资人（股东）对投入资本的终极所有权，其表现为股权，可知B项正确。

2. [答案] D

[解析] 本题的考点为所有者与经营者的关系。D项，经营者受聘于董事会，在其授权范围之内处理日常经营事务，而不是监督董事会，或与董事会相互牵制。

3. [答案] A

[解析] 本题的考点为股东的义务。股东的义务之一为忠诚义务，包括三个方面：①禁止损害公司利益；②考虑其他股东利益；③谨慎负责地行使股东权力及其影响力。而遵守公司章程与忠诚义务并列属于股东义务，但并不属于忠诚义务的内容。

4. [答案] D

[解析] 本题的考点为有限责任公司股东会会议。按照《公司法》要求，有限责任公司首次股东会会议由出资最多的股东召集和主持，可知D项正确。

5. [答案] B

[解析] 本题的考点为股份有限公司董事会相关内容。B项，股份有限公司董事任期由公司章程规定，每届任期不得超过3年，而不是由董事会决定。

6. [答案] C

[解析] 本题的考点为独立董事的任职资格。不得担任独立董事的情形之一为：在直接或间接持有上市公司已发行股份5%以上的股东单位或者在上市公司前5名股东单位任职的人员及其直系亲属。A、B、D三项均不符合不得担任独立董事的情形。

7. [答案] B

[解析] 本题的考点为独立董事。根据我国《公司法》的规定，上市公司应设独立董事。根据证监会《指导意见》要求上市公司在2003年6月30日前董事会成员中应当至少包括1/3独立董事，可知B项正确。

8. [答案] B

[解析] 经理机构的职权包括：①主持公司的生产经营管理工作，组织实施董事会决议；②组织实施公司年度经营和投资方案；③拟订公司内部管理机构设置方案；④拟订公司的基本管理制度；⑤制定公司的具体规章；⑥提请聘任或者解聘公司经理、财务负责人；⑦聘任或者解聘除应由董事会聘任或者解聘以外的管理人员；⑧公司章程和董事会授予的其他职权。由此可知，B项正确。

9. [答案] C

[解析] 本题的考点为有限责任公司监督机构相关内容。有限责任公司监事会的监事任期为每届3年，任期届满，连选可以连

75

任,可知 C 项正确。

10. [答案] C

[解析] 本题的考点为股份有限公司监事会会议。其中,定期会议每 6 个月召开一次,可知 C 项正确。

二、多项选择题

1. [答案] CE

[解析] 本题的考点为财产权能的两次分离。A 项,原始所有权表现为股权,而法人产权表现为对公司财产的实际控制权。B 项,原始所有权和法人产权的客体是同一财产,但反映的是不同的经济法律关系。D 项,此项叙述的是法人产权的概念,而经营权不包括对公司财产的收益权。

2. [答案] BC

[解析] 本题的考点为股东的分类和构成。B 项,《公司法》对发起人转让股份的行为作了限制,规定发起人持有的本公司股份自公司成立之日起一年内不得转让。C 项,我国《公司法》规定,设立股份公司,其发起人必须一半以上在中国有住所,并未要求均是中国国籍。

3. [答案] BDE

[解析] 本题的考点为股份有限公司股东大会召开临时股东大会的情形。有下列情形之一,应当在 2 个月内召开临时股东大会:①董事人数不足法律规定人数的 2/3 时;②公司未弥补的亏损达实收股本总额 1/3 时;③单独或者合计持有公司 10% 以上股份的股东请求时;④董事会认为必要时;⑤监事会提议召开时;⑥公司章程规定的其他情形。由此可知,B、D、E 三项正确,A、C 两项错误。

4. [答案] ACDE

[解析] 股份有限公司董事的忠实义务包括自我交易之禁止、竞业禁止、禁止泄露商业秘密、禁止滥用公司财产。

5. [答案] BC

[解析] 本题的考点为国有独资公司的董事会。国有独资公司的董事产生的形式包括国有资产监督管理机构的委派、公司职工代表大会的选举,可知 B、C 两项正确。

错题收集

第三章 市场营销与品牌管理

本章考情分析

节名	题型 分值 年份	2017	2016	2015	2014	2013
第一节 市场营销概述	单项选择题	2分	2分	1分	2分	1分
	多项选择题	0分	0分	0分	0分	0分
	案例分析题	0分	0分	0分	0分	0分
第二节 市场营销环境	单项选择题	1分	0分	0分	0分	1分
	多项选择题	0分	2分	0分	2分	2分
	案例分析题	0分	0分	0分	0分	0分
第三节 目标市场战略	单项选择题	1分	1分	1分	1分	3分
	多项选择题	0分	0分	2分	0分	0分
	案例分析题	0分	2分	0分	2分	0分
第四节 市场营销组合策略	单项选择题	1分	2分	3分	2分	2分
	多项选择题	4分	2分	2分	2分	0分
	案例分析题	8分	6分	0分	6分	8分
第五节 品牌管理	单项选择题	1分	1分	1分	2分	0分
	多项选择题	0分	0分	0分	0分	2分
	案例分析题	0分	0分	0分	0分	0分
合计		18分	18分	10分	19分	19分

本章学习提示

本章主要介绍了与市场营销相关的一些简单概念和知识。近年考试题型涉及单项选择题、多项选择题和案例分析题，但几类题型考试难度不大，个别知识点还会涉及简单的计算题，每年仅题目中数据不断变化，但均为相同公式的运用。本章的重点是第四节——市场营销组合策略，历年案例分析题均以该节为基础进行出题，需要重点掌握！

第一节 市场营销概述

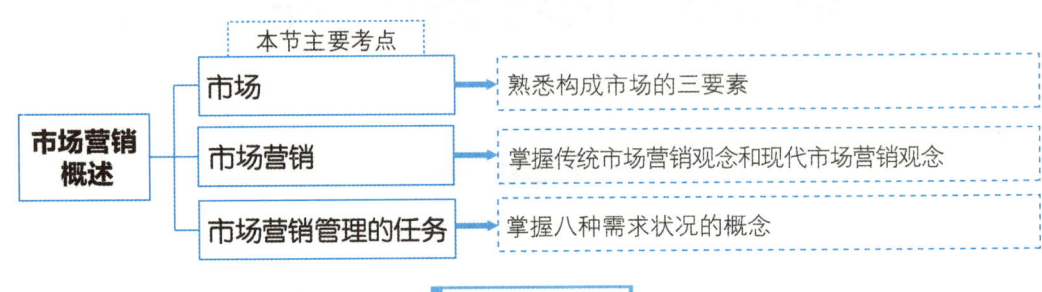

本节考点详解

【考点一】市场

市场是指某种产品或劳务的现实购买者与潜在购买者需求的总和,也指具有特定需要和欲望,并具有购买力使这种需要和欲望得到满足的消费者群。

市场由三个要素构成,具体如表3-1-1所示,可用公式表示为:市场=人口+购买力+购买欲望。

表3-1-1 市场构成三要素

要素	要点
人口	是构成市场的基本要素,决定市场规模大小
购买力	是人们购买所需商品或劳务时的货币支付能力
购买欲望	是购买某种产品的要求和愿望,是导致消费者产生购买行为的驱动力

经典例题

[2016年真题·单选题] 市场由三个要素构成,即人口、购买力和( )。
A. 购买欲望　　B. 消费倾向　　C. 购买习惯　　D. 消费能力
[答案] A
[解析] 市场由人口、购买力与购买欲望三个要素构成。

【考点二】市场营销

市场营销是个人和集体通过创造、提供出售并同别人交换产品和价值,以获得其所需要和所想要的产品的一种社会和管理过程。市场营销观念是企业经营活动的基本指导思想。其核心是如何处理企业、顾客和社会三者之间的利益关系。

一、市场营销观念的发展

市场营销观念经历了传统市场营销观念和现代市场营销观念两个阶段,具体如表3-1-2所示。

表3-1-2 市场营销观念的发展阶段

发展阶段		具体表现
传统市场营销观念（以产定销）	生产观念	"我生产什么,就卖什么"

续表

发展阶段	具体表现	
传统市场营销观念（以产定销）	产品观念	"只要产品质量好，就一定有销路"
	推销观念	"我推销什么，你就买什么"
现代市场营销观念（以销定产）	"消费者需要什么，我们就生产什么""市场需要什么，我们就卖什么""哪里有消费者的需要，哪里就有营销机会"	

【考点小贴士】本考点常考查各种营销观念的具体体现，熟悉表格中各种观念的具体体现的举例。

二、传统市场营销观念与现代市场营销观念的区别

传统市场营销观念与现代市场营销观念的区别，具体如表3-1-3所示。

表3-1-3　两种营销观念的比较

观点	起点	中心	产销关系	手段	目的
传统市场营销观念	工厂	企业擅长的产品	以产定销	推销及促销	通过销售获得利润
现代市场营销观念	市场	顾客需求	以销定产	整体销售	通过满足顾客需求获得利润

经典例题

[2017年真题·单选题]"市场需要什么，我们就卖什么"，这种营销观念属于（　　）。
A. 生产观念　　　　　　　　　　B. 推销观念
C. 产品观念　　　　　　　　　　D. 现代市场营销观念
[答案] D
[解析]"消费者需要什么，我们就生产什么；市场需要什么，我们就卖什么；哪里有消费者的需要，哪里就有营销机会"，这些都是现代市场营销观念的具体体现，可知D项正确。

扫码听课

【考点三】市场营销管理的任务

市场营销管理是指为了实现企业的营销目标，创造、建立和保持与目标市场之间的互利交换关系，而规划和实施的理念、产品和服务构思、定价、促销和分销的过程。市场营销管理的任务实质是需求管理，需根据不同的需求状态采用不同的手段进行市场营销管理。八种不同的需求状态具体归纳如表3-1-4所示。

表3-1-4　八种不同的需求状态

状态	概念要点	市场营销任务
负需求	对某个产品感到厌恶，甚至回避的需求状态，其产生的原因是消费者对产品的认识和理解产生了偏差	分析产生原因，加强广告说服工作，向顾客说明产品的成分、用途和实际效用，使其改变对产品的认识和理解，从而积极购买
无需求	对设计、提供的产品漠不关心，认为可有可无的需求状态，其产生的原因是消费者不了解产品，不习惯使用这种产品，认为用不用没有太大变化	通过大力促销及商品演示等市场营销措施，努力将产品所提供的利益与人们的自然需要联系起来，激发消费兴趣，使其真正体验到新产品比原有产品具有更多的好处，从而积极购买
潜伏需求	消费者对某种产品有强烈的需求，但现实情况下无法实现的状态	努力开展市场营销研究和潜在市场范围的测量，进而开发有效的产品和服务来满足需求；或改变付款形式，或创造消费条件，将潜伏需求转为现实需求

续表

状态	概念要点	市场营销任务
下降需求	需求呈下降趋势的状态	分析需求衰退的原因，在积极开拓新市场的同时，改进原有产品的特色、外观，开发原有产品的新用途或新市场，采用更有效的沟通手段来刺激需求，使老产品的需求得到恢复，并通过创造性的产品再营销扭转需求下降的趋势
不规则需求	某些产品或服务的供给与需求在时间上不一致，波动很大的状态，如公休日、节假日、下班时间与平时繁忙时间的销售就可能不一致	通过灵活的季节差价大力促销、调整经营时间、采用先进的科学技术等手段来调整供给与需求的时间模式，尽量使供给与需求在时间上协调一致
充分需求	某些产品或服务的目前需求水平和时间与预期的需求水平和时间一致的状态，是企业最理想的一种需求状态	努力保持产品质量，经常测量消费者满意程度，通过降低成本来保持合理价格，并激励推销人员和经销商大力推销，维持现有的需求水平
过量需求	某种产品或服务的市场需求超过企业所能供给的水平的状态	通过提高价格、减少附加服务和项目等手段暂时限制需求水平，一旦生产或资源状况有了改善，就可以采用促进的手段，满足需求
有害需求	不利于人们身心健康的产品或服务的需求	应大力宣传其严重危害性，劝阻消费者放弃这种需求

【考点小贴士】 历年常考查各需求状态的概念，建议结合需求状态的名称和上表中下划线部分的关键用词记忆。其中容易混淆的几种需求状态详见本章结尾【本章易错易混考点】。

经典例题

[2017年真题·单选题] 消费者对某种产品或服务有强烈的需求，但现实情况下无法得到满足。这种需求状态称为（　　）。

A. 负需求　　　　　B. 无需求　　　　　C. 潜伏需求　　　　　D. 过量需求

[答案] C

[解析] 潜伏需求是指消费者对某种产品有强烈的需求，但现实情况下无法实现的状态，可知符合本题所述，C项正确。

第二节　市场营销环境

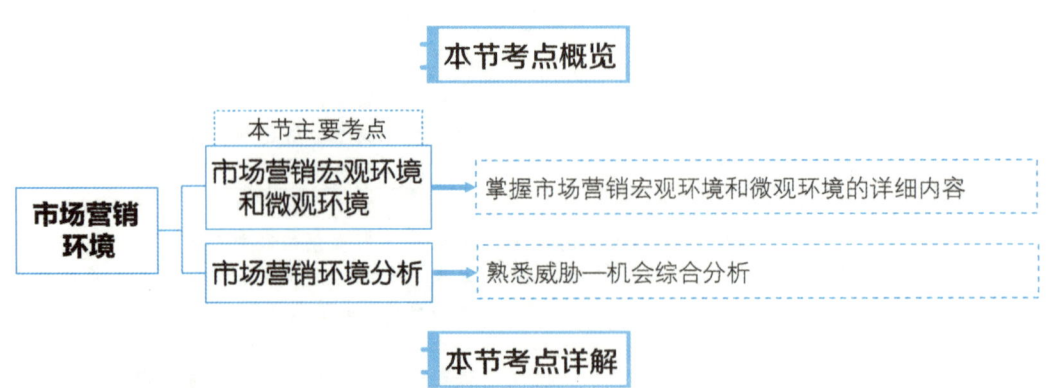

【考点一】市场营销宏观环境和微观环境

根据与企业营销活动的密切程度不同，市场营销环境可分为宏观环境和微观环境，具体如表

3-2-1 所示。

表 3-2-1 市场营销宏观环境和微观环境

营销环境	具体内容
宏观环境（间接影响）	（1）人口环境。如人口总量、地理分布、年龄结构、人口性别、民族构成 （2）经济环境。如社会购买力、消费者收入 （3）自然环境。如自然资源的短缺、环境污染日益严重、政府对环境的干预日益加强、公众的生态需求和意识不断增加 （4）技术环境。如平均的产品生命周期越来越短、新技术革命会影响零售商业结构和消费者的购物习惯、新技术革命改变了企业经营管理的方式 （5）政治法律环境 （6）社会文化环境。如某种社会形态下已经形成的民族特征、价值观念、宗教信仰、生活方式、风俗习惯、伦理道德、教育水平、相关群体、社会结构
微观环境（直接影响）	（1）企业自身各种因素 （2）竞争者 （3）营销渠道企业。如中间商、实体分配机构、营销服务机构、金融机构 （4）顾客 （5）公众。具体包括外部公众（如媒介公众、政府公众、社团公众、金融公众）和内部公众（如企业内部的职工、股东及管理者等）

【考点小贴士】历年常将宏观环境和微观环境的内容混合出题，问二者之一所包含的内容。建议可从二者所含内容的名称上对比区分，微观环境的内容均为"具体的企业、机构或个人"的形式，而宏观环境都是外部的大环境。

经典例题

[2016年真题·多选题]影响市场营销的宏观环境包括（　　）。
A. 人口环境　　　　　　　　　　B. 经济环境
C. 技术环境　　　　　　　　　　D. 政治法律环境
E. 渠道商
[答案] ABCD
[解析] 对比选项内容可知，人口环境、经济环境、技术环境和政治法律环境均为抽象的外部大环境，属于市场营销的宏观环境；而渠道商按常理可知一般为企业的形式，属于市场营销微观环境。

[2013年真题·单选题]目前，越来越多的消费者通过互联网购买产品，这促使企业在制定市场营销战略时应注重（　　）的变化。
A. 技术环境　　　　　　　　　　B. 经济环境
C. 政治环境　　　　　　　　　　D. 人口环境
[答案] A
[解题思路] 本题考查的是宏观环境中的技术环境。分析题目可知，本题所表达的含义是，消费者的购物习惯产生了改变，由传统的实体店购买产品转为了互联网购买产品，进一步影响企业改变市场营销战略。根据常理可知，互联网购物的产生主要是由于互联网技术革命带来的，即由于技术环境的变化带来的一系列改变，因此A项正确。

【考点二】市场营销环境分析

市场营销环境发展趋势基本上分为两大类：一类是环境威胁；另一类是市场机会。企业可通过矩阵分析法对市场营销环境进行分析。本辅导书主要介绍威胁—机会综合分析矩阵，具体内容如表 3-2-2 所示。

表 3-2-2　威胁—机会综合分析矩阵四种业务的特征

业务	机会水平	威胁水平
冒险业务	高	高
成熟业务	低	低
理想业务	高	低
困难业务	低	高

经典例题

[2017年真题·单选题] 某企业通过市场环境分析发现，该企业的扫描仪业务市场机会高，面临的威胁低。该企业的扫描仪业务属于威胁—机会矩阵图中的（　　）。
A. 冒险业务　　B. 理想业务　　C. 成熟业务　　D. 困难业务
[答案] B
[解析] 根据题目信息"该企业的扫描仪业务市场机会高，面临的威胁低"，即属于高机会、低威胁的业务，根据威胁—机会矩阵四种业务的特点可知属于理想业务，B项正确。

第三节　目标市场战略

本节考点概览

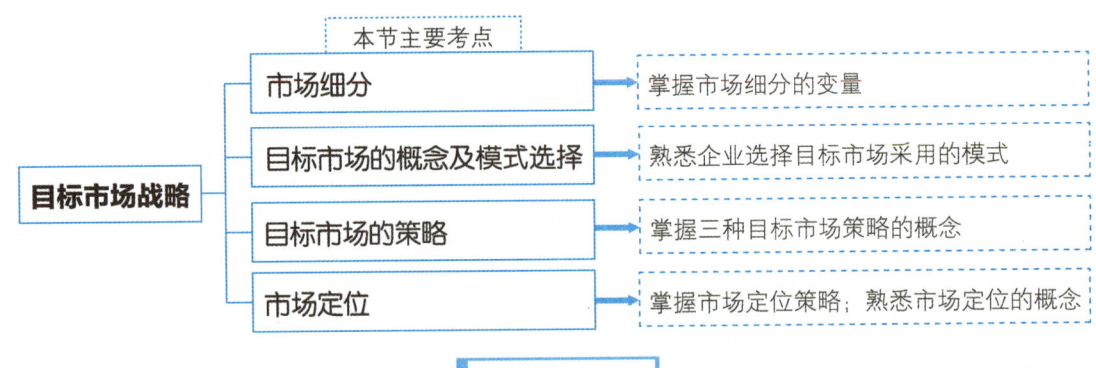

本节考点详解

【考点一】市场细分

　　市场细分是指企业通过市场调研，根据顾客对产品或服务不同的需要和欲望，不同的购买行为与购买习惯，把某一产品的整体市场分割成需求不同的若干个市场的过程。分割后的每一个小市场称为子市场，也称细分市场。市场细分要依据一定的细分变量来进行，主要的变量如表 3-3-1 所示。

表 3-3-1　消费者市场细分变量

细分变量	具体内容
地理变量	国家、地区、城市、农村、面积、气候、地形、交通条件、通信条件、城镇规划

续表

细分变量	具体内容
人口变量	人口总数、人口密度、家庭户数、年龄、性别、职业、民族、文化、宗教、国籍、收入、家庭、生命周期
心理变量	个性、购买动机、价值取向、对商品和服务方式的感受或偏爱、对商品价格反应的灵敏度
行为变量	购买时机、追求的利益、使用状况、忠诚程度、使用频率、待购阶段和态度

【考点小贴士】市场细分是根据不同的顾客群来进行的,不是通过产品本身来进行市场细分。本知识点考试难度不大,较为灵活的题目也大多是考生可按常理判断的一些变量的举例,或者考核各变量包含的具体内容。

经典例题

[2016年真题·单选题]某公司将客户细分为老年客户、中年客户和青年客户,这种细分属于(　　)。
A. 地理细分　　　B. 心理细分　　　C. 行为细分　　　D. 人口细分
[答案] D
[解析] 本题考查的是人口变量中年龄这一变量。根据题目信息"细分为老年客户、中年客户和青年客户",按常理可知这些客户群的区别在于年龄的不同,因此可判断属于按人口变量进行的市场细分,D项正确。

[例题·多选题]下列市场细分变量中,属于行为变量的有(　　)。
A. 购买时机　　　B. 购买动机　　　C. 个性　　　D. 忠诚程度
E. 使用频率
[答案] ADE
[解析] 市场细分变量中,行为变量包括购买时机、追求的利益、使用状况、忠诚程度、使用频率、待购阶段和态度。B、C两项,购买动机和个性属于心理变量。

【考点二】目标市场的概念及模式选择

目标市场是指企业决定要进入的市场,即通过市场细分,被企业选中,并决定以企业的营销活动去满足其需求的一个或几个细分市场。企业选择目标市场可采用的模式有五种,具体如表3-3-2所示。

表3-3-2　企业选择目标市场的五种模式

选择目标市场的模式	覆盖的市场或顾客群的范围	提供的产品的特征
产品/市场集中化	某一顾客群	一种标准化产品
产品专业化	各类顾客	某种产品
市场专业化	同一顾客群	性能有区别的产品
选择性专业化	选择几个不同顾客群(市场)	不同性能的产品
全面进入	各个细分市场/所有顾客	性能不同的系列产品

【考点小贴士】本考点历年出题概率较低,由于模式类型比较多,结合实例记忆反而增加了难度。建议考生参考以下思路找准题目中的关键词进行做题:
(1) 先分析题目中该模式下提供的产品的特点。
1) 如题目的叙述是"一种或某种产品",则考虑选择两种名称中含"产品"二字的模式。
2) 如题目的叙述是"性能不同或有区别的产品",则考虑其余三种名称中不含"产品"二字的模式。

（2）再按下列思路进一步分析覆盖市场或顾客群的数量，做最后的判断，具体如图 3-3-1 所示。

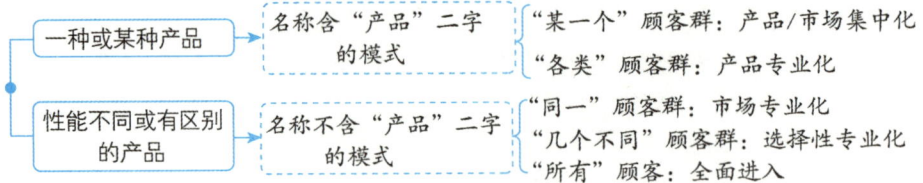

图 3-3-1　目标市场模式选择思路图

经典例题

[例题·单选题] 某企业因自身能力和资源所限制，在经营目标市场时，选择一个细分市场，只生产一种产品，为单一的顾客群体提供服务，该企业选择目标市场的模式属于（　　）。
A. 产品/市场集中化模式　　　　　　B. 产品专业化模式
C. 选择专业化模式　　　　　　　　D. 市场专业化模式
[答案] A
[解题思路] 首先，分析题目中关于该模式下"产品"的特点，题目提及"生产一种产品"，因此考虑名称中含"产品"二字的模式，即在 A、B 两项中进行进一步判断。其次，再分析"覆盖市场或顾客群的数量"，题目提及"一个细分市场、单一的顾客群"，即只选择某一个顾客群供应产品，可知为"产品/市场集中化模式"，A 项正确。

【考点三】目标市场的策略

在特定的目标市场内，可供企业选择的市场策略有三种，具体如表 3-3-3 所示。

表 3-3-3　目标市场的策略

策略类型	是否进行市场细分	具体内容
无差异营销策略	否	企业把整体市场看作一个大的目标市场，忽略消费者需求存在的不明显的微小差异，只向市场投放单一的商品、设计一种营销组合策略，通过大规模分销和大众化的广告，满足市场中绝大多数消费者的需求
差异性营销策略	是	企业按照对消费者需求差异的调查分析，将总体市场分割为若干个子市场，从中选择两个乃至全部细分市场作为目标市场，针对不同的子市场的需求特点，设计和生产不同产品，并采用不同的营销组合，分别满足不同需求
集中性营销策略	是	选择一个或几个细分市场作为目标市场，制定营销组合方案，实行专业化经营，把企业有限的资源集中使用，在较小的目标市场上拥有较大的市场占有率

【考点小贴士】历年常考查三种目标市场营销策略的概念。不建议死记硬背概念，可根据下列思路做题：

（1）分析题目信息，看该企业是否进行了市场细分，如果没有进行市场细分，把市场看作一个大市场，即认为消费者需求是无差异的，直接选择无差异营销策略。

（2）分析题目信息，如果该企业进行了市场细分，则考虑差异性营销策略或集中性营销策略，再结合关键词进一步理解区分如下：

1）差异性营销策略。采用此策略的企业认为消费者需求是有差异的，其市场细分的目的是区分不同消费需求的顾客群或细分市场，然后针对性地满足不同细分市场的不同需求，因此其覆盖的细分市场的数量相对较多，会选择两个乃至全部的细分市场，且针对不同的子市场的需求特点，设计和生产不同产品，并采用不同的营销组合、分别满足不同需求。

2) 集中性营销策略。采用此策略的企业一般实力较弱、资源有限,所以要集中力量做有优势的领域。由于无法覆盖所有的细分市场,所以覆盖的细分市场数量相对较少,会选择<u>一个或几个细分市场</u>;由于其资源有限,所以<u>会实行专业化经营,把企业有限的资源集中使用</u>,在较小的目标市场上拥有较大的市场占有率。

> **经典例题**
>
> [2017年真题·单选题] 某企业把整个市场看成一个目标市场,只向市场投放一种产品,通过大规模分销和大众化广告推销产品。这种目标市场策略属于(　　)。
> A. 无差异营销策略　　　　　　　　B. 集中性营销策略
> C. 差异性营销策略　　　　　　　　D. 市场组合营销策略
> [答案] A
> [解题思路] 根据题目信息"把整个市场看成一个目标市场,只向市场投放一种产品",且题目未提及市场细分,因此直接选择无差异营销策略,A项正确。
>
> [例题·单选题] 企业根据自身的资源及营销实力选择几个细分市场作为目标市场,并为各目标市场制定特别的营销组合策略,这种策略称为(　　)。
> A. 无差异营销策略　　　　　　　　B. 集中性营销策略
> C. 差异性营销策略　　　　　　　　D. 市场组合营销策略
> [答案] C
> [解题思路] 首先,根据题目信息"选择几个细分市场作为目标市场",可知该企业进行了市场细分,因此考虑在B、C两项中二者选其一。其次,由于差异性营销策略和集中性营销策略均可选择几个细分市场,因此从这一信息无法确定答案,需再结合其他信息进一步判断。根据题目信息"为各目标市场制定特别的营销组合策略",其中"特别的"一词,意味着该企业是针对每一个目标市场制定了不同的营销组合策略以满足其差异性的需求,且题目未提及任何关于集中性营销策略的叙述,可知该企业采用的应为差异性营销策略,C项正确。

【考点四】市场定位

一、市场定位的概念

市场定位是指企业<u>根据竞争者现有产品在市场上所处的位置</u>,针对该产品某种特征或属性的重要程度,<u>塑造出本企业产品与众不同的个性或形象,并把这种形象传递给消费者</u>,从而使该产品在目标市场上确定适当的位置。企业通过塑造独特的市场或产品形象从而进行市场定位,可从以下几方面入手:

(1) 从<u>产品实体</u>上表现,如形状、成分、构造、性能。
(2) 从<u>消费者心理</u>上反映,如豪华、朴素、典雅。
(3) <u>质量水准</u>。

二、市场定位的策略

市场定位的策略主要有三种,具体如表3-3-4所示。

表3-3-4　市场定位的策略

策略类型	概念要点
避强定位策略	避免与竞争者直接对抗,定位于市场的某处"空隙"或薄弱环节
迎头定位策略	与最强的竞争对手"对着干"
重新定位策略	考虑为自己的产品重新定位,改变市场对其原有的印象,使目标顾客对其建立新的认识

【考点小贴士】本考点历年常考查案例分析题，但难度不大。建议考生根据三种市场定位策略的名称对应记忆概念要点。

> **经典例题**
>
> [2013年真题·单选题] 下列关于市场定位的说法，错误的是（　　）。
> A. 市场定位是企业根据竞争者产品所在的区域，确定本企业产品的位置
> B. 市场定位就是要为产品塑造与众不同的形象
> C. 当消费者偏好发生变化时，企业可以重新进行市场定位
> D. 企业可以从产品的性能、质量水平等方面进行市场定位
> [答案] A
> [解析] A项，市场定位是根据竞争者现有产品在市场上所处的位置，针对该产品某种特征或属性的重要程度，塑造出本企业产品与众不同的个性或形象，而不是根据竞争者产品所在的区域，确定本企业产品的位置。

第四节　市场营销组合策略

本节考点概览

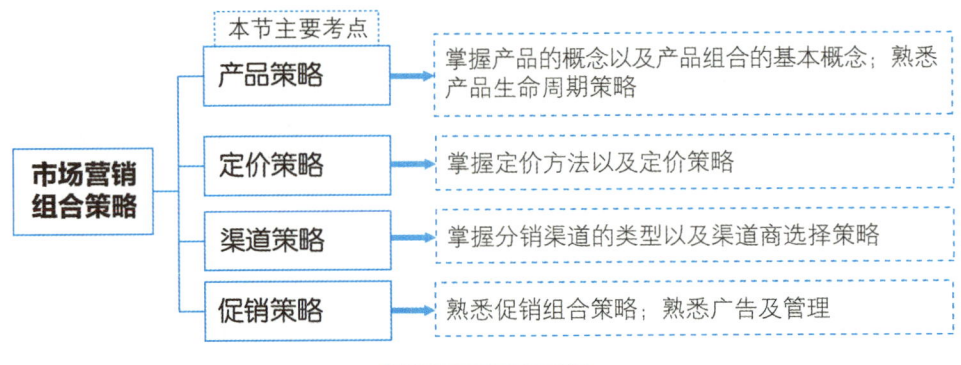

本节考点详解

【考点一】产品策略

扫码听课

一、产品的概念

从层次的角度，产品是由三个层次构成的，具体如表3-4-1所示。

表3-4-1　产品的三个层次

三个层次	概念要点	举例
核心产品	向消费者或用户提供的<u>基本效用或利益</u>，是消费者购买产品的本质所在	如购买化妆品的消费者买到的并不仅仅是化妆品的物理化学属性及其实体，还买到了美容或滋养皮肤、青春健康的希望
有形（形式）产品	产品构成中能被消费者直接观察和识别到的外观特征和内在质量	如产品的包装、品牌、质量、特色、设计

续表

三个层次	概念要点	举例
附加（扩展）产品	消费者购买有形产品或无形服务时所获得的全部附加服务和利益	如提供信贷、免费送货、产品保证、安装、售后服务、培训、使用指导、维修维护、备件供应

【考点小贴士】本考点常考查三个层次的具体内容，联系其概念记忆各自的具体内容。

经典例题

[2017年真题·多选题] 下列产品构成要素中，属于附加产品的有（　　）。
A. 产品包装　　　　　　　　B. 售后服务
C. 备件供应　　　　　　　　D. 修理维护
E. 产品品牌
[答案] BCD
[解析] A、E两项，产品包装、产品品牌均是消费者直接观察和识别到的产品本身具有的特征和质量等方面内容，属于有形（形式）产品，因此错误。

二、产品组合策略

（一）产品组合的基本概念

产品组合，又称产品的各种花色品种的搭配，也称企业的经营范围和结构，是指企业所生产或销售的全部产品线、产品项目的组合。企业的产品组合包括四个维度，具体如表3-4-2所示。

表3-4-2　产品组合的四个维度

维度	概念	举例
宽度	企业所经营的不同产品线的数量	例如，洗涤剂、牙膏、香皂分属不同产品线，宽度则为3
长度	产品组合中包含的产品项目的总数	例如，洗涤剂下有4种品牌项目，牙膏下有3种品牌项目，香皂下有5种品牌项目，长度则为12（4+3+5=12）
深度	产品线中每种产品有多少花色品种、规格等	—
关联度	企业的各条产品线在最终使用、生产条件、分销渠道等方面的密切相关程度	—

【考点小贴士】本考点主要涉及单项选择题和案例分析题的考查，难度不大，常考查"宽度、长度"的实际举例，让考生判断宽度或长度具体是多少。

经典例题

[2015年真题·单选题] 某企业共生产2种洗衣机，4种电冰箱和5种空调，则该企业产品组合的长度为（　　）。
A. 2　　　　　B. 3　　　　　C. 4　　　　　D. 11
[答案] D
[解析] 产品组合的长度是指产品组合中所包含的产品项目的总数，根据题目信息"2种洗衣机，4种电冰箱和5种空调"，可知长度=2+4+5=11。

（二）产品组合的策略

（1）扩大产品组合策略。

（2）缩减产品组合策略。
（3）产品线延伸策略。
（4）产品线现代化策略。

三、产品生命周期策略

产品生命周期各阶段的特征及采用的策略如表3-4-3所示。

表3-4-3 产品生命周期各阶段的特征及采用的策略

阶段		介绍期	成长期	成熟期	衰退期
特征	销售/需求	不大，增长缓慢	迅速增加	趋向饱和，达最高点	急剧下降
	成本/费用	较高	降低	成本低，实行一系列营销手段	—
	利润	微弱甚至亏损	迅速上升达到高峰	由高峰逐步下降	很低甚至亏损
	竞争	竞争者不多，仿制品少	竞争者迅速增加、竞争渐趋激烈	十分激烈	竞争者退出市场，表现为价格竞争
营销策略重点		以迅速建立产品知名度为核心，尽可能在充分展示产品给消费者能够带来的基本利益的前提下，使市场迅速接受产品，缩短消费者了解过程，快速占领市场	强化产品的市场地位，建立顾客对品牌的忠诚度，以便扩大市场占有率和防止竞争者加入	想方设法延长它的时间，在维持相对稳定的销售量和市场占有率的基础上扩大销售，提高市场占有率	（1）淘汰策略：对衰落比较迅速的产品放弃经营（2）非淘汰策略：企业继续留在原有市场上，不停止产品的生产经营

经典例题

[2017年真题·多选题] 关于产品生命周期各阶段营销策略重点的说法，正确的有（   ）。
A. 产品介绍期的营销策略重点是快速占领市场
B. 产品成长期的营销策略重点是在销量稳定的基础上扩大占有率
C. 产品成长期的营销策略重点是强化品牌忠诚度
D. 产品成熟期的营销策略重点是防止竞争者进入
E. 产品衰退期的营销策略重点是提高市场占有率
[答案] AC
[解析] B项叙述的是成熟期的营销策略重点。D项叙述的是成长期的营销策略重点。E项，衰退期的营销策略重点主要涉及淘汰策略和非淘汰策略，而不是提高市场占有率。

【考点二】定价策略

扫码听课

一、定价目标

（1）维持企业生存。
（2）短期利润最大化。
（3）市场占有率最大化。
（4）维护企业和产品形象。

二、定价方法

（一）成本导向定价法

成本导向定价法是一种<u>以产品成本为主要依据的定价方法</u>，包括成本加成定价法、目标利润定价法，具体公式如表3-4-4所示。

表 3-4-4　成本导向定价法的类型

方法	公式
成本加成定价法	单位产品价格＝产品单位成本×（1＋加成率）
目标利润定价法	单位产品价格＝产品单位成本＋$\dfrac{资本投资额×目标收益率}{销售量}$

上表的公式中，产品单位成本＝$\dfrac{固定成本}{销售量}$＋单位可变成本。

【考点小贴士】在定价方法中，成本导向定价法是考试的重点。本考点主要涉及单项选择题和案例分析题的考查，考查形式为计算题，难度不大，题目或者案例资料中会给出公式中各项的数据，代入公式计算出产品价格即可。另外，在目标利润定价法中也涉及盈亏平衡产量的计算，但其公式与第一章第四节中涉及的盈亏平衡点法中的公式及考查形式完全一样。

经典例题

[例题·单选题] 某企业经核算得知某产品的单位产品成本为 62 元，若采用成本加成定价法，加成率为 20%，则该产品的单价是（　　）元。
A. 74.4　　　　B. 76.2　　　　C. 77.2　　　　D. 78.1
[答案] A
[解析] 题目告知了采用成本加成定价法，因此根据公式，单位产品价格＝产品单位成本×（1＋加成率）＝62×（1＋20%）＝74.4（元），A 项正确。

（二）需求导向定价法

需求导向定价法是以市场上消费者的需求强度和价值感受为基础的定价法，包括认知价值定价法、需求差别定价法。本辅导书主要介绍认知价值定价法。

（1）直接价格评比法。客户对每一种产品进行价格估测，估测的价格反映了从每个企业购买的产品的总价值，企业可根据客户的估测价格进行产品定价。如：客户对三家企业产品的估测价格分别为 3.00 元、2.50 元和 2.00 元，该价格的高低分别体现了顾客心中每个企业产品的总价值的高低，企业可根据此估价带来考虑产品定价。

（2）直接认知价值评比法。客户不估测产品的价格，而是将 100 分分配给每个企业的产品，从而反映每个企业的产品的认知价值，企业据此进行产品定价。

如：总分 100 分，客户分配给三家企业产品各自的分数分别是 40、33、27，该分数的高低分别体现了顾客心中每个企业产品认知价值的高低，企业可根据此分数来考虑产品定价。假设市场平均价格为 5.00 元，则分数最高的甲企业可将价格定得高于 5.00 元，分数最低的丙企业则低于 5.00 元，分数处于中间的乙企业则可定价居中。

（3）诊断法。根据每个企业产品特征的分数及其权重计算加权总分，根据加权总分的高低来确定产品价格。

（三）竞争导向定价法

竞争导向定价法主要是以市场上相互竞争的同类商品价格为定价基本依据，主要涉及的方法如表 3-4-5 所示。

表 3-4-5　竞争导向定价法的类型

类型	概念要点
随行就市定价法	将本企业价格保持在市场平均价格水平上

续表

类型	概念要点
竞争价格定价法	使同种同质的产品在消费者心目中树立起不同的产品形象，选取低于或高于竞争者的价格，是一种进攻性的定价方法
密封投标定价法	标的物的价格由参与投标的各个企业在相互独立的条件下确定，在买方招标的所有投标者中，报价最低的投标者通常中标，它的报价就是承包价格

三、定价策略

（一）新产品定价策略

新产品定价策略的类型具体如表3-4-6所示。

表3-4-6 新产品定价策略的类型

策略类型	价格水平	概念要点
撇脂定价	高	将价格定得很高，尽可能在短期内赚取高额利润
温和定价	中	将价格定在高价和低价之间，力求使买卖双方均感满意
市场渗透定价	低	将价格定得较低，利用价廉物美迅速占领市场，取得较高市场占有率

【考点小贴士】历年常考查新产品定价的类型及概念。三种新产品定价策略的区别主要在于价格水平不一样。撇脂意为榨取利润，所以定为高价；温和意为平和不极端，所以定位高价与低价之间的中等价格；市场渗透即提高市场占有率、扩大市场份额，一般采用市场营销手段或低价格两种方式进行市场渗透，因此价格定为低价。做题时通过题目中关于价格水平的描述判断其类型。

> **经典例题**
>
> [2016年真题·单选题] 甲企业推出新产品时制定了一个较高的价格，目的是在短期内获得高额利润，甲企业采用的新产品定价策略是（　　）。
> A. 市场渗透定价策略　　　　　B. 撇脂定价策略
> C. 温和定价策略　　　　　　　D. 心理定价策略
> [答案] B
> [解题思路] 首先，根据题目信息可知考查的是新产品定价策略，可知涉及撇脂定价策略、温和定价策略、渗透定价策略，因此排除D项心理定价策略。其次，根据题目信息"一个较高的价格"，可知采用了撇脂定价策略，B项正确。

（二）产品组合定价策略

产品组合定价策略的五种类型如表3-4-7所示。

表3-4-7 产品组合定价策略的类型

策略类型	举例
产品线定价	某服装店经营着高、中、低三种质量的女装，根据三种质量，将这些女装分别定价为1 550元、950元、400元
备选产品定价	汽车车窗控制器、扫雾器等汽车配件常在顾客购买汽车时作为备选产品，由于这些配件对汽车的销量影响不大，汽车经销商常常会将汽车配件这类备选产品定一个较高的价格
附属产品定价	如剃刀刀片是剃须刀的附属产品、计算机软件是计算机硬件的附属产品，企业往往将附属产品定一个较高价格来获得利润

续表

策略类型	举例
副产品定价	如食品、化工、石油等行业的企业在经营其主产品的同时,也会同时经营副产品,将主产品的价格定比较有竞争性的低价位,以获得更多的市场份额,而将副产品的价格定得相当高,以此赚取利润
产品束定价（批量作价）	如某景区有3个景点,如单独购票分别为20元、15元、30元,如果游客购买包含3个景点的通票则只需50元,比单独购买便宜;某电影院推出100元的年票,可观影10次,而单独购买一次的电影票价为30元

【考点小贴士】本考点可涉及单项选择题和案例分析题的考查,难度不大,一般为上表中举例的简单变形,或改变叙述方式,或更换商品类型的形式来进行考查。

经典例题

[2017年真题·单选题] 某小型游乐场共有5个游乐项目,每个项目票价分别为30元、40元、30元、50元、50元,通票定价为120元。这种产品组合定价策略为（ ）。
A. 产品线定价　　B. 备选产品定价　　C. 产品束定价　　D. 副产品定价
[答案] C
[解题思路] 产品束定价,可从字面意思理解,即把多件产品捆成一束一次性打包销售、批量作价,比单次购买每件产品的价格总和更便宜实惠。分析题目给的数据也可以知道,将每个项目分开购买的票价相加,其总数为200元,而通票只要120元,即打包一次购买五个项目比分开单独购买每个项目的价格总和更加便宜实惠,可知为产品束定价,C项正确。

[2015年真题·单选题] 某企业将其生产的高、中、低档服装分别定价为2 200元、560元和180元,该企业服装产品的产品组合定价策略为（ ）。
A. 产品线定价策略　　　　　　B. 备选产品定价策略
C. 产品束定价策略　　　　　　D. 副产品定价策略
[答案] A
[解题思路] 产品线定价主要是将同一产品线的产品的价格分为不同档次,不同档次的价格体现不同档次产品的质量水平,结合题干可知为产品线定价策略,A项正确。

（三）心理定价策略

心理定价策略是指企业根据消费者的心理特点,迎合消费者的某些心理需求而采取的一种定价策略,主要形式如表3-4-8所示。

表3-4-8　心理定价策略的类型

策略类型	概念要点	教材举例/适用
尾数定价策略	取尾数、不取整数	如某超市将其销售的某款加湿器标价为99.8元,比标价100元要受欢迎
整数定价策略	取整数,不取尾数	如价格较贵的耐用品或礼品定一个吉利的、易记的整数
声望定价策略	利用消费者仰慕名牌商品或名店的声望所产生的某种心理来制定,一般将价格定成高价	如女性用的首饰、化妆品等质量不宜鉴别的商品定较高的价格
招徕定价策略	利用部分顾客求廉的心理,特意将某几种产品的价格定得较低,带动其他产品的销售	如某饭店推出几款特价菜,将这几款特价菜的价格订得很低,而其他菜品的价位不变,以特价菜来吸引顾客前来就餐,从而带动其他菜品的销售

续表

策略类型	概念要点	教材举例/适用
分档定价策略	把同类商品简单地分为几档，每档定一个价格	如纺织、果蔬类等行业适合采用分档定价策略
习惯定价策略	按照消费者的需求习惯和价格习惯定价	如日常消费品可采用习惯定价策略

> **经典例题**
>
> [2016年真题·多选题] 下列定价策略中，属于心理定价策略的有（　　）。
> A. 整数定价策略　　　　　　B. 声望定价策略
> C. 习惯定价策略　　　　　　D. 副产品定价策略
> E. 产品束定价策略
> [答案] ABC
> [解析] 心理定价策略包括尾数定价策略、整数定价策略、声望定价策略、招徕定价策略、分档定价策略、习惯定价策略，可知 A、B、C 三项正确。D、E 两项属于产品组合定价策略。

（四）折扣与折让定价策略

折扣与折让定价策略的类型如表 3-4-9 所示。

表 3-4-9　折扣与折让定价策略的类型

策略类型	概念要点	举例
现金折扣	按约定日期付款的客户给予一定比例的折扣	如某企业给经销商制定了 5/10、$n/30$ 的折扣条件，即 10 天内付款的可享受原价 5% 的优惠；而 30 天内付款则无折扣
数量折扣	根据购买数量的多少，分别给予不同的折扣	某企业规定，顾客一次性购买 10 件产品以上，单价为 20 元，如购买 10 件产品以下，单价为 25 元
交易折扣	按交易对象在产品流通中的不同地位、功能和承担的职责给予不同的价格折扣	如某企业先制定好产品的零售价，再按一定的倒扣率，依次制定各种批发价及出厂价，或按出厂价依次确定批发价和零售价
季节折扣	对销售淡季来采购的买主，给予折扣优惠	如某旅行社，在销售淡季时推出 7 折优惠的欧洲自由行套餐
复合折扣	采用多种折扣并行的方法	如某企业销售淡季时同时使用现金折扣、季节折扣，以较低价格鼓励消费者购买
价格折让	从目录表价格降价的一种策略，具体包括：促销折让、以旧换新折让	(1) 促销折让主要是鼓励中间商，如刊登地方性广告、布置专门的橱窗进行宣传，给予中间商某种程度的价格减让 (2) 以旧换新折让是针对消费者的折让，如消费者购买新手机时将旧手机交回企业，企业给予一定价格优惠

> **经典例题**
>
> [2016年真题·单选题] 某企业给经销商制定了"3/10，$n/30$"的折扣条件，该企业的折扣定价策略属于（　　）。
> A. 数量折扣　　B. 现金折扣　　C. 复合折扣　　D. 价格折让

[答案] B
[解析] 现金折扣是对按约定日期付款的客户给予一定比例的折扣,本题题干中"3/10,$n/30$"即现金折扣的表达形式,可知B项正确。

【考点三】渠道策略

分销渠道是指某种货物或劳务从生产者向消费者转移时取得这种货物或劳务的所有权或帮助转移其所有权的所有企业或个人,主要包括商人中间商和代理中间商。

一、分销渠道的类型

分销渠道的类型具体如表3-4-10所示。

表3-4-10 分销渠道的类型

类型	形式	中间商的层级数
零层渠道	生产者→消费者	零层:没有中间商
一层渠道	生产者→零售商→消费者	一层:零售商
二层渠道	生产者→批发商→零售商→消费者	二层:批发商、零售商
三层渠道	生产者→代理商→批发商→零售商→消费者	三层:代理商、批发商、零售商

【考点小贴士】本考点主要在案例分析题中出现,主要考查分销渠道类型的概念。考生无须死记硬背概念。由于分销渠道类型的名称直接体现了生产者和消费者之间中间商的层级数,因此做题时,数一数案例资料中提及的中间商的层级数,对应选择分销渠道的类型即可。

二、渠道商选择策略

渠道商选择策略主要有三种,具体如表3-4-11所示。

表3-4-11 渠道商选择策略的类型

类型	选择中间商的数量
独家分销	只选择一家最合适的中间商
选择分销	挑选几个最合适的中间商
密集分销	通过尽可能多的批发商、零售商推销

【考点小贴士】本考点主要在案例分析题中出现,考查渠道商选择策略的概念,建议考生可灵活记忆三种策略类型的概念。渠道商选择策略实为企业在某一个地区考虑选择多少个中间商为其销售产品,因此记忆概念时,对应三种类型中名称的关键词,一一对应记忆概念中涉及选择中间商数量的关键词即可,做题时同样对应找这些关键词进行判断。比如:独家分销,独家即一家的意思,所以采用的策略是选择一家最合适的中间商。

三、新的市场营销渠道

新的市场营销系统主要包括三种类型,具体如表3-4-12所示。

表3-4-12 新的市场营销系统的类型

类型	要点
垂直营销系统	由制造商、批发商、零售商联合成一个统一体,即沿"供—产—销"产业链纵向联合。其包括公司式的垂直营销系统、管理式的垂直营销系统、契约式的垂直营销系统
水平营销系统	由两个或两个以上的独立公司统一它们的资源和计划来开发一个新的市场营销机会
多渠道营销系统	一家企业利用两个或两个以上的渠道到达一个或几个细分市场

【考点四】促销策略

一、促销组合

促销组合，也称营销沟通组合，就是企业把广告、人员推销、销售促进、公共关系和直接营销等方式有目的、有计划地组合在一起，巧妙运用，以求达到最佳的促销效果。营销人员可选择的两种基本促销组合策略具体如表 3-4-13 所示。

表 3-4-13 促销组合策略的类型

类型	生产商营销的对象	促销的主要方式
拉引策略	顾客、最终消费者	广告、公共关系等
推动策略	中间商，如批发商、零售商等	人员推销、销售促进等

【考点小贴士】本考点涉及的考题主要是考查两种促销组合策略类型的概念，不建议考生死记硬背原文，二者区分的要点是生产企业营销的对象不同，可通过"拉引""推动"二词的意思联系记忆概念中的要点如下：

(1) "拉引"意为"以需定产"，即企业经营的各方面活动是以消费者的需求为指导，因此其营销对象为最终消费者。

(2) "推动"意为"以产定需"，与拉引刚好相反，企业经营的各方面活动不考虑消费者需求，因此在推动策略下，生产企业的营销对象为中间商，生产企业只是单方面往下游的中间商推动销售，由中间商自行向最终消费者进行促销，而生产企业自己不直接面对消费者营销。

经典例题

[2013 年真题·单选题] 生产商利用广告和公共关系手段，极力向广大消费者介绍产品，使他们产生兴趣，吸引、诱导他们来购买，这属于（　　）。
A. 推动策略　　　　　　　　B. 拉引策略
C. 销售促进　　　　　　　　D. 人员推销

[答案] B

[解题思路] 本题虽然未告知考查促销组合策略，但是根据题目信息"利用广告和公共关系手段"，即将两种以上的营销方式组合在一起，可知是采用了促销组合策略，而销售促进、人员推销只是促销组合中的某一种方式，且与题目中的广告和公共关系这种营销方式不符，因此可排除 C、D 两项。再根据促销组合策略的概念要点，分析本题中生产商的营销对象，根据题目信息"极力向广大消费者介绍产品"，可知生产商的营销对象是消费者，即采用了拉引策略，B 项正确。

二、广告及管理

广告费用是广告管理的一项重要内容，企业通常可采用的制定广告预算的方法如表 3-4-14 所示。

表 3-4-14 制定广告预算的方法

方法	制定的依据
量力而行法	根据企业在某一时期能承担的财力来分配
销售百分比法	以销售额的百分比或产品售价的一定百分比来确定
竞争均势法	与竞争者保持大体相同的广告费用
目标任务法	以企业的营销目标和广告应承担的任务来确定

经典例题

[例题·单选题] 某企业按照其当年产品预计销售额的20%来确定当年的广告费用,这种广告预算的方法属于( )。
A. 竞争均势法 B. 量力而行法 C. 销售百分比法 D. 目标任务法
[答案] C
[解析] 根据题目信息"按照其当年产品预计销售额的20%来确定当年的广告费用",即按照销售额的百分比确定广告费,对应可知为销售百分比法,C项正确。

三、人员推销及管理

人员推销的工作任务主要包括:
(1) 开拓市场。
(2) 传递信息。
(3) 推销产品。
(4) 提供服务。
(5) 协调分配。
(6) 收集信息。

【注意】人员推销的工作任务中,推销人员最基本的职责是推销产品。

四、销售促进

销售促进是指在一个较大的目标市场中,为了刺激需求而采取的能够迅速产生激励作用的促销措施。针对消费者常使用的销售促进具体形式包括免费赠送、折价券、特价包、有奖销售、商店陈列、现场表演等。

五、公共关系

公共关系是指企业为取得社会、公众的了解与信赖、树立企业及产品的良好形象而进行的各种活动。企业公关活动的主要对象是社会公众,包括两部分:
(1) 企业外部社会公众,如顾客公众、媒体公众、政府公众、社会组织和商业团体、竞争者公众等。
(2) 企业内部社会公众,如企业决策部门、内部职工。

第五节　品牌管理

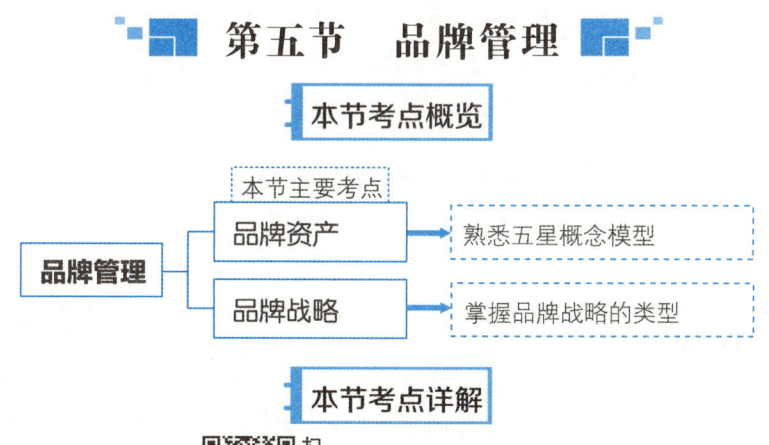

【考点一】品牌资产

大卫·艾克在综合前人的基础上提炼出品牌资产的"五星"概念模型,即品牌资产由五部分组成，具体内容如表 3-5-1 所示。

表 3-5-1 品牌资产的组成

组成	概念要点
品牌知名度	消费者对一个品牌的记忆程度
品牌认知度	消费者对某一品牌在品质上的整体印象。其内涵包括功能、特点、可信赖度、耐用度、服务度、效用评价、商品品质的外观
品牌联想度	透过品牌而产生的所有联想，是对产品特征、消费者利益、使用场合、产地、人物、个性等等人格化描述，这些联想往往能组合出一些意义，形成品牌形象
品牌忠诚度（品牌资产的核心）	在购买决策中多次表现出来的对某个品牌有偏向性的（而非随意的）行为反应，也是消费者对某种品牌的心理决策和评估过程
品牌其他资产	品牌有何商标、专利等知识产权，如何保护这些知识产权，如何防止假冒产品，品牌制造者拥有哪些能带来经济利益的资源，比如客户资源、管理制度、企业文化、企业形象等

经典例题

[2016 年真题·单选题] 在大卫·艾克提出的品牌资产的"五星"概念模型中，消费者对于品牌的记忆程度称为（　　）。
A. 品牌认知度　　　　　　　　B. 品牌忠诚度
C. 品牌联想度　　　　　　　　D. 品牌知名度
[答案] D
[解析] 根据题目关键信息"对于品牌的记忆程度"，可知本题描述的是品牌知名度的概念，D 项正确。

【考点二】品牌战略

一、单一品牌战略

扫码听课

单一品牌战略，又称统一品牌战略，是指企业生产经营的所有产品使用一个品牌。单一品牌战略包括三个类型，具体如表 3-5-2 所示。

表 3-5-2 单一品牌战略的类型

类型	不同点	相同点
产品线单一品牌战略	同一产品线上的产品使用单一品牌战略	企业所有产品只使用一个品牌
跨产品线单一品牌战略	具有相同质量和能力、不同产品类别的产品使用单一品牌战略	
伞形品牌战略	具有不同质量和能力的不同产品类别使用单一品牌战略	

二、主副品牌战略

主副品牌战略是以一个成功品牌作为主品牌，涵盖企业的系列产品，同时又给不同产品起一个富有魅力的名字作为副品牌，以突出产品的个性形象。

【举例】知名的家电企业海尔公司常采用主副品牌战略，"海尔"这个成功品牌覆盖了企业的系列产品，是所有产品的主品牌，旗下的一款系列的全自动智能洗衣机在制定品牌战略时，为了体现该系列智能型全自动洗衣机的特点，又赋予了"小神童"这个副品牌，这就是常听说的"海尔小神童"洗衣机。

三、多品牌战略

多品牌战略，又称独立品牌战略，是指一个企业同时经营两个以上相互独立的品牌。

【举例】某公司对其经营的洗衣粉、沐浴液和洗发水分别冠以不同的三个品牌。

【考点小贴士】历年常考查三大品牌战略的概念，可结合战略类型的名称、举例与划线或蓝色文字部分的关键词理解区分其概念。单一品牌战略的具体类型的区别要点参见本章末尾【本章易错易混考点】。

经典例题

[2017年真题·单选题] 某企业生产刹车油、齿轮油和防冻液三类产品，分别冠以"红云""红星""红箭"品牌，这种品牌战略属于（　　）。

A. 单一品牌战略　　　　　　　　B. 伞形品牌战略
C. 主副品牌战略　　　　　　　　D. 独立品牌战略

[答案] D

[解析] 分析题目可知该企业分别对三类不同的产品，冠了三种不同的品牌，即同时经营两个以上相互独立、彼此没有联系的品牌，符合多品牌战略的概念。多品牌战略，又称独立品牌战略，因此D项正确。

本章易错易混考点

【易错易混考点一】几种常易混淆的需求状态

本章第一节介绍的八种需求状态中，有下列几种需求状态常易混淆，特此进行详细区分。

一、负需求与无需求

负需求与无需求的具体区别如表Ⅰ所示。

表Ⅰ　负需求与无需求的区别

需求类型	概念中关键词的不同	产生的原因不同
负需求	"负"即体现负面情绪，概念中的关键词"厌恶、回避"都是体现消费者对产品的一种负面情绪	消费者对产品有认识和理解，只是认识和理解有偏差或错误，所以产生对产品的厌恶、回避，不愿意购买
无需求	"无"对应概念中的关键词"漠不关心、可有可无"	消费者对产品不了解、不知道，所以没有购买欲望

二、潜伏需求和过量需求

潜伏需求与过量需求的具体区别如表Ⅱ所示。

表Ⅱ　潜伏需求与过量需求的区别

需求类型	区别	举例
潜伏需求	潜伏需求一般有两种情况： （1）企业不能提供或生产出消费者需要的产品或产品不对口，从而导致需求无法得到满足 （2）企业能提供消费者需求的产品，但是消费者的购买条件达不到，从而导致需求无法得到满足	某地区购房需求很大，购房群体多为年轻白领人士，该地区的房源多为大户型房屋，由于年轻的购买群体的经济能力只能达到小户型房屋的购买条件，而该地区企业无此类房源，大户型房屋又让年轻人望而却步，从而产生潜伏需求

续表

需求类型	区别	举例
过量需求	关键在于"量"的问题，从字面意思理解，即"需求量大于供给量"，企业可以提供产品，消费者也有能力和条件购买，但企业在数量上无法满足消费者的需求，比如可能生产能力有限等多方面原因导致企业目前的供给量无法满足需求量	某款刚上市的智能手机，深受消费者的欢迎，但由于企业生产能力有限，无法充足提供该款手机，从而产生过量需求

[2013年真题·单选题] 由于消费者对某产品缺乏了解，导致该产品在市场上难以打开销路。市场对该产品的需求状况称为（   ）。

A. 负需求 B. 充分需求
C. 无需求 D. 过量需求

[答案] C

[解题思路] 首先，根据题目信息"在市场上难以打开销路"，可知这种需求状态下的需求量不会很大，可先排除充分需求和过量需求，B、D两项错误；其次，负需求和无需求产生的原因不同，负需求是消费者对产品或服务有认识，但认识存在着错误或偏差，从而导致厌恶或回避；而无需求多为消费者对产品缺乏了解或不了解，从而漠不关心或觉得可有可无。本题提及了"消费者对某产品缺乏了解"，可判断此题所述的需求状态应为无需求，C项正确。

【易错易混考点二】 常见的定价方法

常见的三类定价方法如表Ⅲ所示。

表Ⅲ　常见的定价方法

方法	概念要点	具体包含的类型
成本导向定价法	以产品成本为主要依据	成本加成定价法、目标利润定价法
需求导向定价法	以市场上消费者的需求强度和价值感受为基础	(1) 认知价值定价法。包括直接价格评比法、直接认知价值评比法、诊断法 (2) 需求差别定价法
竞争导向定价法	以市场上相互竞争的同类商品价格为基础	随行就市定价法、竞争价格定价法、密封投标定价法

【考点小贴士】三种大类定价方法的概念可从名称理解记忆概念要点。名称中"导向"一词意为"指导"，即由某个方面因素来指导定价，因此具体的决定因素即导向前面的词语。成本导向定价法即用产品成本来指导定价；需求导向定价法即用消费者需求来指导定价；竞争导向定价法即用竞争的同类商品价格来指导定价。

【易错易混考点三】 定价策略的类型

本章介绍的定价策略的类型具体如表Ⅳ所示。

表Ⅳ　定价策略的类型

定价策略	具体类型
新产品定价策略	撇脂定价策略、市场渗透定价策略、温和定价策略
产品组合定价策略	产品线定价、备选产品定价、附属产品定价、副产品定价、产品束定价
心理定价策略	尾数定价策略、整数定价策略、声望定价策略、招徕定价策略、分档定价策略、习惯定价策略
折扣与折让定价策略	现金折扣、数量折扣、交易折扣、季节折扣、复合折扣、价格折让

【考点小贴士】历年较为常考的是新产品定价策略和心理定价策略的具体类型。

【易错易混考点四】单一品牌战略的三种类型

单一品牌战略的三种类型的区别主要在于其覆盖的产品特点不同，具体如表Ⅴ所示。

表Ⅴ　单一品牌战略三种类型的区别

类型	产品类别	产品质量和能力
产品线单一品牌战略	覆盖的产品是在同一产品线上的产品，即产品类别、质量和能力均相同	
跨产品线单一品牌战略	不相同	相同
伞形品牌战略	均不相同	

【考点小贴士】结合名称记忆概念要点，做题主要分析单一品牌覆盖的产品在种类、质量和能力这些方面的叙述来判断。首先，对比记忆产品线单一品牌战略和跨产品线单一品牌战略，看名称可知前者是在同一产品线上的，即都是一样的产品，所以品牌覆盖产品的种类、质量和能力都是相同的；而后者为跨产品线，只是多了一个"跨"字，这体现了涉及不同产品线的产品，因此只是覆盖产品的种类是不相同的，而质量和能力方面是相同的。其次，剩余的伞形品牌战略覆盖的产品则在种类、质量和能力两个方面均不相同。

[例题·单选题] 企业使用单一品牌对同一产品线上的产品进行品牌扩张，这种品牌战略是（　　）。
A. 伞形品牌战略
B. 产品线单一品牌战略
C. 跨产品线单一品牌战略
D. 倒金字塔形单一品牌战略
[答案] B
[解题思路] 首先可以根据题目信息"单一品牌"，可知考查单一品牌战略的类型，主要涉及产品线单一品牌战略、跨产品线单一品牌战略和伞形品牌战略三种类型，可排除D项。其次，根据题目信息"同一产品线上的产品进行品牌扩张"，对应名称可知"产品线单一品牌战略"，B项正确。

------- 历年经典真题回顾 -------

一、单项选择题（每题1分，每题备选项中，只有1个最符合题意）

1. 某手表企业高层管理人员认为，"只要手表质量好，就一定有销路"，这种营销观念是（　　）。[2016年真题]
   A. 生产观念　　　　　　　B. 营销观念
   C. 产品观念　　　　　　　D. 社会市场营销观念
   [答案] C
   [解题思路] 本题的考点为传统市场营销观念中的产品观念。产品观念主要表现为"只要产品质量好，就一定有销路"，本题只是将"产品"二字更换为具体产品名称"手表"，可知仍然是产品观念的体现，C项正确。

2. 企业生产的某款手机深受消费者欢迎，但由于该区产能有限，无法向市场提供充足的该款手机产品，该款手机产品的市场需求状况是（　　）。[2015年真题]
   A. 负需求　　　　　　　　B. 无需求
   C. 潜伏需求　　　　　　　D. 过量需求
   [答案] D
   [解题思路] 首先，根据题目信息"某款手机深受消费者欢迎"，可知该款手机的需求量一定是很大的，因此可优先排除两种需求量较低的需求状态"负需求"和"无需求"，A、B两项错

误。其次，分析题目信息"由于该区产能有限，无法向市场提供充足的该款手机产品"，其中"产能有限""无法提供充足的手机产品"这两点表明企业生产能力有限，产品的供应量无法满足需求量，即产品的市场需求超出了企业能供给的水平状态，可知为过量需求，D项正确。C项，潜伏需求一般是企业无法提供或生产消费者需要的产品或产品不对口，或者企业虽能提供产品但消费者的购买条件达不到而导致这种需求状态，而本题只是产品的数量上满足不了消费者的需求，而不是潜伏需求的状态，此项错误。

3. 根据产品的整体概念，产品的三个层次包括核心产品、有形产品和（　　）。[2015年真题]
   A. 服务　　　　　　　　　　　B. 组合产品
   C. 品牌　　　　　　　　　　　D. 附加产品
   [答案] D
   [解析] 本题的考点为产品的概念。产品由核心产品、有形（形式）产品、附加（扩展）产品三个层次构成，D项正确。

4. 某企业将其生产的沐浴液和香皂分别冠以不同的品牌，该企业采用的品牌战略属于（　　）。[2015年真题]
   A. 单一品牌战略　　　　　　　B. 独立品牌战略
   C. 伞形品牌战略　　　　　　　D. 主副品牌战略
   [答案] B
   [解题思路] 本题的考点为品牌战略的类型。首先，根据题目信息"将其生产的沐浴液和香皂分别冠以不同的品牌"，可知两类产品有不同的品牌，即涉及两个以上的品牌，可排除单一品牌战略及其具体类型，A、C两项错误。其次，主副品牌虽然看似涉及到主品牌和副品牌两个品牌，但在实际应用的时候，主品牌是覆盖企业所有的系列产品的，副品牌是在主品牌之下针对具体系列产品的特点而赋予的，并不是像本题两个不同类别的商品分别有各自不同的品牌。因此，只有多品牌战略（也称独立品牌战略）才是同时经营两个以上相互独立的品牌，符合本题的情况，B项正确。

5. 某企业选择两个细分市场作为目标市场，实行专业化经营，把所有的资源都投入到这两个目标市场上，该企业采用的目标市场策略是（　　）。[2013年真题]
   A. 市场营销组合策略　　　　　B. 差异性营销策略
   C. 无差异营销策略　　　　　　D. 集中性营销策略
   [答案] D
   [解题思路] 本题的考点为目标市场的策略。首先，根据题目信息"选择两个细分市场作为目标市场"，可知该企业进行了市场细分，因此考虑在差异性营销策略和集中性营销策略二者中选其一。其次，再根据信息"选择了两个细分市场，实行专业化经营，把所有资源都投入到这两个目标市场上"，可知符合集中性营销策略的概念，D项正确。

6. 某产品在试销成功后，销售额不断增长，成本迅速降低，促销费用也相对减少，利润迅速上升。这种产品处于生命周期的（　　）。[2013年真题]
   A. 介绍期　　　　　　　　　　B. 成长期
   C. 成熟期　　　　　　　　　　D. 衰退期
   [答案] B
   [解题思路] 本题的考点为产品生命周期策略。根据题目信息"销售额不断增长、成本迅速降低、利润迅速上升"，可知为产品成长期的特点，B项正确。

二、多项选择题（每题2分，每题备选项中，有2个或2个以上符合题意，至少有1个错项。错选，本题不得分；少选，所选的每个选项得0.5分）

1. 市场营销微观环境包括（　　）。[2013年真题]
   A. 公众　　　　　　　　　　B. 竞争者
   C. 自然环境　　　　　　　　D. 文化环境
   E. 顾客
   [答案] ABE
   [解析] 本题考点为市场营销微观环境的内容。市场营销微观环境涉及的具体内容一般为企业、机构或个人的形式，包括企业自身的各种因素、竞争者、营销渠道企业、顾客、公众，可知A、B、E三项正确。C、D两项属于市场营销宏观环境。

2. 下列市场细分变量中，属于心理变量的有（　　）。[2015年真题]
   A. 个性　　　　　　　　　　B. 购买动机
   C. 使用频率　　　　　　　　D. 购买时机
   E. 价值取向
   [答案] ABE
   [解析] 本题的考点为市场细分的标准。其中，心理变量包括个性、购买动机、价值取向、对商品和服务方式的感受或偏爱、对商品价格反应的灵敏度等，可知A、B、E三项正确。C、D两项属于行为变量。

3. 根据产品的整体概念，附加产品的构成要素有（　　）。[2015年真题]
   A. 免费送货　　　　　　　　B. 产品包装
   C. 修理维护　　　　　　　　D. 备件供应
   E. 产品质量
   [答案] ACD
   [解析] 本题的考点为产品的概念。产品由核心产品、有形（形式）产品、附加（扩展）产品三个层次构成。其中，附加（扩展）产品包括提供信贷、免费送货、产品保证、安装、售后服务、培训、使用指导、修理维护、备件供应等，可知A、C、D三项正确。B、E两项属于有形（形式）产品。

4. 在大卫·艾克提出的品牌资产的"五星"概念模型中，品牌资产包括（　　）。[2013年真题]
   A. 品牌忠诚度　　　　　　　B. 品牌满意度
   C. 品牌知名度　　　　　　　D. 品牌联想度
   E. 品牌整合度
   [答案] ACD
   [解析] 本题的考点为品牌资产。根据"五星"概念模型，品牌资产是由品牌知名度、品牌认知度、品牌联想度、品牌忠诚度、品牌其他资产五部分组成，可知A、C、D三项正确。

三、案例分析题（每题2分。由单选和多选组成。错选，本题不得分；少选，所选的每个正确选项得0.5分）

（一）

某企业的产品组合为2种液晶电视机、3种空调机、5种洗衣机和4种电冰箱。为了扩大液晶电视机的销量，该企业与经销商签订协议，约定"10天内付款的客户可享受2%的价格优惠，30天内付款的客户全价付款"，同时，该企业拟开发一种新型电冰箱，经测算，投资额为5 000万元，单位成本为2 000元，预期销售量为50 000台，投资收益率为20%。该种电冰箱推出后，该企业拟建立营销渠道，只选择一家销售商代理该种电冰箱的销售，再由该销售商销售给消费者。
[2017年真题]

根据以下资料，回答下列问题。

1. 该企业的产品组合的长度为（　　）。
   A. 5　　　　　B. 10　　　　　C. 12　　　　　D. 14
   [答案] D
   [解题思路] 本题的考点为产品组合策略中产品组合的基本概念。其中，产品组合的长度是指产品组合中所包含的产品项目的总数。根据案例资料"某企业的产品组合为2种液晶电视机、3种空调机、5种洗衣机和4种电冰箱"，可知该企业产品组合中产品项目的总数＝2＋3＋5＋4＝14，即长度为14，D项正确。

2. 该企业与其液晶电视机经销商签订的协议中，给出的优惠条件属于（　　）。
   A. 现金折扣　　B. 数量折扣　　C. 复合折扣　　D. 交易折扣
   [答案] A
   [解题思路] 本题的考点为定价策略中折扣与折让定价策略。首先，根据题目选项内容，可知该题涉及到折扣与折让定价策略的考查。其次，根据案例资料"为了扩大液晶电视机的销量，该企业与经销商签订协议，约定10天内付款的客户可享受2%的价格优惠，30天内付款的客户全价付款"，即对按约定日期10天内付款的客户给予2%的折扣，而30天内付款，没有折扣。这种情况符合现金折扣的概念，现金折扣是指对按约定日期付款的客户给予一定比例的折扣，A项正确。

3. 根据目标利润定价法，该企业的新型电冰箱的目标价格为（　　）元。
   A. 2 020　　　B. 2 200　　　C. 3 000　　　D. 3 200
   [答案] B
   [解题思路] 本题的考点为成本导向定价法中的目标利润定价法。根据该方法计算产品单价的公式，单位产品价格＝产品单位成本＋$\frac{资本投资额 \times 目标收益率}{销售量}$，计算如下：
   （1）产品单位成本：案例资料中直接告知了"单位成本为2 000元"，无需自行计算；
   （2）资本投资额：案例资料中已告知"投资额为5 000万元"，即50 000 000元；
   （3）目标收益率：案例资料中已告知"投资收益率为20%"；
   （4）销售量：案例资料中已告知"预期销售量为50 000台"；
   （5）单位产品价格＝2 000＋$\frac{50\ 000\ 000 \times 20\%}{50\ 000}$＝2 000＋200＝2 200（元），B项正确。

4. 关于该企业拟对新型电冰箱采用的渠道策略的说法，正确的是（　　）。
   A. 分销渠道为一层渠道　　　　B. 分销渠道为二层渠道
   C. 渠道商选择策略为独家分销　　D. 渠道商选择策略为选择分销
   [答案] AC
   [解析] 本题的考点为渠道策略中分销渠道的类型和渠道商选择策略。分析案例资料"该种电冰箱推出后，该企业拟建立营销渠道，只选择一家销售商代理该种电冰箱的销售，再由该销售商销售给消费者"，首先，句中"只选择一家销售商代理该种电冰箱的销售"，即意为该制造商在某一地区只选择一家最适合的中间商专门推销其产品，这符合独家分销的概念，因此C项正确、D项错误。其次，再分析句中该企业与消费者之间经过的中间商的层级数，可知只经过了一层销售商，即该企业采用的分销渠道类型为一层渠道，因此A项正确、B项错误。

（二）

甲企业共生产18种产品，其产品组合为3种洗涤剂、4种香皂、5种纸巾和6种洗发水。目前，乙企业生产的洗涤剂产品已经挤占了原属甲企业的部分市场，为此，甲企业决定采取措施改变产品形象，使顾客对其洗涤剂产品建立新的认识。同时，甲企业拟生产一种新型香皂，固定成本为200万元，单位可变成本为2元，目标价格为4元/块，新型香皂推出后，甲企业拟建立分销渠道，首先通过代理商将产品销售给批发商，再由批发商销售给零售商，最后由零售商销售给消费者。[2016年真题]

根据以上资料，回答下列问题。

1. 甲企业的产品组合宽度为（　　）。
   A. 3　　　　　B. 4　　　　　C. 5　　　　　D. 6

   [答案] B

   [解题思路] 本题的考点为产品组合策略中产品组合的基本概念。其中，产品组合的宽度是指企业所经营的不同产品线的数量。根据案例资料"其产品组合为3种洗涤剂、4种香皂、5种纸巾和6种洗发水"，可知该企业产品组合涉及的产品线有洗衣粉、香皂、纸巾、洗发水4条不同的生产线，因此宽度为4，B项正确。

2. 甲企业对洗涤剂产品采取的市场定位策略是（　　）。
   A. 避强定位策略　　　　　B. 迎头定位策略
   C. 重新定位策略　　　　　D. 产品线定位策略

   [答案] C

   [解题思路] 本题的考点为市场定位的策略。根据案例资料"目前，乙企业生产的洗涤剂产品已经挤占了原属甲企业的部分市场，为此，甲企业决定采取措施改变产品形象，使顾客对其洗涤剂产品建立新的认识"，可知符合重新定位策略的概念，C项正确。

3. 根据盈亏平衡定价法，甲企业生产的新型香皂的盈亏平衡产量为（　　）万块。
   A. 33　　　　　B. 50　　　　　C. 100　　　　　D. 102

   [答案] C

   [解题思路] 本题的考点为成本导向定价法中的目标利润定价法。该方法下涉及的盈亏平衡产量的公式与第一章第四节盈亏平衡点法中盈亏平衡产销量的计算公式一样。根据公式，盈亏平衡产量＝总固定成本/（单价－单位可变成本），将案例资料中已知数据代入公式，则盈亏平衡点产量＝2 000 000/（4－2）＝1 000 000（块），即100（万块），C项正确。

4. 甲企业拟为新型香皂产品建立的分销渠道为（　　）。
   A. 零层渠道　　　B. 一层渠道　　　C. 二层渠道　　　D. 三层渠道

   [答案] D

   [解题思路] 本题的考点为渠道策略中分销渠道的类型。根据案例资料"甲企业拟建立分销渠道，首先通过代理商将产品销售给批发商，再由批发商销售给零售商，最后由零售商销售给消费者"，分析甲企业与消费者之间的中间商层级数，可知通过了"代理商、批发商、零售商"三个层级的中间商，即三层渠道，D项正确。

本章同步练习

一、单项选择题（每题1分，每题备选项中，只有1个最符合题意）

1. 在市场构成要素中，（　　）是决定市场规模大小的因素，是构成市场的基本要素。
   A. 人口　　　　　B. 购买力

C. 产品价格 D. 购买欲望

2. 下列关于传统市场营销观念与现代市场营销观念的说法，错误的是（   ）。
   A. 传统市场营销观念的产销关系是以产定销
   B. 传统市场营销观念的起点是市场
   C. 现代市场营销观念的中心是顾客需求
   D. 现代市场营销观念的目的是通过满足顾客需要获得利润

3. 某些产品或服务的供给与需求在时间上不一致，波动很大的状态，如公休日、节假日、下班时间与平时繁忙时间的销售可能不一致，这种需求状态属于（   ）。
   A. 潜伏需求 B. 下降需求
   C. 充分需求 D. 不规则需求

4. 根据威胁—机会综合分析矩阵，冒险业务的特点是（   ）。
   A. 高机会、高威胁 B. 低机会、低威胁
   C. 高机会、低威胁 D. 低机会、高威胁

5. 某企业在选择目标市场时，采用全方位进入各个细分市场，全心全意为所有顾客提供所需要的性能不同的系列产品的模式，这属于（   ）。
   A. 产品专业化模式 B. 市场专业化模式
   C. 全面进入模式 D. 选择性专业化模式

6. 某些实力雄厚的企业在市场定位时，选择靠近于市场最强竞争企业产品的市场位置，采用大体相同的营销策略，与其"对着干"，争夺同一个市场，这种定位策略属于（   ）。
   A. 无差异定位策略 B. 避强定位策略
   C. 迎头定位策略 D. 重新定位策略

7. 某奶制品企业推出一款果味酸奶，经调查发现市场上同类酸奶的价格范围为8—9元，为了避免价格竞争带来的损失，于是决定将该款果味酸奶价格定为8.5元，以保持在市场平均价格水平上。该企业采用的定价方法是（   ）。
   A. 成本导向定价法 B. 直接价格评比法
   C. 随行就市定价法 D. 目标利润定价法

8. 某大众化产品生产企业推出一款新产品，为了迅速打开市场，该企业在产品上市之初将价格定得较低，利用低廉的价格迅速占领市场，该企业采用的新产品定价策略属于（   ）。
   A. 产品线定价 B. 撇脂定价
   C. 市场渗透定价 D. 温和定价

9. 大卫·艾克的品牌资产的"五星"概念模型关于品牌资产的组成中，（   ）是品牌资产的核心。
   A. 品牌认知度 B. 品牌知名度
   C. 品牌联想度 D. 品牌忠诚度

10. 企业对具有相同质量的不同产品类别使用单一品牌战略，这种战略是（   ）。
    A. 产品线单一品牌战略 B. 跨产品线单一品牌战略
    C. 伞形单一品牌战略 D. 倒金字塔形单一品牌战略

二、多项选择题（每题2分，每题备选项中，有2个或2个以上符合题意，至少有1个错项。错选，本题不得分；少选，所选的每个选项得0.5分）

1. 下列属于传统市场营销观念的有（   ）。
   A. "我生产什么，就卖什么"

B. "哪里有消费者的需求，哪里就有营销机会"
C. "我推销什么，你就买什么"
D. "只要产品质量好，就一定有销路"
E. "消费者需要什么，我们就生产什么"

2. 营销渠道企业是指协助企业推广、销售和分配产品给最终购买者的那些企业和个人，下列属于营销渠道企业的有（　　）。
   A. 中间商　　　　　　　　　　B. 竞争者
   C. 顾客　　　　　　　　　　　D. 实体分配机构
   E. 金融机构

3. 企业在确定目标市场时，可采取的营销策略的类型包括（　　）。
   A. 无差异性营销策略　　　　　B. 差异性营销策略
   C. 集中性营销策略　　　　　　D. 全面化营销策略
   E. 选择性营销策略

4. 新产品定价策略包括（　　）。
   A. 产品线定价策略　　　　　　B. 撇脂定价策略
   C. 市场渗透定价策略　　　　　D. 副产品定价策略
   E. 产品束定价策略

5. 单一品牌战略的类型包括（　　）。
   A. 产品线单一品牌战略　　　　B. 混合产品线单一品牌战略
   C. 跨产品线单一品牌战略　　　D. 伞形品牌战略
   E. 独立品牌战略

三、案例分析题（每题2分。由单选和多选组成。错选，本题不得分；少选，所选的每个正确选项得0.5分）

某知名品牌企业开发出一种新的A产品，经测算，该新产品固定成本为100万元，单位可变成本为50元，预计销售量5万件。A产品上市后，企业为了打开市场，通过尽可能多的批发商、零售商推销其产品。企业为了加速资金周转，给批发商、零售商制定了"3/10，$n/30$"的折扣条件。同时为了鼓励批发商和零售商购买其产品，根据购买数量的多少，再分别给予不同的折扣，购买数量越多，折扣越大。为了建立A产品的知名度，该企业以投放广告的方式，向市场宣传A产品。企业营销部门在制定广告费用预算方案时，根据企业的营销目标和广告应承担的任务，计划投入80万元来为A产品进行广告宣传。

根据以上资料，回答下列问题。

1. 若该企业采用成本加成定价法，加成率为20%，则该新产品的价格为（　　）元。
   A. 120　　　　B. 84　　　　C. 100　　　　D. 60

2. 该企业选择渠道商的策略属于（　　）。
   A. 密集分销　　　　　　　　　B. 独家分销
   C. 选择分销　　　　　　　　　D. 多渠道分销

3. 该企业针对批发商、零售商采用的价格策略有（　　）。
   A. 数量折扣　　B. 季节折扣　　C. 价格折让　　D. 现金折扣

4. 该企业制定广告预算时，采用的方法是（　　）。
   A. 竞争均势法　　　　　　　　B. 量力而行法
   C. 目标任务法　　　　　　　　D. 销售百分比法

本章同步练习参考答案及解析

一、单项选择题

1. [答案] A
   [解析] 本题的考点为市场的含义。市场由人口、购买力与购买欲望三个要素构成。其中，人口决定了市场规模的大小，是构成市场的基本要素，因此A项正确。

2. [答案] B
   [解析] B项，传统市场营销观念的起点是工厂，而不是市场。

3. [答案] D
   [解析] 本题的考点为市场营销管理的任务中不规则需求的概念。不规则需求是指某些产品或服务的供给与需求在时间上不一致，波动很大的状态。可知本题所述即不规则需求的概念，D项正确。

4. [答案] A
   [解析] 本题的考点为市场营销环境分析。根据威胁—机会综合分析矩阵，冒险业务的特点是高机会、高威胁的业务，可知A项正确。B项属于成熟业务的特点；C项属于理想业务的特点；D项属于困难业务的特点。

5. [答案] C
   [解题思路] 根据选项内容可知考查了企业选择目标市场的五种模式的概念。首先，分析题目中该模式下的产品特点，题目提及"性能不同的系列产品"，因此考虑名称中不含"产品"二字的模式，即在B、C、D三项中进行进一步判断。其次，再分析"覆盖市场或顾客群的数量"，题目提及"进入各个细分市场、为所有顾客提供"，可知为全面进入模式，C项正确。

6. [答案] C
   [解析] 本题的考点为市场定位策略。其中，迎头定位策略是指与最强的竞争对手"对着干"的定位策略，可知本题所述即为迎头定位策略的概念，C项正确。

7. [答案] C
   [解题思路] 本题的考点为竞争导向定价法中随行就市定价法的概念。首先，分析题目可知该企业定价的依据是参考"市场上同类产品的价格"，符合竞争导向定价法的概念，只有C项为竞争导向定价法的类型之一；其次，随行就市定价法是企业为了避免价格竞争带来的损失，将本企业某产品价格保持在市场平均价格水平上，利用这样的价格来获得平均报酬，可知本题所述的情形符合随行就市定价法的概念。C项正确。

8. [答案] C
   [解析] 本题的考点为新产品定价策略。新产品定价策略的类型包括撇脂定价策略、温和定价策略、市场渗透定价策略。三种策略下制定的新产品价格依次为"高、中、低"三档。根据题目关键信息"在产品上市之初将价格定得较低"，可知为渗透定价策略，C项正确。

9. [答案] D
   [解析] 本题的考点为品牌资产。根据"五星"概念模型，品牌资产由品牌知名度、品牌认知度、品牌联想度、品牌忠诚度和其他资产五部分组成。其中，品牌忠诚度是品牌资产的核心，因此D项正确。

10. [答案] B
    [解题思路] 本题的考点为品牌战略的类型。首先，根据题目信息"使用单一品牌战略"，可知涉及单一品牌战略的三个类型；其次，分析该品牌覆盖的产品在"类别""质量和能力"两个方面的特点。根据题目信息"不同产品类别""相同质量"，可知为"跨产品线单一品牌战略"，B项正确。

二、多项选择题

1. [答案] ACD
   [解题思路] 本题的考点为市场营销观念。B、E两项，"哪里有消费者的需求，哪里就有营销机会""消费者需要什么，我们就生产什么"，都是以消费者需求为指导的营

销观念，即现代营销观念的体现。
2. [答案] ADE
[解析] 本题的考点为市场营销微观环境的相关内容。市场营销环境的内容之一是营销渠道企业，主要包括中间商、实体分配机构、营销服务机构和金融机构，可知A、D、E三项正确。B、C两项，竞争者和顾客是与营销渠道企业并列属于市场营销微观环境的内容，不是营销渠道企业的形式。

3. [答案] ABC
[解析] 本题的考点为目标市场的策略。目标市场策略包括三种类型：无差异营销策略、差异性营销策略、集中性营销策略，可知A、B、C项正确。

4. [答案] BC
[解析] 本题的考点为新产品定价策略。新产品定价策略包括撇脂定价策略、市场渗透定价策略、温和定价策略，可知B、C两项正确。A、D、E三项属于产品组合定价策略的类型。

5. [答案] ACD
[解析] 本题的考点为品牌战略的类型中单一品牌战略的类型。单一品牌战略的类型包括产品线单一品牌战略、跨产品线单一品牌战略、伞形品牌战略，可知A、C、D三项正确。

三、案例分析题

1. [答案] B
[解题思路] 本题的考点为成本导向定价法中的成本加成定价法。根据公式，单位产品价格＝产品单位成本×（1＋加成率），

计算如下：①产品单位成本＝（固定成本/销售量）＋单位可变成本。案例资料已知"固定成本为100万元，单位可变成本为50元，预计销售量5万件"，因此，产品单位成本＝（100/5）＋50＝20＋50＝70（元）。②加成率：题目已知"加成率为20%"。③单位产品价格＝70×（1＋20%）＝84元。B项正确。

2. [答案] A
[解题思路] 本题的考点为渠道商选择策略。根据案例资料"企业为了打开市场，通过尽可能多的批发商、零售商推销其产品"，可知为密集分销，A项正确。

3. [答案] AD
[解题思路] 本题的考点为折扣与折让定价策略的类型。根据案例资料"企业为了加速资金周转，给批发商、零售商制定了3/10，n/30的折扣条件。同时为了鼓励批发商和零售商购买其产品，根据购买数量的多少，再分别给予不同的折扣，购买数量越多，折扣越大"，可知涉及现金折扣和数量折扣，因此A、D两项正确。

4. [答案] C
[解题思路] 本题的考点为促销策略中的广告及管理。根据案例资料"企业营销部门在制定广告费用预算方案时，根据企业的营销目标和广告应承担的任务，计划投入80万元来为A产品进行广告宣传"，即根据企业的营销目标和广告应承担的任务来规定广告预算，可知符合目标任务法的概念，C项正确。

错题收集

第四章 生产管理与控制

本章考情分析

节名	题型 \ 分值 \ 年份	2017	2016	2015	2014	2013
第一节 生产计划	单项选择题	2分	3分	2分	2分	2分
	多项选择题	2分	4分	2分	0分	0分
	案例分析题	0分	0分	0分	8分	0分
第二节 生产作业计划	单项选择题	2分	1分	2分	2分	3分
	多项选择题	0分	0分	2分	2分	0分
	案例分析题	8分	8分	8分	0分	0分
第三节 生产控制	单项选择题	1分	1分	2分	2分	1分
	多项选择题	2分	0分	0分	2分	2分
	案例分析题	0分	0分	0分	0分	0分
第四节 生产作业控制	单项选择题	2分	1分	3分	0分	0分
	多项选择题	0分	0分	0分	0分	2分
	案例分析题	0分	0分	0分	0分	0分
第五节 现代生产管理与控制的方法	单项选择题	1分	1分	0分	2分	2分
	多项选择题	0分	0分	0分	2分	2分
	案例分析题	0分	0分	0分	0分	0分
合计		20分	19分	21分	22分	14分

本章学习提示

本章主要从管理角度，简单介绍了生产企业制定、执行和控制生产计划以及生产作业计划的基础知识。考试题型主要涉及单项选择题、多项选择题和案例分析题，案例分析题主要以本章第一节和第二节为基础进行出题。本章难度较大的部分是第一节和第二节中涉及计算题的知识点。这类知识点考试难度不大，但由于涉及专业术语，导致考生不理解其含义而增加了记忆的难度，建议考生通过术语名称，结合实例理解其含义后再记忆公式。

第一节　生产计划

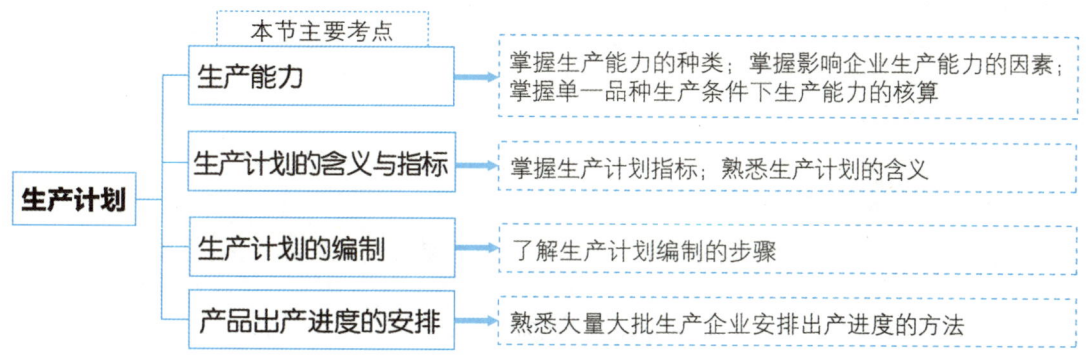

本节考点详解

【考点一】生产能力

一、生产能力的概念

企业的生产能力有广义和狭义之分。

（一）广义的生产能力

广义的生产能力是指技术能力和管理能力的综合。

技术能力包括人的能力和生产设备、面积的能力；管理能力包括管理人员的管理经验成熟程度、应用管理理论与方法的水平和提高效率的能力等。

（二）狭义的生产能力

狭义的生产能力是指技术能力中生产设备、面积的数量、状况等能力。

【举例】某生产企业加工车间有10台生产设备，1年能生产20 000件产品，即该企业加工车间1年的生产能力为20 000件产品。

二、生产能力的种类

生产能力按其技术组织条件的不同可分为三种类型，具体如表4-1-1所示。

表4-1-1　生产能力的种类

类型	概念要点	适用
设计生产能力	企业在搞基本建设时，在设计任务书和技术文件中所写明的生产能力	确定生产规模，编制长远规划，确定扩建、改建方案，采取重大技术措施时，以这两种生产能力为依据
查定生产能力	根据企业现有的生产组织条件和技术水平等因素，而重新审查核定的生产能力	
计划生产能力	也称现实生产能力，根据现有的生产组织条件和技术水平等因素所能够实现的生产能力	近期所作生产计划，如年度、季度计划，以计划生产能力为依据

【考点小贴士】本考点主要涉及概念的考查，可出单项选择题和案例分析题，难度较低。三种

类型的生产能力的区分,详见本章末尾【本章易错易混考点】。

三、影响企业生产能力的因素

影响企业生产能力的主要因素有以下三个:
(1) 固定资产的<u>数量</u>。
(2) 固定资产的<u>工作时间</u>。
(3) 固定资产的<u>生产效率</u>。

【考点小贴士】本考点是从狭义的生产能力的角度理解,由于固定资产(如生产设备、面积)的数量、工作时间和生产效率会对企业一定时期内生产产品数量的多少会产生直接的影响,因此这三个方面内容构成了影响企业生产能力的因素。历年常以多项选择题或案例分析题的形式考查本考点,案例分析题也常以多项选择题的形式出现。

四、生产能力的核算

企业生产能力的核算,是根据决定生产能力的三个主要因素,即固定资产的数量、工作时间和生产效率,在查清和采取措施的基础上,<u>首先计算设备组的生产能力</u>,平衡后确定小组、工段、车间的生产能力。本辅导书在此主要介绍历年常考的单一品种生产条件下生产能力的计算。单一品种生产条件下生产能力的计算主要涉及以下三种情况。

(一) 设备组生产能力的计算

$$设备组的生产能力 = 单位设备有效工作时间 \times 设备数量 \times 产量定额 \quad (公式1)$$

$$设备组的生产能力 = \frac{单位设备有效工作时间 \times 设备数量}{时间定额} \quad (公式2)$$

【考点小贴士】以上两个公式表达的含义是一样的,均是计算出一定数量生产设备在一定的有效工作时间内能够生产的产品的数量或完成的工作量,只是表达的方式不同。对于公式中的一些术语可参考下面的解释理解记忆:

(1) 单位设备有效工作时间,是指每台设备正常运转的时间(不包括维修、停工等非工作时间)。

(2) 产量定额,也称工作定额,是指单位时间(如小时、工作日或班次)规定应生产产品的数量或完成的工作量。如,每台机床每小时生产5件产品,则5件产品为产量定额。

(3) 时间定额,是指在一定的条件下,生产一定产品或完成一定作业量所需消耗的时间。如,生产一件产品需要1小时,则1小时为时间定额。

(4) 设备组的生产能力,是指所有设备在一定的有效工作时间内能够生产的产品的数量或完成的工作量。

【例1】某车间有10台设备,每天工作时间为8小时,每台设备1小时能生产5件产品,试求该车间每天的生产能力。

【分析】本例可运用公式1计算,则该车间的生产能力=10×8×5=400(件)。

【例2】某车间有10台设备,每天工作时间为8小时,生产1件产品所需的时间为0.2小时,试求该车间每天的生产能力。

【分析】本例可运用公式2计算,该车间的生产能力=10×8/0.2=400(件)。

(二) 作业场地生产能力的计算

$$作业场地的生产能力 = \frac{单位面积有效工作时间 \times 作业场地的生产面积}{单位产品占用生产面积 \times 单位产品占用时间}$$

【考点小贴士】该公式类似于设备组生产能力计算中公式2的结构,可从上下两部分内容理解记忆:

（1）单位面积有效工作时间×作业场地的生产面积，可理解为作业场地总面积总的有效工作时间。如，某车间生产面积100平方米，单位面积有效工作时间为8小时，则100平方米总的有效工作时间为800小时。

（2）单位产品占用生产面积×单位产品占用时间，可理解为生产1件产品所需耗用的时间和面积的量。如，某车间生产1件产品占用时间为2小时，每件产品占用生产面积为2平方米，则生产1件产品所需耗用的时间和面积的量为4（2×2）。

（3）结合公式中上下两部分内容理解，用总量（作业场地总面积总的有效工作时间）除以单位产品耗用量（生产1件产品耗用的时间和面积的量），即可求出该作业场地一定时间内能生产的产品数量或完成的工作量。

（三）流水线生产能力的计算

$$流水线的生产能力 = \frac{流水线有效工作时间}{流水线节拍}$$

【考点小贴士】本公式同样可从上下两部分内容理解记忆：

（1）流水线有效工作时间，可理解为整条流水线总的工作时间。

（2）流水线节拍，是指流水线上前后两件产品的时间间隔，即每件产品通过流水线各工艺环节生产所需耗用的时间，可简单理解为生产每件产品耗用的时间。

（3）结合公式中上下两部分内容理解，用总量（整条流水线的工作时间）除以单位产品耗用量（生产每件产品耗用的时间），即可求出该流水线一定时间内能够生产的产品数量或完成的工作量。

经典例题

[2016年真题·单选题] 某摩托车企业的一条装配流水线有效工作时间为每日8小时，该条流水线节拍为6分钟，则该流水线每日的生产能力是（　　）台。
A. 75　　　　B. 80　　　　C. 90　　　　D. 120
[答案] B
[解题思路] 首先，根据题目信息"流水线、节拍"，可知为流水线生产能力计算。其次，根据公式，流水线生产能力=流水线有效工作时间/流水线节拍，计算思路如下：①根据题干可知流水线有效工作时间为8小时，换算成以分钟为单位的数据，8×60=480（分钟）。②根据题干可知节拍为6分钟。③流水线生产能力=480/6=80（件）。B项正确。

[2015年真题·单选题] 某设备组只生产一种产品，共有10台机器，每台机器一个工作日的有效工作时间7.5小时，每小时生产10件产品，该设备组一个工作日的生产能力是（　　）。
A. 650　　　　B. 710　　　　C. 750　　　　D. 820
[答案] C
[解题思路] 首先，根据题目信息"某设备组只生产一种产品，共有10台机器"，可知是设备组生产能力的计算。其次，根据题目信息"每小时生产10件产品"，可知给出的是产量定额的数据，因此根据公式，设备组生产能力=单位设备的有效工作时间×设备数量×产量定额，将题干已知数据代入公式中，则该设备组一个工作日的生产能力=7.5×10×10=750（件）。C项正确。

【考点二】生产计划的含义与指标

一、生产计划的含义

企业的生产计划一般分为三个层次，具体如表4-1-2所示。

表 4-1-2　生产计划的三个层次

层次	计划期	要点
中长期生产计划	3年或5年，或更长	—
年度生产计划	1年	企业年度经营计划的核心
生产作业计划	各月、各周、每天、每班（1年以内）	是执行性计划，年度生产计划的具体化

【考点小贴士】生产计划的三个层次，即三种类型的生产计划，层次越高，计划期越长。企业一般先制定整体的长远的计划，然后层层分解，最后具体到短期的执行性计划，以方便具体作业操作。因此，注意从计划期来判断具体的类型。

经典例题

[例题·单选题] 下列企业生产计划中，属于执行性计划的是（　　）。
A. 企业的1周生产计划　　　　　　B. 企业1年的生产计划
C. 企业的3年发展计划　　　　　　D. 企业的10年发展计划
[答案] A
[解析] 生产作业计划属于执行性计划，其计划期一般为各月、各周、每天、每班，根据计划期判断，可知A项正确。

二、生产计划指标

制定生产计划指标是企业生产计划的重要内容。生产计划应建立包括产品品种、产品质量、产品产量及产品产值四类指标为主要内容的生产指标体系。

（一）产品品种指标

产品品种指标是指企业在报告期内规定生产的产品的名称、型号、规格和种类。

（二）产品质量指标

产品质量指标包括两大类：
（1）反映产品本身内在质量的指标，如产品平均技术性能、产品质量分等。
（2）反映产品生产过程中工作质量的指标，如质量损失率、废品率、成品返修率等。

（三）产品产量指标

产品产量指标是指企业在一定时期内生产的，并符合产品质量要求的实物数量。确定产品产量指标主要采取盈亏平衡分析法、线性规划法等。在此主要介绍考试常考的盈亏平衡分析法。

1. 盈亏平衡分析法涉及的计算公式

$$利润 = 销售收入 - 总成本$$
$$= 单价 \times 产销量 - (固定成本 + 单位产品变动成本 \times 产销量)$$

$$盈亏平衡点产量 = \frac{固定成本}{单价 - 单位产品变动成本}$$

【注意】历年主要考查盈亏平衡点产量的计算，该公式与本教材第一章第四节盈亏平衡点法中盈亏平衡点销售量的公式完全一样，无需重复记忆。

2. 盈亏平衡分析

企业可根据下图 4-1-1 进行盈亏平衡分析。

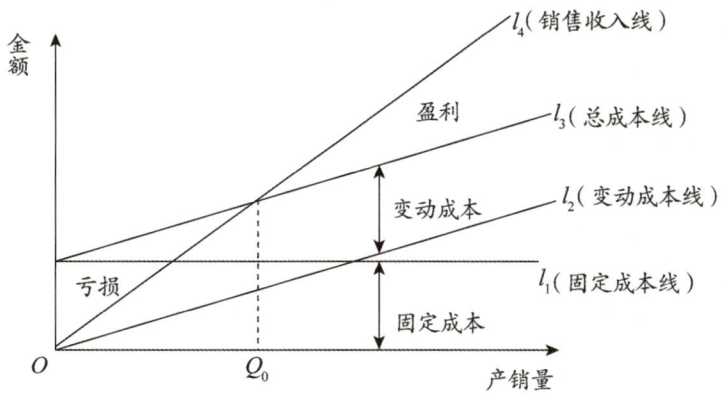

图 4-1-1 盈亏平衡图

【考点小贴士】熟悉图中销售收入线、总成本线、变动成本线、固定成本线的位置，2011 年案例分析题曾考查过其中两条线的名称。除此之外，还要学会利用盈亏平衡分析法进行扭亏为盈分析，图中销售收入线和总成本线的交叉点，即盈亏平衡点（在此点利润为 0），对应横坐标的产销量 Q_0 即为盈亏平衡点的产销量。利润低于盈亏平衡点（为负数），则企业亏损；反之，则企业盈利。亦可结合公式"利润＝销售收入－总成本"进行扭亏为盈分析。若企业想扭亏为盈，即实现销售收入大于总成本，可从下列途径入手：①降低总成本，具体可通过降低固定成本和单位变动成本实现；②增加销售收入，具体可通过增加产销量和提高单价实现。

（四）产品产值指标

产品产值指标是<u>用货币表示的</u>产量指标，具体可分为下列三种形式：

（1）<u>工业总产值</u>是指以货币表现的工业企业在报告期内生产的工业产品总量。

（2）<u>工业商品产值</u>是工业企业在一定时期内生产的预定发到企业外的工业产品的总价值，是企业可以获得的货币收入。

（3）<u>工业增加值</u>是企业在报告期内以货币表现的工业生产活动的最终成果。

【注意】工业增加值与工业总产值的区别在于它们确定最终成果的范围不同。<u>工业增加值以社会最终成果作为计算的依据，而工业总产值是以企业最终成果作为计算的依据。</u>

经典例题

[2017 年真题·单选题] 计算工业增加值的依据是（　　）。
A. 员工最终成果　　　　　　　B. 企业最终成果
C. 社会最终成果　　　　　　　D. 消费者最终消费量
[答案] C
[解析] 工业增加值是以社会最终成果作为计算的依据，C 项正确。

[2016 年真题·多选题] 下列生产计划指标中，属于产品质量指标的有（　　）。
A. 质量损失率　　　　　　　　B. 销售利润率
C. 废品率　　　　　　　　　　D. 成品返修率
E. 产销量
[答案] ACD
[解析] 质量损失率、废品率、成品返修率均属于产品质量指标中反映产品生产过程中工作质量的指标。B、E 两项，销售利润率和产销量均不能反映产品质量，可知不属于产品质量指标的类型，此两项错误。

【考点三】生产计划的编制

编制生产计划的主要步骤,大致可归纳如下:

(1) 调查研究。
(2) 统筹安排,初步提出生产计划指标。
(3) 综合平衡,编制计划草案。
(4) 生产计划大纲定稿与报批。

【考点四】产品出产进度的安排

生产计划指标确定后,需进一步将全年的总产量指标安排到各季、月中去,制订出产品出产进度计划。产品出产进度的安排取决于企业的生产类型和产品的生产技术特点。在此,本辅导书主要介绍大量大批生产企业出产进度的安排。大量大批生产企业安排出产进度的方法有三种类型,具体如表 4-1-3 所示。

表 4-1-3　大量大批生产企业出产进度安排的方法

类型	特点	适用
各期产量年均分配法	将全年计划产量平均分配到各季、月	社会对该产品需要比较稳定
各期产量均匀增长分配法	将全年计划产量均匀地安排到各季、月	社会对该产品需要不断增加
各期产量抛物线形增长分配法	开始增长较快,以后增长较慢的要求安排各月任务,使产量增长的曲线呈抛物线形状	新产品的开发,且对该产品的需求不断增加

第二节　生产作业计划

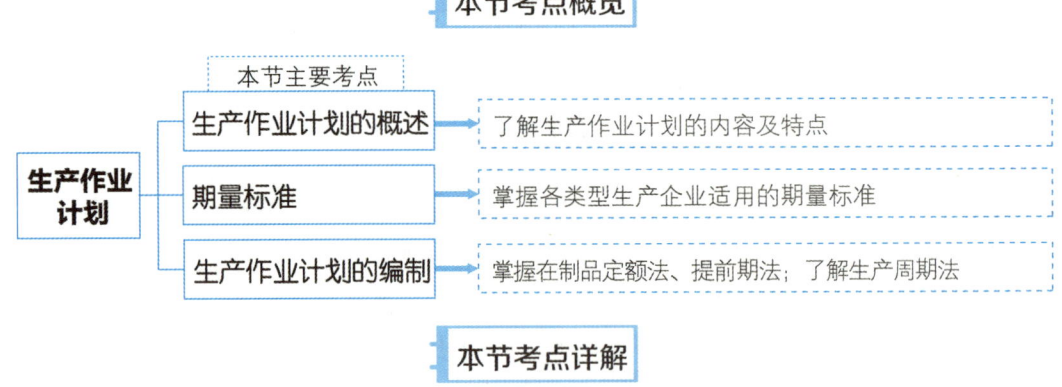

【考点一】生产作业计划的概述

生产作业计划是生产计划工作的继续,是企业年度生产计划的具体执行计划。

一、生产作业计划的内容

(1) 编制企业各个层次的作业计划。
(2) 编制生产准备计划。
(3) 计算负荷率,进行生产任务和生产能力(生产设备、生产面积等)之间的细致平衡。
(4) 日常生产的派工、生产、调度、执行情况的统计分析与控制。

二、生产作业计划的特点
（1）计划期短。
（2）计划内容具体。
（3）计划单位小。

【考点二】期量标准

期量标准，又称作业计划标准，是指为加工对象（零件、部件、产品等）在生产期限和生产数量方面规定的标准数据。各类型生产企业适用的期量标准具体如表 4-2-1 所示。

表 4-2-1　各类型生产企业适用的期量标准

生产企业的类型	适用的期量标准	
大批大量生产企业	节拍	是大批量流水线上前后两个相邻加工对象投入或出产的时间间隔
	节奏	是大批量流水线上前后两批相邻加工对象投入或出产的时间间隔
	流水线的标准工作指示图表	
	在制品定额	是在一定技术组织条件下，各生产环节为了保证数量上的衔接所必需的、最低限度的在制品储备量
成批轮番生产企业	批量	是指相同产品或零件一次投入或出产的数量
	生产周期	是指一批产品或零件从投入到产出的时间间隔
	生产间隔期	是指相邻两批产品或零件投入的时间间隔或出产的时间间隔
	生产提前期	是指产品或零件在各工艺阶段投入或产出时间与成品出产时间相比所要提前的时间
	[注意] 成批轮番生产下，批量、生产间隔期之间的相关关系： 批量＝生产间隔期×平均日产量 生产间隔期＝批量/平均日产量	
单件小批生产企业	（1）生产周期 （2）生产提前期	

经典例题

[2015年真题·单选题] 某企业成批轮番生产一种零件，生产批量为 200 件，平均日产量为 40 件，该企业这种零件的生产间隔期是（　　）天。
A. 5　　　　　　B. 15　　　　　　C. 20　　　　　　D. 160
[答案] A
[解析] 根据成批轮番生产企业的期量标准中，批量、生产间隔期的相关关系的公式，生产间隔期＝批量/平均日产量＝200/40＝5（天），A 项正确。

[2013年真题·单选题] 节拍是（　　）类型企业编制生产作业计划的重要依据。
A. 大批量流水线生产　　　　　　B. 成批生产
C. 小批生产　　　　　　　　　　D. 单件生产
[答案] A
[解析] 大批大量生产企业的期量标准包括节拍或节奏、流水线的标准工作指示图表、在制品定额，A 项正确。

【考点三】生产作业计划的编制

生产作业计划通常分为许多层次，如厂级生产作业计划、车间级生产作业计划、工段生产作业计划和班组生产作业计划,甚至到每台机床和每个操作者。常用的生产作业计划编制的方法主要有在制品定额法、提前期法、生产周期法。

一、在制品定额法(连锁计算法)

在制品定额法的具体内容如表4-2-2所示。

表4-2-2 在制品定额法

项目	具体内容
适用企业类型	适用大批大量生产企业的生产作业计划编制
特点	工艺反顺序
公式	(1) 本车间出产量＝后续车间投入量＋本车间半成品外售量＋(本车间期末库存半成品定额－本车间期初预计库存半成品结存量) (2) 本车间投入量＝本车间出产量＋本车间计划允许废品及损耗量＋(本车间期末在制品定额－本车间期初在制品预计结存量)

【考点小贴士】本考点可出一个完整的案例分析题,考试内容主要涉及表格中的要点。案例中的计算题通常要求考生分别计算两个车间的投入量或出产量,根据题目确定的车间名称找准已知数据代入公式计算即可。其余题目主要围绕该方法适用的企业类型和特点考核。

二、提前期法(累计编号法)

提前期法的具体内容如表4-2-3所示。

表4-2-3 提前期法

项目	具体内容
适用企业类型	适用成批生产类型企业的生产作业计划编制
特点	同一时间上,越是处于生产完工阶段上的产品,其编号越小;越是处于生产开始阶段的产品,其编号越大
优点	①各个车间可以平衡地编制生产作业计划;②不需要预计当月任务完成情况;③生产任务可以自动修改;④可以用来检查零部件生产的成套性
公式	(1) 本车间出产累计号数＝最后车间出产累计号＋本车间出产提前期×最后车间平均日产量 式中:本车间出产提前期＝后续车间投入提前期＋保险期 (2) 本车间投入累计号数＝最后车间出产累计号＋本车间投入提前期×最后车间平均日产量 式中:本车间投入提前期＝本车间出产提前期＋本车间生产周期

【考点小贴士】本考点可出一个完整的案例分析题,也可涉及单项选择题或多项选择题的考查,考试内容主要涉及表格中的要点。案例中的计算题通常要求考生分别计算某一车间的出产累计号数和投入累计号数,找准已知数据代入公式计算即可。其余题目主要围绕该方法适用的企业类型和特点及优点考核。

三、生产周期法

生产周期法适用于单件小批生产类型企业的生产作业计划编制。

> **经典例题**
>
> [2017年真题·单选题] 下列生产类型企业中,适合采用生产周期法编制生产作业计划的是( )。
> A. 大量生产企业   B. 大批生产企业
> C. 中批生产企业   D. 单件生产企业

[答案] D

[解析] 注意三种类型生产企业各自适用的生产作业计划编制的方法。在制品定额法（连锁计算法）适用于大批大量生产企业的生产作业计划编制，提前期法（累计编号法）适用于成批生产企业的生产作业计划编制，生产周期法适用于单件小批生产企业的生产作业计划编制。D 项正确。

[2014年真题·多选题] 关于提前期法的说法，正确的有（　　）。

A. 本车间投入提前期是本车间出产提前期与本车间生产周期之和
B. 提前期法适用于大量生产类型企业的生产作业计划编制
C. 提前期法又称累计编号法
D. 同一时间上，越是处于生产完工阶段的产品，其编号越小
E. 同一时间上，不同生产阶段产品的编号是随机产生的

[答案] ACD

[解析] B 项，提前期法适用于成批生产企业生产作业计划的编制。E 项，采用提前期法，不同生产阶段产品的编号不是随机产生的，是对生产的产品实行累计编号。

第三节　生产控制

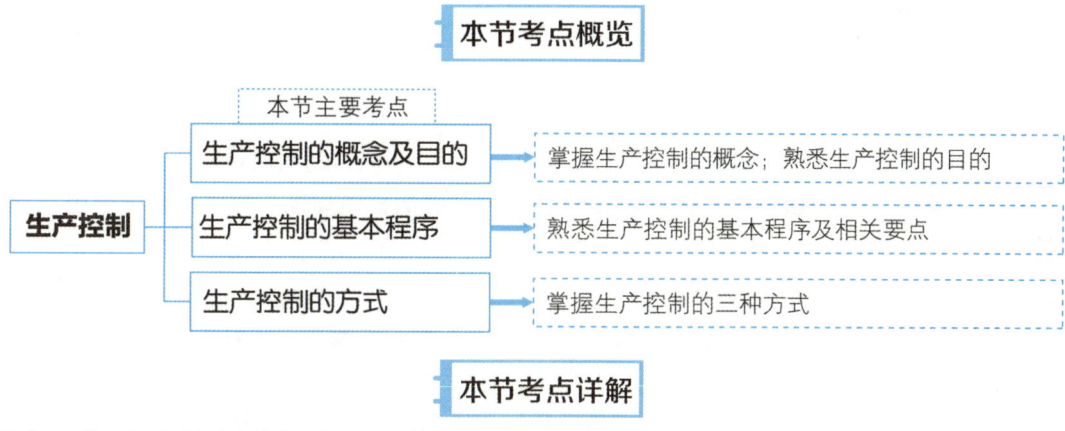

【考点一】生产控制的概念及目的

一、生产控制的概念

生产控制是指为保证生产计划目标的实现，按照生产计划的要求，对企业的生产活动全过程的检查、监督、分析偏差和合理调节的系列活动。

（1）广义的生产控制是指从生产准备开始到进行生产，直至成品出产入库为止的全过程的全面控制，包括计划安排、生产进度控制及调度、库存控制、质量控制、成本控制等内容。

（2）狭义的生产控制，又称生产作业控制，是指对生产活动中生产进度控制。

二、生产控制的目的

生产控制的目的是提高生产管理的有效性，既要保证生产过程协调地进行，又要保证以最少的人力和物力完成生产任务。

【考点小贴士】生产控制的概念可简单理解为企业为了保证生产计划目标的实现所进行的系列活动。

> **经典例题**
>
> [2014年真题·单选题] 生产控制的目的是（　　）。
> A. 提高产品价格　　　　　　　B. 提高生产管理的有效性
> C. 提高客户满意度　　　　　　D. 提高生产产量
> [答案] B
> [解析] 生产控制的目的是提高生产管理的有效性，B项正确。
>
> [2013年真题·单选题] 企业积极分析生产效率低的原因，并优化工序保证生产目标实现，企业的这些活动属于（　　）。
> A. 生产计划制定　　　　　　　B. 生产控制
> C. 生产设计　　　　　　　　　D. 生产能力核算
> [答案] B
> [解析] 根据题目信息"保证生产目标实现""积极分析生产效率低的原因"，即企业为了保证生产计划目标所进行的系列活动，符合生产控制的概念，B项正确。

【考点二】生产控制的基本程序

生产控制包括三个阶段：测量比较、控制决策、实施执行，具体的基本程序如下。

一、制定控制的标准

制定标准的方法一般有以下几种：
（1）类比法。参照本企业的历史水平制定标准，也可参照同行业的先进水平制定标准。
（2）分解法。即把企业层的指标按部门按产品层层分解为一个个小指标，作为每个生产单元的控制目标。
（3）定额法。即为生产过程中某些消耗规定标准，主要包括劳动消耗定额和材料消耗定额。
（4）标准化法。即根据权威机构制定的标准作为自己的控制标准，如国际标准、国家标准、部颁标准、行业标准等。

二、根据标准检验实际执行情况

测量比较是以生产统计手段获取系统的输出值，与预定的控制标准作对比分析，发现偏差。
【注意】偏差＝目标值－实际值。
（1）对于"产量、利润、劳动生产率"这类目标，出现正偏差，即表示没有达标，需要控制；反之，则表示达标。
【举例】产量规定的目标值为100件，实际生产了90件，即实际值为90件，偏差＝100－90＝10（件）。偏差值为正数（正偏差），表示目标值大于实际值，实际产量没有达到目标值产量的标准，所以没有达标。
（2）对于"成本、工时消耗"这类目标，出现正偏差，即表示达标，优于控制标准；反之，则表示不达标，需要控制。
【举例】成本消耗规定不得超过500元，即目标值为500元，而实际只消耗了450元，偏差＝500－450＝50（元）。偏差值为正数（正偏差），由于成本节省了50元，所以表示达标。

三、控制决策

控制决策是根据产生偏差的原因提出用于纠正偏差的控制措施。其工作步骤为：分析原因→拟定措施→效果预期分析。

四、实施执行

实施执行是控制程序中最后一项工作,由一系列的具体操作组成。

经典例题

[2017年真题·多选题] 生产控制的基本程序主要包括（　　）。
A. 确定控制的标准
B. 根据标准检验实际执行情况
C. 编制生产计划
D. 控制决策
E. 实施执行
[答案] ABDE
[解析] 生产控制具体基本程序包括确定控制标准、根据标准检验实际执行情况、控制决策、实施执行。

[2015年真题·单选题] 企业参照自身的历史水平或者同行业的先进水平制定生产标准,这种制定生产控制标准的方法是（　　）。
A. 标准化法　　　　　　　　B. 定额法
C. 分解法　　　　　　　　　D. 类比法
[答案] D
[解析] 制定生产控制标准的方法中,类比法是参照本企业的历史水平制定标准,也可参照同行业的先进水平制定标准,D项正确。

【考点三】生产控制的方式

常用的三种生产控制方式如表 4-3-1 所示。

表 4-3-1　常用的三种生产控制方式

方式	概念要点
事前控制	前馈控制,在本期生产活动展开前进行
事中控制	对作业现场获取信息,实时地进行作业核算
事后控制	反馈控制,根据本期生产结果与期初所制订的计划相比较,找出差距,提出措施,在下一期的生产活动中实施控制的一种方式

【考点小贴士】三种控制方式的概念对应其名称记忆。名称中的"事"可理解为"生产活动",三种方式依次分别是在生产活动过程的前、中、后三个阶段进行控制。

经典例题

[2017年真题·单选题] 下列生产控制方式中,能够实时控制,从而确保生产或者沿着当期计划目标展开,且控制的重点是当前生产过程中的是（　　）。
A. 事中控制方式
B. 事后控制方式
C. 事前控制方式
D. 全员控制方式
[答案] A
[解析] 根据题目信息"实时控制",即在生产活动过程中进行的控制,可知为"事中控制",A项正确。

第四节　生产作业控制

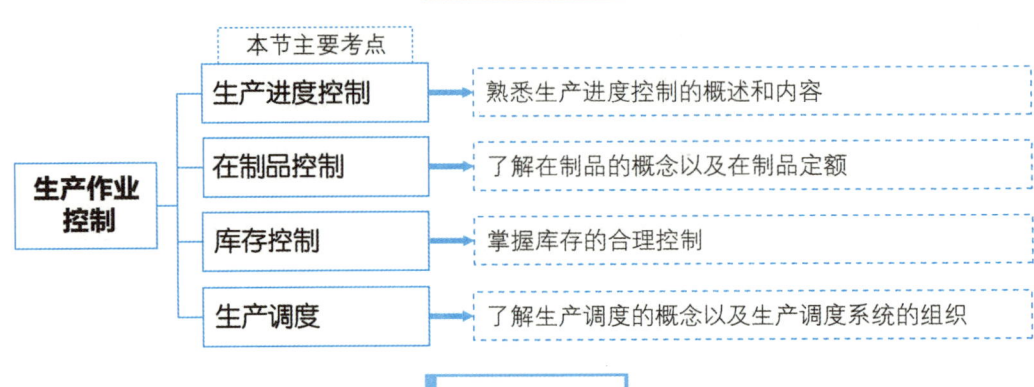

【考点一】生产进度控制

一、生产进度控制概述

（一）生产进度管理的目标

生产进度管理的目标是准时生产，即只在需要的时间，按需要的品种生产需要的数量，既要保证交货期，又要保持和调整生产速度。

（二）生产进度控制的目的

生产进度控制的目的在于依据生产作业计划，检查零部件的投入和出产数量、出产时间和配套性，保证产品能准时装配出厂。

二、生产进度控制的内容

（1）投入进度控制。即在产品生产中对产成品的投入日期、数量，及对原材料、零部件投入提前期的控制。

（2）工序进度控制。即在生产中对每道工序上的加工进度控制。

（3）出产进度控制。即对成品的出产日期、出产数量的控制。

【考点小贴士】生产进度控制的内容即对生产过程的前（投入）、中（工序）、后（出产）三个阶段进行控制，以此保证产品能够准时装配出厂。

经典例题

[2017年真题·单选题] 生产进度管理的目标是（　　）。
A. 提前生产　　B. 准时生产　　C. 在制品控制　　D. 质量控制
[答案] B
[解析] 生产进度管理的目标是准时生产，B项正确。

[2013年真题·多选题] 生产进度控制的基本内容包括（　　）。
A. 投入进度控制　　B. 库存进度控制　　C. 工序进度控制　　D. 出产进度控制
E. 销售进度控制

[答案] ACD
[解析] 生产进度控制的内容包括投入进度控制、工序进度控制、出产进度控制。

【考点二】在制品控制

一、在制品的概念

在制品是指从原材料、外购件等投入生产起到经检验合格入库之前,存在于生产过程中各个环节的零部件和产品。通常根据所处的不同工艺阶段,把在制品分为毛坯、半成品、入库前成品和车间在制品。

二、在制品控制

在制品控制是企业生产控制的基础工作,是对生产运作过程中各工序原材料、半成品等在制品所处位置、数量、车间之间的物料转运等进行的控制。在制品控制的工作内容具体包括:

(1) 合理确定在制品管理任务和组织分工。
(2) 认真确定在制品定额,加强在制品控制,做好统计与核查工作。
(3) 建立、健全在制品的收、发与领用制度。
(4) 合理存放和妥善保管在制品。

三、在制品定额

在制品定额是指在一定生产技术组织条件下,各生产环节为了<u>保证数量上的衔接所必需的、最低限度的在制品储备量</u>。一定数量的在制品储备,是<u>保证生产连续进行</u>的必要条件。

【考点三】库存控制

一、库存的概念

(1) 广义的概念是指一切暂时闲置但可用于未来的资源储备,包括人、财、物、信息等。
(2) 狭义的概念是指用于保证生产顺利进行或满足顾客需求的物料储备。本辅导书讨论的是狭义的库存。

二、库存的合理控制

库存控制是对企业生产、经营全过程的各种物品、产成品以及其他资源进行管理和控制,使其储备保持在经济合理的水平上。

(一) 库存量不合理所产生的问题

1. 库存量过大所产生的问题

(1) 增加仓库面积和库存保管费用,从而提高了产品成本。
(2) 占用大量的流动资金,造成资金呆滞,既加重了货款利息等负担,又会影响资金的时间价值和机会收益。
(3) 造成产成品和原材料的有形损耗和无形损耗。
(4) 造成企业资源的大量闲置,影响其合理配置和优化。
(5) 掩盖了企业生产、经营全过程的各种矛盾和问题,不利于企业提高管理水平。

2. 库存量过小所产生的问题

(1) 造成服务水平下降,影响销售利润和企业信誉。
(2) 造成生产系统原材料或其他物料供应不足,影响生产过程的正常进行。
(3) 使订购间隔期缩短,订货次数增加,使订货(生产)成本提高。
(4) 影响生产过程的均衡性和装配时的成套性。

经典例题

[2015年真题·单选题] 企业库存量过大会导致（　　）。
A. 流动资金被大量占用　　B. 生产系统原材料供应不足
C. 销售量下降　　D. 订货次数增加
[答案] A
[解析] 企业库存量过大导致的问题之一是流动资金被大量占用，A项正确。B、C、D三项均属于库存量过小导致的问题。

（二）库存管理成本

（1）仓储成本，是指维持库存物料本身所需花费，包括存储成本、搬运和盘点成本、保险和税收以及库存物料由于变质、陈旧、损坏、丢失等造成损失及购置库存物料所占用资金的利息等。

（2）订货成本，是指每次订购物料所需联系、谈判、运输、检验等费用。

（3）机会成本，包括两个方面内容：①由于库存不够带来的缺货损失；②物料本身占用一定资金，企业会失去将这部分资金改作他用的机会，由此给企业造成损失。

（三）库存控制基本方法

（1）定量控制法，又称订货点法。它是连续不断地监视库存余量的变化，当库存量达到某一预定数值（订货点）时，即向供货商发出固定批量的订货请求，经过一定时间（固定提前期）后货物达到，补充库存。

（2）定期控制法，又称订货间隔期法。它是每隔一个固定的间隔周期去订货，每次订货量不固定，订货量由当时库存情况确定，以达到目标库存量为限度。

（3）帕雷托法，又称 ABC 分类法。该方法用于库存管理，是库存物资按品种多少和资金占用额大小分为如下三类物资：

1）A 类物资，库存资金累计占全部资金总额 70% 左右，物资品种累计占全部品种 5%—10%。

2）B 类物资，库存资金累计占全部资金总额 20% 左右，物资品种累计占全部品种 20% 左右。

3）C 类物资，库存资金累计占全部资金总额 10% 以下，物资品种累计占全部品种 70%。

【考点小贴士】历年常考定量控制法和定期控制法的概念，二者的区分详见本章末尾【本章易错易混考点】。帕雷托法的考查较少，主要熟悉 A、B、C 三类物资占用的资金和物资品种的比例。

经典例题

[2016年真题·单选题] 某企业每隔一个固定的间隔周期去订货，订货量由当时库存情况确定，以达到目标库存量为限度。该企业采用的库存控制方法是（　　）。
A. 定量控制法　　B. 定期控制法　　C. 订货点法　　D. ABC 分类法
[答案] B
[解题思路] 本题的考点为定期控制法的概念。可从该方法的名称记忆其概念，定期即固定的订购间隔周期。根据题目信息"每隔一个固定的间隔周期去订货"，可知为定期控制法的概念，B项正确。

[例题·单选题] 按照帕雷托法进行库存控制，A 类物资具有的特征是（　　）。
A. 库存物资品种累计占全部品种 5%—10%，资金累计占全部资金总额 70% 左右
B. 库存物资品种累计占全部品种 70%，资金累计占全部资金总额 10% 以下
C. 库存物资品种累计占全部品种 20%，资金累计占全部资金总额 20% 左右
D. 库存物资品种累计占全部品种 50%，资金累计占全部资金总额 50% 左右

[答案] A
[解析] 根据帕雷托法（ABC 分类法），其中 A 类物资库存资金占全部资金总额的 70％左右，物资品种累计占全部品种 5％—10％，A 项正确。

【考点四】生产调度

一、生产调度的概念

生产调度是组织执行生产进度计划的工作，对生产计划的监督、检查和控制，发现偏差及时调整的过程。

【注意】生产调度是以生产进度计划为依据。

二、生产调度工作的基本要求

（1）生产调度工作必须以生产进度计划为依据。这是生产调度工作的基本原则。
（2）生产调度工作必须高度集中和统一。
（3）生产调度工作要以预防为主。
（4）生产调度工作要从实际出发，贯彻群众路线。

三、生产调度系统的组织

（1）大中型企业设厂级、车间、工段三级调度。
（2）中小型企业设厂部、车间二级调度。

经典例题

[2015 年真题·单选题] 企业生产调度的依据是（　　）。
A. 销售计划　　　B. 生产进度计划　　　C. 产品研发计划　　　D. 产品产出计划
[答案] B
[解析] 生产调度是以生产进度计划为依据，B 项正确。

第五节　现代生产管理与控制的方法

本节考点概览

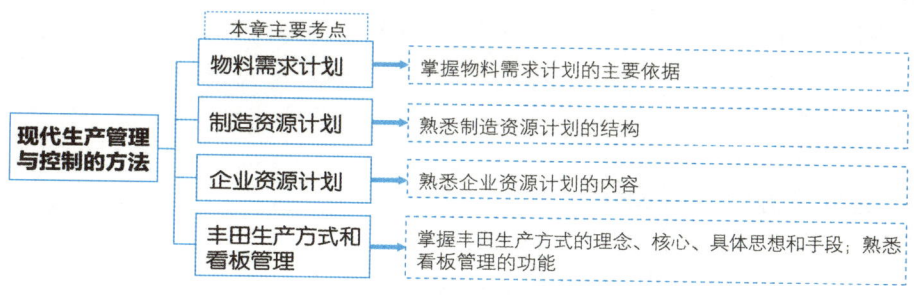

本节考点详解

【考点一】物料需求计划（MRP）

物料需求计划的主要依据是主生产计划、物料清单和库存处理信息三大部分，具体内容如表 4-5-1 所示。

表 4-5-1　物料需求计划的主要依据

MRP 主要输入信息/主要依据	概念要点
主生产计划 （最主要输入信息）	又称产品出产计划，表明企业向社会提供的最终产品数量。它由顾客订单和市场预测所决定
物料清单	又称产品结构文件，反映产品的组成结构层次及每一层次下组成部分本身的需求量
库存处理信息	又称库存状态文件，记载产品及所有组成部分的存在状况数据

经典例题

[2017 年真题·单选题] MRP 系统中主生产计划是由市场预测和（　　）所决定的。
A. 顾客订单　　　B. 物料清单　　　C. 库存量　　　D. 生产周期
[答案] A
[解析] 主生产计划是物料需求计划（MRP）的最主要输入，由顾客订单和市场预测所决定，可知 A 项正确。

[例题·单选题] 在物料需求计划（MRP）中，反映产品的组成结构层次及每一层次下组成部分本身的需求量的是（　　）。
A. 主生产计划　　B. 甘特图　　　C. 物料清单　　　D. 生产调度计划表
[答案] C
[解析] 物料需求计划中，物料清单反映了产品的组成结构层次及每一层次下组成部分本身的需求量，C 项正确。

【考点二】制造资源计划（MRPⅡ）

一、制造资源计划的结构

（1）计划和控制的流程系统。
（2）基础数据系统。
（3）财务系统。

二、制造资源计划的特点

（1）计划的一贯性和可行性。
（2）数据的共享性。
（3）动态的应变性。
（4）模拟的预见性。
（5）物流和资金流的统一性。

【考点三】企业资源计划（ERP）

企业资源计划主要包括四个部分，具体如表 4-5-2 所示。

表 4-5-2　企业资源计划的内容

ERP 的四个模块	主要内容
生产控制模块（核心模块）	主生产计划、物料需求计划、能力需求计划、生产现场控制、制造标准
物流管理模块	分销管理、库存控制、采购管理
财务管理模块	会计核算、财务管理
人力资源管理模块	人力资源规划的辅助决策、招聘管理、工时管理、工资管理、差旅核算

> **经典例题**
>
> [2013年真题·单选题] 企业资源计划（ERP）的核心模块是（ ）。
> A. 生产控制模块　　　　　　　　B. 物流管理模块
> C. 财务管理模块　　　　　　　　D. 人力资源管理模块
> [答案] A
> [解析] 生产控制模块是企业资源计划（ERP）的核心模块，A 项正确。

【考点四】丰田生产方式和看板管理

一、丰田生产方式概述

丰田生产方式是丰田公司独具特色的现代化生产方式，包括经营理念、生产组织、物流控制、质量管理、成本控制、库存管理、现场管理和现场改善等在内的较为完整的生产管理技术与方法体系。

（1）丰田生产方式的基本理念是从（顾客的）需求出发，杜绝浪费任何一点材料、人力、时间、空间、能量和运输等资源。

（2）丰田生产方式的核心是准时化生产。

二、丰田生产方式的具体思想和手段

（1）准时化。所谓准时化（JIT）本质是一个拉动式的生产系统，即只在需要的时刻，生产需要的数量的所需产品。

（2）自动化。准时化和自动化是贯穿丰田生产管理的两大支柱。

（3）标准化。丰田公司的标准化作业主要是指在标准的周期时间内，把每一位多技能作业员所承担的一系列的多种作业标准化，主要包括标准周期时间、标准作业顺序、标准在制品存量。

（4）多技能作业员，或称多面手，是指那些能够操作多种机床的生产作业工人。

（5）看板管理，是对生产过程中各工序生产活动进行控制的信息系统。

（6）全员参加的现场改善活动。

（7）全面质量管理。

三、看板管理

看板主要是用来显示后道工序应领取的物料的数量等信息（取料看板）或者显示前道工序应生产的物品的数量等信息（生产看板）。其常见的形式有塑料夹内装着的卡片或类似标识牌、运送零件小车、工位器具或存件箱上的标签、指示部件吊运场所的标签、流水生产线上各种颜色的小球或信号灯、电视图像等。

（一）看板的功能

（1）生产以及运送的工作指令。

（2）防止过量生产和过量运送。

（3）进行"目视管理"的工具。

（4）改善的工具。

（二）看板的使用规则

（1）不合格不交后工序。

（2）后工序来取件。

（3）只生产后道工序领取的工件数量。

（4）均衡化生产。

(5) 利用减少看板数量来提高管理水平。

经典例题

[2013年真题·单选题] 准时化（JIT）本质上是一个（　　）生产系统。
A. 推动式　　　　B. 拉动式　　　　C. 反馈式　　　　D. 自由式
[答案] B
[解析] 所谓准时化（JIT）本质是一个拉动式的生产系统，B项正确。

[例题·单选题] 丰田生产方式最基本的理念是（　　）。
A. 以人为本　　　　　　　　　　B. 从需求出发，杜绝浪费
C. 更短的生产周期　　　　　　　D. 零缺陷
[答案] B
[解析] 丰田生产方式基本的理念是从（顾客的）需求出发，杜绝浪费任何一点材料、人力、时间、空间、能量和运输等资源，B项正确。

[例题·多选题] 丰田生产方式是一个包容了多种制造技术和管理技术的综合技术体系，其具体的思想和手段主要包括（　　）。
A. 准时化　　　　　　　　　　B. 自动化
C. 差异化　　　　　　　　　　D. 标准化
E. 看板管理
[答案] ABDE
[解析] 丰田生产方式的具体思想和手段包括准时化、自动化、标准化、多技能作业员、看板管理、全员参加的现场改善活动、全面质量管理。

本章易错易混考点

【易错易混考点一】三种生产能力的类型

做题时可从以下两个方面来判断：

（1）从适用生产计划的类型判断。

设计生产能力和查定生产能力适用于长远的规划；计划生产能力适用于近期的生产计划，如年度、季度计划。

【举例】某生产企业为了编制年度、季度生产计划，进行生产能力核算，则可确定该企业所核算生产能力的类型是计划生产能力。

（2）从是否具备现有的生产组织条件和技术水平判断。

设计生产能力——正在建设中，如企业基本建设时，在技术文件中所写明的生产能力则为设计生产能力。

查定生产能力——具备现有的生产组织条件和技术水平，如生产线改进后，在改进后的生产组织条件和技术水平的基础上进行试运行，重新审查核定出的生产能力则为查定生产能力。

计划生产能力——具备现有的生产组织条件和技术水平，且为企业正式运营生产后能实现的生产能力。

[2017年真题·单选题] 企业进行基本建设时，在技术文件中所写明的生产能力是（　　）。
A. 设计生产能力　　　　　　　　B. 查定生产能力
C. 计划生产能力　　　　　　　　D. 现实生产能力
[答案] A

[解析] 根据题目中关键信息"进行基本建设时、技术文件中写明的",可判断为设计生产能力,A 项正确。

【易错易混考点二】定量控制法和定期控制法

两种库存控制方法的区别如下表Ⅰ所示。

表Ⅰ 定量控制法和定期控制法的区别

区别	定量控制法	定期控制法
订货(批)量	固定	不固定
订货提前期	固定	不固定
订货间隔周期	不固定	固定
注意事项	需不断地监视库存余量的变化,达到某一预定数值(订货点)时进行订购	不需要监视库存余量的变化

【考点小贴士】建议从两种方法的名称扩展记忆要点。定量控制法和定期控制法的特点刚好相反。定量即固定订货的批量,因此定量控制法的订货批量固定,由于每次订货的数量一样,所以供货商备货时间基本相同,向供货商提前订货的提前期也是固定的;定期即固定订货的间隔期,因此定期控制法的订货间隔期固定,而订货批量和提前期是不固定的。

历年经典真题回顾

一、单项选择题(每题1分,每题备选项中,只有1个最符合题意)

1. 由于库存不足带来的缺货损失属于( )。[2017年真题]
   A. 仓储成本   B. 订货成本
   C. 机会成本   D. 存储成本
   [答案] C
   [解析] 本题的考点为库存管理成本。其中,机会成本包括两个内容:①由于库存不够带来的缺货损失;②物料本身占用一定资金,企业会失去将这部分资金改作他用的机会,由此给企业造成损失。因此本题所述的情况属于机会成本,C 项正确。

2. 下列生产控制方式中,具有反馈控制特点的是( )。[2016年真题]
   A. 事前控制方式   B. 事中控制方式
   C. 事后控制方式   D. 全员控制方式
   [答案] C
   [解析] 本题的考点为生产控制的方式。事后控制方式属于反馈控制,控制的重点是下一期的生产活动,C 项正确。

3. 主生产计划是物料需求计划(MRP)的主要输入信息,主生产计划是指( )。[2016年真题]
   A. 在制品生产计划   B. 生产调度计划
   C. 产品出产计划   D. 车间的生产作业计划
   [答案] C
   [解析] 本题的考点为物料需求计划。物料需求计划的主要依据中,主生产计划又称产品出产计划,C 项正确。

4. 生产型企业在进行生产能力核算时,应首先计算( )的生产能力。[2015年真题]
   A. 设备组   B. 工段
   C. 车间   D. 企业
   [答案] A

[解析] 本题的考点为生产能力的核算。企业生产能力的核算，是根据决定生产能力的三个主要因素，在查清和采取措施的基础上，首先计算设备组的生产能力，平衡后确定小组、工段、车间的生产能力，A项正确。

5. 在成批轮番企业生产类型中，一批产品从投入到产出的时间间隔是（　　）。[2015年真题]

   A. 节拍　　　　　　　　　　B. 生产间隔期

   C. 生产提前期　　　　　　　D. 生产周期

   [答案] D

   [解析] 本题的考点为期量标准。生产周期是指一批产品或零件从投入到产出的时间间隔，D项正确。

6. 丰田生产方式的核心是（　　）。[2014年真题]

   A. 自动化生产　　　　　　　B. 准时化生产

   C. 标准化生产　　　　　　　D. 柔性化生产

   [答案] B

   [解析] 本题的考点为丰田生产管理概述。准时化生产是丰田生产方式的核心，B项正确。

二、多项选择题（每题2分，每题备选项中，有2个或2个以上符合题意，至少有1个错项。错选，本题不得分；少选，所选的每个选项得0.5分）

1. 下列生产指标中，属于产品产值指标的有（　　）。[2017年真题]

   A. 销售利润率　　　　　　　B. 工业总产值

   C. 工业商品产值　　　　　　D. 工业增加值

   E. 产销量

   [答案] BCD

   [解析] 本题的考点为生产计划指标。其中，产品产值指标有工业总产值、工业商品产值、工业增加值。

2. 适用于成批轮番生产企业的期量标准有（　　）。[2015年真题]

   A. 批量　　　　　　　　　　B. 节拍

   C. 生产周期　　　　　　　　D. 生产间隔期

   E. 生产提前期

   [答案] ACDE

   [解析] 本题的考点为期量标准。成批轮番生产企业的期量标准有批量、生产周期、生产间隔期、生产提前期。B项，节拍属于大批大量生产企业的期量标准。

3. 下列控制活动中，属于广义生产控制内容的有（　　）。[2014年真题]

   A. 生产进度控制　　　　　　B. 客户关系控制

   C. 库存控制　　　　　　　　D. 质量控制

   E. 成本控制

   [答案] ACDE

   [解析] 本题的考点为生产控制的概念。广义的生产控制包括计划安排、生产进度控制及调度、库存控制、质量控制、成本控制等内容。

4. 企业资源计划（ERP）生产控制模块的主要内容有（　　）。[2014年真题]

   A. 供应链管理系统　　　　　B. 主生产计划

   C. 物料需求计划　　　　　　D. 能力需求计划

   E. 生产现场控制

[答案] BCDE

[解析] 本题的考点为企业资源计划。企业资源计划的生产控制模块的主要内容有主生产计划、物料需求计划、能力需求计划、生产现场控制、制造标准等。

5. 制造资源计划（MRPⅡ）系统结构主要包括（　　）。[2013年真题]

　　A. 供应链管理系统　　　　　　B. 计划和控制的流程系统
　　C. 基础数据系统　　　　　　　D. 电子商务系统
　　E. 财务系统

[答案] BCE

[解析] 本题的考点为制造资源计划。其结构主要包括计划和控制的流程系统、基础数据系统、财务系统。

三、案例分析题（每题2分。由单选和多选组成。错选，本题不得分；少选，所选的每个正确选项得0.5分）

（一）

某企业的产品生产按照工艺顺序需连续经过甲车间、乙车间、丙车间、丁车间的生产才能完成。该企业运用在制品定额法来编制下一个生产周期的生产计划。在下一个生产周期，各车间生产计划如下：丁车间出产量为2 000件，计划允许废品及损耗量为50件，期末在制品定额为300件，期初预计在制品结存量为150件；丙车间投入量为2 000件；乙车间半成品外销量为1 000件，期末库存半成品定额为400件，期初预计库存半成品结存量为200件。[2017年真题]

根据以上资料，回答下列问题。

1. 该企业运用在制品定额法编制生产作业计划，可以推测该企业的生产类型属于（　　）类型。

　　A. 单件生产　　　　　　　　　B. 小批量生产
　　C. 成批生产　　　　　　　　　D. 大批大量生产

[答案] D

[解析] 本题的考点为在制品定额法。在制品定额法，也称连锁计算法，适合大批大量生产类型企业的生产作业计划编制，D项正确。

2. 丁车间下一个生产周期的投入量是（　　）件。

　　A. 1 600　　　　　　　　　　B. 1 960
　　C. 2 200　　　　　　　　　　D. 2 300

[答案] C

[解题思路] 本题的考点为在制品定额法。具体的计算过程如下：

(1) 本车间投入量＝本车间出产量＋本车间计划允许废品及损耗量＋（本车间期末在制品定额－本车间期初在制品预计结存量）。

(2) 确定车间，根据本题信息可知，本车间即丁车间，因此公式中所需的四个数据都是丁车间的相关数据，对应在案例资料中查找。

(3) 案例资料告知"丁车间出产量为2 000件，计划允许废品及损耗量为50件，期末在制品定额为300件，期初预计在制品结存量为150件"，将四个数据代入公式计算。

(4) 本车间（丁车间）投入量＝2 000＋50＋（300－150）＝2 200（件），C项正确。

3. 乙车间下一个生产周期的出产量是（　　）件。

　　A. 3 000　　　B. 3 200　　　C. 3 600　　　D. 4 500

[答案] B

[解题思路] 本题的考点为在制品定额法。具体的计算过程如下：

(1) 本车间出产量＝后续车间投入量＋本车间半成品外售量＋（本车间期末库存半成品定额－本车间期初预计库存半成品结存量）。

(2) 确定车间，根据题目信息可知，本车间即乙车间，因此公式中涉及本车间的三个数据在案例资料中找乙车间的数据即可；后续车间是指乙车间的后续车间，根据案例资料信息"某企业的产品生产按照工艺顺序需连续经过甲车间、乙车间、丙车间、丁车间的生产才能完成"，可知乙车间的后续车间应当是丙车间，所以公式中后续车间的投入量即为丙车间的投入量。

(3) 案例资料告知"丙车间投入量为2 000件；乙车间半成品外销量为1 000件，期末库存半成品定额为400件，期初预计库存半成品结存量为200件"，将四个数据代入公式计算。

(4) 本车间（乙车间）出产量＝2 000＋1 000＋（400－200）＝3 200（件），B项正确。

4. 该企业应最后编制（　　）的生产作业计划。

　　A. 甲车间　　　　B. 乙车间　　　　C. 丙车间　　　　D. 丁车间

[答案] A

[解题思路] 本题的考点为在制品定额法。在制品定额法是按照工艺反顺序计算，根据案例资料信息可知该企业的工艺顺序依次为甲车间、乙车间、丙车间、丁车间。而按照工艺反顺序计算是指沿着工艺顺序反向计算，即按丁车间、丙车间、乙车间、甲车间的顺序编制生产作业计划，由于该企业采用的是在制品定额法编制生产作业计划，因此最后编制的是甲车间的生产作业计划，A项正确。

[注意] 这类题目要仔细审题，看清楚题目是问的最先编制的车间，还是最后编制的车间。

（二）

某农机生产企业生产单一农机产品，其生产计划部门运用提前期法来确定农机产品在各车间的生产任务，装配车间是生产该种农机产品的最后车间，2016年10月份应生产到1 500号，产品的平均日产量为10台，该种农机产品在机械加工车间的出产提前期为50天，生产周期为50天，假定各车间的生产保险期为0。[2016年真题]

根据以下资料，回答下列问题。

1. 该企业运用提前期法编制生产作业计划，可以推测该企业属于（　　）类型企业。

　　A. 大批大量生产　　　　　　　B. 成批生产

　　C. 小批量生产　　　　　　　　D. 单件生产

[答案] B

[解析] 本题的考点为提前期法。提前期法，又称累计编号法，适用于成批生产类型企业的生产作业计划编制，B项正确。

2. 该机械加工车间10月份出产产品的累计号是（　　）。

　　A. 1 600号　　　　　　　　　B. 1 800号

　　C. 2 000号　　　　　　　　　D. 2 500号

[答案] C

[解题思路] 本题的考点为提前期法。具体的计算过程如下：

(1) 本车间出产累计号数＝最后车间出产累计号＋本车间的出产提前期×最后车间平均日产量。

(2) 确定车间，根据题目信息可知，本车间即机械加工车间；最后车间根据案例资料信息可知为装配车间，对应在案例资料中查找两个车间的相关数据。

(3) 案例资料告知"装配车间是生产该种农机产品的最后车间，2016年10月份应生产到1 500号，产品的平均日产量为10台，该种农机产品在机械加工车间的出产提前期为50天"，将三个数据代入公式计算。

(4) 本车间（机械加工车间）出产累计号数＝1 500＋50×10＝1 500＋500＝2 000（号），C项正确。

3. 该机械加工车间10月份投入产品的累计号是（　　）。

　　A. 1 600号　　　B. 1 800号　　　C. 2 000号　　　D. 2 500号

[答案] D

[解题思路] 本题的考点为提前期法。具体的计算过程如下：

(1) 本车间投入累计号数＝最后车间出产累计号＋本车间的投入提前期×最后车间平均日产量。

(2) 式中"最后车间出产累计号"和"最后车间平均日产量"与上题数据一致。但题目和案例资料未告知本车间（机械加工车间）的投入提前期的信息，因此需先计算此数据。根据公式，本车间投入提前期＝本车间出产提前期＋本车间生产周期，本车间即机械加工车间，其出产提前期和生产周期案例资料均已告知"机械加工车间的出产提前期为50天，生产周期为50天"。因此，本车间（机械加工车间）投入提前期＝50＋50＝100（天）。

(3) 本车间（机械加工车间）投入累计号数＝1 500＋100×10＝1 500＋1 000＝2 500（号），D项正确。

4. 该企业运用提前期法编制生产作业计划，优点是（　　）。

　　A. 生产任务可以自动修改　　　　B. 各个车间可以平衡地编制生产作业计划

　　C. 提高生产质量　　　　　　　　D. 可以用来检查零部件生产的成套性

[答案] ABD

[解析] 本题的考点为提前期法。其优点包括：①各个车间可以平衡地编制作业计划；②不需要预计当月任务完成情况；③生产任务可以自动修改；④可以用来检查零部件生产的成套性。

本章同步练习

一、单项选择题（每题1分，每题备选项中，只有1个最符合题意）

1. 企业根据现有的生产组织和技术水平等因素所能够达到的现实生产能力是指（　　）。

　　A. 设计生产能力　　　　　　　　B. 预期生产能力

　　C. 计划生产能力　　　　　　　　D. 调控生产能力

2. 某钳工车间生产面积500平方米，单一生产产品A，单位面积有效工作时间为每日8小时，每件产品A占用生产面积2.5平方米，生产一件产品A占用时间为1小时，则该钳工车间的日生产能力是（　　）件。

　　A. 800　　　　B. 1 200　　　　C. 1 500　　　　D. 1 600

3. 企业生产计划分为多个层次，其中，（　　）是生产计划的执行性计划。

　　A. 年度生产计划　　　　　　　　B. 中期计划

　　C. 长期计划　　　　　　　　　　D. 生产作业计划

4. 生产间隔期是（　　）类型企业编制生产作业计划的重要依据。

　　A. 大批量流水线生产　　　　　　B. 成批轮番生产

　　C. 单件生产　　　　　　　　　　D. 大量生产

5. 某企业在生产过程中，发现生产效率降低，查明原因是工序问题，随后进行工序优化，从而保证生产目标的实现。该企业的这些活动属于（　　）。

　　A. 生产计划制定　　　　　　　　B. 生产控制

　　C. 生产调度　　　　　　　　　　D. 生产能力核算

6. 下列生产控制指标中,实际值小于目标值即为达标的是( )。
   A. 产量　　　　　　　　　　　B. 产品合格率
   C. 工时消耗　　　　　　　　　D. 劳动生产率
7. 一定数量的在制品储备是生产企业( )的必要条件。
   A. 增加资金周转　　　　　　　B. 降低生产场地占用
   C. 减小运输保管费　　　　　　D. 保证生产连续进行
8. 企业库存量过小,可能产生的问题是( )。
   A. 造成产品和原材料的有形损耗和无形损耗
   B. 使订货成本提高
   C. 提升服务水平
   D. 造成资金呆滞
9. 关于库存控制方法的说法,正确的是( )。
   A. 定量控制法要求企业随机向供货商发出固定批量的订货请求
   B. 定量控制法要求企业在库存量达到某一预定数值(订货点)时,即向供货商发出不固定批量的订货请求
   C. 定期控制法要求企业每隔一个固定的间隔周期向供货商发出不固定批量的订货请求
   D. 定期控制法要求企业每隔一个固定的间隔周期向供货商发出固定批量的订货请求
10. 丰田生产方式中,控制各工序生产活动的信息系统工具是( )。
    A. 看板管理　　B. 库存管理　　C. 主生产计划　　D. 准时生产

二、多项选择题(每题2分,每题备选项中,有2个或2个以上符合题意,至少有1个错项。错选,本题不得分;少选,所选的每个选项得0.5分)

1. 生产控制的目的主要有( )。
   A. 保证产品产量的最大化　　　B. 保证生产过程协调地进行
   C. 保证以最少的人力完成生产任务　　D. 保证以最少的物力完成生产任务
   E. 保证产品生产计划的科学编制
2. 企业采用类比法制订生产控制标准的依据有( )。
   A. 上游企业的先进水平　　　　B. 合作伙伴的历史水平
   C. 本企业的历史水平　　　　　D. 同行业的先进水平
   E. 下游企业的先进水平
3. 企业的生产控制过程包括的主要阶段有( )。
   A. 设计生产能力　　　　　　　B. 测量比较
   C. 控制决策　　　　　　　　　D. 实施执行
   E. 工艺流程的优化
4. 根据生产管理的自身特点,生产控制方式有( )。
   A. 螺旋控制　　B. 360度控制　　C. 事前控制　　D. 事中控制
   E. 事后控制
5. 大中型企业的生产调度系统组织包括( )。
   A. 办事处调度　　B. 厂级调度　　C. 车间调度　　D. 工段调度
   E. 部门调度
6. 物料需求计划(MRP)的主要依据包括( )。
   A. 在制品生产计划　　　　　　B. 库存处理信息

C. 物料清单
D. 主生产计划
E. 车间的生产作业计划

7. 贯穿丰田生产方式的两大支柱是（　　）。
   A. 自动化
   B. 标准化
   C. 看板管理
   D. 全面质量管理
   E. 准时化

8. 在丰田生产管理系统中，看板的功能主要有（　　）。
   A. 保证产品质量
   B. 传递生产的工作指令
   C. 防止过量生产
   D. 防止过量运送
   E. 实施"目视管理"

三、案例分析题（每题2分。由单选和多选组成。错选，本题不得分；少选，所选的每个正确选项得0.5分）

（一）

某企业大批量生产一种产品，该企业为了安排下年度的年度、季度生产任务，现在进行生产能力核算工作。该企业全年制工作日为250天，实行两班制工作模式，每班工作有效时间为7.5小时。车工车间共有车床20台，该车间单件产品时间定额为1小时，设备计划修理时间占有效工作时间的10%；装配车间生产面积为120平方米，每件产品占用生产面积为3平方米，该车间单件产品时间定额为1.5小时。

根据以上资料，回答下列问题。

1. 该企业安排下年度的年度、季度生产任务应该依据（　　）制定。
   A. 查定生产能力
   B. 计划生产能力
   C. 设计生产能力
   D. 混合生产能力

2. 影响该企业生产能力的因素是该企业的（　　）。
   A. 固定资产的价格
   B. 固定资产的生产效率
   C. 固定资产的工作时间
   D. 固定资产的数量

3. 该车工车间的年生产能力是（　　）件。
   A. 75 000
   B. 70 000
   C. 67 500
   D. 80 000

4. 该装配车间的年生产能力是（　　）件。
   A. 100 000
   B. 114 500
   C. 125 000
   D. 127 500

（二）

某企业在确定产品产量指标时采取盈亏平衡分析法，盈亏平衡示意图见下图。该企业明年计划生产一种产品，该产品单价为500元，单位产品的变动成本为250元，总固定成本为600万元。

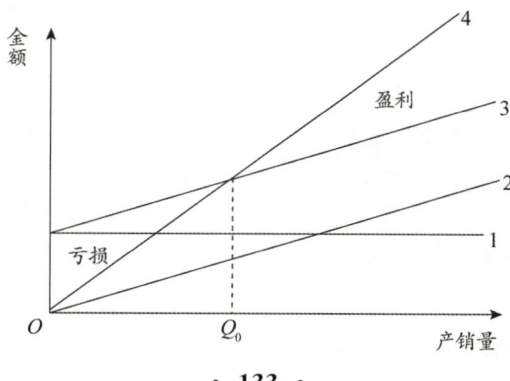

根据以上资料，回答下列问题。

1. 在盈亏平衡图上标号为 4 的线是（　　）。
   A. 销售收入线　　　　　　　B. 固定成本线
   C. 总成本线　　　　　　　　D. 变动成本线
2. 在盈亏平衡图上标号为 3 的线是（　　）。
   A. 销售收入线　　　　　　　B. 固定成本线
   C. 总成本线　　　　　　　　D. 变动成本线
3. 该企业明年计划生产的产品的盈亏平衡点产量为（　　）件。
   A. 22 000　　　　　　　　　B. 22 500
   C. 24 000　　　　　　　　　D. 28 000
4. 根据盈亏平衡分析法，该企业若想盈利，可采取的对策有（　　）。
   A. 适当提高变动成本　　　　B. 降低总固定成本
   C. 增加产销量　　　　　　　D. 降低产品销售价格

▶▶▶ 本章同步练习参考答案及解析 ◀◀◀

一、单项选择题

1. [答案] C
   [解题思路] 本题的考点为生产能力种类中计划生产能力的概念。根据题目关键信息"根据现有的生产组织和技术水平""能够达到的现实生产能力"，可知为计划生产能力，C 项正确。

2. [答案] D
   [解题思路] 本题的考点为单一品种生产条件下的生产能力核算。首先题目告知的是生产面积，可知应采用作业场地生产能力的计算公式，作业场地生产能力＝（单位面积有效工作时间×作业场地生产面积）/（单位产品占用生产面积×单位产品占用时间），将题干已知数据代入公式中，则钳工车间的生产能力＝（8×500）/（2.5×1）＝4 000/2.5＝1 600（件）。D 项正确。

3. [答案] D
   [解析] 本题的考点为生产计划的概念。企业的生产计划一般分为中长期生产计划、年度生产计划和生产作业计划。其中，生产作业计划是生产计划的执行性计划，D 项正确。

4. [答案] B
   [解析] 本题的考点为期量标准。其中，成批轮番生产的期量标准包括批量、生产周期、生产间隔期、生产提前期。B 项正确。

5. [答案] B
   [解题思路] 本题的考点为生产控制的概念。根据题目信息"保证生产目标的实现""发现生产效率降低，查明原因是工序问题，随后进行工序优化"，即为了保证生产目标的实现而进行的系列活动，可知符合生产控制的概念，B 项正确。

6. [答案] C
   [解析] 本题的考点为生产控制基本程序。A、B、D 三项，对于产量、产品合格率、劳动生产率，正偏差（实际值小于目标值）表示没有达标，需要控制。

7. [答案] D
   [解析] 本题的考点为在制品控制。一定数量的在制品储备是保证生产连续进行的必要条件，D 项正确。

8. [答案] B
   [解析] 本题的考点为库存的合理控制。企业库存量过小可能产生的问题之一是使订货间隔期缩短，订货次数增加，使订货（生产）成本提高，B 项正确。A、D 两项属于企业库存量过大可能产生的问题。C 项，企业库存量过小会造成服务水平的下降，而不是提升服务水平。

9. [答案] C
   [解析] 本题的考点为库存控制的基本方法

相关内容。A、B两项，定量控制法是当库存量达到某一预定数值（订货点）时，即向供货商发出固定批量的订货请求，可知此两项错误；C、D两项，定期控制法下，订购间隔期是固定的，但每次订货批量不固定，可知C项正确、D项错误。

10. [答案] A

[解析] 本题的考点为丰田生产方式和看板管理。看板管理是对生产过程中各工序生产活动进行控制的信息系统，A项正确。

二、多项选择题

1. [答案] BCD

[解析] 本题的考点为生产控制的目的。生产控制的目的是提高生产管理的有效性，既要保证生产过程协调地进行，又要保证以最少的人力和物力完成生产任务。

2. [答案] CD

[解析] 本题的考点为生产控制的基本程序。在确定控制标准的方法中，类比法是参照本企业的历史水平制定标准，也可参照同行业的先进水平制定标准。

3. [答案] BCD

[解析] 本题的考点为生产控制的基本程序。生产控制包括测量比较、控制决策、实施执行三个阶段。

4. [答案] CDE

[解析] 本题的考点为生产控制的方式。根据生产管理的自身特点，常把生产控制的方式划分为三种：事后控制、事中控制、事前控制。

5. [答案] BCD

[解析] 本题的考点为生产调度系统的组织。一般大中型企业设厂级、车间和工段三级调度。

6. [答案] BCD

[解析] 本题的考点为物料需求计划。其主要依据是主生产计划、物料清单、库存处理信息。

7. [答案] AE

[解析] 本题的考点为丰田生产方式的具体思想和手段。其中，准时化和自动化是贯穿丰田生产管理的两大支柱。

8. [答案] BCDE

[解析] 本题的考点为看板管理。看板的功能包括：①生产以及运送的工作指令；②防止过量生产和过量运送；③进行"目视管理"的工具；④改善的工具。

三、案例分析题

（一）

1. [答案] B

[解析] 本题的考点为生产能力的种类。根据题目和案例资料可知，该生产能力作为安排年度、季度生产任务制定的依据。企业在编制年度、季度计划时，应以计划生产能力为依据。B项正确。

2. [答案] BCD

[解析] 本题的考点为影响企业生产能力的因素。影响企业生产能力的因素包括固定资产的数量、固定资产的工作时间、固定资产的生产效率。

3. [答案] C

[解题思路] 本题的考点为单一品种生产条件下生产能力核算。首先，根据案例资料信息"车工车间共有车床20台"，即告知了设备的数量，可知为设备组生产能力核算。其次，案例资料告知"该车间单件产品时间定额为1小时"，即已知"时间定额"的数据，因此采用公式设备组的生产能力＝（单位设备有效工作时间×设备数量）/时间定额，计算过程如下：

(1) 单位设备有效工作时间：因本案例需计算的是年生产能力，故应先计算出一年的有效工作时间，案例资料已知"该企业全年制工作日为250天，实行两班制工作模式，每班工作有效时间为7.5小时""车工车间设备计划修理时间占有效工作时间的10%"，因此，单位设备有效工作时间＝7.5×2×250×（1－10%）＝3 750×（1－10%）＝3 375（小时）。

(2) 设备数量：案例资料已知车床20台。

(3) 时间定额：案例资料已知为1小时。

(4) 车工车间设备组生产能力＝3 375×20/1＝67 500（件）。

4. [答案] A

[解题思路] 本题的考点为单一品种生产条件下生产能力核算。根据案例资料信息"装配车间生产面积为120平方米",即告知了作业场地的面积,可知为作业场地生产能力计算。根据公式,作业场地生产能力＝(单位面积有效工作时间×作业场地的生产面积)／(单位产品占用生产面积×单位产品占用时间),计算过程如下:

(1) 单位面积有效工作时间:案例资料已知"该企业全年制工作日为250天,实行两班制工作模式,每班工作有效时间为7.5小时"。因此,单位面积有效工作时间＝250×2×7.5＝3 750(小时)。

(2) 作业场地的生产面积:案例资料已知装配车间生产面积为120平方米。

(3) 单位产品占用生产面积:案例资料已知每件产品占用生产面积为3平方米。

(4) 单位产品占用时间:案例资料已知单件产品时间定额为1.5小时。

(5) 装配车间作业场地生产能力＝(3 750×120)／(3×1.5)＝450 000／4.5＝100 000(件)。

(二)

1. [答案] A

[解析] 本题的考点为生产计划指标。其中,确定产品产量指标常采用盈亏平衡分析法。根据盈亏平衡图,标号4的线和标号3的线共同构成了盈利区,且标号4的线在标号3的线之上。盈利即销售收入大于总成本,可知盈利区上方标号4的线为销售收入线,在下方的标号3的线为总成本线,A项正确。

2. [答案] C

[解析] 本题的考点为生产计划指标。根据上题的解析可知,标号3的线为总成本线,C项正确。

3. [答案] C

[解题思路] 本题的考点为生产计划指标。根据确定产量指标的盈亏平衡分析法的公式,盈亏平衡点产量＝固定成本／(单价－单位变动成本),将案例资料中已知数据代入公式中,则盈亏平衡点产量＝6 000 000／(500－250)＝6 000 000／250＝24 000(件)。C项正确。

4. [答案] BC

[解题思路] 本题的考点为生产计划指标。采用盈亏平衡分析法,利润＝销售收入－总成本,可知提高销售收入或降低总成本都可将利润的数额提高,使企业盈利。首先,由于"销售收入＝单价×产销量",可知增加单价、产销量的数据,都可以提高销售收入,C项正确。其次,由于总成本包括固定成本和变动成本,因此降低固定成本和变动成本都可以降低总成本,A项错误、B项正确。D项,降低价格虽然通常情况可以刺激需求增加,但是并不一定会带来销售总收入的提高,由于本案例并未告知该产品关于需求弹性大小的信息,因此不能直接判断降低价格就可以带来销售收入的增加,甚至有的类型的产品降价还会导致销售收入的下降,所以此项错误。

错题收集

第五章 物流管理

本章考情分析

节 名 / 题 型	分 值 年 份	2017	2016	2015	2014	2013
第一节 企业物流管理概述	单项选择题	2分	1分	0分	2分	1分
	多项选择题	0分	2分	0分	0分	2分
第二节 企业采购管理与供应物流管理	单项选择题	1分	1分	0分	1分	0分
	多项选择题	0分	0分	2分	0分	2分
第三节 企业生产物流管理	单项选择题	0分	2分	2分	1分	3分
	多项选择题	0分	0分	2分	0分	0分
第四节 企业仓储与库存管理	单项选择题	1分	1分	3分	2分	2分
	多项选择题	4分	0分	0分	4分	0分
第五节 企业销售物流管理	单项选择题	2分	1分	1分	1分	1分
	多项选择题	0分	2分	0分	0分	0分
合计		10分	10分	10分	11分	11分

本章学习提示

本章以企业物流为出发点,重点介绍了企业经营流程中各环节涉及的物流管理及基本知识,历年考试难度不高,考试题型主要涉及单项选择题、多项选择题,仅在早年偶有涉及案例分析题的考查,但题量少,难度与单项选择题、多项选择题一致。

第一节　企业物流管理概述

本节考点概览

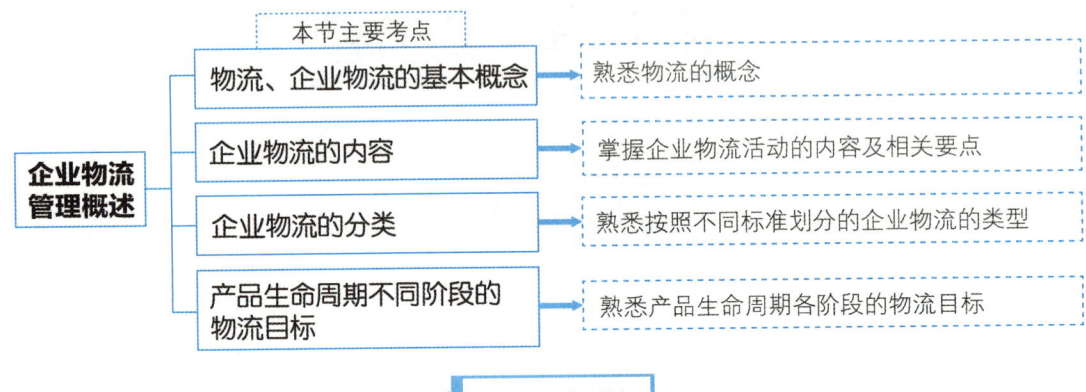

本节考点详解

【考点一】物流、企业物流的基本概念

一、物流的概念

根据《中华人民共和国国家标准：物流术语》，物流是指物品从供应地向接收地的实体流动过程。根据实际需要，将运输、仓储、装卸、搬运包装、流通加工、物流信息传递、配送等基本功能实施有机结合。该定义包含了三个方面的含义：

（1）物流是一个物品的实体流动过程。

（2）物流在流通过程中创造价值、满足顾客需求及社会性需求。

（3）物流的本质是服务。

二、企业物流的概念

企业物流主要是指制造业物流，即企业在生产运作过程中，物品从供应、生产、销售以及废弃物的回收及再利用所发生的运输、仓储、装卸搬运、包装、流通加工、物流信息传递、配送等多项基本活动。

经典例题

[例题·单选题] 根据我国国家标准物流术语，关于物流的说法，正确的是（　　）。

A. 物流是一个物品的虚拟流动过程　　B. 物流在流通过程中不创造价值

C. 物流满足客户需求，但不满足社会性需求　　D. 物流的本质是服务

[答案] D

[解析] 根据物流定义的内容可知D项正确。A项，物流是一个物品的实体流动过程，而不是虚拟流动过程。B项，物流在流通过程中创造价值。C项，物流既满足顾客需求，也满足社会性需求。

【考点二】企业物流的内容

企业物流活动（功能）一般包括七个方面的内容。

一、运输

运输的任务是对物资进行较长距离的空间移动，是物流的中心环节之一，是物流最重要的一个功能。

二、仓储

仓储（保管）在物流系统中起着缓冲、调节和平衡的作用，是物流的另一个中心环节。其目的是克服产品生产与消费在时间上的差异，使物资产生时间上的效果。

三、装卸搬运

装卸搬运是指在同一地域范围内进行的、以改变物的存放状态和空间位置为主要内容和目的的活动，具体包括装上、卸下、移送、拣选、分类、堆垛、入库、出库等活动。

四、包装

包装材料主要有以下类型的区分：

（1）容器和内包装材料，包括纸和纸板品、塑料制品、木制容器、金属容器。

（2）包装用辅助材料，主要有黏合剂、粘合带、捆扎材料。

【考点小贴士】考试常考包装用辅助材料与容器和内包装材料的区分。包装用辅助材料是包装货物时，用于粘合、稳固包装用的材料，不能用于制作包装容器或内包装。

五、流通加工

流通加工是指流通过程中的辅助性的加工活动。流通加工是生产加工在流通领域中的延伸，是为了弥补生产过程加工不足，更有效地满足客户或本企业的需要，使产需双方更好地衔接，将某些加工活动放在物流过程中完成，而成为物流的一个组成部分。

（1）流通加工的内容一般包括袋装、定量化小包装、拴牌子、贴标签、配货、拣选、分类、混装、刷标记等。

（2）生产的外延流通加工包括剪断、打孔、折弯、组装、改装、配套、混凝土搅拌等。

六、物流信息传递

物流信息系统可分为三个层次，分别为管理层、控制层、作业层。

七、配送

配送是按客户的订货要求，在物流据点进行分货、配货工作、并将配好的货物送交收货人的物流活动。

经典例题

[2017年真题·单选题] 下列物品中，属于包装用辅助材料的是（　　）。
A. 纸板　　　B. 塑料袋　　　C. 打包带　　　D. 铁桶
[答案] C
[解析] 本题考查的是包装用辅助材料与包装材料和内包装材料的区分。A、B、D三项，纸板、塑料袋和铁桶属于包装材料或内包装材料，故错误。

[例题·单选题] 下列物流活动中，属于生产的外延流通加工的活动的是（　　）。
A. 袋装　　　B. 分类　　　C. 配货　　　D. 组装
[答案] D
[解析] 生产的外延流通加工包括剪断、打孔、折弯、组装、改装、配套以及混凝土搅拌等，D项正确。

【考点三】企业物流的分类

企业物流划分的类型具体如表 5-1-1 所示。

表 5-1-1 企业物流的分类

划分的标准	类型	含义
企业性质	生产企业物流	是以购进生产所需的原材料、设备为始点，经过劳动加工，形成新的产品，然后供应给社会需要部门为止的全过程
	流通企业物流	是指从事商品流通的企业和专门从事实物流通的企业的物流，包括批发企业的物流、零售企业的物流、仓储企业的物流、配送中心的物流、"第三方物流"企业的物流
物流活动的主体	企业自营物流	是指企业自备车队、仓库、人员等，自己经营企业的物流业务
	专业子公司物流	是指从企业传统物流运作功能中剥离出来，成为一个独立运作的专业化实体子公司
	第三方物流	企业将物流业务外包给第三方物流公司

经典例题

[2013 年真题·多选题] 根据企业性质不同，企业物流分为（   ）。

A. 企业自营物流　　　　　　　　B. 生产企业物流
C. 流通企业物流　　　　　　　　D. 专业子公司物流
E. 第三方物流

[答案] BC

[解析] 按照企业性质不同，企业物流分为生产企业物流和流通企业物流，B、C 两项正确。

【考点四】产品生命周期不同阶段的物流目标

产品生命周期由介绍期、成长期、成熟期和衰退期四个阶段组成，而对产品的不同的生产周期阶段，企业在物流方面应做出相应的对策，具体如下表 5-1-2 所示。

表 5-1-2 产品生命周期不同阶段的物流目标

阶段	对应的物流目标
介绍期	物流费用比较高，物流是在充分提供物流服务与回避过度支出物流费用之间进行平衡
成长期	销售量剧增，物流活动的重点从不惜代价提供所需服务转变为平衡的服务和成本绩效
成熟期	竞争激烈，许多企业采用建立配送仓库网络的方法，以满足来自不同渠道的各种服务需求
衰退期	企业面临的抉择是在低价出售产品或继续有限配送之间进行平衡，最大限度地降低物流风险对企业更为重要

经典例题

[2017 年真题·单选题] 当产品销售量剧增，物流活动以综合考量服务和成本为重点时，产品所处的生命周期阶段是（   ）。

A. 介绍期　　　　　　　　　　　B. 成长期
C. 成熟期　　　　　　　　　　　D. 衰退期

[答案] B

[解题思路] 首先，根据题目关键信息"销售量剧增"可知是产品生命周期中的成长期的特点。其次，成长期由于销售量的剧增，物流成本也会随着销售量增加而增加，因此在此阶段需要平衡服务和成本绩效，即综合考量服务和成本，B 项正确。

第二节　企业采购管理与供应物流管理

本节考点概览

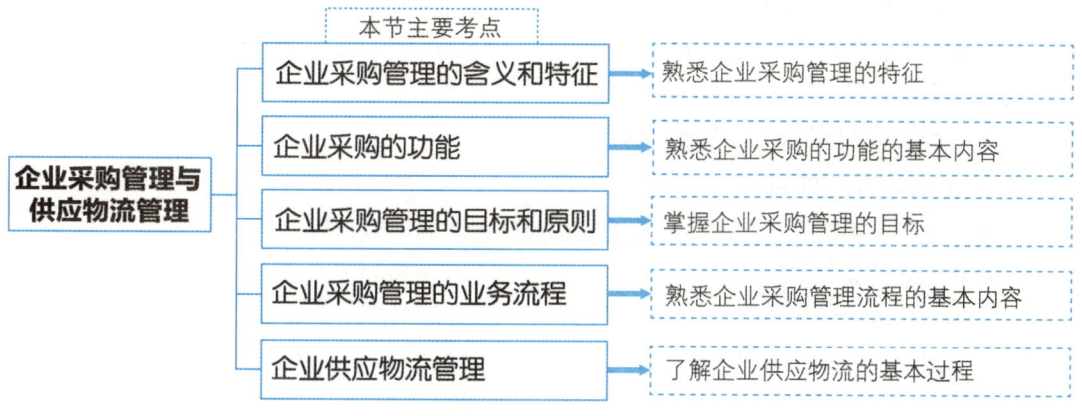

本节考点详解

【考点一】企业采购管理的含义和特征

一、企业采购管理的含义

企业采购管理是指为保障企业物资供应而对企业采购活动进行计划、组织、协调和控制的管理活动。

二、企业采购管理的特征

（1）企业采购管理是从资源市场获取资源的过程。资源可以是有形的物品，也可以是无形的服务。因此，企业采购管理可分为有形采购和无形采购。①在有形采购中，仅用于生产目的的采购，称之为物料采购，如电脑生产采购电阻、电容等原料。②在无形采购中，仅用于服务、维护、保养等内容，如买断两年的电梯设备保养服务等。

（2）企业采购管理是信息流、商流和物流相结合的过程。企业采购管理的基本作用，就是将资源从供应商转移到用户的过程，体现在三个方面：①信息流过程，即实现对资源市场所需要资源信息进行收集、传递和加工处理的过程；②商流过程，即实现将资源的所有权或使用权从供应商转移到用户的过程；③物流过程，即实现将资源的物质实体从供应商转移到用户的过程。

（3）企业采购管理是一种经济活动。它主要体现在两个方面：①通过采购获取了资源，保证了企业正常生产的顺利进行，这是采购的效益；②费用在采购过程中也会发生，这是采购的成本。

经典例题

[2016年真题·单选题] 关于企业采购管理的说法，正确的是（　　）。
A. 企业采购管理不包含设备维护等服务的采购
B. 企业采购管理是将物料转换为产成品的过程
C. 企业采购管理的基本作用是将资源从供应商转移到企业
D. 企业采购管理不属于企业经济活动
[答案] C

[解析] A项，企业采购管理是从市场获取资源的过程，资源可以是有形的物品，也可以是无形的服务。B项，此过程属于生产，采购管理不涉及。C项为企业采购管理特征之一的体现，正确。D项，企业采购管理是一种经济活动。

【考点二】企业采购的功能

（1）企业采购的<u>生产成本控制</u>的功能。如企业对原材料、零部件采购价格的控制。
（2）企业采购的<u>生产供应控制</u>功能。
（3）企业采购的<u>产品质量控制</u>功能。
（4）企业采购的<u>促进产品开发</u>功能。

【考点三】企业采购管理的目标和原则

一、企业采购管理的目标

（1）<u>确保生产经营的物资需要</u>。这是企业采购管理<u>最基本的目标</u>。
（2）降低存货投资和存货损失。
（3）保证并提高采购物品的质量。
（4）发现和发展有竞争力的供应商。
（5）改善企业内部与外部的工作关系。
（6）有效降低采购成本。

【考点小贴士】历年常考企业采购管理的目标包含的内容或企业采购管理最基本的目标。以上目标是由采购管理的总目标分解而成，采购管理的总目标是以最低的成本提供满足企业需要的物料和服务，因此做题时只需按常理判断即可，违背总目标或与采购管理无关的选项都是说法错误的选项。

二、采购管理的原则

企业的采购工作应以以下"五个适当"作为管理的基本原则。
（1）适当的数量。
（2）适当的品质。
（3）适当的时间。
（4）适当的价格。
（5）适当的地点。

经典例题

[2015年真题·多选题] 采购管理的基本目标有（　　）。
A. 降低采购成本　　　　　　　　B. 确保生产经营的物资需要
C. 增加采购物品的数量　　　　　D. 发现和发展有竞争力的供应商
E. 减少存货损失
[答案] ABDE
[解题思路] 按常理判断各选项内容，很明显A、B、D、E四项都是符合采购管理总目标的要求的，只有C项说法错误，采购管理应根据需要保持一个合适的数量，而不是盲目增加采购物品的数量，这样会导致成本上升，大量资源限制，违背了采购管理总目标的要求。

【考点四】企业采购管理的业务流程

（1）提出采购申请。
（2）选择供应商。
（3）进行采购谈判。

（4）签发采购订单。
（5）跟踪订单。
（6）物料验收。
（7）付款及评价。

【考点小贴士】历年常考采购管理业务流程的第一步"提出采购申请"，较少涉及其他环节的考核，如考试遇到此情况，可以按常理大致分析各选项内容时间上的先后顺序即可做题。

经典例题

[2017年真题·单选题] 企业采购部门接到采购申请后的下一步工作是（　　）。
A. 与供应商进行采购谈判　　　　B. 选择供应商
C. 与供应商签订采购合同　　　　D. 确定采购价格
[答案] B
[解题思路] 本题只需要按常理分析即可做题。首先，可排除 D 项，采购管理的业务流程不涉及此项内容，错误。其次，结合题干对比其余选项，接到采购申请，即了解了各部门的采购需求，因此接下来就是按照各部门需求的物品类型选择对应的供应商，确定了供应商才可能进行谈判和签订采购合同，因此可知 B 项正确。

【考点五】企业供应物流管理

企业供应物流是企业物流活动的起始阶段，是指企业生产所需的一切物料（原材料、燃料、备品备件、辅助材料等）在供应企业与生产企业之间流动的一系列物流及其管理活动。企业供应物流一般由三个阶段组成，具体内容如表 5-2-1。

表 5-2-1　企业供应物流的基本过程

基本过程	各阶段工作要点
取得资源	采购
组织到厂物流	运输
组织厂内物流	库存管理、搬运

第三节　企业生产物流管理

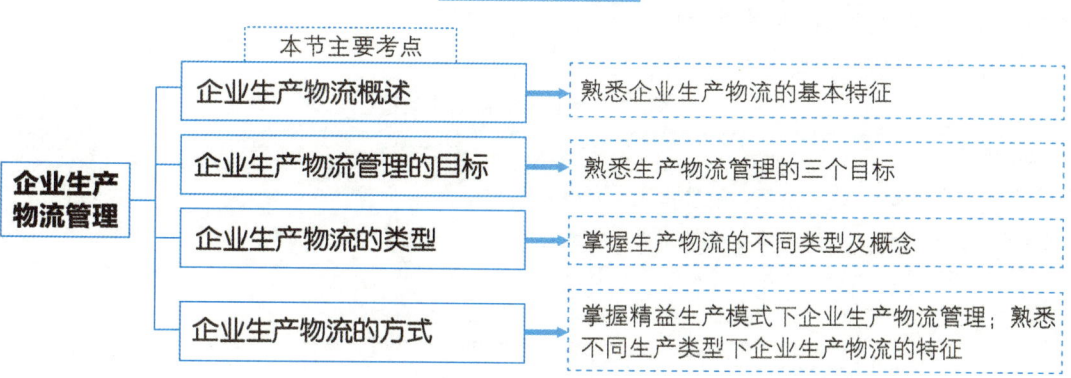

本节考点详解

【考点一】企业生产物流概述

企业生产物流是指伴随企业内部生产过程的物流活动。其基本特征包括：

（1）**连续性、流畅性**。即企业生产过程中各工序需要的物料必须在适当的时间、适当的地点以适当的质量和适当的数量进行供给，从而保证生产连续进行。

（2）**平行性、交叉性**。即物料在生产过程中应进行平行交叉流动。

（3）**比例性、协调性**。即生产过程的各个工艺阶段之间、各工序之间在生产能力上要保持一定的比例以适应产品制造的要求。

（4）**均衡性、节奏性**。即产品从投料到最后完工都能按预定的计划（一定的节拍、批次）均衡地进行，能够在相等的时间间隔内完成大体相等的工作量或稳定递增的生产工作量，很少有时松时紧、突击加工现象。

（5）**准时性**。即生产的各阶段、各工序都按后续阶段和工序的需要生产，即在需要的时候，按需要的数量，生产所需要的零部件。

（6）**柔性、适应性**。即加工制造的灵活性、可变性和可调节性。

【考点二】企业生产物流管理的目标

企业生产物流管理主要有三个方面的目标，具体内容如表 5-3-1 所示。

表 5-3-1　企业生产物流管理的目标

目标	具体阐述
效率性	为产品提供畅通的物料流转渠道，保证生产物流的连续性和高效率
经济性	减少生产物料装运的频率和缩短搬运的距离，降低企业生产物流运作的成本和费用
适应性	有效控制物料损失，防止人员或设备的意外事故

经典例题

[2013 年真题·单选题] 企业在生产过程中，要最大限度减少生产物料装运的频率和缩短搬运的距离，这体现了企业生产物流管理的（　　）目标。

A. 组织性　　　B. 经济性　　　C. 计划性　　　D. 适应性

[答案] B

[解析] 根据题目信息"最大限度减少生产物料装运的频率和缩短搬运的距离"，即节省时间成本和人力成本，可知为经济性目标，B 项正确。

【考点三】企业生产物流的类型

企业生产物流的类型如表 5-3-2 所示。

表 5-3-2　企业生产物流的类型

划分的标准	具体类型
生产专业化的程度	大量生产、单件生产、成批生产
物料在生产工艺过程中的流动特点	（1）连续型生产物流：物料均匀、连续地按一定工艺顺序运动 （2）离散型生产物流：物料离散地运动，最后形成产品
物料流经的区域	（1）工厂间物流：发生在各专业厂间的运输物流 （2）工序间物流：生产过程中车间内部和车间、仓库之间各工序、工位上的物流

【考点小贴士】各类型的名称与划分的标准一一对应记忆。如记忆按生产专业化的程度划分的类型，专业化程度与生产的重复度相关，重复度越高，专业化程度越高。大量生产即大批量生产同一品种的产品，因此重复度最高，专业化程度最高；而与之相反的是单件生产，每次生产品种不同，生产量小，因此重复度最低，专业化程度最低；成批生产的专业化程度介于大量生产和单件生产之间。其余类型均可从名称简单理解记忆其概念。

> **经典例题**
>
> [2016年真题·单选题] 将企业生产物流划分为连续型生产物流和离散型生产物流的依据是（　　）。
> A. 物料流经的区域　　　　　　　　B. 原材料成本的高低
> C. 生产专业化的程度　　　　　　　D. 物料在生产工艺过程中的流动特点
> [答案] D
> [解析] 按照物料在生产工艺过程中的流动特点，企业生产物流可分为连续型和离散型两种类型。
>
> [例题·单选题] 关于企业生产物流的说法，错误的是（　　）。
> A. 企业生产物流按工艺过程特点可分为连续型生产物流和离散型生产物流
> B. 工序间物流指的是生产过程中各工序之间的物流
> C. 离散型生产物流指物流离散地运动，最后形成产品
> D. 企业生产物流按物流流经的区域可分为车间物流和工序间物流
> [答案] D
> [解析] D项，按照物料流经的区域，企业生产物流分为工厂间物流和工序间物流，不涉及车间物流。

【考点四】企业生产物流的方式

一、不同生产类型下的企业生产物流特征

不同生产类型下的企业生产物流特征如表5-3-3所示。

表5-3-3　不同生产类型下的企业生产物流特征

生产类型	生产物流的特征
项目型	(1) 物料采购量大，供应商多变，外部物流较难控制 (2) 生产过程原材料、在制品占用的物流量大 (3) 物流在加工场地的方向不确定、加工路线变化极大，工序之间的物流联系不规律 (4) 物料需求与具体产品存在一一对应的相关需求
单件小批量型	(1) 生产重复程度低，物料需求与具体产品的制造存在一一对应的相关需求 (2) 生产重复程度低导致产品设计及工艺设计重复程度低，物料的消耗只能粗略估计 (3) 由于生产品种繁多，物料需求种类变化大，不易与供应商建立长期稳定的协作关系，质量与交货期不易保证，采购物流较难控制
多品种小批量型	(1) 物料被加工的重复程度介于单件生产和大量生产之间，一般采用混流生产 (2) 使用MRP实现物料相关需求的计划，以JIT实现客户个性化特征对生产过程中物料、零部件、成品的拉动需求 (3) 由于产品设计和工艺设计采用并行工程处理，物料的消耗定额很容易确定，所以成本很容易降低 (4) 由于生产品种的多样性，对制造过程中物料的供应商有较强的选择要求，所以外部物流的协调很难控制

续表

生产类型	生产物流的特征
单一品种大批量型	（1）由于生产重复程度高、稳定，容易制订相关的物料需求计划，所以对物料很容易控制 （2）由于产品结构相对稳定，从而物料的消耗定额能准确制定 （3）由于生产品种的单一性，物料需求变化小，容易与供应商建立长期稳定的协作关系，采购物流也容易控制 （4）由于生产高度专业化，企业的生产系统自动化水平高，在生产物流的具体作业环境可使用各种先进的技术设备，提高劳动生产率
多品种大批量型	（1）物料被加工成基型产品的重复度高，因而这部分物料的需求很容易计划与控制 （2）要满足个性化定制要求。在控制过程中，需要一些关键技术的支持，如计算机集成制造（CIM）、电子数据交换（EDI）等 （3）产品组合配置完成后，要面对单个客户或小批量、频繁供给的现实，在物流配送环节，对供应链系统的敏捷性和协调性要求很高 （4）产品品种的多样化和数量的规模化，要求全程物流的支持，需建立一个有效的供应链网络

经典例题

[2015年真题·单选题] 多品种小批量型生产物流的特征之一是（　　）。
A. 生产重复程度极高　　　　　　　B. 生产过程组织一般采用混流生产
C. 物料的消耗定额可以准确制定　　D. 外部物流的协调比较容易
[答案] B
[解析] 多品种小批量型生产的重复程度介于单件生产和大量生产之间，有一定的重复度，但不是重复程度极高，A项错误。多品种小批量型生产下物料的消耗定额很容易确定，但并不是准确制定，C项错误。多品种小批量型生产下外部物流的协调很难控制，而不是比较容易，D项错误。

[2014年真题·单选题] 产品品种的多样化和数量的规模化，要求全程物流的支持，需建立一个有效的供应链网络。具有该生产物流特征的生产类型是（　　）。
A. 单一品种小批量型生产　　　　　B. 多品种小批量型生产
C. 单一品种大批量型生产　　　　　D. 多品种大批量型生产
[答案] D
[解题思路] 首先，本题题目信息提示很明显，"产品品种的多样化"即多品种；"数量的规模化"即大批量生产，对应名称可知为多品种大批量生产。其次，要求全程物流的支持，需建立一个有效的供应链网络也是多品种大批量生产类型下企业生产物流的特征之一，D项正确。

二、不同生产模式下的企业生产物流管理

从生产方式的发展来看，依次出现了作坊式手工生产、大批量生产和多品种小批量生产三个阶段，本辅导书主要介绍历年常考的多品种小批量生产模式下的企业生产物流管理。多品种小批量生产模式，也称精益生产模式。该种模式下的企业生产物流管理分为推进式和拉动式两种类型，具体如表5-3-4所示。

表5-3-4　精益生产模式下的生产物流管理类型

项目	推进式（以企业为主导）	拉动式（以用户需求为主导）
要点	以MRP技术为核心，物流和信息完全分离	由客户订单来触发产品需求，物流和信息结合在一起

续表

项目	推进式（以企业为主导）	拉动式（以用户需求为主导）
特点	（1）在管理手段上，大量运用计算机系统 （2）在生产物流的组织上，以物料为中心，强调严格执行计划，维护一定的在制品库存 （3）在生产物流计划编制和控制上，围绕物料转化组织制造资源	（1）以最终用户的需求为生产起点，拉动生产系统各生产环节对生产物料的需求 （2）强调物流平衡，追求零库存 （3）在生产的组织上，计算机与看板结合 （4）将生产中的一切库存视为"浪费"

【考点小贴士】历年常考上述两种管理类型的特点，具体参见本章结尾【本章易错易混考点】。

第四节 企业仓储与库存管理

本节考点概览

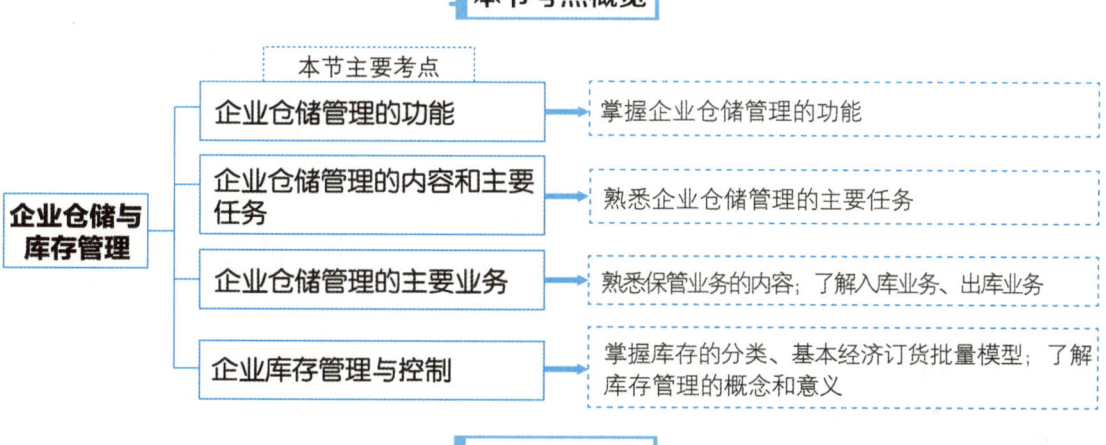

本节考点详解

【考点一】企业仓储管理的功能

仓储管理是指对仓储设施布局和设计以及仓储作业所进行的计划、组织、协调与控制。企业仓储管理的功能具体如表 5-4-1 所示。

表 5-4-1　企业仓储管理的功能

功能	举例
供需调节	仓储使得消费者可以在一年中任何季节购买到季节性的农产品
价格调节	仓储使得消费者可以在一年中以相对稳定的价格购买到季节性的农产品
调节货物运输能力	各种不同运输工具通过仓储进行衔接，如运量大的船舶将货物运至码头仓库，再通过火车或汽车分批运至其他地点
配送和流通加工	存储商品的仓库，在保管货物的同时，还可进行打包、分拣等流通加工活动以及配送活动

【考点小贴士】历年常通过举例的形式考核上述功能的概念，一般为表格中举例的简单变形。考生在做题时需特别注意供需调节和价格调节的区别，二者通常都会以季节性的农产品为例进行出题，但注意看题干中是否涉及"价格"二字，如未涉及价格的字样，只是叙述在任何季节能购买到季节性农产品，则选择供需调节；如涉及了价格的字样，题目叙述以稳定的或相差不大的价格购买到季节性的农产品，则选择价格调节。

> **经典例题**
>
> [2014年真题·单选题] 农产品仓储使消费者可以在任何季节都能以相对稳定的价格购买到农产品。这主要体现了仓储管理的（　　）功能。
> A. 供需调节 B. 价格调节
> C. 货物运输能力调节 D. 配送与流通加工
> [答案] B
> [解析] 根据题目关键信息"能以相对稳定的价格购买到"，即保证了价格的稳定，起到了价格调节的功能，B项正确。
>
> [例题·单选题] 仓储使消费者可以在任何季节都能购买到大米。这体现了仓储管理的（　　）功能。
> A. 供需调节 B. 价格调节
> C. 货物运输能力调节 D. 配送与流通加工
> [答案] A
> [解析] 根据题目信息"在任何季节都能购买到大米"，即使得供给满足了需求，供需达到平衡状态，起到了供需调节的功能，A项正确。

【考点二】企业仓储管理的内容和主要任务

一、企业仓储管理的内容

企业仓储管理的主要内容是对仓库和仓库中储存的物资进行管理。企业仓储管理的手段，具体包括以下方面：

（1）仓库的选址与建筑问题。
（2）仓库的机械作业的选择与配置问题。
（3）仓库的业务管理问题。
（4）仓库的库存管理问题。

二、企业仓储管理的主要任务

（1）仓储设施规划和利用。合理规划并有效利用各种仓储设施，以不断扩大仓储储存能力，提高作业效率。
（2）保管仓储物资。做好仓储物资的验收、发运以及保管工作，保证企业生产及时准确地获得适合、完好的物资供应。
（3）合理储备材料。
（4）降低物料成本。
（5）重视员工培训，提高员工业务水平。
（6）确保仓储物资的安全。

【考点小贴士】本考点考试时可按常理判断排除错项的方式做题。企业仓储管理的主要任务，简单概括是"以最低的成本做好仓储管理"，如选项内容是导致成本增加、仓储管理失败或与仓储管理无关，均可视为错误的叙述。

> **经典例题**
>
> [2017年真题·多选题] 企业仓储管理的主要任务有（　　）。
> A. 提高库存量 B. 合理储备材料
> C. 合理规划仓储设施 D. 确保仓储物资安全
> E. 降低物料成本

[答案] BCDE

[解析] 分析选项内容，可知 A 项提高库存量会导致仓储成本增加，违背了"以最低的成本做好仓储管理"的原则，因此错误。

【考点三】企业仓储管理的主要业务

一、入库业务

（1）货物入库前的准备。
（2）货物的接运。
（3）货物的验收。
（4）货物的入库。
（5）办理入库手续。

二、保管业务

（1）货物的储存规划。其主要是指储存区域的合理布局，即将各种产品合理地布置到仓库的平面和空间，以利于提高仓库的利用率。

（2）货物的堆码与垫盖。常用的堆码方式如表 5-4-2 所示。

表 5-4-2　常用的堆码方式

堆码方式	适用的货物类型
散堆	不用包装的颗粒状、块状的大宗散货，如煤、矿砂、矿石、散粮、散盐
货架方式	不宜堆高、需特殊保管存放的小件包装的货物，如外形不宜堆高或需分类保管的小五金、小百货、药品、绸缎等
成组方式	采用如托盘、货板、网绳等成组工具将货物组成一组堆放，以方便机械化操作，提高仓储效率
垛堆方式	有外包装或不需要包装的长、大件货物，如外包装为箱、桶、筐、袋装的货物；不需要包装的木材、钢材

【考点小贴士】历年考题通常会给出某类货物名称，问该类货物适合的堆放方式，注意表格中各种堆放方式适用货物的具体举例。

（3）货物的检查、盘点与保管损耗。

货物的检查是为了保证在仓库储存保管的货物质量完好、数量准确，必须经常对所保管的货物数量、质量、保管条件、安全等进行检查。

货物的盘点是定期或临时核对库存商品进行清点的操作。

货物的保管损耗是指在一定的时期内，保管这种货物所允许发生的自然损耗。

三、出库业务

（1）审核仓单。
（2）核对登账。
（3）配货备货。
（4）复核查对。
（5）点付交接。
（6）填单销账。

经典例题

[2015 年真题·单选题] 大量无包装海盐的最佳库存方式是（　　）。
A. 货架堆放　　B. 散堆　　C. 组成堆放　　D. 垛堆

[答案] B
[解析] 海盐属于大宗散货，且无包装，因此适合散堆方式，B项正确。

【考点四】企业库存管理与控制

一、库存的含义
库存是指存储作为今后按预定的目的使用而<u>处于闲置或非生产状态的物品</u>。

二、库存的分类
库存的类型具体如表5-4-3所示。

表5-4-3　库存的类型

划分标准	具体类型
经济用途	商品库存、制造业库存、其他库存
生产过程中的不同阶段	原材料库存、零部件库存、半成品库存、成品库存
库存的目的	(1) 经常库存。即企业在正常的经营环境下为满足日常的需要而建立的库存 (2) 安全库存。即为了防止由于不确定因素而准备的缓冲库存 (3) 生产加工和运输过程的库存 (4) 季节性库存。即为了满足特定季节中出现的特定需要或季节性出产的原材料在出产的季节大量收购所建立的库存
存放的地点	(1) 库存存货。即已运到企业，并验收入库的原材料、半成品或商品 (2) 在途库存。即在运输途中的库存 (3) 委托加工库存。即委托其他单位加工，尚未加工完成的各种库存 (4) 委托代销库存。即委托其他单位代销，尚未办理代销结算的库存

三、企业库存管理的概念和意义
企业库存管理通常被认为是对库存物料的数量管理。

企业库存管理的使命是保证物料的质量，尽力满足用户的需求，采取适当措施，节约管理费用，以便降低成本。

企业库存管理的意义包括：①有利于资金周转；②有利于进行运输管理；③有助于有效地开展仓库管理工作。

四、基本经济订货批量模型
公式1：

$$经济订货批量 = \sqrt{\frac{2 \times 货物的年需求量 \times 单次订货费}{单位货物单位时间的保管费}}$$

公式2：

$$经济订货批量 = \sqrt{\frac{2 \times 货物的年需求量 \times 单次订货费}{货物单价 \times 单位保管费率}}$$

式中：单位货物单位时间的保管费＝货物单价×单位保管费率。

【考点小贴士】以上两个公式的含义一样，只是不同的表达形式，历年常考公式2，题目会给出公式中货物的年需求量、单次订货费、货物单价和单位保管费率的数据信息，代入公式计算经济订货批量的数据即可。

经典例题

[2017年真题·单选题] 企业某种原材料的年需求量为1 600吨，单价为1 000元/吨，单次订货费用为400元，每吨年保管费率为3.2%，则该种原材料的经济订货批量为（ ）吨。

A. 200　　　　　　　　　　　　B. 150
C. 100　　　　　　　　　　　　D. 50

[答案] A

[解析] 根据公式，经济订货批量 $=\sqrt{\dfrac{2\times 货物年需求量\times 单次订货费}{货物单价\times 单位保管费率}}=\sqrt{\dfrac{2\times 1\,600\times 400}{1\,000\times 3.2\%}}=\sqrt{40\,000}=200$（吨），A项正确。

[2017年真题·多选题] 根据库存的目的进行分类，库存包括（ ）。

A. 生产加工和运输过程的库存　　B. 半成品库存
C. 季节性库存　　　　　　　　　D. 安全库存
E. 经常库存

[答案] ACDE

[解析] 按库存的目的分类，库存可分为经常库存、安全库存、生产加工和运输过程的库存、季节性库存。

第五节　企业销售物流管理

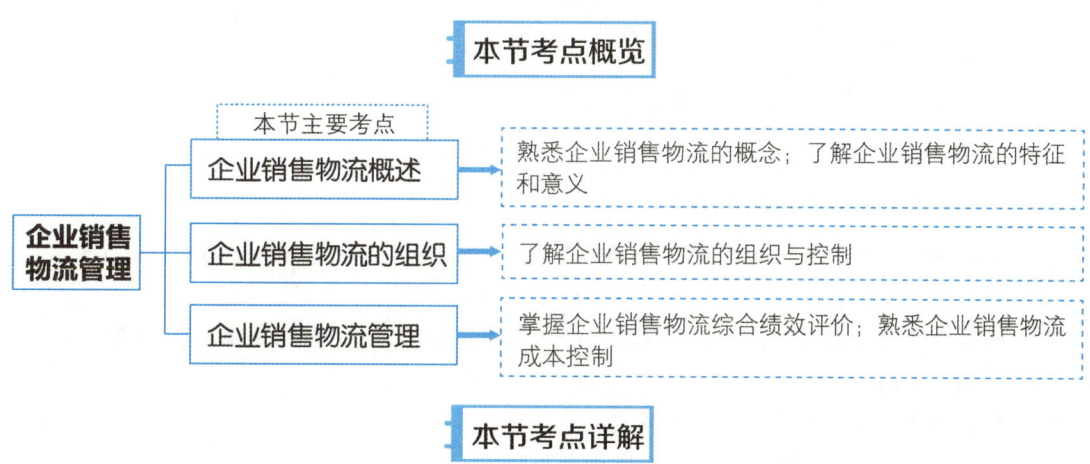

【考点一】企业销售物流概述

一、企业销售物流的概念

企业销售物流是指企业在出售商品过程中发生的物流活动。企业在销售过程中，将产品的所有权转给用户的物流活动，是产品从生产地到用户的时间和空间的转移，是以实现企业的销售利润为目的的。

二、企业销售物流的特征和意义

企业销售物流的特征是一体化、服务性强。

企业销售物流的意义包括：①企业销售物流是连接生产企业和终端需求的桥梁。②企业销售物流是企业获取利润的源泉。

【考点二】企业销售物流的组织

一、企业销售物流的流程

从企业方面来看，销售物流的第一个环节是订单管理，即在客户接受报价后就开始处理销售订单。订单记录了客户群的需求、订货的价格，还要检查客户信用度和可用的物料。然后，根据销售订单实施其他物流业务。

二、企业销售物流的组织与控制

(1) 产成品包装。
(2) 产成品储存。
(3) 订单管理。
(4) 企业销售物流渠道的选择。
(5) 产品配送。
(6) 装卸搬运。

【考点三】企业销售物流管理

一、企业销售物流管理的目标及原则

（一）企业销售物流管理的目标

(1) 在适当的交货期，准确地向顾客发送商品。
(2) 对于顾客的订单，尽量减少和避免缺货。
(3) 合理设置仓库和配送中心，保持合理的商品库存。
(4) 使运输、装卸、保管和包装等操作省力化。
(5) 维持合理的物流费用。
(6) 使订单到发货的情报流动畅通无阻。
(7) 将销售额情报迅速提供给采购部门、生产部门和销售部门。

（二）企业销售物流管理的原则

(1) 根据客户所需的服务特性来划分客户群。
(2) 根据客户需求和企业可获利情况设计企业的物流网络。
(3) 倾听市场的需求信息，及时发现需求变化的早期警报，并据此安排和调整计划。
(4) 实施"延迟"策略。
(5) 与渠道成员建立双赢的合作策略。
(6) 在整个分销渠道领域构筑高效的信息平台。
(7) 建立整个销售物流的绩效考核准则，销售物流管理的最终验收标准是客户的满意程度。

二、企业销售物流成本控制

（一）销售物流成本构成

(1) 物流活动中的人力成本。其包括职工工资、奖金、津贴及福利等。
(2) 运输成本。其主要包括：①人工费用，如运输人员工资、福利费等；②营运费用，如营运车辆燃料费、折旧费、公路运输管理费等；③其他如差旅费等；④如果是委托第三方，则包括付给第三方的运输费用。
(3) 仓储成本。其主要包括建造、购买或租赁等仓库设施设备的成本和各类仓储带来的成本。

(4) 流通加工成本。其主要有流通加工设备费用、流通加工材料费用、流通加工劳务费用及其他费用。

(5) 包装成本。其主要包括包装材料费用、包装机械费用、包装技术费用、包装人工费用等。

(6) 装卸与搬运成本。其主要包括人工费用、资产折旧费、维修费、能源消耗费以及其他相关费用。

(7) 物流信息和管理费用。其主要包括企业为物流管理所发生的差旅费、交际费、信息系统管理费以及其他杂费，销售物流过程的研究设计、重构和优化等费用。

(8) 用于保证销售物流顺畅的资金成本，如支付银行贷款的利息等。

（二）销售物流成本的管理和控制

企业在考虑压缩物流成本的同时，必须平衡物流服务水平，一般有以下几种途径压缩销售物流成本，具体如表5-5-1所示。

表 5-5-1 压缩销售物流成本的途径及具体方式

途径	具体方式
降低运输成本	①通过商流和物流的分离使物流途径简短；②减少运输次数；③提高车辆满载率；④设定最低订货量；⑤实行计划运输；⑥开展共同运输；⑦选择最佳运输手段等
降低储存成本	减少库存点，维持合理的库存量，提高仓库利用率等
降低包装成本	降低包装材料的价格，包装简易化，包装作业机械等
降低装卸成本	减少装卸次数，引进集装箱和托盘，机械化等

【考点小贴士】以上几种销售物流成本即各物流环节发生的成本，可对应各环节熟悉降低各类销售物流成本的具体方式。例如降低储存成本的途径内容中，都含有"库存""仓库"这类与储存有关的词。

经典例题

[2017年真题·单选题] 下列措施中，能够降低企业销售物流运输成本的是（　　）。

A. 减少库存点
B. 减少装卸次数
C. 设定最低订货量
D. 包装简易化

[答案] C

[解析] 本题可直接通过选项内容判断出涉及的物流环节，以此推断出降低的销售物流成本的类型。A项，减少库存点，库存与储存有关，即可降低储存成本。B项，由"装卸"二字即可知涉及降低装卸成本。C项，设定最低订货量，货物数量越多，则运输费越高，反之，则越低，因此设定最低订货量可降低运输成本。D项，由"包装"二字即可知涉及降低包装成本。本题需选出降低企业销售物流"运输"成本的选项，C项正确。

三、企业销售物流综合绩效评价

（一）建立企业销售物流综合绩效考评体系的原则

(1) 整体性原则。
(2) 可比性原则。
(3) 经济性原则。
(4) 定量与定性相结合的原则。

（二）企业销售物流综合绩效考评体系的指标

(1) 成本指标。

1) 局部成本指标。如运输装卸费用、订货处理费用、退货处理费用、仓储费用、包装费用和流通加工费用。

2) 全局性的成本指标。如销售物流总成本。

(2) 效率评价指标。

1) 销售物流的合理物流率＝（销售物流总完成量－不合理的物流量）/销售物流总完成量。

2) 迅速物流及时率＝迅速及时完成销售物流量/销售物流总完成量。

3) 准确完成物流率＝准确无误完成销售物流量/销售物流总完成量。

4) 耗损率＝耗损量/销售物流总完成量。

5) 经济效率＝销售物流实现利税/销售物流资金占用。

(3) 风险评价指标。

(4) 客户满意度评价指标。

1) 货物到达客户手中的及时率＝1－货物没有及时送达客户的次数/送货总次数。

2) 货物发送的正确率＝货物正确送达客户手中的次数/送货总次数。

3) 货物出现损伤的频率＝1－货物发送的完好率。

4) 完成一次销售的周期和时间＝订购周期＋运输周期＋仓储周期。

5) 客户的投诉率＝投诉的客户数量/客户的总数。

6) 问题的处理率＝问题得到解决的顾客数量/出现投诉的顾客的总数。

【考点小贴士】历年常考效率评价指标和客户满意度评价指标包含的具体指标的内容，特别注意"经济效率"和"客户的投诉率"的公式。

> **经典例题**
>
> [2016年真题·单选题] 下列指标中，可以反映企业销售物流客户满意度的是（　　）。
> A. 流通加工费用　　　　　　B. 包装费用
> C. 经济效率　　　　　　　　D. 货物发送的正确率
> [答案] D
> [解析] A、B两项，流通加工费用和包装费用属于成本指标。C项，经济效率属于效率评价指标。
>
> [2013年真题·单选题] 在企业物流的效率评价指标中，经济效率指的是（　　）的比值。
> A. 销售物流实现利税与销售物流资金占用
> B. 迅速及时完成销售物流量与销售物流总完成量
> C. 消耗量与销售物流总完成量
> D. 准确无误完成销售物流量与销售物流总完成量
> [答案] A
> [解析] 经济效率＝销售物流实现利税/销售物流资金占用，A项正确。

本章易错易混考点

本章内容较为简单，涉及的易错易混考点较少，历年考生较为容易混淆的是本章第三节中精益生产模式（多品种小批量生产模式）下的企业生产物流管理的类型，建议考生参考下列方法理解记忆。

(1) 二者的相同点：均需运用计算机。

(2) 二者的不同点：从名称的关键词扩展理解。

1) 推进式。推进一词有"以产定需"之意，这里的"产"可理解为企业的物流管理活动，即企业不考虑客户需求,只是从自身角度考虑如何管理物流,因此推进式管理的特点是与需求信息完全分离,且围绕企业的"物料"进行的,如以物料为中心、围绕物料转化组织制造资源。

2)拉动式。与推进式刚好相反,即"以需定产"之意,即企业是从客户需求为主导进行物流管理,因此拉动式的特点是与需求信息相结合,围绕"客户需求"进行的,如由客户订单来触发需求;以最终用户的需求为起点;采用看板这种以需定产的管理方式;物流量与需求量相匹配,不会过多也不会过少,保持物流平衡,不会形成多余物料的库存(即追求零库存),一切多余的库存视为浪费。

[2016年真题·单选题] 以最终用户的需求为生产起点,强调物流平衡,追求零库存,可以真正做到"按需生产"的生产模式是(   )。

A. 单一品种大批量生产模式　　　B. 多品种大批量生产模式
C. 作坊式手工生产模式　　　　　D. 拉动式精益生产模式

[答案] D

[解题思路] 根据题目信息"以最终用户的需求为生产起点,强调物流平衡,追求零库存",可知是多品种小批量生产模式(精益生产模式)下"拉动式"物流管理的特征之一,D项正确。

[2013年真题·单选题] 关于精益生产模式下推进式企业生产物流管理模式特点的说法,正确的是(   )。

A. 在生产物流计划编制和控制上,围绕物料转化组织制造资源
B. 以最终用户的需求为生产起点,拉动生产系统各生产环节对生产物料的需求
C. 将生产中的一切库存视为"浪费",并认为库存掩盖了生产系统中的缺陷
D. 在生产的组织上,由看板传递后道工序对前道工序的需求信息

[答案] A

[解题思路] 推进式物流管理是站在企业的角度考虑,即围绕"物料"展开,而拉动式物流管理与之相反,是站在"用户需求"的角度考虑,围绕"需求"展开,结合看板管理,追求零库存,因此对比可知A项正确。B、C、D三项均属于拉动式物流管理的特征。

────────── 历年经典真题回顾 ──────────

一、单项选择题(每题1分,每题备选项中,只有1个最符合题意)

1. 能够实现产品从生产地到用户的时间和空间转移的企业物流活动是(   )。[2017年真题]

A. 加工包装　　　　　　　　　B. 生产物流
C. 仓储管理　　　　　　　　　D. 销售物流

[答案] D

[解析] 本题的考点为销售物流的概念。根据题目信息"产品从生产地到用户的时间和空间转移",可知产品销售环节会发生此转移,对应的此环节的物流为销售物流,D项正确。

2. 将生产中的一切库存视为"浪费"的生产模式是(   )。[2015年真题]

A. 品种大批量生产模式　　　　B. 多品种大批量生产模式
C. 推动式精益生产模式　　　　D. 拉动式精益生产模式

[答案] D

[解析] 本题的考点为精益生产模式下的生产物流管理类型。其中,拉动式生产物流管理的特点之一是将生产中的一切库存视为浪费,D项正确。

3. 产品从物流据点到用户之间的运输活动属于(   )。[2014年真题]

A. 配送　　　B. 分流　　　C. 分配　　　D. 分销

[答案] A

[解析] 本题的考点为企业物流活动的内容。其中，配送是在物流据点进行分、配货工作，并将配好的货物送交收货人的物流活动，A项正确。

4. 在企业采购管理流程中，处于第一环节的是（　　）。[2014年真题]

   A. 选择供应商　　　　　　　B. 进行采购谈判

   C. 办理付款申请　　　　　　D. 提出采购申请

   [答案] D

   [解析] 本题的考点为企业采购管理的业务流程。企业采购管理的流程中，第一环节是"提出采购申请"，D项正确。

5. 在企业销售物流的客户满意度评价指标中，客户的投诉率是指（　　）。[2014年真题改编]

   A. 投诉的客户数量与客户总数的比值

   B. 投诉的客户数量与未投诉的客户数量的比值

   C. 准确无误完成销售物流量与客户总数的比值

   D. 问题得到解决的顾客数量与出现投诉的顾客总数的比值

   [答案] A

   [解析] 本题的考点为企业销售物流综合绩效考评体系的指标。客户的投诉率＝投诉的客户数量/客户的总数，A项正确。

6. 关于单一品种大批量型生产物流特征的说法，正确的是（　　）。[2013年真题]

   A. 生产过程对物料很难控制

   B. 生产过程中采购物流不易控制

   C. 生产过程中只能粗略估计物料消耗的定额

   D. 生产重复程度高，容易制定相关的物料需求计划

   [答案] D

   [解析] 本题的考点为不同生产类型下的企业生产物流特征。单一品种大批量型生产下，物料很容易控制，A项错误。单一品种大批量型生产下采购物料容易控制，B项错误。单一品种大批量型生产下，物料的消耗定额能准确制定，C项错误。

7. 仓储管理使船舶运输的大批货物在港口由汽车和火车分批、分期转运至内陆。这体现了仓储管理的（　　）功能。[2013年真题]

   A. 供需调节　　　　　　　　B. 价格调节

   C. 配送与流通加工　　　　　D. 货物运输能力调节

   [答案] D

   [解析] 本题的考点为企业仓储管理的功能。根据题目信息"船舶、汽车、火车"可知均为运输工具，各种运输工具的运载能力不同，而仓库可起到衔接作用，使得货物运输能力得以调节，D项正确。

二、多项选择题（每题2分，每题备选项中，有2个或2个以上符合题意，至少有1个错项。错选，本题不得分；少选，所选的每个选项得0.5分）

1. 企业物流信息系统可以划分为（　　）。[2016年真题]

   A. 采购层　　　　　　　　　B. 管理层

   C. 控制层　　　　　　　　　D. 作业层

   E. 仓储层

   [答案] BCD

   [解析] 本题的考点为企业物流的内容中物流信息相关内容。其中，物流信息系统可以划分为

三个层次,即管理层、控制层和作业层。

2. 企业在建立销售物流综合绩效考评体系时,应遵循的基本原则有( )。[2016年真题]
   A. 整体性原则　　　　　　B. 可比性原则
   C. 经济性原则　　　　　　D. 定量与定性相结合的原则
   E. 完全量化原则
   [答案] ABCD
   [解析] 本题的考点为企业销售物流综合绩效评价。建立销售物流综合绩效考评体系的原则包括整体性原则、可比性原则、经济性原则、定量与定性相结合原则。

3. 关于企业库存与库存管理的说法,正确的有( )。[2014年真题]
   A. 安全库存有助于防范不确定因素对企业生产经营的影响
   B. 在途库存是指在运输途中的库存
   C. 库存是指存储作为今后按预定目的使用而处于生产状态的物品
   D. 企业库存管理有利于企业的资金周转
   E. 企业库存管理应采取适当措施节约管理费用
   [答案] ABDE
   [解析] 本题的考点为库存的含义和分类、企业库存管理的概念和意义相关内容。C项,根据库存的含义可知,库存是存储作为今后按预定的目的使用而处于闲置或非生产状态的物品,而不是处于生产状态的物品。

4. 下列目标中,属于企业采购管理基本目标的有( )。[2013年真题]
   A. 确保生产经营的物资需求
   B. 保证并提高采购物品的工艺水平
   C. 增加存货投资和降低存货损失
   D. 发现和发展有竞争力的供应商
   E. 有效降低采购成本
   [答案] ADE
   [解析] 本题的考点为企业采购管理的目标。按常理判断各选项内容,很明显A、D、E三项都是符合采购管理总目标的要求,即以最低的成本提供满足企业需要的物料和服务,正确。B项,保证并提高采购物品的工艺水平,按常理可知,工艺水平的提高主要是供应该物品的生产企业所需关注的问题,而与采购企业的采购管理无关。C项,增加存货投资会导致成本增加,违背了采购管理总目标的要求。

三、案例分析题 (每题2分。由单选和多选组成。错选,本题不得分;少选,所选的每个正确选项得0.5分)

某工厂每年需消耗煤100 000吨,每吨煤的价格为1 200元,每吨煤的年保管费率为4%,单次订货成本为6 000元。假设煤的价格不因采购数量的不同而产生折扣。[2011年真题]
根据以上资料,回答下列问题。

1. 该工厂采购煤的经济订货批量为( )吨。
   A. 5 000　　　B. 6 000　　　C. 7 000　　　D. 8 000
   [答案] A
   [解析] 本题的考点为基本经济订货批量模型中经济订货批量的计算。根据公式,经济订货批量 $= \sqrt{\dfrac{2 \times 货物的年需求量 \times 单次订货费}{货物单价 \times 单位保管费率}} = \sqrt{\dfrac{2 \times 100\,000 \times 6\,000}{1\,200 \times 4\%}} = \sqrt{25\,000\,000} = 5\,000$(吨),A项正确。

2. 该工厂应将采购来的煤以（ ）的方式进行保管。
   A. 散堆   B. 货架堆放
   C. 成组堆放   D. 垛堆

   [答案] A

   [解析] 本题的考点企业仓储管理的主要业务中保管业务相关内容。关于货物的堆码与垫盖，散堆适用于不用包装的颗粒状、块状的大宗散货，如煤炭、矿砂、散粮、海盐等，A项正确。

3. 该工厂在保管煤的过程中需对其进行（ ）检查。
   A. 数量   B. 安全
   C. 形状   D. 购买渠道

   [答案] AB

   [解析] 本题的考点为企业仓储管理的主要业务中保管业务相关内容。货物的检查是为了保证在仓库储存保管的货物质量完好、数量准确，必须经常对所保管的货物进行数量、质量、保管条件、安全等进行检查，A、B两项正确。

本章同步练习

一、单项选择题（每题1分，每题备选项中，只有1个最符合题意）

1. （ ）是物品从供应地向接收地的实体流动过程。
   A. 商流   B. 物流
   C. 资金流   D. 数据流

2. 下列产品生命周期各阶段中，（ ）的物流目标是在充分提供物流服务与回避过度支出物流费用之间进行平衡。
   A. 介绍期   B. 成长期
   C. 成熟期   D. 衰退期

3. 控制采购的原材料及零部件的采购价格是企业生产过程中的重要环节，这说明企业采购具有（ ）功能。
   A. 生产成本控制   B. 生产调度控制
   C. 产品质量控制   D. 促进新产品开发

4. 生产企业采购管理最基本的目标是（ ）。
   A. 降低存货投资和存货损失
   B. 确保生产经营的物资需要
   C. 发现和发展有竞争力的供货商
   D. 改善企业内部与外部的工作关系

5. 在企业生产物流管理的目标中，为产品提供畅通的物料流转渠道，保证生产物流的连续性和高效率指的是（ ）目标。
   A. 效率性   B. 经济性
   C. 系统性   D. 适应性

6. 将企业生产物流划分为大量生产、单件生产和成批生产三种类型的依据是（ ）。
   A. 生产专业化的程度 B. 工艺过程的特点
   C. 生产方式   D. 物料流经的区域

7. 将库存分类为商品库存、制造业库存和其他库存的依据是（ ）。
   A. 库存的经济用途

B. 库存处于生产过程中的不同阶段
C. 库存的周转周期
D. 库存存放的地点

8. 从企业方面来看，销售物流的第一个环节是（　　）。
   A. 产品配送　　　　　　　B. 订单管理
   C. 渠道选择　　　　　　　D. 装卸搬运

二、多项选择题（每题2分，每题备选项中，有2个或2个以上符合题意，至少有1个错项。错选，本题不得分；少选，所选的每个选项得0.5分）

1. 根据物流活动的主体进行分类，物流包括（　　）。
   A. 企业自营物流　　　　　B. 工业生产企业物流
   C. 流通企业物流　　　　　D. 专业子公司物流
   E. 第三方物流

2. 企业生产物流管理的目标有（　　）。
   A. 效率性目标　　　　　　B. 经济性目标
   C. 前瞻性目标　　　　　　D. 适应性目标
   E. 统一性目标

3. 下列关于精益生产模式下的拉动式企业生产物流管理模式的表述，正确的有（　　）。
   A. 以MRP技术为核心
   B. 物流和信息流是结合在一起的
   C. 以最终用户的需求为生产起点
   D. 以物料为中心，维持一定的在制品库存
   E. 追求零库存

4. 下列指标中，属于企业销售物流的效率评价指标有（　　）。
   A. 准确完成物流率　　　　B. 耗损率
   C. 客户投诉率　　　　　　D. 问题处理率
   E. 经济效率

本章同步练习参考答案及解析

一、单项选择题

1. [答案] B
   [解析] 本题的考点为物流的概念。物流是指物品从供应地向接收地的实体流动过程，B项正确。

2. [答案] A
   [解析] 本题的考点为产品生命周期不同阶段的物流目标。介绍期的物流目标是在充分提供物流服务与回避过度支出物流费用之间进行平衡，A项正确。

3. [答案] A
   [解析] 本题的考点为企业采购的功能。原材料、零部件的价格高低直接影响企业的生产成本的高低，因此控制采购的原材料及零部件的采购价格即生产成本控制，A项正确。

4. [答案] B
   [解析] 本题的考点为企业采购管理的目标。确保生产经营的物资需要是生产企业采购最基本的目标，B项正确。

5. [答案] A
   [解析] 本题的考点为企业生产物流管理的目标。根据关键词"为产品提供畅通的物料流转渠道，保证生产物流连续性、高效率"可知为效率性目标，A项正确。

6. [答案] A

[解析]本题的考点为企业生产物流的类型。按照生产专业化的程度，可将企业生产物流划分为大量生产、单件生产、成批生产，A项正确。

7. [答案] A

[解析]本题的考点为库存的分类。库存按经济用途不同，划分为商品库存、制造业库存、其他库存，A项正确。

8. [答案] B

[解析]本题的考点为企业销售物流的流程。从企业方面来看，销售物流的第一个环节应该是订单管理，B项正确。

二、多项选择题

1. [答案] ADE

[解析]本题的考点为企业物流的分类。物流按照物流活动的主体不同，分为企业自营物流、专业子公司物流、第三方物流，A、D、E三项正确。

2. [答案] ABD

[解析]企业生产物流管理的目标包括效率性目标、经济性目标、适应性目标，A、B、D三项正确。

3. [答案] BCE

[解析]本题的考点为精益生产模式下企业生产物流管理。拉动式是以用户需求出发，物流和信息流是结合在一起的，追求零库存，B、D、E三项正确。A、C两项属于推进式模式的特点。

4. [答案] ABE

[解析]本题的考点为企业物流的效率评价指标。其中，效率评价指标包括销售物流的合理物流率、迅速物流及时率、准确完成物流率、耗损率、经济效率，A、B、E三项正确。C、D两项属于客户满意度评价指标。

错题收集

第六章　技术创新管理

本章考情分析

节名 \ 题型 \ 分值 \ 年份		2017	2016	2015	2014	2013
第一节 技术创新的含义、分类与模式	单项选择题	1分	2分	2分	3分	2分
	多项选择题	0分	2分	0分	0分	2分
	案例分析题	0分	0分	0分	0分	0分
第二节 技术创新战略与技术创新决策评估方法	单项选择题	2分	1分	2分	1分	2分
	多项选择题	4分	2分	2分	4分	0分
	案例分析题	0分	0分	0分	0分	0分
第三节 技术创新组织与管理	单项选择题	1分	2分	2分	2分	2分
	多项选择题	0分	0分	2分	0分	2分
	案例分析题	2分	0分	2分	0分	2分
第四节 技术贸易与知识产权管理	单项选择题	3分	2分	1分	2分	2分
	多项选择题	2分	2分	2分	2分	2分
	案例分析题	6分	0分	6分	0分	6分
合计		21分	13分	21分	14分	22分

本章学习提示

本章简单地介绍了与技术创新管理相关的知识，历年考试难度较简单，不会涉及专业技术知识和概念的深入考查，案例分析题主要以第四节为基础，结合第三节部分知识点进行出题，题目难度与单项选择题和多项选择题区别不大。

第一节 技术创新的含义、分类与模式

本节考点概览

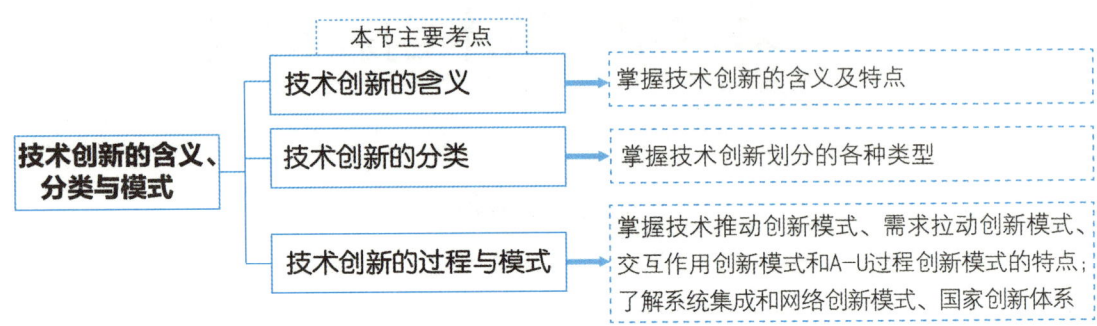

本节考点详解

【考点一】技术创新的含义

技术创新是指企业家抓住市场潜在盈利机会，<u>以获取经济利益为目的</u>，重组生产条件和要素，不断研制推出新产品、新工艺、新技术，以获得市场认同的一个综合性过程。技术创新的主要特征如下：

(1) 技术创新不是技术行为，而是一种<u>经济行为</u>。其<u>核心是企业家</u>。
(2) 技术创新是一项<u>高风险活动</u>。
(3) 技术创新<u>时间的差异性</u>。
(4) <u>外部性</u>。技术创新具有较强的<u>正外部性</u>。
(5) <u>一体化与国际化</u>。

经典例题

[2016年真题·多选题] 关于技术创新的说法，正确的有（　　）。
A. 技术创新是一种技术行为，不是经济行为　　B. 技术创新是高风险活动
C. 技术创新具有国际化趋势　　D. 技术创新不具有外部性
E. 不同层次的技术创新所需时间因其性质不同而异
[答案] BCE
[解析] 本题的考点为技术创新的含义及特征。B、C、E三项内容符合技术创新特征的表述，正确。A项，技术创新是一种经济行为，而不是技术行为。D项，技术创新具有外部性的特点。

【考点二】技术创新的分类

技术创新的类型具体如表6-1-1所示。  扫码听课

表6-1-1 技术创新的类型

划分标准	类型	具体内容
技术创新对象	产品创新	(1) 重大（全新）的产品创新，即产品用途及其应用原理有显著变化； (2) 渐进（改进）的产品创新，即技术原理没有重大变化，仅功能上的扩展和技术上的改进
	工艺创新	也称过程创新，是产品的生产技术变革，包括新工艺、新设备和新组织管理方式，分为重大的工艺创新和渐进的工艺创新

续表

划分标准	类型	具体内容
技术创新模式	原始创新	以前不存在的技术，集中在基础科学、前沿技术领域，其本质属性是原创性和第一性
	集成创新	对已经存在的单项技术，按需要进行系统集成并创造出全新的产品或工艺
	引进、消化吸收再创新	利用已经存在的单项技术，对产品价值链某个或者某些重要环节的重大创新。这种创新是最常见、最基本的创新形式
技术创新的新颖程度	渐进性创新	原理上没有重大变化，仅功能上的扩展和改进。如性能不断改进的家用电器、功能不断变化的手机
	根本性创新	技术有重大突破的技术创新，往往与科学上的重大发现相联系。如信息技术开创的互联网信息时代

【考点小贴士】近年常考查产品创新和工艺创新的概念，二者概念的区分方法参见本章末尾【本章易错易混考点】。

经典例题

[2015年真题·单选题] 某公司通过改进生产流程，提高了产品质量，这种对生产流程的创新属于（　　）。
A. 原始创新　　　　B. 工艺创新　　　　C. 根本性创新　　　　D. 产品创新
[答案] B
[解析] 本题的考点为工艺创新的概念。工艺创新包括新工艺、新设备和新组织管理方式。本题生产流程的改进符合工艺创新的概念，B项正确。

[2013年真题·单选题] 根据技术创新对象的不同，技术创新分为（　　）。
A. 产品创新和工艺创新　　　　　　B. 原始创新和集成创新
C. 渐进性创新和根本性创新　　　　D. 局部创新和整体创新
[答案] A
[解析] 本题的考点为技术创新的分类。根据技术创新对象的不同，技术创新分为产品创新和工艺创新，A项正确。

【考点三】技术创新的过程与模式

一、技术推动创新模式、需求拉动创新模式和交互作用创新模式

技术推动创新模式、需求拉动创新模式和交互作用创新模式的特点具体如表6-1-2所示。

表6-1-2　技术推动创新模式、需求拉动创新模式和交互作用创新模式的特点

模式 指标	技术推动创新	需求拉动创新	交互作用创新
创新动力	发明创造	市场需求	技术和市场
技术与需求的关系	技术创造需求	需求促进技术发明	技术和需求交互作用
创新成功的关键人物	科学家	企业家	有一定技术能力的企业家
创新难度	技术推动＞需求拉动＞交互作用		
创新周期	技术推动＞需求拉动＞交互作用		
创新成果应用	难	易	易

续表

模式\指标	技术推动创新	需求拉动创新	交互作用创新
创新效果	一旦采用会使技术体系发生根本性变化，导致新产品形成	易于商品化，很快能产生效益	易于商品化，技术和经济发展相互促进
模式缺陷	对于技术转化和市场的作用不够重视	忽视长期研发项目，局限于技术的自然变革	没有考虑技术、需求等要素因时间变化所发生的改变

【考点小贴士】历年常考三种模式特点的比较及模式图。技术推动创新模式图和需求拉动创新模式图的区分参见本章结尾【本章易错易混考点】。

二、A－U过程创新模式

A－U过程创新模式三个阶段产品创新与工艺创新的特点如表 6-1-3 所示。

表 6-1-3　A－U过程创新模式各阶段产品创新与工艺创新的特点

阶段	特点	其他要点
不稳定阶段 ↑↑	均呈上升趋势，产品创新强于工艺创新	该阶段创新的重点是进行新产品的设计与开发；研发经费支出较高，不易获得好的经济效益
过渡阶段 ↗↑	产品创新逐渐减少，工艺创新继续呈上升趋势，且超过产品创新	主导设计被消费者市场接受和推崇；企业市场地位出现分化
稳定阶段 ↓↓	均为下降趋势，工艺创新较产品创新仍然有相对优势	产业发展进入成熟期；创新的重点是以质量和降低成本为目标的渐进性的工艺创新

三、系统集成和网络创新模式

系统集成和网络创新模式是第五代创新过程模式，是一体化模式的理想化发展，已经具有国家创新系统的雏形。其强调企业需要注意内、外在环境的变化，采取适当的经营策略。

四、国家创新体系

国家创新体系是指由公共机构和私有机构组成的网络系统，强调系统中各行为主体的制度安排及相互作用。2006 年我国颁布的《国家中长期科学和技术发展规划纲要》明确提出，国家创新体系是以政府为主导、充分发挥市场配置资源的基础性作用、各类科技创新主体紧密联系和有效互动的社会系统。

现阶段，中国特色国家创新体系建设重点在于以下方面：

（1）建设以企业为主体、产学研结合的技术创新体系，并将其作为全面推进国家创新体系建设的突破口。

（2）建设科学研究与高等教育机构有机结合的知识创新体系。

（3）建设军民结合、寓军于民的国防科技创新体系。

（4）建设各具特色和优势的区域创新体系。

（5）建设社会化、网络化的科技中介服务体系。

经典例题

[2017年真题·单选题] 在 A－U 创新过程模式中，产品创新逐步减少，工艺创新呈上升趋势并超越产品创新的阶段称为（　　）。

A. 成熟阶段　　B. 衰退阶段　　C. 过渡阶段　　D. 不稳定阶段

[答案] C

[解析] 本题的考点为 A－U 创新过程模式三个阶段的特点。其中，过渡阶段的特点是产品创新逐渐减少，工艺创新继续呈上升趋势，C 项正确。

> **经典例题**
>
> [2014年真题·单选题] 2006年我国颁布的《国家中长期科学和技术发展规划纲要》明确提出，国家创新体系的主导者是（   ）。
> A. 政府　　　　　B. 企业　　　　　C. 市场　　　　　D. 社会
> [答案] A
> [解析] 本题的考点为国家创新体系。我国国家创新体系是以政府为主导的系统，A项正确。
>
> [例题·单选题] 相对于需求拉动创新模式，技术推动创新模式的特点是（   ）。
> A. 创新周期更长　　B. 更易于商品化　　C. 产生效益更快　　D. 创新难度较低
> [答案] A
> [解析] 本题的考点为技术推动创新模式、需求拉动创新模式和交互作用创新模式的特点。其中，技术推动创新模式的创新难度最大，因此对应创新周期更长，A项正确。B、C、D三选项均属于需求拉动创新模式相较于技术推动创新模式的特点。

第二节　技术创新战略与技术创新决策评估方法

本节考点概览

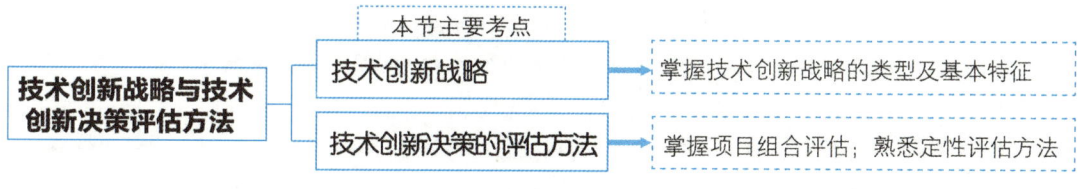

本节考点详解

【考点一】技术创新战略

一、技术创新战略的特征

技术创新战略的特征包括全局性、长期性、层次性、风险性。

二、技术创新战略的类型

技术创新战略的类型具体如表 6-2-1 所示。

表 6-2-1　技术创新战略的类型

划分标准	战略类型	概念要点
企业所期望的技术竞争地位	技术领先战略	在相关技术领域占据领导地位，在所有竞争者之前，率先采用新技术，并使新产品最早进入市场，成为同行业的"领头羊"，获取较大的市场占有率和利润
	技术跟随战略	不图领先，在领先者的创新获得进展以后，学习领先者创造的知识，跟在领先者后面进行模仿
企业行为方式	进攻型战略	抢先在竞争对手之前不断推出新的产品和生产工艺来占领市场
	防御型战略	企业具有先进的技术，但在技术开发和国际市场上并不领先，采取积极的防御战略，以低成本、高性能、高质量来占领市场
	切入型战略	也叫游击型战略，在某个方面紧跟领先者，在市场中不断寻找出击的机会，及时从"缝隙"中切入，做好"切入面"的创新

续表

划分标准	战略类型	概念要点
技术来源	自主创新战略	企业通过自身的努力和探索产生技术突破，攻破技术难关
	模仿创新战略	企业通过学习模仿率先创新者的创新思路和创新行为
	合作创新战略	两个或两个以上的企业合作进行研发，共享技术创新成果

三、领先战略与跟随战略的基本特征及选择考虑的因素

两种战略的特征及选择考虑的因素如表 6-2-2 所示。

表 6-2-2　领先战略与跟随战略的基本特征及选择考虑的因素

特征及考虑的因素	战略类型	领先战略	跟随战略
特征	技术来源	自主开发为主	外部引进为主
	技术开发重点	产品技术	工艺技术
	市场开发	开拓一个全新的市场	开发细分市场或挤占他人市场
	投资重点	技术开发、市场开发	生产、销售
考虑的因素	优势能力特点	技术开发能力	生产销售能力
	风险与收益特点	投资大，风险大	风险小，收益小
	领先的持久性	技术越不易复制、后续开发越快，领先的持久性就越好，因此具备持续开发能力	争取超越领先者

经典例题

[2017年真题·单选题] 根据企业所期望的技术竞争地位，企业技术创新战略可分为（　　）。
A. 模仿创新战略与合作创新战略　　B. 技术跟随战略与撇脂战略
C. 技术领先战略与技术跟随战略　　D. 进攻型战略与游击型战略
[答案] C
[解析] 本题的考点为技术创新战略的类型。根据企业所期望的技术竞争地位划分，技术创新战略分为技术领先战略和技术跟随战略，C项正确。

[2017年真题·多选题] 与技术领先战略相比，技术跟随战略的特征有（　　）。
A. 技术开发的重点是产品技术　　B. 技术来源以模仿引进为主
C. 市场开发重点是开拓新市场　　D. 投资重点是生产与销售
E. 风险和收益相对较小
[答案] BDE
[解析] 本题的考点为技术领先战略与跟随战略的基本特征及选择考虑的因素。B、D、E 三项内容均符合技术跟随战略的表述，正确。A、C 两项内容属于技术领先战略的特征，因此错误。

【考点二】技术创新决策的评估方法

一、定量评估法

（一）折现现金流方法

折现现金流方法通过计算投资项目的净现值，通过判断项目净现值的正负来决定投资项目的取舍。

（二）风险分析

风险分析是指考虑项目实施过程中的不确定性，进一步使用风险条件下的折现现金流分析方法。风险分析常用的方法包括敏感性分析和概率分析。

二、定性评估方法

（一）轮廓图法

轮廓图法是指根据设定的关键因素或评价标准，对每一候选项目的绩效做出定性判断（比如评价为高、中、低），将这些评价结果连接起来后就好像一个轮廓图，因此而得名。

（二）检查清单法

检查清单法与轮廓图法类似，不同之处是对每一个方案的各个评判标准给出是否满意的定性判断。满意得1分，不满意得0分，再优先选择总分最高的项目。

（三）评分法

评分法的评价步骤包括：
（1）确定影响项目成败的关键因素或评价标准。
（2）根据评价标准的相对重要性，确定每个关键因素或标准的权重，权重总和为1。
（3）综合专家意见对项目的各个因素进行评分，并计算项目所有因素的加权评分结果后择优选择。

（四）动态排序列表法

动态排序法的评价步骤包括：
（1）确定评价因素或标准。
（2）对项目各个因素进行评分，并将每个因素下各项目的分数按高低顺序排列出序号。
（3）计算各项目所有因素得分的排序序号的平均数，并优先选择排序序号平均数最低的项目。

三、项目组合评估

（一）矩阵法

矩阵法是从技术的重要性和技术的相对竞争地位两个维度来进行分析，构建技术组合分析矩阵，根据技术项目所处的区域来确定采用的发展战略，具体如表6-2-3所示。

表6-2-3　技术组合分析矩阵

象限	技术重要性	技术相对竞争地位	采用策略
Ⅰ象限	高	强	重点投资
Ⅲ象限	低	弱	撤出，并终止进一步技术投资
Ⅱ象限	高	弱	投资、与竞争对手竞争或放弃投资
Ⅳ象限	低	强	坐收渔人之利，不需要重点投资

（二）项目地图法

项目地图法是根据技术成功的概率和收益两个维度来分析技术项目，并构建风险—收益气泡图，根据项目所处的区域确定采取的策略，具体如表6-2-4所示。

表6-2-4　风险—收益气泡图各象限特点

象限	技术成功概率	收益	风险	采用的策略
Ⅰ象限（珍珠）	高	高	小	明星项目，越多越好，适合投资

续表

象限	技术成功概率	收益	风险	采用的策略
Ⅲ象限（白象）	低	低	大	不值得投资和开发
Ⅳ象限（牡蛎）	低	高	大	如想获得稳定收益，需要一定技术突破
Ⅱ象限（面包和黄油）	高	低	小	较小、技术比较简单的项目，大部分企业的产品开发项目均属于此类项目

【考点小贴士】历年常考四个区域的特点及采用的策略，四个区域特点具体的记忆方法参见本章末尾【本章易错易混考点】。

经典例题

[2017年真题·单选题] 某技术项目预期收益高，开发成功概率低，根据项目地图法，该项目属于（　　）类型项目。

A. 珍珠　　　　　B. 面包和黄油　　　C. 白象　　　　　D. 牡蛎

[答案] D

[解析] 本题的考点为项目地图法。根据题目信息预期收益高，开发成功概率低，可知为牡蛎这一象限的项目，D项正确。

[2016年真题·单选题] 某企业采用动态排序列表法，对四个备选项目进行评估，评估结果如表6-2-5所示。

表6-2-5　各备选项目的评估结果

项目	IRR * PTS	NPV * PTS	战略重要性
甲	14（3）	8.6（2）	2（3）
乙	15（2）	7.8（3）	4（1）
丙	13（4）	9.1（1）	1（4）
丁	16（1）	6.5（4）	3（2）

注：IRR为预期内部收益率，PTS为技术成功的概率，NPV为预期收益净现值，括号中数值为每列指标单独排序的序号。

该企业应该采用（　　）。

A. 项目甲　　　B. 项目乙　　　C. 项目丙　　　D. 项目丁

[答案] B

[解析] 本题的考点为动态排序列表法。其评价原则步骤具体如下：

(1) 计算四个项目的各指标得分排序序号的平均数，即表格中各项目在IRR * PTS、NPV * PTS和战略重要性三个指标下得分后括号内的排序序号数值的平均数。项目甲：(3＋2＋3)/3＝8/3≈2.67。项目乙：(2＋3＋1)/3＝6/3＝2。项目丙：(4＋1＋4)/3＝9/3＝3。项目丁：(1＋4＋2)/3＝7/3≈2.33。

(2) 选择排序序号平均数最小的项目，对比上一步骤的计算结果可知应选择项目乙，B项正确。

[2015年真题·多选题] 用矩阵法分析技术组合时采用的维度包括（　　）。

A. 技术先进性　　B. 技术重要性　　C. 技术复杂性　　D. 技术相对竞争地位

E. 技术兼容性

[答案] BD

[解析] 本题的考点为矩阵法。矩阵法是从技术的重要性和技术的相对竞争地位两个维度来进行分析，B、D两项正确。

第三节 技术创新组织与管理

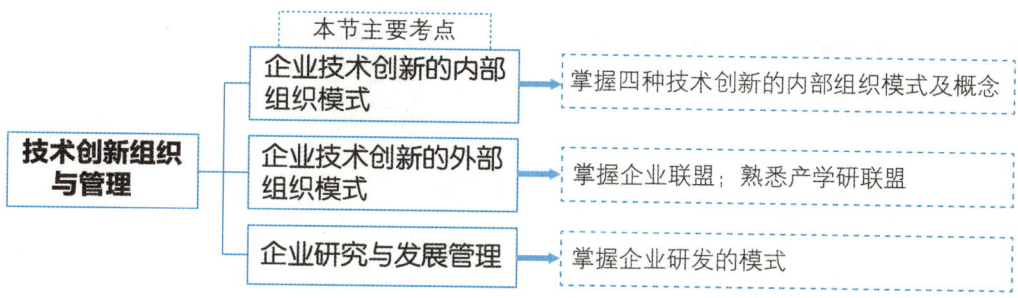

本节考点详解

【考点一】企业技术创新的内部组织模式

企业技术创新的内部组织模式如表 6-3-1 所示。

表 6-3-1 企业技术创新的内部组织模式

模式类型	概念
内企业	内企业是由内企业家创建的企业。内企业家是指企业允许自己的员工在一定限度的时间内离开本岗位工作，从事自己感兴趣的创新活动，并且可以利用企业的现有条件。与企业家的区别在于内企业家的活动局限在企业内部，行动受到企业的规定、政策和制度以及其他因素的限制
技术创新小组	是指为完成某一创新项目临时从各部门抽调若干专业人员而成立的一种创新组织
新事业发展部	是大企业为了开创全新事业而单独设立的，独立于现有企业运行体系之外的分权组织，是一种固定性的组织，多数由若干部门抽调专人组成
企业技术中心	又称技术研发中心或企业科技中心，特别是大中型企业实施高度集中管理的科技开发组织。其在本企业（行业）的科技开发活动中，起着主导和牵头的作用，具有权威性，处于核心和中心地位。技术中心不仅仅从事研究开发，还是企业的试验检测中心、情报信息中心、数据处理中心和教育培训中心

经典例题

[2016 年真题·单选题] 某企业为开发新型产品，从市场部、生产部、研发中心等多个部门临时抽调 10 人组建创新组织，这种组织属于（　　）。
A. 内企业　　　　　　　　　B. 企业技术中心
C. 新事业发展部　　　　　　D. 技术创新小组
[答案] D
[解析] 根据题目信息关键词"临时抽调 10 人组建创新组织"，可知符合技术创新小组的概念，D 项正确。

[例题·单选题] 在企业的技术创新中，内企业家区别于企业家的根本之处是（　　）。
A. 内企业家可自主决策

B. 内企业家活动局限在企业内部，受多因素制约
C. 内企业家不需征得所在企业的认同和许可
D. 内企业家可选择自己认为有价值的机会

[答案] B

[解析] 内企业家与企业家根本区别就是活动局限在企业内部，受企业的规定、政策和制度等因素制约，B项正确。

【考点二】企业技术创新的外部组织模式

一、产学研联盟

产学研联盟的类型具体如表6-3-2所示。

表6-3-2 产学研联盟的类型

类型	概念要点
校内产学研合作模式	高校自主经营、自负盈亏，经营实体与教学实习基地合二为一
双向联合体合作模式	高校与校外企业的结合
多向联合体合作模式	技术成果方（高校）、出资方（金融机构或个体资本投资者）与生产经营企业的联合
中介协调型合作模式	以中介机构为纽带的合作模式

【考点小贴士】四种类型的概念的主要区分在于参与的主体不同，其要点与四种模式类型的名称对应。

二、企业—政府模式

企业和政府联盟主要有三种模式：
（1）政府承担大部分技术所需的资金，企业组织人才，技术创新成果归政府所有。
（2）政府投资，企业组织人才，进行技术开发，开发出来的先进技术转卖给企业。
（3）政府帮助企业技术创新融资等。

三、企业联盟

（一）企业联盟的概念

企业联盟也称动态联盟或虚拟企业，是企业—企业模式的主要形式，是指两个或两个以上对等经济实体，为了共同的战略目标，通过各种协议而结成的利益共享、风险共担、要素水平式双向或多向流动的松散型网络组织体。

（二）企业联盟的特点

（1）目标产品性。这也是企业联盟最基本的特征。
（2）优势性。
（3）动态性，又称临时性。
（4）连接的虚拟性。
（5）组织的柔性。
（6）结构的扁平性。

（三）企业联盟的组织运行模式

企业联盟的三种组织运行模式具体如表6-3-3所示。

表6-3-3 企业联盟的三种组织运行模式

模式类型	联盟核心	联盟伙伴	协调机制	适用情形
星形模式	盟主企业	相对固定的伙伴（如供应商）	由盟主负责协调和冲突仲裁	垂直供应链型的企业
平行模式	无盟主、无核心	伙伴地位平等、独立	自发性协调	某一市场机会的产品联合开发及长远战略合作
联邦模式	核心团队（由具备核心能力的企业联合组成）	外围伙伴与核心层伙伴间的关系一般是技术外包或标准件供应关系	联盟协调委员会	高新技术产品的快速联合开发

【考点小贴士】本考点属于历年重点考核内容，三种组织运行模式的区别可结合其概念理解记忆，具体可参见本章末尾【本章易错易混考点】。

经典例题

[2017年真题·单选题] 某家电企业联盟，以甲乙丙三家企业为核心层，以这三家企业的供应商为外围层，成员企业间的协调和冲突仲裁由核心层企业组成的协调委员会负责，这种企业联盟模式属于（　　）。

A. 星形模式　　　B. 联邦模式　　　C. 平行模式　　　D. 扁平模式

[答案] B

[解析] 本题的考点为企业联盟的组织运行模式。根据题目关键信息"以甲乙丙三家企业为核心层，以这三家企业的供应商为外围层""协调和冲突仲裁由核心层企业组成的协调委员会负责"，可知为联邦模式，B项正确。

[2016年真题·单选题] 采用自发性协调方式，无盟主、无核心的企业联盟模式属于（　　）。

A. 平行模式　　　B. 扁平模式　　　C. 联邦模式　　　D. 星形模式

[答案] A

[解析] 本题的考点为企业联盟的组织运行模式。根据题目信息"自发性协调方式，无盟主、无核心"，可知为平行模式，A项正确。

【考点三】企业研究与发展管理

一、研究与发展的主要类型

研究与发展（R&D）通常简称为研发，国际上常把研究与发展分为三类，具体如表6-3-4所示。

表6-3-4 研究与发展的三种类型

类型	概念
基础研究	也称为纯理论研究，是指认识自然现象、揭示自然规律，获取新知识、新原理、新方法的研究活动。这种研究没有特定的商业目的
应用研究	是指为了获得某一具体领域的新知识而进行的创造性研究活动。这种研究具有与产品和工艺相关的特定商业目的
开发研究	也称试验开发与发展，是指应用基础研究和应用研究的成果，开发新产品、新材料、新装置、新方法或者为了对现有材料和中间生产做重大改进而进行的系统的创造性工作

二、企业研发的模式

（一）企业主要研发模式的概念

企业研发主要有以下三种模式，其概念如表6-3-5所示。

表 6-3-5 企业主要研发模式的概念

模式	概念要点
自主研发	是指企业自己出资出人进行研发、自担风险、独享成果
合作研发	合作各方共同出资、共同投入人员和技术进行研发，共担风险、共享成果，具体包括以下形式： (1) 联合开发：双方不组建实体，依据签署的协议共同开展研发，项目通常被细分成多项任务，合作者分别承担自己擅长的任务，最后对各方研制的成果进行集成，合作成员共享研发成果 (2) 建立联盟：若干企业通过共享彼此的研发资源、分担成本和风险、实现共同的研发目标而建立的联盟组织 (3) 共建机构：企业在大学、科研院所等建立研发机构，通常是大学出平台、提供人员，企业出资金，例如微软公司在各高校建立的实验室 (4) 项目合作：企业挑选有重要价值的科研项目与高校共同研发，或者一些企业与企业或企业与大学合作投标争取政府的科技计划支持
委托研发	也称研发外包，企业将研发工作委托给外部的企业或机构来完成，委托方出资，受托方出技术和知识，双方不进行研发过程的合作，不共担研发的失败风险和成本风险

(二) 企业主要研发模式的对比

企业主要研发模式的对比如表 6-3-6 所示。

表 6-3-6 企业主要研发模式的对比

项目	自主研发	合作研发	委托研发
优点	可形成自己独特的技术或产品，在市场上拥有竞争力，对未来技术发展有很大的支持作用。如商业化成功，可获得较大的经济利益	有助于迅速提高企业的技术能力，可分散风险，并在短期内取得经济效果	不需要企业投入太多的精力
缺点	资金负担大，必须投入大量的技术人员	存在冲突、技术不相容、诚信等风险	对提高本企业的技术能力作用不大
商业化速度	相对来说，商品化的速度慢，影响商业化开发进度	商品化开发速度较快	依靠有研发优势的机构开发技术，故商品化的速度较快
所需资金	需要投入研究经费、人员费、材料费、实验设备等	与合作单位共同出资	支付给对方研究费用

经典例题

[2015年真题·单选题] 某企业与大学研究所签订协议开发新型材料，双方分别承担相应的任务，最后对研究成果进行集成，双方共享研究成果，这种研发模式属于（　　）。
A. 自主研发　　　B. 合作研发　　　C. 委托研发　　　D. 基础研发
[答案] B
[解析] 本题的考点为合作研发。根据题目关键信息"双方分别承担相应的任务，最后对研究成果进行集成，双方共享研究成果"，可知符合合作研发形式中联合开发的概念，B项正确。

[2013年真题·多选题] 关于自主研发、合作研发和委托研发的说法，正确的有（　　）。
A. 自主研发资金负担较小　　　B. 委托研发对提高本企业的技术能力作用不大
C. 合作研发可分散风险　　　　D. 委托研发商品化的速度较慢
E. 自主研发有助于企业形成自己独特的技术或产品
[答案] BCE
[解析] 本题的考点为企业主要研发模式的区别。B、C、E三项内容均符合各种模式的表述，正确。自主研发资金负担大，A项错误。委托研发商品化的速度较快，D项错误。

第四节　技术贸易与知识产权管理

本节考点概览

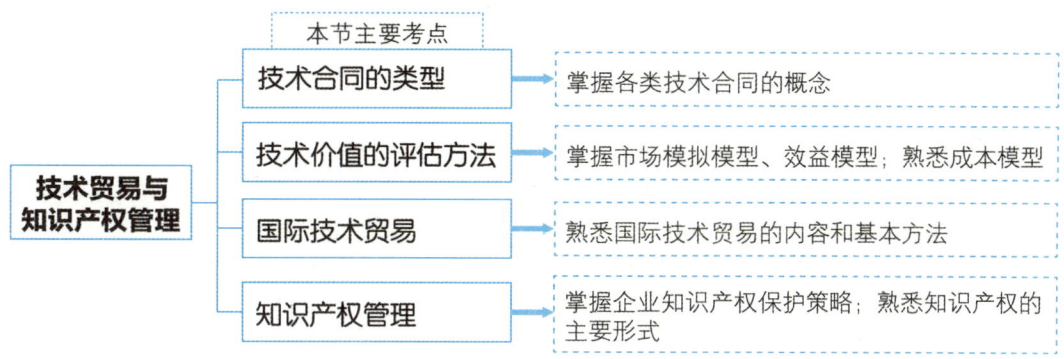

本节考点详解

【考点一】技术合同的类型

技术贸易是指技术供求双方按照一定的商业条件买卖技术的商业行为。

由于技术贸易双方交易的内容不同，因此涉及不同类型的技术合同。目前，我国技术合同的主要类型如表 6-4-1 所示。

表 6-4-1　技术合同的主要类型

类型	概念
技术开发合同	是指当事人之间就新技术、新产品、新工艺或者新材料及其系统的研究开发所订立的合同
技术转让合同	是指合同一方当事人将一定的技术成果交给另一方当事人，而另一方当事人接受这一成果并为此支付约定的价款或费用的合同（如企业从其他外部机构购买技术签订的合同）。根据其具体转让的内容，技术转让合同可分为专利权转让合同、专利申请权转让合同、专利实施许可转让合同、技术秘密转让合同
技术咨询合同	是指一方当事人（受托方）为另一方（委托方）就特定技术项目提供可行性论证、技术预测、专题技术调查、分析评价所订立的合同
技术服务合同	是指当事人一方以技术知识为另一方解决特定技术问题所订立的合同，不包括建设工程合同和承揽合同

经典例题

[2016 年真题·单选题] 2015 年，甲企业获得一项专利，乙企业与甲企业合同约定，以 500 万元的价格购买该项专利，所有权利属乙企业所有，双方签订的合同属于（　　）。

A. 专利权转让合同　　　　　　B. 专利申请权转让合同
C. 专利实施许可转让合同　　　D. 专利权许可经营合同

[答案] A

[解题思路] 首先，题目信息已知甲企业向乙企业购买了一项专利技术，可判断属于技术转让合

同的类型。其次,就其具体购买的内容为专利,可知该项技术已申请获得了专利权,才能称之为专利技术,因此进一步判断为专利权转让合同,A 项正确。

[例题·单选题] 当事人之间就新技术、新产品、新工艺或者新材料的研究开发所订立的合同是（　　）。
A. 技术开发合同　　B. 技术服务合同　　C. 技术转让合同　　D. 技术咨询合同
[答案] A
[解析] 根据关键信息"研究开发所订立的合同",可知属于技术开发合同,A 项正确。

【考点二】技术价值的评估方法

一、成本模型

（1）定价参考因素：技术创新涉及的各类成本。
（2）公式：

$$技术价格 = \frac{(技术开发的物质消耗 + 技术开发中投入的人力消耗) \times 技术复杂系数}{1 - 研究开发的风险概率}$$

二、市场模拟模型

（1）定价基础：以前交易过的类似技术的价格。
（2）公式：

技术商品的价格 = 类似技术实际交易价格 × 技术经济性能修正系数 × 时间修正系数 × 技术寿命修正系数

【提示】公式中的三个系数,考试可能会直接给出,也可能需要考生自己计算,具体计算的方式参见下面例题。

某企业拟购买一项技术,经调查,2 年前技术市场已有类似技术的交易,转让价格为 20 万元。经专家鉴定和研究发现,现企业拟购买的这项技术的性能比 2 年前类似交易技术提高 10%,技术交易市场的价格水平比两年前提高 10%。经查验专利授权书,测算得到拟购买技术的剩余寿命为 12 年,以前类似交易技术剩余寿命为 10 年,根据市场模拟模型,评估该企业拟购买技术的价格。

具体分析过程如下：

根据公式,技术商品的价格 = 类似技术实际交易价格 × 技术经济性能修正系数 × 时间修正系数 × 技术寿命修正系数,计算如下：

（1）类似技术实际交易价格,题目已知"20 万元"。
（2）技术经济性能修正系数,题目告知"现企业拟购买的这项技术的性能比 2 年前类似交易技术提高 10%",即技术经济性能修正系数 = 1 + 10% = 1.1。
（3）时间修正系数,该系数通过技术交易市场价格水平来体现,题目告知"技术交易市场的价格水平比两年前提高 10%",即时间修正系数 = 1 + 10% = 1.1。
（4）技术寿命修正系数,题目告知"测算得到拟购买技术的剩余寿命为 12 年,以前类似交易技术剩余寿命为 10 年",即技术寿命修正系数 = 12/10 = 1.2。
（5）技术商品的价格 = 20 × 1.1 × 1.1 × 1.2 = 29.04（万元）。

三、效益模型

（1）基本思路：按技术所产生的经济效益来估算技术的价值。
（2）公式：

$$P = B_1 \times \frac{1}{(1+i)} + B_2 \times \frac{1}{(1+i)^2} + \cdots + B_t \times \frac{1}{(1+i)^t}$$

式中：P 表示技术商品的价格；B_1、B_2、…、B_t 表示该技术各年产生的经济效益；i 表示折现率。

【提示】上式中 $\frac{1}{(1+i)^t}$ 为复利现值系数，t 取 1，2，3…。考试可能会降低计算难度，直接以表格的形式给出每年的复利现值系数，如表 6-4-2 所示。若为此情况，取表格中每年的复利现值系数的数据与每年技术产生的经济效益相乘后求出各年经济效益现值的总和即为技术的评估价格。

表 6-4-2 复利现值系数表

N	1	2	3	4	5
10%	0.909	0.826	0.751	0.683	0.621

经典例题

[2017年真题·单选题] 某企业拟投资开发一项新技术。经测算，技术开发中的物质消耗为 300 万元，人力资本消耗为 600 万元，技术复杂系数为 1.5，研发失败的概率为 40%，根据成本模型，研发成功后该项目技术的评估价格应为（ ）万元。
A. 950　　　　　B. 1 350　　　　　C. 2 250　　　　　D. 3 375
[答案] C
[解析] 本题的考点为成本模型。题目已告知所有计算所需的数据，代入公式即可。技术价格 = $\frac{(技术开发的物质消耗+技术开发中投入的人力消耗)\times技术复杂系数}{1-研究开发的风险概率}$ = $\frac{(300+600)\times 1.5}{1-40\%}$ = 2 250（万元），C 项正确。

[2013年真题·单选题] 某企业拟购买一项新技术。经调查，2 年前类似技术交易转让价格为 20 万元。经专家鉴定，该项新技术的效果比 2 年前类似交易技术提高 15%，技术交易市场的价格水平比两年前提高 10%，技术寿命修正系数为 1.2。根据市场模拟模型，该企业购买该项新技术的评估价格为（ ）万元。
A. 21.08　　　　B. 22.96　　　　C. 25.09　　　　D. 30.36
[答案] D
[解析] 本题的考点为市场模拟模型。技术商品的价格 = 类似技术实际交易价格 × 技术经济性能修正系数 × 时间修正系数 × 技术寿命修正系数。题目已知拟购买的新技术比 2 年前类似技术在效果和市场价格水平上都分别提高了 15% 和 10%，因此，技术经济性能修正系数 = 1+15% = 1.15，时间修正系数 = 1+10% = 1.1。再结合题目已告知的其他数据计算，技术商品价格 = 20×1.15×1.1×1.2 = 30.36（万元），D 项正确。

【考点三】国际技术贸易

一、国际技术贸易的内容

国际技术贸易的内容，即国际技术贸易的主要交易标的，具体如表 6-4-3 所示。

表 6-4-3 国际技术贸易的内容

主要交易标的	概念
专利	是由政府机构或代表几个国家的地区机构根据申请而发给的一种文件，文件中说明一项发明并给予它一种法律上的地位。在我国，专利权是以申请在先原则授予的
商标	是指商品生产者或经营者为了使自己的商品同他人的商品相区别而在其商品上所加的一种具有显著性特征的标记
工业产权	是指产业活动中的知识产品所有人对其创造性的智力成果所享有的一种专有权

续表

主要交易标的	概念
专有技术	是指在实践中已使用过了的没有专门的法律保护的具有秘密性质的技术知识、经验和技巧。其受法律保护的力度远小于专利技术受到专利法保护的力度

二、国际技术贸易的方式

国际技术贸易采用单纯的技术贸易与混合的技术贸易两种方式或途径。常见的国际技术贸易的方式如表6-4-4所示。

表6-4-4　国际技术贸易的方式

基本方式	概念要点
许可贸易（许可证贸易）	知识产权或专有技术的所有人作为许可方，通过与被许可方（引进方）签订许可合同，将其所拥有的技术授予被许可方，允许被许可方按照合同约定的条件使用该项技术，制造或销售合同产品
特许专营	一家已经取得成功经验的企业，将其商标、商号名称、服务标志、专利、专有技术以及经营管理的方式或经验等全盘地转让给另一家企业使用
技术服务和咨询	独立的专家或专家小组或咨询机构作为服务方应委托方的要求，就某一个具体的技术课题向委托方提供高知识性服务，并由委托方支付一定数额的技术服务费的活动
合作生产	不同国家的企业签订合同，共同生产某种合同产品，并在生产过程中实现国际技术转让
含有知识产权和专有技术转让的设备买卖	在国际贸易实际业务中，在购买设备特别是关键设备时，有时也会含有知识产权或专有技术的转让内容，这种设备买卖也属于技术贸易的一种方式

> **经典例题**
>
> [2013年真题·单选题] 国际技术贸易的主要交易标的包括（　　）。
> A. 专利　　　　B. 商标　　　　C. 工业产权　　　　D. 许可贸易
> E. 专有技术
> [答案] ABCE
> [解析] 国际技术贸易的内容包括专利、商标、工业产权、专有技术。D项属于国际技术贸易的方式。

【考点四】知识产权管理

一、知识产权的主要形式

知识产权是指人们对其智力劳动成果所享有的民事权利，分为工业产权和著作权两类。世界贸易组织（WTO）的《与贸易有关的知识产权协议》（简称 TRIPS 或《知识产权协定》）和世界知识产权组织（WIPO）都对知识产权进行了具体的界定，如表6-4-5所示。

表6-4-5　WTO的《知识产权协定》和WIPO对知识产权的界定

项目	WTO的《知识产权协定》	WIPO
对知识产权的界定	（1）版权和相关权利 （2）商标 （3）地理标识 （4）工业设计 （5）专利 （6）集成电路布图设计（拓扑图） （7）未披露信息 （8）协议许可中的反竞争行为的控制	（1）关于文学、艺术和科学作品的权利 （2）关于表演艺术家的表演以及唱片和广播节目的权利 （3）关于人类一切活动领域的发明的权利 （4）关于科学发现的权利 （5）关于工业品外观设计的权利 （6）关于商标、服务标记以及商业名称和标志的权利 （7）关于制止不正当竞争的权利 （8）在工业、科学、文学艺术领域内由于智力创造活动而产生的一切其他权利

二、我国法律形式保护的知识产权

我国法律形式保护的知识产权及其期限如表 6-4-6 所示。

表 6-4-6　我国法律形式保护的知识产权及其期限

知识产权的形式	保护期限
版权（著作权）	（1）作者的署名权、修改权、保护作品完整权的保护期限不受限制 （2）作者的发表权、复制权、发行权、出租权的保护期限为作者终生及其死亡后 50 年，截止到作者死亡后第 50 年的 12 月 31 日
专利权	（1）发明专利的保护期限为 20 年 （2）实用新型和外观设计专利的保护期限为 10 年 [注意]保护期限均自申请之日起计算，期满后不再受保护
商标权	注册商标的有效期为 10 年，自核准注册之日起计算，有效期满可延续，应在期满前 12 个月内办理续展手续，每次续展注册的有效期为 10 年，自该商标上一届有效期满次日起计算
商业秘密	无相关保护期限的规定

三、企业知识产权保护策略

企业可从排他性程度、费用、保护期限、风险及各知识产权保护法的属性综合考虑确定采用何种法律法规保护自己的知识产权。各种知识产权法保护科技成果属性如表 6-4-7 所示。

表 6-4-7　各种知识产权法保护科技成果属性比较

知识产权法	排他性	费用	保护期限	风险
专利法	强	最高	中	无
著作权法	弱	低	长	中
技术秘密保护法	中	中	长	低
合同法	弱	中	长	低
商标法	无	高	长	高

【考点小贴士】历年常考专利法、商标法的期限、排他性、费用、风险各方面的属性。保护期限可结合表 6-4-6 我国法律形式保护的知识产权的内容综合记忆。

> **经典例题**
>
> [2017 年真题·单选题] 某企业注册商标于 2016 年 5 月 9 日有效期满，该企业的续展申请于 2016 年 8 月 10 日获得核准，则该商标的有效期延至（　　）。
> A. 2026 年 5 月 8 日　　　　　　　　B. 2026 年 5 月 9 日
> C. 2026 年 8 月 9 日　　　　　　　　D. 2026 年 8 月 10 日
> [答案] B
> [解析] 应注意本题考查的是商标到期办理延续后的保护期限及计算保护期的起始时间，而不是首次办理注册后计算保护期的起始时间。商标保护期限届满后可申请延续，每次续展注册的有效期为 10 年，自该商标上一届有效期满次日起计算，根据题目可知上一届有效期满之日为 2016 年 5 月 9 日，从次日起计算有效期延展 10 年，可知为 2026 年 5 月 9 日，B 项正确。
>
> [2016 年真题·单选题] 某公司 2015 年 8 月 13 日申请实用新型专利，2016 年 1 月 5 日获得核准，该专利的有效期至（　　）。
> A. 2025 年 8 月 12 日　　　　　　　　B. 2026 年 1 月 4 日
> C. 2035 年 8 月 12 日　　　　　　　　D. 2036 年 1 月 4 日

[答案] A

[解析] 本题的考点为专利权的保护期限。我国《专利法》规定，发明专利的保护期限为20年，实用新型和外观设计专利权的保护期限为10年，均自申请之日起计算。根据本题信息"申请实用新型专利"，可知该项专利期限应为10年，自申请之日2015年8月13日起计算10年，即至2025年8月12日，A项正确。

[例题·单选题] 下列知识产权具体形式中，保护费用最高的是（　　）。

A. 商标　　　　　　　　　　B. 专利
C. 商业秘密　　　　　　　　D. 技术措施

[答案] B

[解析] 专利的保护费用最高，B项正确。

[2017年真题·多选题] 世界贸易组织的《与贸易有关的知识产权协议》，所列举的知识产权包括（　　）。

A. 版权　　　　　　　　　　B. 地理标识
C. 工业设计　　　　　　　　D. 科学发现
E. 未披露信息

[答案] ABCE

[解析] 版权、地理标识、工业设计、未披露信息均属于世界贸易组织的《知识产权协定》列举的知识产权，而科学发现属于世界知识产权组织对知识产权界定的内容。

本章易错易混考点

【易错易混考点一】产品创新和工艺创新的区别

由于现实中，很多创新的工艺技术也可以作为产品进行销售、转让，因此在对二者概念的区分时常常混淆，建议考生参考表Ⅰ进行理解记忆。

表Ⅰ　产品创新和工艺创新的区别

技术创新的类型	是否投放市场销售	获取利润或效用的途径
产品创新	是	通过销售收入获取利润
工艺创新	否	企业自用后，通过提高生产效率、改进产品质量和功能、降低生产耗用和成本等方面获得技术创新的效用

【易错易混考点二】技术推动创新模式图和需求拉动创新模式图的区分

技术推动创新模式图（如图Ⅰ）和需求拉动创新模式图（如图Ⅱ）均为从左至右的线性关系图，可从图形最左端的内容对应名称记忆如下：

（1）技术推动创新模式图最左端是与技术有关的基础研究。

图Ⅰ　技术推动创新模式图

（2）需求拉动创新模式图最左端是与需求有关的市场需求。

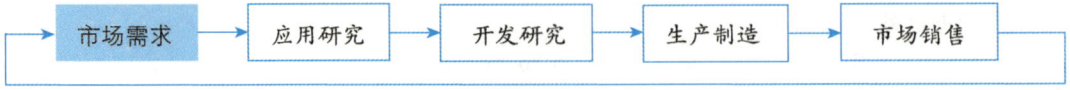

图Ⅱ　需求拉动创新模式图

【易错易混考点三】项目地图法中的风险—收益气泡图

风险—收益气泡图四个区域的特点，从技术成功概率和收益两方面按如图Ⅲ所示的思路进行记忆。

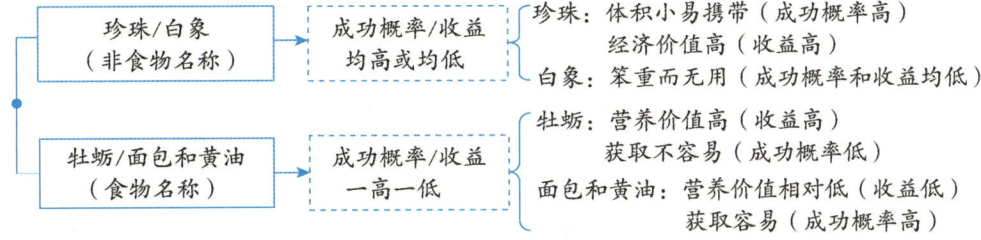

图Ⅲ 风险—收益气泡图记忆思路

【易错易混考点四】企业联盟三种组织运行模式的区别

企业联盟的三种组织运行模式可以结合图形理解各联盟模式的概念及成员之间的关系。

（1）星形模式。

星形模式（如图Ⅳ所示）一般是一家核心企业与其供应商结成联盟，供应商依附于这家核心企业，核心企业是盟主，控制着整个联盟。所以该模式多适用于垂直供应链的企业。

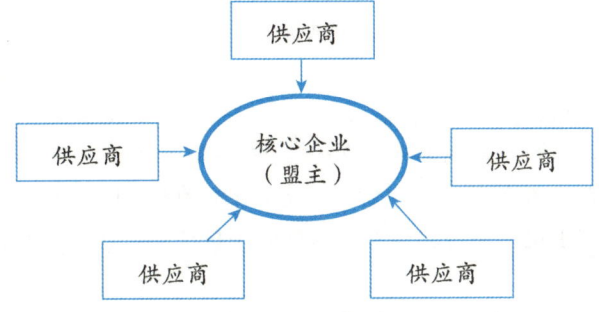

图Ⅳ 星形模式图

【举例】A服装企业，自己不从事产品生产，而是选择适合的生产商（供应商）结成联盟，将生产外包给生产商（供应商），生产商（供应商）完全按A企业提供的设计图和指示生产产品，A企业则从事产品的设计和营销。

（2）平行模式。

平行模式（如图Ⅴ所示），顾名思义联盟成员之间的关系是平行的，即平等关系，联盟由两家或两家以上企业组成，成员各有其独特的优势，为了优势互补结成联盟，可与行业中强有力的竞争对手抗衡。

图Ⅴ 平行模式图

【举例】甲企业拥有雄厚的资金，但其研发和生产产品的技术缺乏竞争力，乙企业拥有该行业先进的技术，但是缺乏资金，产品未来的市场非常好，因此甲乙两家企业结成联盟联合开发产品，也可考虑长远战略合作。

（3）联邦模式。

联邦模式（如图Ⅵ所示）是在前两种模式的基础上发展起来的，由于合作规模扩大、参与方更多，为了更好地协调事务、提高效率，因此出现了联邦模式。与星形模式不同的是，联邦模式的核心层企业一般由多家企业构成，合作领域更广。核心层企业通常掌握着某种核心能力，并由核心层企业组成联盟的协调委员会，负责协调整个联盟的事务。

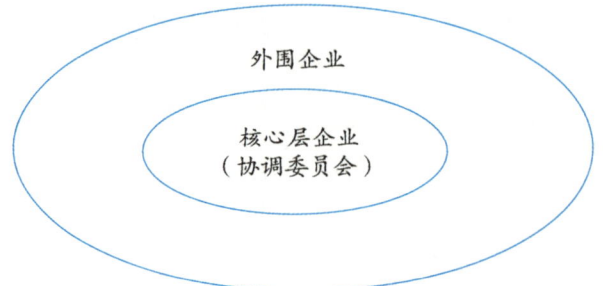

图Ⅵ 联邦模式图

【举例】某高新技术行业的三家龙头企业，为了改进某项产品技术，与行业中的其他外围生产商组成行业联盟，由三家龙头企业成立协调委员会统一协调联盟事务。

历年经典真题回顾

一、单项选择题（每题1分，每题备选项中，只有1个最符合题意）

1. 根据我国相关法律，下列知识产权中，保护期限最短的是（ ）。[2017年真题]
   A. 作者的修改权   B. 作者的复制权
   C. 实用新型专利权   D. 商业秘密
   [答案] C
   [解析] 本题的考点为知识产权的保护期限。专利权相对于其他知识产权法保护期限来说是最短的。专利权中，发明专利的保护期限为20年、实用新型和外观设计专利权的保护期限为10年。因此，保护期限最短的应为实用新型和外观设计专利权，C项正确。

2. 某公司推出全金属外壳手机产品替代现有塑料外壳手机产品，这种创新属于（ ）。[2016年真题]
   A. 原始创新   B. 集成创新
   C. 产品创新   D. 工艺创新
   [答案] C
   [解析] 本题的考点为产品创新的概念。根据题目信息可知该技术创新仅是对本公司的手机产品的外壳进行了改进，属于渐进性的产品创新，C项正确。

3. 在A-U过程创新模式中，产品创新和工艺创新都呈现上升趋势，但产品创新明显强于工艺创新的阶段称为（ ）。[2016年真题]
   A. 成熟阶段   B. 不稳定阶段
   C. 过渡阶段   D. 衰退阶段
   [答案] B
   [解析] 本题的考点为A-U过程创新模式各阶段的特点。根据题目信息"产品创新和工艺创新都呈现上升趋势"，可知为不稳定阶段的特点，B项正确。

4. 某企业为了研发某种新材料，专门招聘人员并设立了独立的固定部门进行研发，该企业设立的这种创新组织属于（ ）。[2015年真题]
   A. 内企业   B. 技术创新小组
   C. 新事业发展部   D. 产学研联盟
   [答案] C
   [解析] 本题的考点为企业技术创新的内部组织模式中新事业发展部的概念。根据题目关键信

息"为了研发某种新材料""设立了独立的固定部门",即为了新事业而成立的独立的固定部门,符合新事业发展部的概念,C项正确。

5. 甲企业与某研究中心签订合同,委托该研究中心就一项技术进行技术可行性论证,双方签订的合同属于(　　)。[2014年真题]

   A. 技术咨询合同　　　　　　　　B. 技术转让合同
   C. 委托开发合同　　　　　　　　D. 合作开发合同

   [答案] A

   [解析] 本题的考点为技术咨询合同的概念。根据题目关键信息"进行技术可行性论证,双方签订的合同",可知属于技术咨询合同,A项正确。

6. 由企业出资、大学提供科研人员建立实验室进行技术研发,这种研发模式称为(　　)。[2013年真题]

   A. 自主研发　　B. 委托研发　　C. 合作研发　　D. 研发外包

   [答案] C

   [解析] 本题的考点为合作研发。本题所述符合共建机构的概念,而共建机构为合作研发的模式之一,C项正确。

二、多项选择题(每题2分,每题备选项中,有2个或2个以上符合题意,至少有1个错项。错选,本题不得分;少选,所选的每个选项得0.5分)

1. 某企业需要对项目组合进行综合分析和权衡,该企业可采用的方法有(　　)。[2017年真题]

   A. 矩阵法　　　　　　　　　　　B. 轮廓图法
   C. 检查清单法　　　　　　　　　D. 动态排序列表法
   E. 项目地图法

   [答案] AE

   [解析] 本题的考点为项目组合评估。项目组合评估的方法包括矩阵法和项目地图法,A、E两项正确。B、C、D三项均属于定性评估方法。

2. 关于技术领先战略和技术跟随战略的说法,正确的有(　　)。[2016年真题]

   A. 技术领先战略以自主开发为主
   B. 技术跟随战略的技术开发重点是工艺技术
   C. 技术领先战略的市场开发重点是开拓新市场
   D. 技术跟随战略的投资重点是技术开发
   E. 技术领先战略的风险大,投资大

   [答案] ABCE

   [解析] 本题的考点为领先战略与跟随战略的特征。A、B、C、E四项均符合技术领先战略和技术跟随战略的表述,因此正确。D项,技术跟随战略的投资重点是生产、销售,而技术领先战略的投资重点才是技术开发。

3. 关于企业联盟的说法,正确的有(　　)。[2015年真题]

   A. 星形模式的企业联盟由盟主负责协调和冲突仲裁
   B. 平行模式的企业联盟适用于垂直供应链型企业
   C. 平行模式的企业联盟采用自发性协调机制
   D. 联邦模式的企业联盟核心团队由具有核心能力的企业联合组成
   E. 联邦模式的企业联盟成员地位平等、独立

   [答案] ACD

[解析] 本题的考点为企业联盟的组织运行模式。A、C、D 三项内容均符合企业联盟各组织运行模式的描述，正确。B 项，星形模式适用于垂直供应链型的企业，而不是平行模式；E 项，平行模式企业联盟成员地位平等、独立，而不是联邦模式。

4. 世界知识产权组织界定的知识产权包括（　　）。[2015 年真题]
   A. 关于集成电路布图设计的权利　　B. 关于未披露信息的权利
   C. 关于科学发现的权利　　D. 关于工业品外观设计的权利
   E. 关于文学、艺术和科学作品的权利
   [答案] CDE
   [解析] 本题的考点为世界知识产权组织把知识产权界定。关于科学发现的权利，关于工业品外观设计的权利，关于文学、艺术和科学作品的权利均属于世界知识产权组织（WIPO）的知识产权界定范围之内，C、D、E 三项正确。A、B 两项，集成电路布图设计（拓扑图）、未披露信息属于世界贸易组织（WTO）的《知识产权协定》界定的知识产权。

5. 关于项目组合评估的项目地图法的说法，正确的有（　　）。[2014 年真题]
   A. 珍珠型项目具有较高的预期收益和成功概率
   B. 牡蛎型项目具有较高的成功概率，但潜在收益较低
   C. 白象型项目具有较高的预期收益，但成功概率较低
   D. 面包和黄油型项目成功概率低，但预期收益较高
   E. 对于白象型项目，企业应终止或排除
   [答案] AE
   [解析] 本题的考点为项目地图法中风险—收益气泡图四个区域的特点。A、E 两项内容均符合珍珠型项目和白象型项目的特点表述，因此正确。B 项，牡蛎型项目应具有较高的潜在收益，较低的技术开发成功概率。C 项，白象型项目应具有较低的预期收益和成功概率。D 项，面包和黄油型项目应具有较低的预期收益，较高的成功概率。

三、案例分析题（每题 2 分。由单选和多选组成。错选、本题不得分；少选，所选的每个选项得 0.5 分）

（一）

甲企业拟引进乙企业的专利技术。经专家评估，该技术能够将甲企业的技术能力大幅提高，该技术的技术性能修正系数为 1.15，时间修正系数为 1.1，技术寿命修正系数为 1.2。经调查，2 年前类似技术交易转让价格为 50 万元。甲企业与乙企业签订合同约定，甲企业支付款项后可以使用该项技术。甲企业使用该技术后，发现对技术能力的提高不及预期，于是同丙企业签订合作协议，将相关技术研发委托给丙企业。技术开发成功后，甲企业于 2015 年 9 月 17 日向国家专利部门提交了发明专利申请，2017 年 7 月 20 日国家知识产权局授予甲企业该项技术发明专利权。[2017 年真题]

根据以上资料，回答下列问题。

1. 采用市场模拟模型计算，甲企业购买该技术的评估价格为（　　）万元。
   A. 58.6　　B. 63.7　　C. 69.8　　D. 75.9
   [答案] D
   [解析] 本题的考点为技术价值的评估方法中市场模拟模型。技术商品的价格＝类似技术实际交易价格×技术经济性能修正系数×时间修正系数×技术寿命修正系数＝50×1.15×1.1×1.2＝75.9（万元），D 项正确。

2. 甲企业与乙企业签订的该项合同属于（　　）。
   A. 专利技术开发合同　　B. 专利技术转让合同

C. 专利实施许可转让合同 D. 专利申请权转让合同

[答案] B

[解析] 本题的考点为技术合同的类型。根据案例资料可知，甲企业同乙企业签订技术合同是为了购买乙企业的专利技术，可知为专利技术转让合同，B 项正确。

3. 甲企业将技术研发委托给丙企业的研发模式称为（　　）。

   A. 自主研发　　B. 项目合作　　C. 研发外包　　D. 联合开发

[答案] C

[解析] 本题的考点为委托研发的概念。根据案例资料信息"甲企业同丙企业签订合作协议，将相关技术研发委托给丙企业"，可知符合委托研发的概念，委托研发又称研发外包，C 项正确。

4. 关于甲企业该项技术发明专利权有效期的说法，正确的是（　　）。

   A. 有效期至 2035 年 9 月 16 日　　B. 有效期至 2037 年 7 月 19 日
   C. 有效期至 2027 年 7 月 19 日　　D. 有效期满后专利权终止

[答案] AD

[解析] 本题的考点为专利权的保护期限。其中，发明专利的保护期限为 20 年，自申请之日起计算，到期后专利权终止，将不再受《专利法》保护。根据案例资料可知甲企业于 2015 年 9 月 17 日向国家专利部门提交了发明专利申请，从 2015 年 9 月 17 日开始计算，有效期 20 年，即有效期至 2035 年 9 月 16 日到期，到期后专利权终止，不再受《专利法》保护，A、D 两项正确。

（二）

甲企业与若干供应商企业签订长期合同，形成企业联盟，由该企业制定标准，供应商根据标准为企业提供原材料。同时，甲企业将其商标、生产技术以及经营管理方式等全盘转让给乙企业使用，乙企业向甲企业每年支付 100 万元。为了提高生产效率，甲企业拟向一家科研机构买一项新的生产技术。经预测，该技术可再使用 5 年，采用该项新技术后，甲企业产品价格比同类产品每件可提高 30 元，预计未来 5 年产品的销量分别为 8 万件、8 万件、7 万件、7 万件、8 万件。根据行业投资收益率，折现率确定为 10%，复利现值系数如下表。

N	1	2	3	4	5
10%	0.909	0.826	0.751	0.683	0.621

甲企业对该项技术价值评估后，与该科研机构签订了购买合同。[2013 年真题]

根据以上资料，回答下列问题。

1. 甲企业与供应商企业结成的企业联盟的组织运行模式属于（　　）。

   A. 平行模式　　B. 联邦模式　　C. 环形模式　　D. 星形模式

[答案] D

[解析] 本题的考点为企业联盟的组织运行模式。根据案例资料信息"甲企业与若干供应商企业签订长期合同，形成企业联盟"，即其联盟伙伴为相对固定的供应商，符合星形模式的特点，D 项正确。

2. 甲企业与乙企业的技术贸易行为属于（　　）。

   A. 合资经营　　B. 特许专营　　C. 技术咨询　　D. 合作生产

[答案] B

[解析] 本题的考点为国际技术贸易的基本方式中特许经营的概念。根据案例资料"甲企业将其商标、生产技术以及经营管理方式等全盘转让给乙企业使用，乙企业向甲企业每年支付 100 万元"，可知符合特许专营的概念，B 项正确。

3. 甲企业与科研机构签订的合同属于（　　）。
   A. 委托开发合同　　　　　　　　B. 合作开发合同
   C. 技术转让合同　　　　　　　　D. 技术咨询合同
   [答案] C
   [解析] 本题的考点为技术合同的类型。根据案例资料"甲企业拟向一家科研机构买一项新的生产技术"，可知就购买新技术签订的技术合同属于技术转让合同，C项正确。

4. 根据效益模型，该项新技术的价格为（　　）万元。
   A. 690.62　　　B. 866.58　　　C. 930.37　　　D. 1 140.26
   [答案] B
   [解题思路] 本题的考点为技术价值的评估方法中的效益模型。根据公式，P（技术价格）$= B_1 \times \frac{1}{(1+i)} + B_2 \times \frac{1}{(1+i)^2} + \cdots + B_t \times \frac{1}{(1+i)^t}$，计算过程如下：

   （1）式中 B_1、B_2、$\cdots$、B_t，即该技术各年产生的经济效益。根据案例信息可知，该技术使用5年，且采用新技术后产品价格比同类产品每件提高30元，未来5年的产品销量分别为8万件、8万件、7万件、7万件、8万件。因此，该技术未来5年的经济效益分别为：30×8＝240（万元）、30×8＝240（万元）、30×7＝210（万元）、30×7＝210（万元）、30×8＝240（万元）。

   （2）式中 $\frac{1}{(1+i)}$、$\frac{1}{(1+i)^2}$、$\cdots$、$\frac{1}{(1+i)^t}$，即各年的复利现值系数，本案例资料的表格中已经直接给出了各年的复利现值系数的数值，查表可知1至5年的复利现值系数分别为：0.909、0.826、0.751、0.683、0.621。

   （3）P（技术价格）＝240×0.909＋240×0.826＋210×0.751＋210×0.683＋240×0.621＝866.58（万元），B项正确。

本章同步练习

一、**单项选择题**（每题1分，每题备选项中，只有1个最符合题意）

1. 集中在基础科学和前沿技术领域的创新主要是（　　）。
   A. 原始创新　　　　　　　　　　B. 集成创新
   C. 技术引进　　　　　　　　　　D. 引进、消化吸收再创新

2. 相对于技术推动的技术创新模式，需求拉动创新模式的特征是（　　）。
   A. 创新成果易于应用　　　　　　B. 难于商品化
   C. 创新周期更长　　　　　　　　D. 重视长期研发项目

3. 20世纪60年代以来，国际上出现了若干种具有代表性的技术创新过程模型，下图表示的是（　　）的技术创新过程模型。

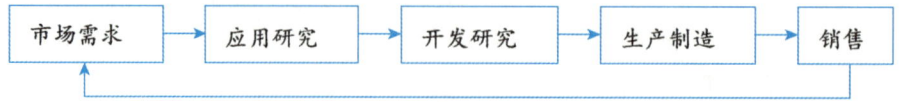

   A. 需求拉动　　　　　　　　　　B. 技术推动
   C. 一体化创新　　　　　　　　　D. 系统集成与网络相结合

4. 在A－U过程创新模式中，产品创新和工艺创新都呈现下降趋势，但工艺创新较产品创新有相对优势的阶段称为（　　）。
   A. 过渡阶段　　　　　　　　　　B. 稳定阶段

C. 不稳定阶段 D. 衰退阶段
5. 企业联盟有若干组织运行模式,适用于快速开发高新技术产品的模式是( )。
   A. 星形模式 B. 链形模式
   C. 平行模式 D. 联邦模式
6. 一方当事人(受托方)以技术知识为另一方(委托方)解决特定技术问题所订立的合同是( )。
   A. 技术咨询合同 B. 技术服务合同
   C. 技术转让合同 D. 技术开发合同
7. 法律赋予产业活动中的知识产品所有人对其创造性的智力成果所享有的一种专有权是( )。
   A. 商业产权 B. 特许专营权
   C. 专有技术 D. 工业产权
8. 企业为保护技术排他权应先选择的法律是( )。
   A. 技术秘密保护法 B. 专利法
   C. 合同法 D. 商标法

二、多项选择题(每题2分,每题备选项中,有2个或2个以上符合题意,至少有1个错项。错选,本题不得分;少选,所选的每个选项得0.5分)

1. 关于技术创新的说法,正确的有( )。
   A. 技术创新是一种经济行为
   B. 技术创新是一种纯技术行为
   C. 技术创新的核心是企业家
   D. 技术创新是一项低风险活动
   E. 技术创新具有外部性
2. 原始创新的本质属性包括( )。
   A. 原创性 B. 模拟性
   C. 继承性 D. 第一性
   E. 时效性
3. 下列属于技术创新决策的定性评估方法的有( )。
   A. 折现现金流量法 B. 轮廓图法
   C. 风险分析法 D. 检查清单法
   E. 评分法
4. 企业联盟作为企业外部技术创新组织的一种模式,其特点有( )。
   A. 组织的刚性 B. 结构的扁平性
   C. 组织的柔性 D. 联盟的永久性
   E. 连接的虚拟性
5. 技术创新企业联盟的组织运行模式主要有( )。
   A. 事业部模式 B. 星形模式
   C. 直线模式 D. 平行模式
   E. 联邦模式

三、案例分析题(每题2分,由单选和多选组成。错选、本题不得分;少选,所选的每个选项得0.5分)

某设备生产企业拥有先进的研发技术,在技术方面,致力于占据领导地位,率先采用新技术,并使新产品最早进入市场，获取较大的市场占有率和利润。2016年该企业与A企业签订合同，联合开发一种新设备。2018年该企业计划投资开发新的技术项目，对各方案做出了如下表所示的相应评价。

检查项	预期绩效			
	项目Ⅰ	项目Ⅱ	项目Ⅲ	项目Ⅳ
开发成功的可能性	1	0	1	1
技术的安全性	0	0	0	1
获得专利的可能性	1	1	0	1
未来市场盈利性	0	0	1	0

注：其中满意为1，不满意为0。

根据以上资料，回答下列问题。

1. 该企业采用的技术创新战略属于（　　）。
   A. 技术领先战略　　　　B. 技术跟随战略
   C. 防御型战略　　　　　D. 切入型战略

2. 该企业采用的技术创新战略的特征表述正确的是（　　）。
   A. 技术来源于自主开发　　B. 技术来源于外部引进技术
   C. 技术开发重点是产品技术　D. 技术开发重点是工艺技术

3. 该企业与A企业签订的技术合同的类型属于（　　）。
   A. 技术开发合同　　　　B. 技术服务合同
   C. 技术咨询合同　　　　D. 技术转让合同

4. 该企业采用检查清单法，应当选择的项目是（　　）。
   A. 项目Ⅰ　　　　　　　B. 项目Ⅱ
   C. 项目Ⅲ　　　　　　　D. 项目Ⅳ

本章同步练习参考答案及解析

一、单项选择题

1. [答案] A
   [解析] 本题的考点为技术创新的类型。其中，原始创新主要集中在基础科学和前沿技术领域，A项正确。

2. [答案] A
   [解析] 本题的考点为技术推动创新模式和需求拉动创新模式的特点。A项内容符合需求拉动创新模式的特点，因此正确。B项，需求拉动创新模式相对技术推动创新模式更易于商品化；C项，需求拉动创新模式相对于技术推动创新模式周期较短；D项，需求拉动创新模式忽视长期研发项目。

3. [答案] A
   [解析] 本题的考点为需求拉动创新模式图。模式图最左边的内容为"市场需求"，据此可判断为需求拉动创新模式图，A项正确。

4. [答案] B
   [解析] 本题的考点为A-U过程创新模式各阶段的特点。根据题目信息"产品创新和工艺创新都呈现下降趋势"，可知为稳定阶段的特点，B项正确。

5. [答案] D
   [解析] 本题的考点为企业联盟的组织运行模式。其中，联邦模式适用于高新技术产品的联合开发，D项正确。

6. [答案] B
   [解析] 本题的考点为技术合同的类型。根据题目关键信息"为解决特定技术问题所订立的合同"，可知为技术服务合同，B项正确。

7. [答案] D
   [解析] 本题的考点为工业产权的概念，D项正确。
8. [答案] B
   [解析] 本题的考点为企业知识产权保护策略。各类知识产权法中，专利法的排他性最强，保护性最高，B项正确。

二、多项选择题

1. [答案] ACE
   [解析] 本题的考点为技术创新的特点。A、C、E三项的内容均符合技术创新特点的表述，因此正确。B项，技术创新不是技术行为，而是一种经济行为；D项，技术创新是一项高风险活动，而不是低风险活动。
2. [答案] AD
   [解析] 本题的考点为技术创新的分类。其中，原始创新是为未来发展奠定坚实基础的创新，其本质属性是原创性和第一性，A、D两项正确。
3. [答案] BDE
   [解析] 技术创新决策的定性评估方法包括轮廓图法、检查清单法、评分法、动态排序列表法。A、C两项，折现现金流量法和风险分析法属于定量评估方法。
4. [答案] BCE
   [解析] 本题的考点为企业联盟的特点。B、C、E三项内容均符合企业联盟特点的表述，因此正确。A项，企业联盟的特点之一是组织的柔性，而不是刚性；D项，企业联盟的特点之一是临时性，而不是永久性。
5. [答案] BDE
   [解析] 企业联盟的组织运行模式主要有三种模式，分别为：星形模式、平行模式、联邦模式，B、D、E三项正确。

三、案例分析题

1. [答案] A
   [解析] 本题的考点为技术创新战略的类型。根据案例资料"企业致力于占据领导地位，率先采用新技术，并使新产品最早进入市场，获取较大的市场占有率和利润"，可知符合技术领先战略的概念，A项正确。
2. [答案] AC
   [解析] 本题的考点为技术领先战略和跟随战略的特点。根据上一题可知该企业采用的是技术领先战略，其特征包括：技术来源以自主开发为主，技术开发重点是产品技术，A、C两项正确。B、D两项的内容属于跟随战略的特点。
3. [答案] A
   [解析] 本题的考点为技术合同的类型。根据案例资料"2016年该企业与A企业签订合同，联合开发一种新设备"，可知为技术开发合同，A项正确。
4. [答案] D
   [解析] 本题的考点为技术创新决策定性评估方法中的检查清单法。根据检查清单法的评价原则，应优先选择得分最高的项目。根据案例资料给出的表格信息、项目Ⅰ综合得分为2分、项目Ⅱ综合得分为1分、项目Ⅲ综合得分为2分、项目Ⅳ综合得分为3分、可知项目Ⅳ得分最高，因此应优先选择项目Ⅳ，D项正确。

✏️ 错题收集

第七章 人力资源规划与薪酬管理

本章考情分析

节名	题型	年份	2017	2016	2015	2014	2013
第一节 人力资源规划		单项选择题	1分	2分	2分	2分	2分
		多项选择题	0分	0分	0分	0分	2分
		案例分析题	0分	8分	6分	8分	8分
第二节 绩效考核		单项选择题	3分	2分	3分	2分	3分
		多项选择题	2分	2分	2分	4分	2分
		案例分析题	0分	0分	0分	0分	0分
第三节 薪酬管理		单项选择题	3分	3分	2分	4分	3分
		多项选择题	4分	4分	4分	2分	2分
		案例分析题	0分	0分	2分	0分	0分
合计			13分	21分	21分	22分	22分

本章学习提示

本章主要介绍了企业人力资源需求与供给预测、绩效考核和薪酬管理几方面内容，历年考试题型涉及单项选择题、多项选择题和案例分析题。案例分析题考查难度较为简单，且主要集中考查本章第一节的知识点。

第一节 人力资源规划

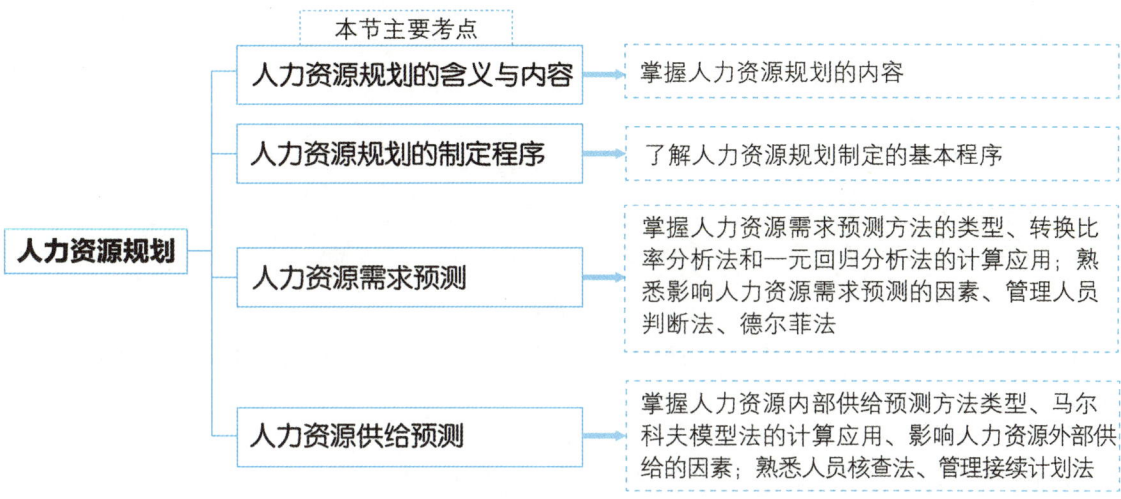

【考点一】 人力资源规划的含义与内容

一、人力资源规划的含义

人力资源规划是指企业根据发展战略、目标和任务的要求，科学地预测与分析企业在不断变化的环境中人力资源的需求和供给状况，并据此制定必要的人力资源政策和措施，以确保企业的人力资源与企业的发展战略、目标和任务在数量、质量、结构等方面保持动态平衡的过程。

二、人力资源规划的内容

（一）人力资源规划的类型

人力资源规划的类型如表 7-1-1 所示。

表 7-1-1 人力资源规划的类型

划分标准	类型	具体内容
规划时间长短	短期规划	时间跨度为 1 年或 1 年内的规划
	中期规划	时间跨度为 1—5 年的规划
	长期规划	时间跨度为 5 年或 5 年以上的规划
规划的性质	总体规划	对规划期内企业人力资源开发和利用的总目标和配套政策的总体谋划与安排
	具体计划	为实现人力资源的总体规划，对人力资源各方面具体工作制定工作方案与措施，具体包括人员补充计划、人员使用计划、人员接续及升迁计划、人员培训开发计划、薪酬激励计划等

（二）企业人力资源规划的目标

企业人力资源规划的目标具体如表 7-1-2 所示。

表 7-1-2　企业人力资源规划的目标

计划类别	目标
总体规划	提升企业绩效，增减人员数量、改善人员结构及素质、促进员工个人发展
人员补充计划	明确补充人员的数量、类型、层次，优化人员结构
人员使用计划	优化部门编制和人员结构、改善绩效、合理配置、加强职务轮换
人员接续及升迁计划	确定后备人员数量，优化人员结构，提高绩效目标
人员培训开发计划	改善人员知识技能、明确培训数量及类别、提高绩效、改善工作作风和企业文化
薪酬激励计划	人力资源供给增加、士气提高、绩效改善
劳动关系计划	降低非期望离职率、改善劳动关系、减少投诉和争议
退休解聘计划	降低人工成本、维护企业规范、改善人力资源结构

> **经典例题**
>
> [2014 年真题·单选题] 下列企业人力资源计划类型中，将目标定为改善员工知识技能和工作作风的是（　　）。
> A. 人员补充计划　　　　　　　B. 人员使用计划
> C. 劳动关系计划　　　　　　　D. 人员培训开发计划
> [答案] D
> [解析] 改善员工知识技能和工作作风属于人员培训开发计划的目标，D 项正确。
>
> [例题·单选题] 按照规划的性质，企业人力资源规划可以分为（　　）。
> A. 总体规划和具体计划　　　　B. 短期规划、中期规划和长期规划
> C. 企业规划和部门规划　　　　D. 招聘规划和培训规划
> [答案] A
> [解析] 按规划的性质，人力资源规划可分为总体规划和具体计划，A 项正确。

【考点二】 人力资源规划的制定程序

（1）收集信息，分析企业经营战略对人力资源的要求。人力资源信息可分为企业内部信息和外部环境信息两种，具体如表 7-1-3 所示。

表 7-1-3　人力资源信息的类型

类型	具体内容
企业内部信息	（1）企业发展战略 （2）经营计划 （3）人力资源现状。其中包括员工数量和构成、员工使用情况、教育培训情况、离职率和流动性等
企业外部信息	（1）宏观经济形势和行业经济形势 （2）技术发展趋势 （3）产品市场竞争状况 （4）劳动力市场供求状况 （5）人口和社会发展趋势 （6）政府管制情况

（2）进行人力资源需求与供给预测。

（3）制定人力资源总体规划和各项具体计划。

（4）人力资源规划实施与效果评价。

【考点小贴士】本考点历年出题概率极小，仅有一年考查过人力资源内部信息和外部信息的区分，建议考生从信息的来源对比区分二者即可。人力资源内部信息都是企业自身内部的各种信息，而人力资源外部信息均来源于企业不可控的外部环境，如劳动力市场、宏观经济形势等。

经典例题

[2013年真题·多选题] 下列人力资源信息中，属于外部环境信息的有（　　）。
A. 劳动力市场需求状况　　　　　　B. 员工使用情况
C. 人口变化趋势　　　　　　　　　D. 员工教育培训情况
E. 劳动力市场供应状况
[答案] ACE
[解题思路] 对比选项内容，劳动力市场需求和供应状况（A、E两项）、人口变化趋势（C项），均为企业无法控制的外部环境信息。B、D两项，员工属于企业内部人员，因此可知员工使用情况和教育培训情况均属于企业内部信息。

【考点三】 人力资源需求预测

人力资源需求预测是指以企业的战略目标和工作任务为出发点，综合考虑各种因素的影响，而对企业未来某个时期人力资源的数量、质量和结构等进行估计的活动。

一、影响人力资源需求预测的因素

（1）企业未来某个时期的生产经营任务及其对人力资源的需求。
（2）预期的员工流动率及由此引起的职位空缺规模。
（3）企业生产技术水平的提高和组织管理方式的变革对人力资源需求的影响。
（4）企业提高产品或服务质量或进入新市场的决策对人力资源需求的影响。
（5）企业的财务资源对人力资源需求的约束。

【考点小贴士】本考点在历年考题中常与影响人力资源外部供给的因素混合出题，二者之间的区分参见本章结尾【本章易错易混考点】。

二、人力资源需求预测方法

（一）管理人员判断法

管理人员判断法是由企业的各级管理人员，根据自己工作中的经验和对企业未来业务量增减情况的直觉考虑，自下而上地确定未来所需人员的方法。这是一种粗略的、简便易行的人力资源需求预测方法，主要适用于短期预测。

（二）德尔菲法

德尔菲法是由有经验的专家依赖自己的知识、经验和分析判断能力，对企业的人力资源需求进行直觉判断与预测的方法。

（三）转换比率分析法

转换比率分析法是根据历史数据，把企业未来的业务活动量转化为人力资源需求的预测方法。使用转换比率分析法的关键在于：

（1）找出企业业务增量与人力资源增量的比例关系。
（2）找出主体人员与辅助人员的比例关系。

【注意】历年考题通常会给出人力资源增量的信息是"所有职位人员增加量总数"的信息,个别年份给出的人力资源增量的信息是"某一个职位人员的增加数量"的信息,两种情况计算的方式不一样。

【举例】某企业每增加500万元的销售额,需增加管理人员、销售人员和客服人员共10人,预计1年后销售额将增加2 000万元,如果在新增人员中管理人员、销售人员和客服人员的比例是1∶5∶2,试求1年后该企业需要增加管理人员、销售人员和客服人员各多少人?

【分析】

第一步:找出企业业务增量与人力资源增量的关系。题目信息已告知二者关系为"每增加500万元的销售额,需增加管理人员、销售人员和客服人员共10人",即告知了业务增加量与所有职位人员增加量总数的关系,如1年后销售额将增加2 000万元(500万元的4倍),则管理人员、销售人员和客服人员的总数应同比例增加为40人(10人的4倍)。

第二步:按企业主体人员与辅助人员的比例进行计算。题目已告知主体人员和辅助人员的比例为"新增人员中管理人员、销售人员和客服人员的比例是1∶5∶2",即新增人员总数一共分成了8份(1+5+2),管理人员占其中的1/8,销售人员占其中的5/8,客服人员占其中的2/8。第一步已计算出的新增人员总数为40人,因此按上述比例计算出三个职位的具体人员数量如下:

新增管理人员的人数:$40 \times 1/8 = 5$(人);

新增销售人员的人数:$40 \times 5/8 = 25$(人);

新增客服人员的人数:$40 \times 2/8 = 10$(人)。

(四)一元回归分析法

一元回归分析法根据数学中的回归原理对企业的人力资源需求进行预测。这种方法具体运用下列方程:

$$y = a + bx$$

式中,x 为自变量,y 为因变量(要预测的量),a、b 为回归系数。

【注意】考试一般会给出回归系数 a、b 和销售额(营业额)x 的数值,直接取数据代入公式计算出人力资源需求量 y 的数值即可。

【考点小贴士】人力资源需求预测的四种方法中,管理人员判断法和德尔菲法属于定性预测方法,即依赖于人的主观意识(如经验、知识、能力和直觉等)做出的判断;转换比率分析法和一元回归分析法属于定量预测方法,即通过数学公式或模型,依赖于数据计算出预测结果。因此,在历年的考试中,转换比率分析法和一元回归分析法常在单项选择题和案例分析题中以计算题的方式进行考查。管理人员判断法和德尔菲法常在单项选择题中考查概念,二者概念的主要区别在于"谁来做人力资源预测"。建议根据名称记忆概念要点,管理人员判断法即由管理人员来做的人力资源需求预测,如销售部经理、业务主管等这类管理人员凭经验和直觉做出的人力资源需求预测;德尔菲法,也称专家意见法,因此是由专家或专家小组来做的人力资源需求预测。

> **经典例题**
>
> [2017年真题·单选题] 下列人力资源预测方法中,由适当数量的有经验的专家依赖自己的知识、经验和分析判断能力,对企业的人力资源需求进行判断与预测的方法是( )。
>
> A. 人员核查法 B. 德尔菲法
> C. 转换比率分析法 D. 一元回归分析法
>
> [答案] B
>
> [解析] 根据题目信息可知,该人力资源需求预测是依赖于专家的知识、经验和分析判断能力来进行的预测,可知为德尔菲法,B项正确。

> **经典例题**
>
> [2016年真题·单选题] 下列方法中，简便易行且主要适用于短期预测的人力资源需求预测方法是（ ）。
> A. 人员核查法　　B. 德尔菲法　　C. 管理人员接续计划法　　D. 管理人员判断法
> [答案] D
> [解析] 在人力需求预测方法中，管理人员判断法是一种粗略的，简便易行的人力资源预测方法，主要适用于短期预测，D项正确。
>
> [例题·单选题] 某企业通过统计分析发现，本企业的销售额与所需销售人员数成正相关关系，并根据过去10年的统计资料建立了一元线性回归预测模型 $y=a+bx$，x 代表销售额（单位：万元），y 代表销售人员数（单位：人），回归系数 $a=15$，$b=0.04$。同时该企业预计新的一年销售额将达到1 000万元，则该企业新的一年需要销售人员（ ）人。
> A. 15　　　　B. 40　　　　C. 55　　　　D. 68
> [答案] C
> [解析] 根据一元回归分析法的公式计算，$y=a+bx=15+0.04\times1\,000=15+40=55$（人），C项正确。

【考点四】 人力资源供给预测

人力资源供给预测包括内部供给预测和外部供给预测两方面。

一、人力资源内部供给预测的方法

（一）人员核查法

人员核查法是通过对现有企业内部人力资源数量、质量、结构和在各职位上的分布状况进行核查，确切掌握人力资源拥有量及其利用潜力，在此基础上，评价当前不同种类员工的供应状况，确定晋升和岗位轮换的人选，确定员工特定的培训或发展项目的需求，帮助员工确定职业开发计划与职业设计。这种方法多用于短期的人力资源拥有量预测。

（二）管理人员接续计划法

管理人员接续计划法主要对某一职务可能的人员流入量和流出量进行估计。这种方法主要适用于对管理人员和工程技术人员的供给预测。常用公式如下：

某职位内部人力资源供给量＝现职人员数量＋提升为本职位人员数量＋招聘人员数量－提升/降职为其他职位人员数量－退休人员数量－辞职人员数量

【考点小贴士】此公式无需死记硬背，做题时首先找到该职位的初始人员数量，从初始人员数量中减掉离开这个职位的人员数量，再加上来到这个职位就职的人员数量即可。

（三）马尔可夫模型法

马尔可夫模型法是用来预测具有时间间隔（如一年）的时间点上，各类人员分布状况的方法。

【举例】某企业采用马尔可夫模型法进行人力资源供给预测，现有业务员200人，业务主管50人，销售经理20人，销售总监5人，该企业人员变动情况如表7-1-4所示。

表 7-1-4　某企业人员变动情况

职务	人员调动概率				离职率
	销售总监	销售经理	业务主管	业务员	
销售总监	0.80				0.20
销售经理	0.10	0.70			0.20
业务主管		0.20	0.70		0.10
业务员			0.05	0.75	0.20

注：表中数据为员工调动概率的年平均百分比。

试求该企业一年后业务主管内部供给量为多少人？如一年后业务主管的需求量仍为50人，则需对外招聘多少人？

【分析】

第一步：根据题目告知的各职务人员数量的基期数和表格给出的人员调动概率的数据，计算出一年后业务主管的内部供应量的人数。表格中，业务主管一列的数据为0.7和0.05，意为一年后原有的业务主管50人中，仍有0.7的比例的人员仍在该职位上，即50×0.7＝35（人），另外原有业务员200人中，有0.05的比例的人员升职成为了业务主管，即200×0.05＝10（人）。因此经过一年的变动后，在业务主管这个职位上的人员总数为上述两部分之和，即35＋10＝45（人），所以一年后业务主管内部供给量为45人。

第二步：对比业务主管的需求量和内部供给量，不足的人员差额，则为对外招聘的人数。由于一年后业务主管的需求量仍然是50人，根据第一步计算结果可知，该企业自己内部可供给的业务主管数量为45人，对比需求量50人来说，还差5人，因此需要对外招聘5人。

【注意】其他职位人员的内部供给量也可参考上述例题中业务主管的计算方式计算得出。

二、影响企业外部人力资源供给的因素

（1）本地区的人口总量与人力资源供给率。

（2）本地区的人力资源的总体构成。

（3）宏观经济形势和失业率预期。

（4）本地区劳动力市场的供求状况

（5）本行业劳动力市场供求状况。其具体包括本行业劳动力的平均价格、与外地市场比较的相对价格、当地的物价指数等。

（6）职业市场状况。

【考点小贴士】本考点在历年考题中常与影响人力资源需求预测的因素混合出题，二者之间的区分参见本章结尾【本章易错易混考点】。

第二节 绩效考核

本节考点概览

本节主要考点		
绩效考核	绩效考核的含义与功能	了解绩效考核的功能
	绩效考核的内容	了解绩效考核的内容
	绩效考核的步骤	掌握绩效考核各阶段的主要任务
	绩效考核的方法	掌握各绩效考核方法的概念及应用

本节考点详解

【考点一】 绩效考核的含义与功能

一、绩效考核的含义

绩效考核是指组织根据既定的员工绩效目标，收集与员工绩效相关的各种信息，借助一定的方法，定期对员工完成绩效目标的情况进行考查、评价和反馈，从而促进员工绩效目标的实现，并促进组织整体绩效目标的实现的管理活动。

二、绩效考核的功能

（1）管理功能。其具体体现在绩效考核既要解决考核的内容和方式，又要根据绩效考核结果对员工进行奖惩、职位升降、工作转换、培训等。

（2）激励功能。绩效考核的根本目的在于促进员工完成绩效目标，增进绩效，如公司根据绩效考核结果给予员工奖励。

（3）学习和导向功能。绩效目标对员工工作业绩和工作行为提供了导向。

（4）沟通功能。通过考核，一方面可以表达管理层对员工的工作要求和绩效期望，另一方面也可以了解员工管理层和绩效目标的看法、建议以及他们的要求。

（5）监控功能。企业通过绩效考核了解和掌握其员工完成任务的数量、质量和效率等信息，并据此制定相应的人事决策和措施，以改善和提高工作绩效。

（6）增进绩效的功能。其主要表现在两个方面：①绩效考核强化了企业员工竞争意识和自强意识，促使其设法提高自己的知识、技能及综合素质，努力工作，从而提高工作效率；②绩效考核将员工个人的发展目标和企业的发展目标结合与统一起来，必然对企业整体绩效的提高发挥积极的作用。

经典例题

[例题·单选题] 某公司奖励年终绩效考核前3名的员工5万元，该公司主要是利用绩效考核的（　　）。

A. 协调功能　　　　　　　　B. 沟通功能
C. 监控功能　　　　　　　　D. 激励功能

[答案] D

[解析] 根据绩效考核结果对员工进行奖励涉及到绩效考核的管理功能和激励功能，D项正确。

【考点二】 绩效考核的内容

（1）**绩效考核项目**是指绩效考核的维度，即要从哪些方面对企业员工进行考核。其主要包括**工作业绩、工作能力、工作态度**三个考核项目。

（2）**绩效考核指标**是指绩效考核项目的具体内容，是对绩效考核项目的细化和分解。

经典例题

[2014年真题·多选题] 企业对于员工绩效考核的项目主要包括（　　）。

A. 工作目标　　　　　　　　B. 工作业绩
C. 工作职能　　　　　　　　D. 工作能力
E. 工作态度

[答案] BDE

[解析] 企业对员工的绩效考核主要包括工作业绩、工作能力和工作态度三个考核项目，因此B、D、E三项正确。

【考点三】 绩效考核的步骤

绩效考核各阶段的主要任务具体如表 7-2-1 所示。

表 7-2-1 绩效考核各阶段的主要任务

阶段	主要任务
准备阶段	（1）制订绩效考核计划。明确绩效考核的目的和对象、确定考核内容和时间 （2）做好技术准备工作。选择考核者、明确考核标准、确定考核方法
实施阶段	（1）绩效沟通。绩效沟通是指围绕员工工作绩效问题进行的上下级交流、讨论和协商。它贯穿于绩效考核的整个周期内和整个过程中 （2）绩效考核评价。绩效考核评价是指在一定考核周期结束时，选择相应考核主体和考核方法，收集和整理相关信息，对组织成员完成绩效目标的情况做出整体考核和综合评价的过程。导致绩效考核评价出现误差和错误的原因包括晕轮效应、从众心理、优先与近期效应、逻辑推理效应、偏见效应
绩效考核结果的反馈	上级领导就绩效考核的结果与考核对象沟通，具体指出员工在绩效方面存在的问题，指导员工制订绩效改进的计划，对该计划的执行效果进行跟踪并给予指导
绩效考核结果的运用	将考核结果的大量信息、资料进行分析整理，把这些结果合理地运用到人力资源开发与管理工作的各个环节上去，使之成为人力资源开发与管理各个环节工作的重要依据

经典例题

[2017年真题·多选题] 下列绩效考核工作中，属于绩效考核技术准备工作的有（　　）。
A. 选择考核者　　　　　　　　B. 明确考核标准
C. 进行绩效沟通　　　　　　　D. 确定考核方法
E. 绩效考核评价
[答案] ABD
[解析] 选择考核者、明确考核标准、确定考核方法均属于绩效考核准备阶段中的技术准备工作，A、B、D 三项正确。C、E 两项，进行绩效沟通、绩效考核评价属于绩效考核实施阶段的工作任务，错误。

[例题·多选题] 绩效考核是对客观行为及其结果的主观评价，容易出现误差，导致误差的原因有（　　）。
A. 晕轮效应　　　B. 从众心理　　　C. 偏见效应　　　D. 鲶鱼效应
E. 近期效应
[答案] ABCE
[解析] 导致绩效考核出现误差和错误的原因包括晕轮效应、从众心理、优先与近期效应、逻辑推理效应、偏见效应，因此 A、B、C、E 四项正确。

[例题·单选题] 在绩效考核中，贯穿于绩效考核整个周期的活动是（　　）。
A. 选择考核方法　　　　　　　B. 绩效沟通
C. 制定考核计划　　　　　　　D. 反馈考核结果
[答案] B
[解析] 绩效沟通贯穿于绩效考核的整个周期内和整个过程中，B 项正确。

【考点四】 绩效考核的方法

绩效考核的方法具体如表 7-2-2 所示。

表 7-2-2　绩效考核的方法

方法		概念及要点
民主评议法		在听取个人的述职报告的基础上，由考核对象的上级主管、同事、下级以及与其有工作关系的人员，对其工作绩效做出评价，综合分析各方面意见得出该考核对象的绩效考核结果。这种方法常用于对企业中层和基层管理人员的绩效考核
书面鉴定法		考核者以书面文字的形式对考核对象做出评价的方法，常用于企业中初、中级专业技术人员和职能管理人员的绩效考核
关键事件法		通过观察，用描述性的文字记录下企业员工在工作中发生的直接影响工作绩效的重大和关键性的事件和行为
比较法		将一名员工的工作绩效与其他员工进行比较，进而确定其绩效水平的考核方法。这类方法只适用于被考核者人数较少的情况。常用的形式有三种：直接排序法、交替排序法、一一对比法
量表法	评级量表法	在量表中列出需要考核的绩效项目和绩效指标，然后将每个指标的评价尺度划分为若干等级
	行为锚定评价法	把评级量表法与关键事件记录法结合起来，即为每一职位的各个考核维度都设计出一个评分量表，量表上的每个分数刻度，都对应一些典型行为的描述性文字说明（即所谓行为锚定），供考核者在对考核对象进行评价打分时参考
平衡计分卡		是战略绩效管理工具，包括顾客角度、内部流程角度、学习与成长角度、财务角度四个方面
关键绩效指标法		关键绩效指标是指企业宏观战略目标决策经过层层分解产生的可操作性的战术目标
目标管理法		（1）绩效考核中的目标管理法 （2）基于标杆超越的目标管理法 标杆超越是指不断寻找和研究业内外一流的、有名望的企业的最佳实践，以此为标杆，将本企业的产品、服务和管理等方面实际情况与这些标杆进行定量化考核和比较。标杆超越法为企业设计绩效指标体系提供了一个以外部导向为基础的全新思路

【考点小贴士】历年常考查民主评议法、书面鉴定法、关键事件法、一一对比法、行为锚定评价法、平衡计分卡、目标管理法。其中，一一对比法常考查其实际运用，具体举例如下。

某企业采用一一对比法对员工进行绩效考查情况，如表 7-2-3 所示。

表 7-2-3　一一对比法例表

比较对象＼考核对象	张××	王××	李××	赵××
张××	0	＋	＋	＋
王××	－	0	－	－
李××	－	＋	0	＋
赵××	－	＋	－	0
获高次数	0	3	1	2

表中"0"表示两者绩效水平一致，"＋"表示考核对象比比较对象绩效水平高，"－"的含义与"＋"相反。考核对象一行有四个员工，表中最后一行分别为每个员工所得加号的数量，所得加号越多，绩效越好。因此，绩效最好的是王××，其次是赵××，第三名是李××，绩效最差的是张××。

【注意】考试中题目可能问绩效最好的或最差的员工是谁，需仔细审题，以避免不必要的失误。

> **经典例题**
>
> **[2017年真题·单选题]** 某企业对一名生产主管进行绩效考核。首先由该生产主管做个人述职报告，然后由生产部经理、其他生产主管以及该生产主管所管理的员工对该主管的工作绩效做出评价，最后综合分析各方面意见得出该主管的绩效考核结果。这种绩效考核方法是（　　）。
> A. 民主评议法　　B. 关键事件法　　C. 目标管理法　　D. 行为锚定法
> [答案] A
> [解题思路] 根据题目关键信息"由该生产主管做个人述职报告，然后由生产部经理、其他生产主管以及该生产主管所管理的员工对该主管的工作绩效做出评价，最后综合分析……"，按常理可知生产部经理、其他生产主管、该生产主管所管理的员工即为该生产主管的上级、同事、下级，综合其本人、上级、同事、下级各方意见来评价，即发挥民主之意，可知采用的是民主评议法，A项正确。
>
> **[2017年真题·单选题]** 下列绩效考核方法中，属于战略绩效管理工具的是（　　）。
> A. 平衡计分卡　　B. 评价量表法　　C. 书面鉴定法　　D. 交替排序法
> [答案] A
> [解析] 在绩效考核方法中，属于战略绩效管理工具的只有平衡计分卡，A项正确。
>
> **[2013年真题·单选题]** 在绩效考核时，为每一职位的各个考核维度设计出评分量表，量表上的每个分数刻度都对应典型行为的描述性文字，供考核者在对考核对象进行评价打分时参考。这种方法称为（　　）。
> A. 关键事件法　　B. 书法鉴定法　　C. 评级量表法　　D. 行为锚定评价法
> [答案] D
> [解题思路] 根据题目信息"设计出评分量表""对应典型行为的描述性文字"，即把评级量表法与关键事件记录法结合起来，可知为行为锚定评价法，D项正确。

第三节　薪酬管理

本节考点概览

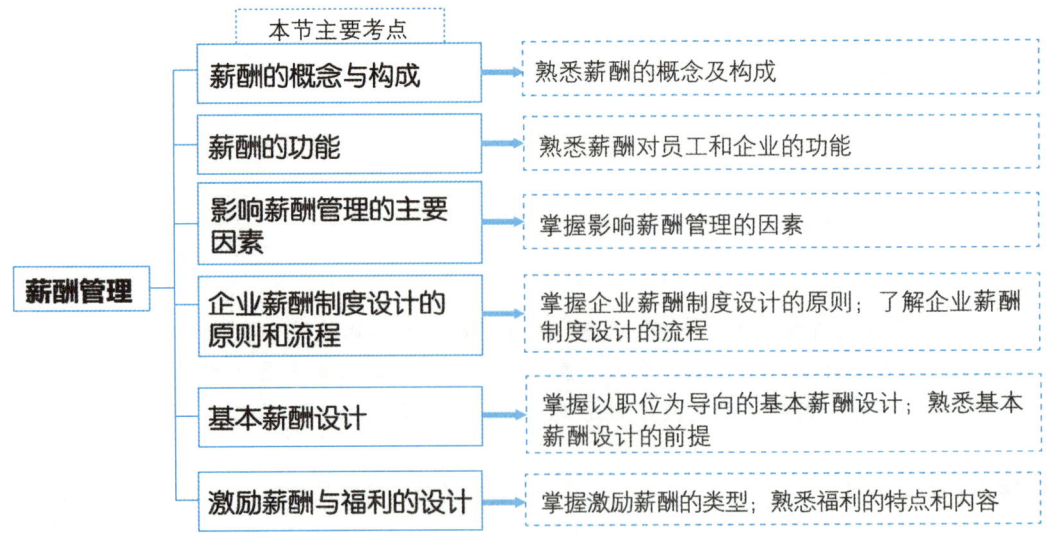

本节考点详解

【考点一】 薪酬的概念与构成

薪酬是指员工从事企业所需要的劳动而得到的各种直接的和间接的经济收入。其具体构成如下：

(1) 直接薪酬。即以货币形式支付的报酬，包括基本薪酬、激励薪酬等形式。

　　1) 基本薪酬。即企业根据员工所承担的工作或者所具备的技能而支付给员工的比较稳定的经济收入，如基本工资就是常见的基本薪酬的形式。

　　2) 激励薪酬。即企业根据员工、团队或者企业自身的绩效而支付给员工的具有变动性质的经济收入，如奖金、期权等。

(2) 间接薪酬。即企业给员工提供的各种福利。与基本薪酬和激励薪酬不同，间接薪酬的支付与员工个人的工作和绩效并没有直接的关系，具有普遍性。

【考点二】 薪酬的功能

薪酬的功能具体如表 7-3-1 所示。

表 7-3-1　薪酬的功能

角度	具体功能
对员工的功能	(1) 保障功能。保障员工基本生存需要 (2) 激励功能。薪酬是个人和企业之间的一种心理契约，这种契约通过对员工薪酬状况的感知而影响员工的行为、工作态度以及工作绩效 (3) 调节功能。薪酬作为一种经济杠杆，调节劳动力在各地区、各部门和各企业之间的流动
对企业的功能	(1) 增值功能。薪酬是企业购买劳动力的成本，能够给企业带来大于成本的预期收益 (2) 改善用人活动功效的功能 (3) 协调企业内部关系、塑造企业文化的功能 (4) 促进企业变革和发展的功能
对社会的功能	影响国民经济的正常运行、人民的生活质量、社会稳定

> **经典例题**
>
> [例题·单选题] 对企业来讲，薪酬是企业购买劳动力的成本，能够给企业带来大于成本的预期收益，这属于薪酬的（　　）。
> A. 增值功能　　　　　　　　　　　　B. 协调企业内部关系和塑造企业文化的功能
> C. 改善用人活动功效的功能　　　　　D. 促进企业变革和发展的功能
> [答案] A
> [解析] 根据题目关键信息"能够给企业带来大于成本的预期收益"，可知为增值功能，A 项正确。

【考点三】 影响薪酬管理的主要因素

影响薪酬管理的主要因素具体如表 7-3-2 所示。

表 7-3-2　影响薪酬管理的主要因素

因素	来源	具体内容
企业外部因素	来自企业之外	法律法规、物价水平、劳动力市场的状况、其他企业的薪酬状况
企业内部因素	企业内部	企业的经营战略、企业的发展阶段、企业的财务状况
员工个人因素	与个人有关	员工所处的职位、员工的绩效表现、员工的工作年限

【考点四】 企业薪酬制度设计的原则和流程

一、企业薪酬制度设计的原则

企业薪酬制度设计的原则具体如表 7-3-3 所示。

表 7-3-3 企业薪酬制度设计的原则

原则	具体内容
公平原则	企业向员工提供的薪酬应与员工对企业的贡献保持平衡，具体包括三种： (1) 外部公平。即同一行业或同一地区或同等规模企业中类似职务的薪酬水平应当基本相同 (2) 内部公平。即指同一企业不同职务之间的薪酬水平应相互协调，即各种职务的薪酬都要与其贡献相一致 (3) 员工个人公平。即同一企业中从事相同工作的员工的报酬要与其绩效相匹配
竞争原则	企业向在某些重要职位上工作的员工提供的薪酬应高于同一地区或同一行业其他企业同种职位的薪酬标准
激励原则	企业内部各类、各级职位之间的薪酬标准要适当拉开距离，避免平均化，利用薪酬的激励功能提高员工的工作积极性
量力而行原则	企业在设计薪酬制度时必须考虑自身的经济实力，避免薪酬过高或薪酬过低的情况出现
合法原则	企业进行薪酬制度设计应遵循国家有关法律法规和政策的要求

二、企业薪酬设计的流程

企业薪酬设计的流程依次为：①明确现状和需求；②确定员工薪酬策略；③进行工作分析；④进行职位评价；⑤进行等级划分；⑥建立健全配套制度；⑦进行市场薪酬调查；⑧确定薪酬结构与水平；⑨薪酬制定的实施与修正。

> **经典例题**
>
> [2017年真题·单选题] 企业内部各类、各级职位的薪酬标准要适当拉开距离，以提高员工的工作积极性，这体现了薪酬制度设计的（　　）。
> A. 公平原则　　　　　　　　　　B. 合法原则
> C. 激励原则　　　　　　　　　　D. 量力而行原则
> [答案] C
> [解析] 根据题目信息"内部各类、各级职位的薪酬标准要适当拉开距离"，可知为激励原则，C项正确。
>
> [2013年真题·单选题] 在进行薪酬设计时，强调同一企业中从事相同工作的员工的报酬要与其绩效相匹配，这体现了薪酬制度设计的（　　）原则。
> A. 量力而行　　　　　　　　　　B. 个人公平
> C. 内部公平　　　　　　　　　　D. 外部公平
> [答案] B
> [解析] 本题的考点为公平原则中的员工个人公平。根据题目关键信息"同一企业中从事相同工作的员工的报酬要与其绩效相匹配"，可知为员工个人公平，B项正确。
>
> [例题·单选题] 企业制定薪酬制度的过程中，当工作分析完成后，紧接着应进行（　　）。
> A. 职位评价　　　　　　　　　　B. 等级划分
> C. 市场薪酬调查　　　　　　　　D. 确定员工薪酬策略
> [答案] A
> [解析] 本题的考点为企业薪酬制度设计的流程。进行工作分析之后是进行职位评价，A项正确。

【考点五】 基本薪酬设计

一、基本薪酬设计的前提

（一）薪酬调查的实施

薪酬调查的具体步骤如下：
(1) 选择需要调查的职位。企业应当选择那些在同地区或同行业大多数企业都普遍存在的通用职位作为典型职位进行调查。
(2) 确定调查的范围。
(3) 确定调查的项目。
(4) 进行实际调查。
(5) 调查结果的分析。

（二）薪酬等级的建立

薪酬等级建立的具体步骤如下：
(1) 将职位划分为不同的等级。
(2) 确定各个等级的薪酬区间。即某一薪酬等级内部允许薪酬变动的最大幅度，根据薪酬区间的中值和薪酬浮动率计算出区间的最低薪酬水平和最高薪酬水平。一般来说，**确定薪酬浮动率时要考虑的主要因素有：企业的薪酬支付能力、各薪酬等级自身的价值、各薪酬等级之间的价值差异、各等级的重叠比率等**。
(3) 将每一个薪酬等级分成若干个不同的薪酬级别，每个薪酬级别对应一个具体的薪酬数值。

二、以职位为导向的基本薪酬设计

以职位为导向的基本薪酬设计具体包括四种方法，如表7-3-4所示。

表 7-3-4 以职位为导向的基本薪酬设计方法

方法	概念要点
职位等级法	将员工的职位划分为若干级别，按所处级别确定薪酬水平
职位分类法	将企业中的所有职位划分为若干类型，根据各类职位确定薪酬水平
计点法	将各种职位划分为若干种职位类型，找出各类职位中所包含的共同的"付酬因素"，并对每一"付酬因素"指派分数
因素比较法	找出各类职位共同的"付酬因素"，直接用相应的具体薪金值来表示各职务的价值

【考点小贴士】历年常考查以职位为导向的基本薪酬设计方法的类型及概念，四种方法概念上的区别及做题思路参见本章末尾【本章易错易混考点】。

三、以技能为导向的基本薪酬设计

(1) 以知识为基础的基本薪酬制度设计方法。这种方法比较适用于企业职能管理人员基本薪酬的确定。
(2) 以技能为基础的基本薪酬制度设计方法。这种方法比较适用于工作在生产和业务一线员工的基本薪酬的确定。

经典例题

[2017年真题·多选题] 企业确定薪酬浮动率时要考虑的因素主要有（　　）。
A. 本企业的薪酬支付能力　　B. 同一行业其他企业同种职位的薪酬标准
C. 本企业各薪酬等级自身的价值　　D. 本企业各薪酬等级之间的价值差异
E. 本企业各薪酬等级的重叠比率

[答案] ACDE

[解析] 薪酬浮动率是企业根据自身的情况确定的,用于确定薪酬等级内允许薪酬变动的最大幅度,因此在确定薪酬浮动率时考虑的因素均为企业内部自身的因素,包括企业的薪酬支付能力、各薪酬等级自身的价值、各薪酬等级之间的价值差异、各等级的重叠比率,因此 A、C、D、E 四项正确。B 项错误,同一行业其他企业同种职位的薪酬标准属于外部因素,与确定薪酬浮动率无关。

【考点六】激励薪酬与福利的设计

扫码听课

一、激励薪酬的设计

激励薪酬可分为个人激励薪酬和群体激励薪酬两种类型,具体如表 7-3-5 所示。

表 7-3-5 激励薪酬的类型

类型	具体形式		具体内容
个人激励薪酬	计件制		根据员工产出水平和工资率支付薪酬
	工时制		根据员工完成工作的时间来支付薪酬
	绩效工资(根据员工绩效考核结果来支付薪酬)	绩效调薪	对基本薪酬调整,可加薪也可减薪
		绩效奖金	一次性的奖励,不罚款
		月/季度浮动薪酬	一次性的月绩效奖金/季度绩效奖金
		特殊绩效认可计划	个人或部门表现特别地努力或做出重大的贡献时,给予的额外奖励,如奖励一次度假或上万元的奖金
群体激励薪酬	利润分享计划		把超出目标利润的部分在企业全体员工之间分配
	收益分享计划		与员工分享因生产效率提高、成本节约和质量提高等而带来的收益的绩效奖励
	员工持股制度		向内部员工提供公司股票所有权的制度,如股票期权

二、福利

(一) 福利的概念与特点

福利是指企业支付给员工的间接薪酬。福利与直接薪酬的特点的对比如表 7-3-6 所示。

表 7-3-6 福利与直接薪酬的特点的对比

项目	福利	直接薪酬
特点	(1) 多采取实物支付或延期支付的形式 (2) 具有准固定成本的性质,具有刚性,一旦企业为员工提供了某种福利,就很难取消 (3) 形式灵活多样,满足员工不同的需要 (4) 具有普遍性,与员工个人的绩效并没有太大的直接联系 (5) 福利具有典型的保健性质,可以减少员工的不满意,有助于吸引和保留员工,增强企业的凝聚力 (6) 具有税收方面的优惠,可以使员工得到更多的实际收入 (7) 由企业集体购买某种福利产品,具有规模效应,可为员工节省一定的支出	(1) 采取货币支付和现期支付的方式 (2) 具备一定的可变性,与员工个人直接相连 (3) 形式比较单一,主要以货币形式支付 (4) 具有针对性,与员工个人的工作和绩效有直接的关系

(二) 福利的类型

福利主要分为国家法定福利和企业自主福利两大类,具体内容如表 7-3-7 所示。

表 7-3-7　福利的类型

类型	具体内容
国家法定福利 （强制性的）	（1）法定的社会保险（五险），包括基本养老保险、基本医疗保险、失业保险、工伤保险、生育保险 （2）住房公积金 （3）公休假日，如我国实行的是每周休息周六、周日两天的制度 （4）法定休假日，如元旦、春节、清明节、国际劳动节、端午节、中秋节、国庆节和法律、法规规定的其他休假节日 （5）带薪休假，如我国实行的带薪年休假制度，劳动连续工作1年以上的，享受带薪年休假
企业自主福利 （非强制性的）	除法定外的其他休假、各种服务项目（如儿童看护、老人护理等）、员工退休计划

经典例题

[2017年真题·单选题] 下列薪酬类型中，具有满足员工的不同需要，减少员工对企业不满意情绪作用的是（　　）。
A. 福利　　　　B. 绩效奖金　　　　C. 绩效工资　　　　D. 利润分享计划
[答案] A
[解题思路] 本题可结合薪酬的概念及构成、激励薪酬的类型和福利的特点做题。根据题目信息"具有满足员工的不同需要，减少员工对企业不满意情绪作用"，可知属于福利的特点之一，而直接薪酬无此特点，绩效奖金、绩效工资、利润分享计划均属于直接薪酬形式中的激励薪酬的类型，可知本题仅A项正确。

[2017年真题·多选题] 下列薪酬形式中，适用于个人激励的有（　　）。
A. 绩效奖金　　B. 员工持股制度　　C. 利润分享计划　　D. 收益分享计划
E. 特殊绩效认可计划
[答案] AE
[解析] 绩效奖金、特殊绩效认可计划均属于个人激励的薪酬形式，A、E两项正确。B、C、D三项，员工持股制度、利润分享计划、收益分享计划均属于群体激励薪酬的形式。

本章易错易混考点

【易错易混考点一】 人力资源需求预测方法和内部供给预测方法的对比（如表Ⅰ所示）

表Ⅰ　人力资源需求预测方法和内部供给预测方法的对比

类型	方法
人力资源需求预测	①管理人员判断法；②德尔菲法；③转换比率分析法；④一元回归分析法
人力资源内部供给预测	①人员核查法；②管理人员接续计划法；③马尔可夫模型法

【易错易混考点二】 影响人力资源需求预测和人力资源外部供给预测的因素（如表Ⅱ所示）

表Ⅱ　影响人力资源需求预测和人力资源外部供给预测的因素

类型	影响因素
人力资源 需求预测	（1）企业未来某个时期的生产经营任务及其对人力资源的要求 （2）预期的员工流动率及由此引起的职位空缺规模 （3）企业生产技术水平的提高和组织管理方式的变革对人力资源需求的影响 （4）企业提高产品或服务质量或进入新市场的决策对人力资源需求的影响 （5）企业的财务资源对人力资源需求的约束

续表

类型	影响因素
人力资源外部供给预测	（1）本地区的人口总量与人力资源供给率 （2）本地区的人力资源的总体构成 （3）宏观经济形势和失业率预期 （4）本地区劳动力市场的供求状况 （5）行业劳动力市场供求状况。其包括本行业劳动力的平均价格、与外地市场比较的相对价格、当地的物价指数等 （6）职业市场状况等

【考点小贴士】历年案例分析题中常考查二者的区分，可从影响因素的来源区分。影响人力资源需求预测的因素是企业确定自身的人力资源需求时考虑的因素，因此均为企业自身的因素，其来源于企业内部；而影响企业外部人力资源供给的因素，均来源于企业外部。

[例题·多选题] 影响企业外部人力资源供给的因素是（　　）。

A. 企业人员调动率

B. 行业劳动力市场供求状况

C. 本地区的人力资源供给率

D. 企业人才流失率

E. 企业的财务资源

[答案] BC

[解析] 对比选项内容，A、D、E三项，均为企业自身的人员、人才、财务方面的因素，属于企业自身的内部因素，可知为影响企业人力资源需求预测的因素；B、C两项，行业劳动力市场、本地区人力资源的因素，均来源于企业外部环境不可控的因素，可知为影响企业外部人力资源供给的因素，因此本题B、C两项正确。

【易错易混考点三】以职位为导向的基本薪酬设计方法

以职位为导向的基本薪酬设计方法如图Ⅰ所示。

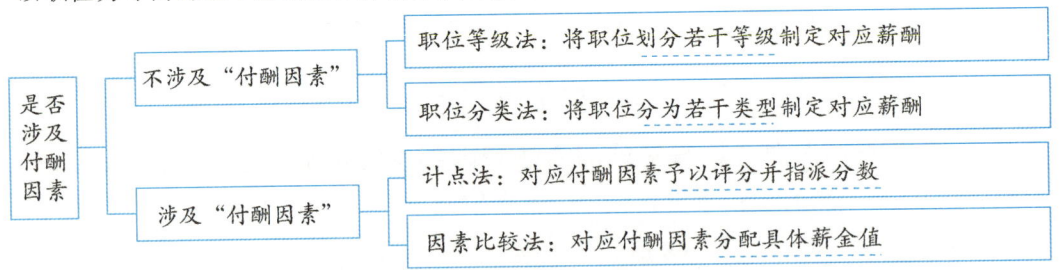

图Ⅰ　以职位为导向的基本薪酬设计方法

[2017年真题·单选题] 某企业进行薪酬制度设计时，将各种职位划分为若干种职位类型，找出各种职位中包含的共同"付酬因素"，然后把各"付酬因素"划分为若干等级，并对每一因素及其等级予以界定和说明，接着对每一"付酬因素"指派分数以及其在该因素各等级间的分配数值；最后，利用一张转换表将处于不同职级上的职位所得的"付酬因素"数值转换成具体的薪酬金额。该企业采用的薪酬制度设计方法是（　　）。

A. 职位分类法　　　　　　　　B. 职位等级法

C. 计点法　　　　　　　　　　D. 因素比较法

[答案] C

[解题思路] 首先，题目提及了"付酬因素"这个信息，因此考虑计点法或因素比较法；其次，再

根据题目关键信息"对每一付酬因素指派分数以及其在该因素各等级间的分配数值",可知为计点法,C项正确。

历年经典真题回顾

一、单项选择题(每题1分,每题备选项中,只有1个最符合题意)

1. 某企业某部门运用一一对比法对所属的4名员工进行绩效考核,考核情况如下表所示。

比较对象＼考核对象	张××	王××	李××	赵××
张××	0	−	−	＋
王××	＋	0	−	＋
李××	＋	＋	0	＋
赵××	−	−	−	0

由此可知,绩效最差的员工是( )。[2017年真题]

A. 张××　　　　　　　　　B. 王××
C. 李××　　　　　　　　　D. 赵××

[答案] C

[解析] 本题的考点为绩效考核方法中的一一对比法。按照一一对比法的评价原则,考核对象中得到"＋"最多的员工为绩效最好的员工,反之,则为绩效最差的员工。根据表格信息分析得到,赵××得到3个"＋",绩效最好,而李××得到0个"＋",绩效最差。注意题目问的是"绩效最差员工是谁?",因此应选择李××,C项正确。

[提示] 2016年和2013年也考核了一一对比法的运用,但题目是反过来问"绩效最好的员工是谁"。

2. 某企业通过统计研究发现,年销售额每增加1 000万元,需增加管理人员、销售人员和后勤服务人员共8名。新增人员中,管理人员、销售人员和后勤服务人员的比例是1∶5∶2,该企业预计2017年销售额比2016年销售额增加3 000万元,根据转换比率分析法计算,该企业2017年需要新增后勤服务人员( )人。[2016年真题]

A. 3　　　　B. 5　　　　C. 6　　　　D. 9

[答案] C

[解题思路] 本题的考点为转换比率分析法。首先,找出业务的增加量和人员增加量的关系,根据题目信息"年销售额每增加1 000万元,需增加管理人员、销售人员和后勤服务人员共8名""预计2017年销售额比2016年销售额增加3 000万元",根据此关系可推出销售额增加了3 000万(1 000万的3倍),则需要的人员总数也同比例增加24名(8名的3倍)。其次,确定具体职位占总人数的比重,根据题目信息"管理人员、销售人员和后勤服务人员的比例是1∶5∶2",即将新增的人员总数分为了8份(1＋5＋2),其中后勤服务人员占2/8,则2017年新增后勤人员的人数＝24×(2/8)＝6(人),C项正确。

3. 下列绩效考核方法中,以外部导向为基础的是( )。[2016年真题]

A. 平衡计分卡　　　　　　　B. 基于标杆超越的目标管理法
C. 行为锚定评价法　　　　　D. 关键绩效指标法

[答案] B

[解题思路] 本题的考点为绩效考核方法中目标管理法。在本章提及的所有绩效考核方法中,只有基于标杆超越的目标管理法是以外部导向为基础的绩效考核方法,因为其作为参考的标准

是来源于企业外部的其他业内外的一流的、有名望的企业,而其余的绩效考核方法的标准都来源于企业内部。因此在考查绩效考核方法的题目中,题目提到"以外部导向为基础的方法",可直接考虑选择基于标杆超越的目标管理法,B项正确。

4. 企业向员工提供的薪酬应该与员工对企业的贡献相匹配,这体现了薪酬制度设计的( )。[2016年真题]
   A. 公平原则　　　　　　　　B. 合法原则
   C. 激励原则　　　　　　　　D. 量力而行原则
   [答案] A
   [解析] 本题的考点为企业薪酬制度设计的原则。其中,公平原则是指企业向员工提供的薪酬应该与员工对企业的贡献保持平衡,A项正确。

5. 企业用文字长期记录员工在工作中发生的直接影响工作绩效的重要行为,以对员工的工作绩效进行评价,该企业采取的绩效考核方法是( )。[2015年真题]
   A. 民主评议法　　　　　　　B. 书面鉴定法
   C. 关键事件法　　　　　　　D. 关键绩效指标法
   [答案] C
   [解析] 本题的考点为绩效考核方法中关键事件法的概念。根据题目信息"用文字长期记录……直接影响工作绩效的重要行为",可知符合关键事件法的概念,C项正确。

6. 在绩效考核时,以企业战略为导向,从顾客角度、内部流程角度、学习与成长角度、财务角度建立与关键成功因素有密切联系的绩效指标体系,基于这种做法的绩效考核方法是( )。[2015年真题]
   A. 平衡计分卡　　　　　　　B. 目标管理法
   C. 标杆超越法　　　　　　　D. 关键绩效指标法
   [答案] A
   [解析] 本题的考点为绩效考核方法中的平衡计分卡。该方法的要点是兼顾了财务角度、顾客角度、内部流程角度、学习与成长角度四个方面,符合题所述,A项正确。

7. 某企业进行薪酬制度设计时,将员工的职位划分为若干个级别,按员工所处的职位级别确定其基本薪酬的水平和数额。该企业采用的薪酬制度设计方法是( )。[2014年真题]
   A. 职位分类法　　　　　　　B. 职位等级法
   C. 计点法　　　　　　　　　D. 因素比较法
   [答案] B
   [解题思路] 本题的考点为以职位为导向的基本薪酬制度设计方法。首先,题目未提及"付酬因素",可排除计点法和因素比较法;其次,根据题目关键信息"将员工的职位划分为若干个级别",对应方法名称,可知为职位等级法,B项正确。

8. 企业给员工缴纳的社会保险费属于( )。[2014年真题]
   A. 基本薪酬　　　　　　　　B. 激励薪酬
   C. 补偿薪酬　　　　　　　　D. 间接薪酬
   [答案] D
   [解题思路] 本题的考点为薪酬的概念与构成、福利的内容。首先,根据福利的内容可知,社会保险属于法定福利的内容;其次,根据间接薪酬的概念可知,间接薪酬主要是指各种福利,因此企业为员工缴纳的社会保险费也可视为间接薪酬的形式,D项正确。

9. 某企业现有业务主管15人,预计明年将有2人提升为部门经理,退休1人,辞职2人。此外,该企业明年将从外部招聘3名业务主管,从业务员中提升2人为业务主管。采用管理人员接续计划法预测该企业明年业务主管的供给量为（   ）人。[2013年真题]

A. 10   B. 13   C. 15   D. 20

[答案] C

[解析] 本题的考点为管理人员接续计划法。根据公式,内部人力资源供给＝现职人员＋提升上来的人员＋招聘人员－提升出去的人员－退休人员－降职人员－辞职人员＝15＋3＋2－2－1－2＝15（人）。

[注意] 本题无需死记硬背公式,也可按常理分析做题。首先,找到需预测的职位的初始人员数量,本题需预测的职位是业务主管,该职位初始人员数量是15人;其次,根据常理分析题目信息,将未来离开业务主管职位的人员数量从初始人员数量中扣减,再将来到业务主管这个职位就职的人员数量加上即可。题目中提及有2人提升为部门经理、退休1人、辞职2人,即共5人离开业务主管的职位,因此应从初始人员数量中扣减掉5人;另从外部招聘3名业务主管,从业务员中提升2人为业务主管,即共5人来到业务主管这个职位就职,所以该职位又增加了5人,因此人员的整体变动情况是15－5＋5＝15（人）。

10. 下列企业人力资源规划中,将目标定为降低人工成本、维护企业规范和改善人力资源结构的是（   ）。[2013年真题]

A. 退休解聘计划   B. 劳动关系计划
C. 人员补充计划   D. 人员使用计划

[答案] A

[解析] 本题的考点为人力资源规划的内容。其中,退休解聘计划的目标包括降低人工成本、维护企业规范、改善人力资源结构等,A项正确。

二、多项选择题（每题2分,每题备选项中,有2个或2个以上符合题意,至少有1个错项。错选,本题不得分;少选,所选的每个选项得0.5分）

1. 下列绩效考核活动中,属于绩效考核结果反馈阶段的有（   ）。[2016年真题]

A. 分析整理绩效考核结果
B. 改进人力资源开发与管理工作
C. 与被考核者沟通绩效考核结果
D. 指出被考核者在绩效方面的问题
E. 指导被考核者制订绩效改进计划

[答案] CDE

[解析] 本题的考点为绩效考核步骤中绩效考核结果的反馈阶段相关内容。这一阶段的主要任务是上级领导就绩效考核的结果与考核对象沟通,具体指出员工在绩效方面存在的问题,指导员工制订出绩效改进的计划,还要对该计划的执行效果进行跟踪并给予指导,因此C、D、E三项正确。A、B两项,属于绩效考核结果的运用这一阶段的任务,而不属于绩效考核反馈阶段的任务,因此错误。

2. 某企业决定以职位为导向重新设计基本薪酬制度,其可采用的方法有（   ）。[2016年真题]

A. 职位等级法   B. 职位分类法
C. 关键绩效指标法   D. 因素比较法
E. 计点法

[答案] ABDE

[解析] 以职位为导向的基本薪酬制度设计的方法包括职位等级法、职位分类法、计点法、因

素比较法，因此 A、B、D、E 四项正确。C 项，关键绩效指标法属于绩效考核方法。

3. 企业对于员工进行绩效考核时，常用的方法有（　　）。[2014 年真题]

A. 职位等级法 B. 职业分类法
C. 民主评议法 D. 书面鉴定法
E. 关键事件法

[答案] CDE

[解析] 绩效考核的方法包括民主评议法、书面鉴定法、关键事件法、比较法、量表法、平衡计分卡、关键绩效指标法、目标管理法，因此 C、D、E 三项正确。A、B 两项，职位等级法和职位分类法属于基本薪酬制度设计的方法，不是绩效考核的方法。

三、案例分析题（每题 2 分。由单选和多选组成。错选，本题不得分；少选，所选的每个正确选项得 0.5 分）

（一）

某企业根据人力资源需求与供给状况及相关资料，制定 2017 年人力资源总体规划和人员接续及升迁计划，经过调查研究，确认该企业的市场营销人员变动矩阵如下表所示。[2016 年真题]

职务	现有人数	年平均人员调动概率				年平均离职率
		市场营销总监	市场营销经理	市场营销主管	业务员	
市场营销总监	1	0.9				0.1
市场营销经理	4	0.1	0.8			0.1
市场营销主管	20		0.1	0.7		0.2
业务员	100			0.1	0.7	0.2

根据以上资料，回答下列问题。

1. 该企业对人力资源供给状况进行预测时，可采用的方法是（　　）。

A. 杜邦分析法 B. 人员核查法
C. 关键事件法 D. 管理人员接续计划法

[答案] BD

[解析] 本题的考点为人力资源内部供给预测方法。人力资源内部供给预测方法包括人员核查法、管理人员接续计划法、马尔可夫模型法，因此 B、D 两项正确。

2. 根据马尔可夫模型法计算，该企业 2017 年市场营销主管的内部供给量为（　　）人。

A. 6 B. 12
C. 24 D. 28

[答案] C

[解析] 本题的考点为人力资源内部供给预测方法中的马尔可夫模型法。根据表格信息计算，市场营销主管的内部供给量 = 0.7×20+0.1×100 = 14+10 = 24（人），C 项正确。

3. 该企业制定的人员接续及升迁计划属于（　　）。

A. 具体计划 B. 总体规划
C. 中期规划 D. 长期规划

[答案] A

[解题思路] 本题的考点为人力资源规划的内容。根据案例资料信息"某企业根据人力资源需求与供给状况及相关资料，制定 2017 年人力资源总体规划和人员接续及升迁计划"，首先，由于本案例为 2016 年的案例分析题，所以在 2016 年制定 2017 年人力资源规划，属于计划期为 1

年或1年内的规划,即属于短期规划;其次,人员接续及升迁计划属于具体计划的类型,因此本题仅A项正确。

4. 影响该企业人力资源外部供给量的因素是（　　）。
   A. 本行业劳动力平均价格
   B. 所属行业的价值链长度
   C. 本地区人力资源总体构成
   D. 所在地区劳动力市场供求状况
   [答案] ACD
   [解析] 企业外部人力资源供给的影响因素包括:①本地区的人口总量与人力资源供给率;②本地区的人力资源的总体构成;③宏观经济形势和失业率预期;④本地区劳动力市场的供求状况;⑤本行业劳动力市场供求状况,如本行业劳动力的平均价格、与外地市场比较的相对价格、当地的物价指数等;⑥职业市场状况。

（二）

某企业为了满足业务拓展的需要和充分调动员工的积极性,进行人力资源需求与供给预测,同时,修订本企业的薪酬制度,经过调查研究与分析,确认该企业的销售额和所需销售人员数量成正相关关系,并根据过去十年的统计资料,建立了一元线性回归预测模型 $Y=a+bX$,X 代表销售额（单位:万元）,Y 代表销售人员数量（单位:人）,参数 $a=20$,$b=0.03$,同时,该企业预计2015年销售额将达到1 500万。[2015年真题]

根据以上资料,回答下列问题。

1. 根据一元回归分析法计算,该企业2015年需要销售人员（　　）人。
   A. 50 B. 65
   C. 70 D. 100
   [答案] B
   [解析] 本题的考点为人力资源需求预测方法中一元回归分析法。案例资料已直接给出了公式和所需数据信息"$Y=a+bX$,X 代表销售额（单位:万元）,Y 代表销售人员数量（单位:人）,参数 $a=20$,$b=0.03$",因此直接将数据代入公式计算即可。所以,$Y=a+bX=20+0.03\times1\ 500=20+45=65$（人）,B项正确。

2. 该企业预测人力资源需求时可采用（　　）。
   A. 杜邦分析法 B. 管理人员判断法
   C. 行为锚定法 D. 管理人员接续计划法
   [答案] B
   [解析] 本题的考点为人力资源需求预测方法。人力资源需求预测方法包括管理人员判断法、德尔菲法、转换比率分析法、一元回归分析法,B项正确。A项,杜邦分析法属于战略控制方法;C项,行为锚定法属于绩效考核方法;D项,管理人员接续计划法属于人力资源内部供给预测方法。

3. 影响该企业人力资源外部供给量的因素是（　　）。
   A. 企业人员调动率
   B. 企业人才流失率
   C. 企业所在地区人力资源总体构成
   D. 企业所处行业劳动力供求状况
   [答案] CD

[解析] 本题的考点为企业外部人力资源供给的影响因素，且主要考查与影响人力资源需求预测因素的区分。对比选项，A、B两项，企业人员、人才的因素均为企业自身内部的因素，可知为影响人力资源需求预测的因素，因此错误。C、D两项，企业所在地区人力资源总体构成、所处行业劳动力供求状况方面的因素均为来源于企业外部人力资源环境的因素，可知属于影响企业人力资源外部供给量的因素，因此正确。

本章同步练习

一、单项选择题（每题1分，每题备选项中，只有1个最符合题意）

1. 某企业对营销部门的人力资源需求进行预测，由营销部经理和营销总监根据工作中的经验和对企业未来业务量增减情况来预测营销人员的需求数量。该企业采用的人力资源需求预测方法是（　　）。
   A. 管理人员判断法　　　　　　　B. 线性回归分析法
   C. 德尔菲法　　　　　　　　　　D. 管理人员接续计划法

2. 某企业每增加500万元的销售额，需增加销售人员10人，预计1年后销售额将增加2 000万元，如果在新增人员中管理人员、销售人员和客服人员的比例是1∶6∶3，则1年后该企业需要增加客服人员（　　）人。
   A. 9　　　　　　　　　　　　　　B. 16
   C. 20　　　　　　　　　　　　　 D. 25

3. 绩效考核方法中，比较法常用的形式不包括（　　）。
   A. 直接排序法　　　　　　　　　B. 交替排序法
   C. 一一对比法　　　　　　　　　D. 行为锚定法

4. 企业依据员工所承担的工作或所具备的技能而支付给员工的比较稳定的报酬是（　　）。
   A. 基本薪酬　　　　　　　　　　B. 激励薪酬
   C. 间接薪酬　　　　　　　　　　D. 补偿薪酬

5. 下列属于影响企业薪酬管理的外部因素是（　　）。
   A. 企业的财务状况　　　　　　　B. 员工的工作年限
   C. 物价水平　　　　　　　　　　D. 企业的经营战略

6. 企业在设计薪酬制度时必须考虑自身的经济实力，避免薪酬过高或薪酬过低的情况出现，以避免使企业成本过高或缺乏吸引力和竞争力，这体现企业薪酬制度设计的（　　）。
   A. 公平原则　　　　　　　　　　B. 激励原则
   C. 量力而行原则　　　　　　　　D. 合法原则

7. 企业在进行薪酬制度设计时应当遵循公平原则，同一企业中从事相同工作的员工的报酬要与其绩效相匹配，这体现了（　　）。
   A. 内部公平　　　　　　　　　　B. 外部公平
   C. 员工个人公平　　　　　　　　D. 企业公平

8. 企业将职位划分为管理类、技术类、生产类、财务类、营销类、行政类等类型，根据各类型对企业的重要程度和贡献，确定每一类职位中所有员工的薪酬水平，这种基本薪酬制度设计的方法属于（　　）。
   A. 计点法　　　　　　　　　　　B. 因素比较法
   C. 职位等级法　　　　　　　　　D. 职位分类法

9. 某企业根据员工绩效考核结果对员工下一年的基本薪酬进行调整，该企业采用的这种薪酬形式是（   ）。
A. 计件制 B. 绩效调薪
C. 绩效奖金 D. 员工持股制度

10. 下列薪酬中，与员工的工作绩效无关，且具有普遍性的特点是（   ）。
A. 福利 B. 奖金
C. 补偿薪酬 D. 激励薪酬

二、**多项选择题**（每题2分，每题备选项中，有2个或2个以上符合题意，至少有1个错项。错选，本题不得分；少选，所选的每个选项得0.5分）

1. 企业人力资源规划中人员使用计划的目标有（   ）。
A. 改善员工知识技能 B. 加强职务轮换
C. 改善工作作风和企业文化 D. 人力资源供给增加
E. 优化人员结构

2. 下列活动中，属于绩效考核实施阶段活动的有（   ）。
A. 选择考核者 B. 明确考核目标
C. 进行绩效沟通 D. 确定考核方法
E. 实施绩效考核评价

3. 薪酬对员工的功能表现在（   ）。
A. 激励功能
B. 协调企业内部关系和塑造企业文化功能
C. 改善用人活动功效的功能
D. 增值功能
E. 调节功能

4. 下列选项中，属于群体激励薪酬的形式有（   ）。
A. 利润分享计划 B. 计件制
C. 收益分享计划 D. 绩效调薪
E. 员工持股制度

5. 下列属于企业自主的福利是（   ）。
A. 住房公积金 B. 法定休假日
C. 老人护理 D. 员工退休计划
E. 失业保险

三、**案例分析题**（每题2分。由单选和多选组成。错选，本题不得分；少选，所选的每个正确选项得0.5分）

某企业进行人力资源需求与供给预测。通过统计研究发现，销售额每增加500万元，需增加管理人员、销售人员和客服人员共20人。新增人员中，管理人员、销售人员和客服人员的比例是1∶7∶2。该企业预计新的一年销售额将增加1 000万元。根据人力资源需求与供给情况，该企业制定了总体规划和人员补充计划。

根据以上资料，回答下列问题。

1. 根据转换比率分析法计算，该企业新的一年需要增加管理人员（   ）人。
A. 4 B. 8 C. 12 D. 28

2. 该企业对工程技术人员供给状况进行预测时，可采用的方法是（   ）。
A. 人员核查法 B. 马尔可夫模型法

C. 关键事件法　　　　　　　　D. 管理人员接续计划法

3. 影响该企业人力资源外部供给量的因素有（　　）。
   A. 企业人员调动率
   B. 企业人才流失率
   C. 本地区人力资源总体构成
   D. 行业劳动力市场供求状况

4. 该企业制定员工招聘计划时主要应考虑（　　）。
   A. 补充人员的数量　　　　　　B. 加强职务轮换
   C. 改善人员知识技能　　　　　D. 补充人员的类型

本章同步练习参考答案及解析

一、单项选择题

1. [答案] A
   [解题思路] 本题的考点为人力资源需求预测方法中管理人员判断法的概念。首先，题目告知了采用人力资源需求预测的方法，可排除管理人员接续计划法，因该方法是用于人力资源内部供给预测的方法；其次，题目信息告知是由营销部门经理和营销总监对人员需求数量做的预测，即管理人员做的预测，可知为管理人员判断法，A项正确。

2. [答案] C
   [解题思路] 本题的考点为人力资源需求预测方法中的转换比率分析法。计算步骤如下：
   （1）确定业务增量和人力资源增加量的关系。题目已知"每增加500万元的销售额，需增加销售人员10人"，如1年后销售额将增加2 000万元（500万元的4倍），则销售人员应同比例增加40人（10人的4倍）。
   （2）确定各职位人员之间的比例关系，结合销售人员的增加数量推出客服人员的增加人数。题目已告知"在新增人员中管理人员、销售人员和客服人员的比例是1∶6∶3"，其中，销售人员与客服人员的比例为6∶3，可知客服人员是销售人员人数的一半，而上一步骤已计算出销售人员需增加40人，因此客服人员对应增加销售人员人数的一半，即20人，C项正确。
   [注意] 本题应注意题目告知的是业务增量和某一职位人员人数增加量的关系，而不是业务增量与所有职位人员增加量总数的关系。

3. [答案] D
   [解析] 本题的考点为绩效考核方法中的比较法。比较法常见的三种形式包括直接排序法、交替排序法、一一对比法，而行为锚定法属于量表法的类型之一。

4. [答案] A
   [解析] 本题的考点为基本薪酬的概念。根据题目关键信息"根据员工承担的工作和具备的技能支付的比较稳定的经济收入"，可知为基本薪酬，A项正确。

5. [答案] C
   [解析] 本题的考点为影响薪酬管理的因素。其中，企业外部因素包括法律法规、物价水平、劳动力市场的状况、其他企业的薪酬状况，可知C项正确。A、D两项，企业的财务状况、企业的经营战略均属于企业内部因素。B项，员工的工作年限属于员工个人因素。

6. [答案] C
   [解析] 本题的考点为企业薪酬设计的原则中量力而行原则。根据题目信息"必须考虑自身的经济实力"，即量力而行之意，C项正确。

7. [答案] C
   [解题思路] 本题的考点为企业薪酬制度设计原则中公平原则相关内容。首先，公平原则包括外部公平、内部公平和员工个人

公平,可排除 D 项企业公平。其次,根据题目信息"同一企业中",可知涉及内部公平和员工个人公平,而外部公平的比较的范围是超出一个企业的范围的,是在同行业、同地区或者企业与企业之间进行衡量,因此可排除 B 项外部公平。最后,再根据关键题目信息"从事相同工作的",可知为员工个人公平,而 A 项内部公平是衡量不同职位之间的薪酬,所以 C 项正确。

8. [答案] D
[解题思路] 本题的考点为以职位为导向的基本薪酬设计方法。首先,题目不涉及"付酬因素"的信息,因此排除计点法和因素比较法。其次,根据题目信息可知是将职位划分为不同类型,对应名称可知为职位分类法,D 项正确。

9. [答案] B
[解析] 本题的考点为绩效调薪的概念。绩效调薪是指根据员工的绩效考核结果对其基本薪酬进行调整,调薪的周期一般按年来进行,可知符合本题所述,B 项正确。

10. [答案] A
[解析] 本题考点为福利的特点。福利具有普遍性,与员工个人的绩效并没有太大的直接联系,A 项正确。

二、多项选择题
1. [答案] BE
[解析] 本题的考点为企业人力资源规划内容。人员使用计划的目标包括优化部门编制和人员结构、改善绩效、合理配置、加强职务轮换等,因此 B、E 两项正确。A、C 两项,改善员工知识技能、改善工作作风和企业文化属于人员培训开发计划的目标。D 项,人力资源供给增加属于薪酬激励计划的目标。

2. [答案] CE
[解析] 本题的考点为绩效考核的步骤。其中,绩效考核实施阶段的主要任务包括绩效沟通、绩效考核评价,C、E 两项正确。A、B、D 三项,选择考核者、明确考核目标和确定考核方法均属于绩效考核准备阶段的主要任务。

3. [答案] AE
[解析] 本题的考点为薪酬的功能。其中,薪酬对员工的功能包括保障功能、激励功能和调节功能,A、E 两项正确。B、C、D 三项的内容均属于薪酬对企业的功能,可知错误。

4. [答案] ACE
[解析] 本题的考点为群体激励薪酬。群体激励包括利润分享计划、收益分享计划、员工持股制度三种形式,可知 A、C、E 三项正确。B、D 两项,计件制和绩效调薪均属于个人激励薪酬的形式。

5. [答案] CD
[解析] 本题的考点为福利的内容。其中,企业自主福利是企业自愿地向员工提供的除了法定福利外的其他种类的福利,比如除了法定之外的由于某种原因而为员工另外提供的各种假期、休假,为员工及其家属提供的各种服务项目(如儿童看护、老人护理等),以及灵活多样的员工退休计划等,因此 C、D 两项正确。A、B、E 三项,住房公积金、法定休假日和失业保险均属于国家法定的福利形式。

三、案例分析题
1. [答案] A
[解题思路] 本题的考点为人力资源需求预测方法中转换比率分析法。具体计算步骤如下:
(1) 找到业务增加量与人力资源增加量的关系。案例资料已告知"销售额每增加 500 万元,需增加管理人员、销售人员和客服人员共 20 人;该企业预计新的一年销售额将增加 1 000 万元",可知新的一年管理人员、销售人员和客服人员的总人数应同比例增加 40 人。
(2) 确定各职位人员之间的比例。案例资料信息已告知"管理人员、销售人员和客服人员的比例是 1∶7∶2",即管理人员占其中的 1/10。
(3) 确定管理人员的增加数量。根据上面步骤的计算结果可知,各职位人员增加量的总人数为 40 人,其中管理人员占 1/10,因此,管理人员需要增加的数量 $= 40 \times 1/10 = 4$ (人),A 项正确。

2. [答案] D

[解题思路] 本题的考点为人力资源内部供给预测方法。人力资源内部供给预测方法包括人员核查法、管理人员接续计划法和马尔可夫模型法。其中,管理人员接续计划法适用于对管理人员和工程技术人员的供给预测,本题由于特别指出对工程技术人员供给状况进行预测,因此只能选择管理人员接续计划法,D 项正确。

3. [答案] CD

[解析] 本题的考点为影响人力资源外部供给的因素。A、B 两项,企业人员调动率和人才流失率均为影响人力资源需求预测的因素;而 C、D 两项,本地区人力资源总体构成、行业劳动力市场供求状况属于影响人力资源外部供给的因素,因此 C、D 两项正确。

4. [答案] AD

[解析] 本题的考点为企业人力资源规划的内容。其中,人员补充计划的目标包括明确补充人员的数量、类型、层次、优化人员结构等,可知 A、D 两项正确。B 项,加强职务轮换属于人员使用计划的目标。C 项,改善人员知识技能属于人员培训开发计划的目标。

错题收集

第八章　企业投融资决策及重组

本章考情分析

节名	题型	2017	2016	2015	2014	2013
第一节 财务管理的基本价值观念	单项选择题	1分	1分	1分	4分	3分
	多项选择题	0分	0分	0分	0分	0分
	案例分析题	0分	0分	0分	0分	8分
第二节 筹资决策	单项选择题	3分	3分	1分	2分	4分
	多项选择题	2分	2分	2分	2分	2分
	案例分析题	0分	0分	0分	8分	0分
第三节 投资决策	单项选择题	1分	0分	3分	1分	0分
	多项选择题	0分	2分	2分	2分	2分
	案例分析题	8分	8分	8分	0分	0分
第四节 并购重组	单项选择题	1分	2分	2分	1分	1分
	多项选择题	2分	0分	0分	2分	0分
	案例分析题	0分	0分	0分	0分	0分
合计		18分	18分	19分	22分	20分

本章学习提示

本章因涉及财务管理知识，难度较大，计算公式较多。考点主要分布在第二节和第三节内容，且前三节的知识点相互之间有较强的逻辑性和一定的联系，一些知识点需前后内容结合起来学习。历年考试题型涉及单项选择题、多项选择题和案例分析题。其中，案例分析题主要以第二、三节为重点进行出题，整体难度适中，少数题目较为灵活，需要对知识点深入理解后才能做题。

第一节 财务管理的基本价值观念

本节考点概览

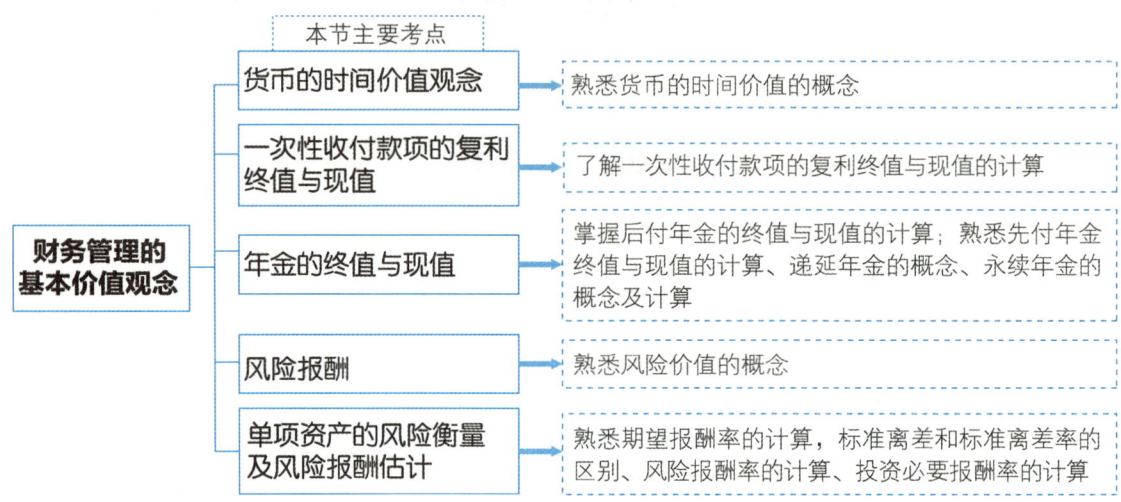

本节考点详解

【考点一】货币的时间价值观念

货币的时间价值，也称资金的时间价值，是指货币随着时间的推移而发生的增值。货币的时间价值原理正确地揭示了不同时点上的资金之间的换算关系，是财务决策的基础。一般情况下可以用利息和利率代表货币的时间价值。例如存入银行 10 000 元，约定年利率为 1%，则一年的利息额为 100 元，100 元的利息额则为本金 10 000 元随着时间的推移（在此为 1 年）产生的增值，即货币的时间价值。因此，货币的时间价值可以用具体的利息额来体现，也可以用利率的形式表现。

> **经典例题**
>
> [2013 年真题·单选题] 下列理论中，能够正确揭示不同时点上的资金之间换算关系的是（　　）。
> A. 财务杠杆　　　B. 风险价值　　　C. 资本成本　　　D. 货币的时间价值
> [答案] D
> [解题思路] 根据题目信息"揭示不同时点上的资金之间换算关系"，可知为货币的时间价值，D 项正确。

【考点二】一次性收付款项的复利终值与现值

一、一次性收付款项的终值与现值的概念

（1）一次性收付款项，是指在某一特定时间点上一次性支付（或收取），经过一段时间后再相应地一次性收取（或支付）的款项。如某公司向银行一次性借款 10 万元，期限为 2 年，2 年后一次性偿还本金和利息。

（2）现值，是指将来一定时间点发生的特定资金按复利计算的现在价值，即为取得将来一定本利和（终值）现在所需的本金。

（3）终值，又称将来值，是指现在一定量现金在未来某一时点上的价值，也称本利和。

例如，存入银行 10 000 元，年利率为 1%，一年后得到本金加利息之和，即本利和（终值）10 100 元，10 000 元则是为取得本利和（终值）10 100 元的现值，而 10 100 元则为 10 000 元在一年后的本利和（终值）。

【注意】利息按计息方式不同，可分为单利和复利，在此计算利息的方式都是以复利的方式计算，即每经过一个计息期后，都要将产生的利息加入本金，以计算下期的利息。

【举例】存入银行 10 000 元，年复利率为 1%，3 年后得到的本利和应为多少？

【分析】第 1 年的利息为 10 000×1%＝100（元）；第 2 年的利息需将第一年产生的 100 元利息加入本金来进行计算，即 10 100×1%＝101（元）；第 3 年的利息需将前两年产生的利息加入本金来进行计算，即 10 201×1%＝102.01（元）。

因此，第 3 年结束后共得到的本利和为 10 000＋100＋101＋102.01＝10 303.01（元）。这种计息方式也可以直接用公式"本金×（1＋利率）^{n}"计算出本利和，n 为计息期数。

二、一次性收付款项的终值与现值的计算

终值和现值是两个相对的概念，可以通过系数进行相互的换算，具体计算公式如下：

$$终值＝现值×（1＋利率）^n$$
$$现值＝终值÷（1＋利率）^n$$
$$＝终值×\frac{1}{(1＋利率)^n}$$

式中，终值和现值分别指的是一次性收付款项的复利终值和现值；n 为计息周期数，为了方便运用，将终值计算公式中的 $(1＋利率)^n$ 视为复利终值系数，记为 $(F/P, i, n)$；将现值计算公式中的 $\frac{1}{(1＋利率)^n}$ 视为复利现值系数，记为 $(P/F, i, n)$。

【举例 1】某公司向银行借款 1 000 万元，期限为 3 年，年利率为 10%，复利计算，试求到期时该公司应偿还的金额？

【分析】根据一次性收付款项的复利终值的计算公式进行计算。终值＝现值×（1＋利率）^{n}，式中现值即借款的本金 1 000 万元，利率为 10%，计息周期数 n 为 3。因此，终值＝1 000×（1＋10%）^{3}＝1 000×1.1^3＝1 331（万元）。

【举例 2】某公司投资某项目，预计 3 年后可获得的投资收益为 600 万元，假设年复利率为 10%，试求该公司投资收益的复利现值？

【分析】根据一次性收付款项的复利现值的计算公式进行计算。现值＝终值×$\frac{1}{(1＋利率)^n}$，式中终值即未来预计得到的收益 600 万元，利率为 10%，计息周期数 n 为 3，因此，现值＝600×$\frac{1}{(1＋10\%)^3}$＝600×$\frac{1}{1.1^3}$≈600×0.751 3＝450.78（万元）。

【注意】现值的计算除了可以用来计算存款的本金之外，还可用于项目的风险评价。当项目存在一定风险时，常常会把项目未来的收益折成现值来衡量，如同本例题的形式，如果风险越大，则设置的利率（折现率）就越高，项目的收益的现值就会越少，以此降低追求高收益投资者的热情，避免冒险投资而产生的风险。

【考点三】年金的终值与现值

年金是指每隔一定相等的时间，收到或支付的相同数量的系列款项，是一种资金收付方式。它与一次性收付款项的资金收付方式不同，年金是分期等额支付或收取款项。如某企业为建设某项目，每年向银行借款 100 万元，期限为 3 年。3 年则向银行借款 3 笔 100 万元，这种收取或支付款项的方式则是年金的形式。年金按照每次收付发生的时点不同，又可分为后付年金、先付年金、递延年金、永续年金四种类型。

一、后付年金的终值与现值

后付年金，又称普通年金，即各期期末发生的年金，如在每年年末从银行借款 100 万元。

（一）后付年金的终值计算

例如，某公司未来 3 年内，每年年末存入银行 100 万元，年复利率为 1%，如图 8-1-1。

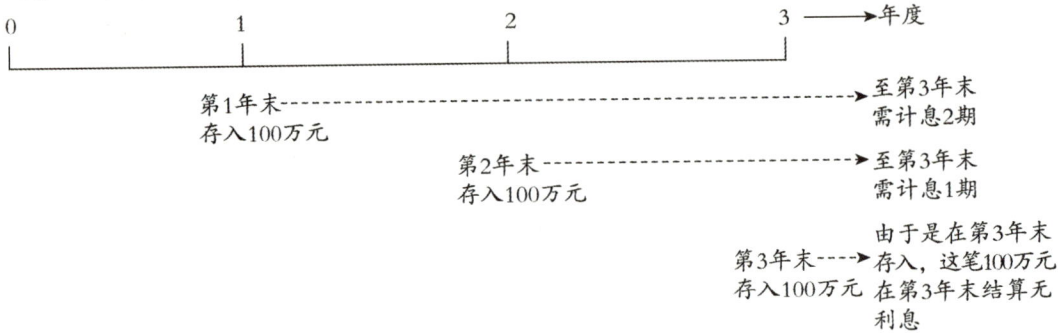

图 8-1-1　公司每年年末存入款项及计息方式图

由上图 8-1-1 可知，3 笔款项在第 3 年末结算时的本利和（终值）分别如下：

第 1 年末存入的 100 万元在第 3 年末的终值 = 100 × $(1+1\%)^2$ = 102.01（万元）。

第 2 年末存入的 100 万元在第 3 年末的终值 = 100 × $(1+1\%)^1$ = 101（万元）。

第 3 年末存入的 100 万元由于没有经过任何时间期间，未产生时间价值（利息），因此在第 3 年末的终值仍为 100 万元。

由此可知，3 笔款项在第 3 年年末的终值总和 = 102.01 + 101 + 100 = 303.01（万元）。总结得出，后付年金的终值计算即各期期末的系列收付款项的复利终值之和，即后付年金的终值计算公式如下：

后付年金终值 = 每年支付金额 × $(1+利率)^0$ + 每年支付金额 × $(1+利率)^1$ + … + 每年支付金额 × $(1+利率)^{n-1}$

整理上式，可得到：

$$后付年金终值 = 每年支付金额 \times \frac{(1+利率)^n - 1}{利率}$$

式中：$\frac{(1+利率)^n - 1}{利率}$ 可视为年金终值系数，记为 $(F/A, i, n)$。

【注意】以上两个后付年金终值公式计算出的结果均相同，考试用任何一个公式均可。

（二）后付年金现值的计算

由后付年金终值的计算原理，同理可得出，后付年金的现值即每期期末的等额的系列收付款项的复利现值之和。

例如，某公司租入 1 台大型设备，每年年末需支付租金 10 万元，假设年利率为 10%，3 年支付的租金现值如图 8-1-2 所示。

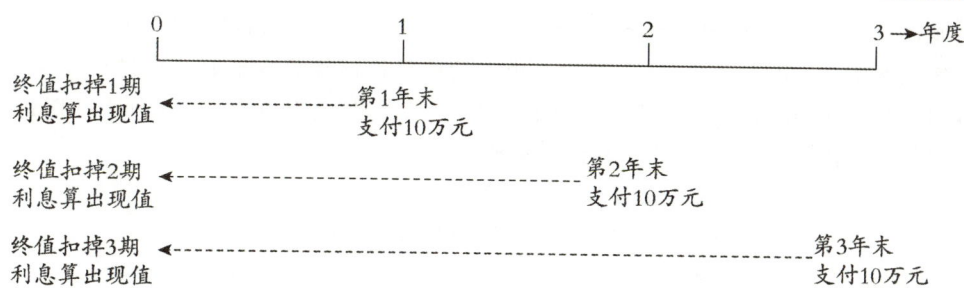

图 8-1-2　公司每年年末支付租金方式图

由上图 8-1-2 可知，3 笔租金折算的现值如下：

第 1 年年末支付的 10 万元的现值 $=10\times\dfrac{1}{(1+10)^1}\approx 10\times 0.909\,1=9.091$（万元）。

第 2 年年末支付的 10 万元的现值 $=10\times\dfrac{1}{(1+10)^2}\approx 10\times 0.826\,4=8.264$（万元）。

第 3 年年末支付的 10 万元的现值 $=10\times\dfrac{1}{(1+10)^3}\approx 10\times 0.751\,3=7.513$（万元）。

由此可知，3 笔租金折算的现值总和 $=9.091+8.264+7.513=24.868$（万元）。总结得出后付年金现值的计算公式如下：

后付年金现值 $=$ 每年支付金额 $\times\dfrac{1}{(1+利率)^1}+$ 每年支付金额 $\times\dfrac{1}{(1+利率)^2}+\cdots+$ 每年支付金额 $\times\dfrac{1}{(1+利率)^n}$

整理上式，可得到：

$$后付年金现值 = 每年支付金额 \times \dfrac{1-(1+利率)^{-n}}{利率}$$

式中：$\dfrac{1-(1+利率)^{-n}}{利率}$ 可视为年金现值系数，记为 $(P/A,i,n)$。

【注意】$(1+利率)^{-n}$ 即为 $\dfrac{1}{(1+利率)^n}$。

二、先付年金的终值与现值

（一）先付年金的概念

先付年金，又称即付年金，是指从第一期起，在一定时期内**每期期初**等额收付的系列款项。如企业 3 年内每年年初存入 150 万元作为住房基金。

（二）先付年金的终值与现值的计算

先付年金的终值和现值可在后付年金终值和现值的基础上计算得出，二者的区别如图 8-1-3 所示。

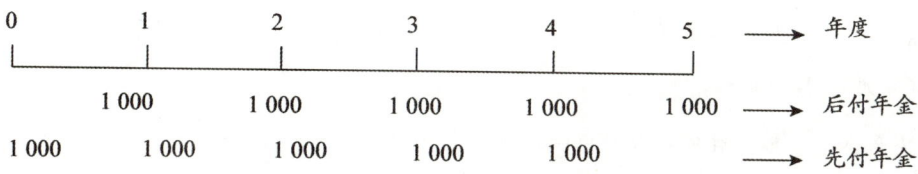

图 8-1-3　后付年金和先付年金收付方式图

从上图 8-1-3 所示，由于先付年金是在每期期初支付或收取，因此计算先付年金的终值时，会比后付年金终值多计算一期利息。即在后付年金的终值基础上多加一期利息即可，也可用后付年金终值乘以（1＋利率）得到。而计算先付年金的现值时，由于现值即终值（本利和）扣掉各期利息后计算出的本金，由上图 8-1-3 可看出，由各期终值往前推算现值时，先付年金现值会比后付年金现值少扣一期利息，所以计算先付年金现值是在后付年金现值的基础上加上一期利息即可，也可用后付年金现值乘以（1＋利率）得到。整理可得出下列公式：

$$先付年金终值＝后付年金终值×（1＋利率）$$
$$先付年金现值＝后付年金现值×（1＋利率）$$

三、递延年金与永续年金

（一）递延年金

递延年金是指在最初若干期没有收付款项，后面若干期才有等额收付的年金形式。如某企业租入一台设备，租期 6 年，前 2 年不支付租金，从第 3 年至第 6 年每年等额支付租金 10 万元。

（二）永续年金

永续年金是指无期限支付的年金，即计息期限趋于无穷大。如<u>无期限债券的利息、优先股股利</u>均可视为永续年金。以优先股为例，永续年金的现值计算公式如下：

$$优先股的现值＝每股股息/利率$$

【举例】某优先股，每年股息为 3 元，利率（或投资者必要报酬率）为每年 6％，则该优先股的现值为 3/6％＝50（元）。

经典例题

[2017 年真题·单选题] 假设 i 为折现率，n 期先付年金的终值可以用 n 期后付年金的终值乘以（　　）求得。

A. $(1+i)$ B. $(1+i)^{-1}$

C. $(1+i)^{-n}$ D. $(1+i)^n$

[答案] A

[解析] 根据先付年金的终值公式，先付年金终值＝后付年金终值×（1＋利率），利率也可视为折现率，A 项正确。

[2016 年真题·单选题] M 公司从 N 公司租入数控机床一台，合同约定租期为 2 年，M 公司每年年末支付给 N 公司租金 10 万元，假定年复利率为 6％，则 M 公司支付的租金现值总计是（　　）万元。

A. 9.43   B. 18.33   C. 20.00   D. 20.12

[答案] B

[解析] 根据题目信息"每年年末支付"，可判断为后付年金的支付形式。其次题目要求计算现值，因此本题可采用后付年金现值计算的两个公式的任何一个计算均可：

(1) 运用基本公式计算：后付年金现值＝每年支付金额×$\dfrac{1}{(1+利率)^1}$＋每年支付金额×$\dfrac{1}{(1+利率)^2}$＋…＋每年支付金额×$\dfrac{1}{(1+利率)^n}$＝$10×\dfrac{1}{(1+6\%)^1}+10×\dfrac{1}{(1+6\%)^2}$≈9.43＋8.90＝18.33（万元），B 项正确。

(2) 运用变形公式计算：后付年金现值＝每年支付金额×$\dfrac{1-(1+利率)^{-n}}{利率}$＝$10×\dfrac{1-(1+6\%)^{-2}}{6\%}$＝$10×\dfrac{1-\dfrac{1}{(1+6\%)^2}}{6\%}$≈10×1.833＝18.33（万元），B 项正确。

> **经典例题**
>
> [2014年真题·单选题] 某贸易公司租赁办公场所,租期10年,约定自第3年年末起每年末支付租金5万元,共支付7年,这种租赁形式是(   )。
> A. 先付年金   B. 后付年金   C. 永续年金   D. 递延年金
> [答案] D
> [解析] 根据题目信息"自第3年年末起每年末支付",即前2年未支付租金,从第3年才开始支付租金,可知符合递延年金的概念,D项正确。

【考点四】风险报酬

风险报酬是指投资者<u>由于冒着风险进行投资而获得的超过资金的时间价值的额外收益</u>。风险报酬有两种表示方式:风险报酬额和风险报酬率。在不考虑通货膨胀的情况下,投资必要报酬率包括两个部分:一是资金的时间价值,可通过无风险报酬率来体现。一般情况下,可将购买国债的收益率看成是无风险报酬率;二是风险价值,可通过风险报酬率来体现,其高低与风险大小有关,<u>风险越大,风险报酬率越大</u>,投资者冒着较大风险进行投资的目的是获得较高的风险报酬。由此可得出投资必要报酬率的公式如下:

$$投资必要报酬率 = 无风险报酬率 + 风险报酬率$$

【考点五】单项资产的风险衡量及风险报酬估计

一、单项资产(或单项投资项目)的风险衡量

对单项资产的风险衡量通常会有以下几个环节:

(1)确定概率分布。如某市场未来状况可能出现的结果和概率如表8-1-1所示。

表 8-1-1   某市场未来状况可能出现的结果和概率

经济状况	发生概率
繁荣	0.2
一般	0.5
萧条	0.3
合计	1

(2)计算期望报酬率。

期望报酬率=第1种可能结果的报酬率×第1种可能结果发生的概率+第2种可能结果的报酬率×第2种可能结果发生的概率+…+第 i 种可能结果的报酬率×第 i 种可能结果发生的概率

【注意】本公式实则与第一章期望损益值的计算公式一样。区别在于,期望损益值的计算中,各方案的收益是用具体的金额来表示,而期望报酬率的计算中,各项目的收益是用百分比的形式,即报酬率来表示。考试一般会直接给出经济状况发生的三种结果和概率的数据,以及项目在三种结果下各自的报酬率的数据,直接带入公式计算即可。

【举例】某公司拟投资甲、乙两个项目,且市场状况有三种情况。各市场状况出现的概率分布及各状况下的预期报酬率如表8-1-2所示。计算两个项目各自的期望报酬率。

表 8-1-2   公司预期报酬率及概率分布

市场情况	发生概率	预期报酬率	
		甲项目(%)	乙项目(%)
繁荣	0.2	60	90

续表

市场情况	发生概率	预期报酬率	
		甲项目（%）	乙项目（%）
一般	0.5	40	60
萧条	0.3	30	−10

【分析】根据公式计算两个项目的期望报酬率如下：

甲项目期望报酬率＝0.2×60%＋0.5×40%＋0.3×30%＝41%；乙项目期望报酬率＝0.2×90%＋0.5×60%＋0.3×（−10%）＝45%。

（3）计算标准离差或标准离差率。

根据上一步计算得出的期望报酬率的数值进一步计算标准离差或标准离差率，两个指标的对比如表 8-1-3 所示。

表 8-1-3　标准离差与标准离差率对比表

项目	标准离差	标准离差率
公式	—	标准离差/期望报酬率
适用	各项目期望报酬率相同	各项目期望报酬率不同
形式	绝对数	相对数
与风险大小变化的关系	同方向变动（与离散程度也成同方向变动）	同方向变动

【考点小贴士】历年对本考点的考查不会很深入，不考查标准离差的计算，主要熟悉标准离差率的公式、二者之间的区别以及与风险大小变化的关系。

二、风险报酬估计

风险报酬率的计算公式如下：

$$风险报酬率＝风险报酬系数×标准离差率$$

【举例】某公司拟投资甲、乙两个项目，甲项目的标准离差率为 35%，风险系数为 10%，乙项目的标准离差率为 50%，风险系数为 20%。如无风险报酬率为 5%，试求两个项目的风险报酬率和投资必要报酬率。

【分析】根据公式按如下步骤计算：

第一步：根据公式"风险报酬率＝风险报酬系数×标准离差率"，分别计算两个项目的风险报酬率。甲项目的风险报酬率＝10%×35%＝3.5%；乙项目的风险报酬率＝20%×50%＝10%。

第二步：根据公式"投资必要报酬率＝无风险报酬率＋风险报酬率"，分别计算出两个项目的投资必要报酬率。甲项目的投资必要报酬率＝5%＋3.5%＝8.5%；乙项目的投资必要报酬率＝5%＋10%＝15%。

> **经典例题**
>
> [2014 年真题·单选题] 假设开发某产品的期望报酬率为 25%，标准离差为 15%，则开发该产品的期望报酬率的标准离差率为（　　）。
>
> A. 10%　　　　B. 40%　　　　C. 60%　　　　D. 167%
>
> [答案] C
>
> [解析] 本题考点为标准离差率计算。标准离差率＝标准离差/期望报酬率＝15%/25%＝60%，C 项正确。

经典例题

[2014年真题·单选题] 风险报酬率可以用风险报酬系数与（　　）的乘积计算得出。
A. 标准离差率　　B. 时间价值率　　C. 无风险报酬率　　D. 必要报酬率
[答案] A
[解析] 风险报酬率＝风险报酬系数×标准离差率，A项正确。

第二节　筹资决策

本节考点概览

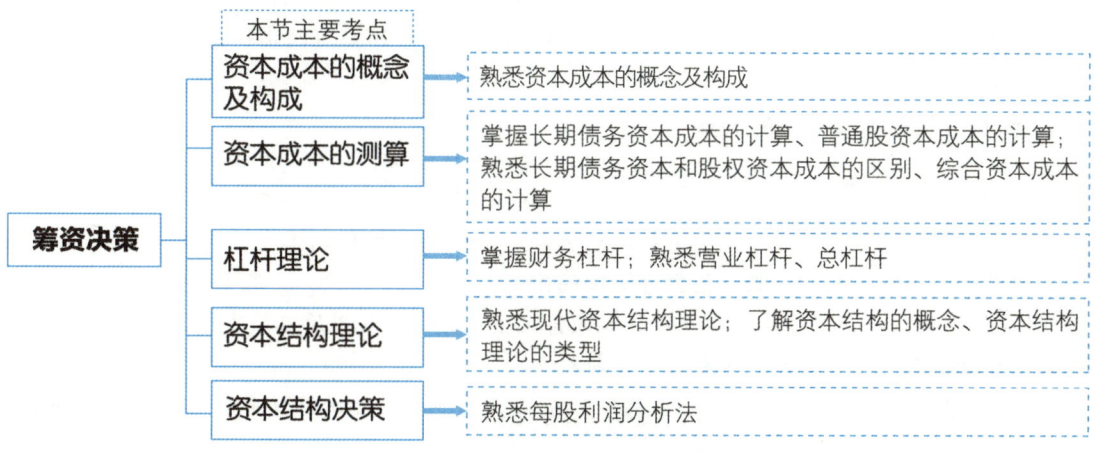

本节考点详解

【考点一】资本成本的概念及构成

资本成本是企业筹资和使用资本而承付的代价。这里的资本是指企业所筹集的长期资本，包括股权资本和长期债务资本。**从投资者的角度看，资本成本是投资者要求的必要报酬或最低报酬。资本成本从绝对量的构成来看，包括用资费用和筹资费用两部分**，具体如表8-2-1所示。

表8-2-1　资本成本的构成

构成	支付形式	举例
用资费用	经常性支付	利息、股利
筹资费用	一次性支付	办理银行贷款的手续费，发行债券、股票的发行费

经典例题

[2013年真题·多选题] 企业的资本成本包括（　　）。
A. 用资费用　　B. 营业费用　　C. 销售费用　　D. 筹资费用
E. 制造费用
[答案] AD
[解析] 资本成本包括筹资费用和用资费用，A、D两项正确。

【考点二】资本成本的测算

资本成本是**选择筹资方式、资本结构和追加筹资方案**的依据,也是**评价投资项目、比较投资方案和进行投资决策**的经济标准,可以作为**评价企业整个经营业绩**的基准。资本成本的测算可分为**个别资本成本测算**和**综合资本成本测算**。测算资本成本一般用相对数表示,即个别资本成本率和综合资本成本率。

一、个别资本成本率

个别资本成本率是指某种特定筹资方式下的资本成本率。例如银行借款筹资方式下的长期借款资本成本率、发行债券筹资方式下的债券资本成本率、股权筹资方式下的股权资本成本率等。个别资本成本率可用于比较各种筹资方式资本成本的高低。

(一) 长期债务资本成本率的测算

长期债务资本成本主要包括长期借款(银行借款)资本成本和长期债券(发行债券)资本成本两种形式。银行借款和发行债券两种筹资方式均需要按期偿还筹资时借入的本金以及使用资金期间产生的利息。

1. 长期借款资本成本率的测算

$$长期借款资本成本率 = \frac{长期借款年利息额 \times (1 - 所得税率)}{长期借款筹资额 \times (1 - 筹资费用率)}$$

式中:长期借款筹资额表示银行借款的总金额;长期借款年利息额=长期借款筹资额×年利率;筹资费用率即筹资费用占长期借款筹资额的比重。

【注意】当借款合同附加**补偿性余额条款**的情况下,企业可动用的借款筹资额应扣除补偿性余额,此时借款的**实际利率和资本成本率将会上升**。

【考点小贴士】考试一般会直接给出长期借款筹资额、利率、所得税率、筹资费用率的数据,需要先计算出长期借款年利息额,再将数据代入公式计算。

【举例】某公司从银行借款500万元,借款期限为5年,年利率为10%,每年付息一次,到期一次性还本,筹资费用率为0.5%,企业所得税率为25%,试计算该笔借款的资本成本率。

【分析】根据公式"$长期借款资本成本率 = \frac{长期借款年利息额 \times (1 - 所得税率)}{长期借款筹资额 \times (1 - 筹资费用率)}$",计算如下:

(1) 长期借款年利息额=500×10%=50(万元)。

(2) 长期借款资本成本率=$\frac{50 \times (1 - 25\%)}{500 \times (1 - 0.5\%)} \approx 0.0754 = 7.54\%$。

2. 长期债券资本成本率测算

$$长期债券资本成本率 = \frac{债券每年支付利息 \times (1 - 所得税率)}{债券筹资额 \times (1 - 筹资费用率)}$$

式中:债券筹资额即债券发行价,如为等价发行,债券发行价等于债券的票面金额;债券每年支付利息=债券的票面金额×债券票面利率;筹资费用率即债券筹资费用占债券筹资额的比重。

【考点小贴士】两种长期债务资本成本率的测算公式实则是体现实际用资费用占筹资净额的比重。公式的分子均体现的是实际的用资费用。如银行借款下的利息额、债券筹资下的利息额,分母均为筹资净额,即银行借款或债券筹资形式下的筹资额扣减掉筹资费用后实际筹到的资金,即筹资净额。

【举例】某公司发行面值100元,期限5年,票面利率10%的长期债券,债券的票面金额为1 000万元,企业按溢价发行,发行价为1 200万元,筹资费用率为1%,公司所得税率为25%,试计算该笔借款的资本成本率?如该公司等价发行,则该笔借款的资本成本率又是多少?

【分析】根据公式"长期债券资本成本率 $=\dfrac{\text{债券每年支付利息}\times(1-\text{所得税率})}{\text{债券筹资额}\times(1-\text{筹资费用率})}$",计算如下:

(1) 溢价发行下该笔借款的资本成本率。溢价发行下,债券筹资额为发行价 1 200 万元。

长期债券资本成本率 $=\dfrac{1\,000\times10\%\times(1-25\%)}{1\,200\times(1-1\%)}\approx0.063\,1=6.31\%$。

(2) 等价发行下该笔借款的资本成本率。等价发行下,债券筹资额为票面金额 1 000 万元。

长期债券资本成本率 $=\dfrac{1\,000\times10\%\times(1-25\%)}{1\,000\times(1-1\%)}\approx0.075\,8=7.58\%$。

(二) 股权资本成本的测算

股权资本成本是股权筹资形式下投资者投资企业股权时所要求的收益率。这种筹资方式下,筹集的资金会形成企业的资本金,企业无需偿还本金,只需按期向股东分配股利即可。

1. 普通股资本成本的测算

普通股的资本成本率的测算主要有两种方法:股利折现模型和资本资产定价模型。

(1) 股利折现模型下普通股资本成本的测算。

在股利折现模型下,影响普通股的因素包括:普通股融资净额或普通股每股融资净额、发行价格、发行费用、股利水平、股利政策等。 由于不同的股利政策决定了股利水平的高低,因此不同的股利政策计算普通股资本成本率的方式也有所不同。

1) 固定股利政策下普通股资本成本率的测算。

$$\text{普通股资本成本率}=\dfrac{\text{每年每股分派的现金股利}}{\text{普通股每股融资净额}}$$

2) 固定增长股利政策下普通股资本成本率的测算。

$$\text{普通股资本成本率}=\dfrac{\text{第1年每股股利}}{\text{普通股每股融资净额}}+\text{每年股利增长率}$$

(2) 资本资产定价模型下普通股资本成本的测算。

普通股资本成本率=无风险报酬率+风险系数×(市场平均风险报酬率-无风险报酬率)

【举例】某公司股票的风险系数为 1.1,假设无风险报酬率为 5%,市场平均报酬率为 12%,试计算该公司发行股票的资本成本率。

【分析】普通股资本成本率=无风险报酬率+风险系数×(市场平均风险报酬率-无风险报酬率)=5%+1.1×(12%-5%)=5%+7.7%=12.7%。

【考点小贴士】资本资产定价模型下普通股资本成本率的测算是历年常考点,单项选择题和案例分析题均出过类似题目,难度一致,每年会给出计算所需数据,直接代入公式计算出普通股资本成本率即可。

2. 优先股资本成本率的测算

优先股每年支付的股利相等,在持续经营假设下,优先股的资本成本视为求永续年金现值,其计算公式如下:

$$\text{优先股资本成本率}=\dfrac{\text{优先股每股年股利}}{\text{优先股筹资净额}}$$

式中:优先股筹资净额=发行价格-发行费用。

3. 留用利润资本成本率的测算

公司的留用利润(或留存收益)是由公司税后利润形成的,属于股权资本。留用利润的资本成本,实际是一种机会成本,其测算方法与普通股基本相同,只是不考虑筹资费用。

> **经典例题**
>
> [2016年真题·单选题] 某公司从银行获得贷款2亿元,期限3年,贷款年利率为6.5%,约定每年付息一次,到期一次性还本。假设筹资费用率为0.5%,公司所得税率为25%,则该公司该笔贷款的资本成本率是（　　）。
>
> A. 4.90% B. 5.65%
> C. 6.50% D. 9.00%
>
> [答案] A
>
> [解析] 本题的考点为长期借款资本成本率的测算。根据公式,长期借款资本成本率 = $\frac{长期借款年利息额 \times (1-所得税率)}{长期借款筹资额 \times (1-筹资费用率)} = \frac{2 \times 6.5\% \times (1-25\%)}{2 \times (1-0.5\%)} \approx 4.90\%$,A项正确。
>
> [2014年真题·单选题] 借款合同如果附加补偿性余额条款,会使企业借款的资本成本率（　　）。
>
> A. 上升 B. 下降
> C. 不变 D. 先上升后下降
>
> [答案] A
>
> [解析] 本题的考点为长期借款资本成本率的测算。当借款合同附加补偿性余额条款的情况下,企业可动用的借款筹资总额应扣除补偿性余额,此时借款的实际利率和资本成本率将会上升,A项正确。
>
> [2014年真题·多选题] 依据股利折现模型,影响普通股资本成本率的因素有（　　）。
>
> A. 普通股融资净额 B. 销售收入额
> C. 股利政策 D. 营业资本额
> E. 速动比率
>
> [答案] AC
>
> [解析] 根据股利折现模型,影响普通股资本成本率的因素包括普通股融资净额或普通股每股融资净额、发行价格、发行费用、股利水平、股利政策,A、C两项正确。

二、综合资本成本率

综合资本成本率,又称加权平均资本成本率,是指一个企业全部长期资本的成本率,通常是以各种长期资本的比例为权重,对个别资本成本率进行加权平均测算。其计算公式如下:

$$综合资本成本率 = 第1种筹资方式资本成本率 \times \frac{第1种筹资方式筹资金额}{资本总额} + 第2种筹资方式资本成本率 \times \frac{第2种筹资方式筹资金额}{资本总额} + \cdots + 第n种筹资方式资本成本率 \times \frac{第n种筹资方式筹资金额}{资本总额}$$

式中:各种筹资方式的资本成本率即个别资本成本率;各种筹资方式的筹资金额/资本总额即各种筹资方式占总资本的比重,不同的比重就会形成不同的资本结构。由此可知,<u>决定综合资本成本的两个因素是个别资本成本率和各种资本结构</u>。

【举例】某公司投资一项目需要筹资5亿元,公司采用两种筹资方式:发行普通股2亿元,资本成本率为16%;向银行借款3亿元,资本成本率为10%。试求该笔投资的综合资本成本率。

【分析】综合资本成本率 = $16\% \times \frac{2}{5} + 10\% \times \frac{3}{5} = 6.4\% + 6\% = 12.4\%$。

【考点小贴士】综合资本成本率的计算在近年出题频率有所降低,在往年一般是在案例分析题中以计算题的形式出现,考试形式与难度可参见上述[举例]。

经典例题

[例题·单选题]综合资本成本率的高低由个别资本成本率和（ ）决定。
A. 所得税率 B. 筹资总量
C. 筹资费用 D. 资本结构
[答案] D
[解析] 决定综合资本成本率的两个因素为个别资本成本率和各种资本结构，D项正确。

【考点三】杠杆理论

一、营业杠杆

营业杠杆，又称经营杠杆或营运杠杆，是指企业生产经营中，由于固定成本存在，当销售额（营业额）增减时，息税前盈余会有更大幅度的增减。

营业杠杆系数（DOL），又称营业杠杆程度，是息税前盈余的变动率相当于销售额（营业额）变动率的倍数，用公式表达如下：

$$营业杠杆系数 = \frac{息税前盈余额的变动额 / 息税前盈余额}{营业额的变动额 / 营业额}$$

【注意】营业杠杆系数可用来衡量企业的经营风险，营业杠杆系数越大，表示企业息税前盈余对销售量变化的敏感程度越高，经营风险越大；反之，则经营风险越小。

二、财务杠杆

财务杠杆，也称融资杠杆，是指由于债务利息等固定性融资成本的存在，使权益资本净利率（或每股收益）的变动率大于息税前盈余率（或息税前盈余）变动率的现象。

财务杠杆系数（DFL），是指普通股每股收益变动率与息税前盈余变动率的比值，用公式表达如下：

$$财务杠杆系数（DFL） = \frac{普通股每股收益变动额 / 普通股每股税后利润额}{息税前盈余变动额 / 息税前盈余}$$

该公式可变形为：

$$财务杠杆系数（DFL） = \frac{息税前盈余}{息税前盈余 - 债务年利息额}$$

式中：债务年利息额＝负债总额×债务利率，负债总额＝资产总额×资产负债率。

【注意】财务杠杆系数可用来衡量企业的财务风险，如果财务杠杆系数越大，则企业追求的财务杠杆利益越大，财务风险也越大；反之，则财务风险越小。

【考点小贴士】历年常在案例分析题或单项选择题中考查财务杠杆系数的变形公式，但考查难度不大，一般会直接给出息税前盈余、债务年利息额的数据，代入公式计算出财务杠杆系数即可。

三、总杠杆

总杠杆，也称联合杠杆，是指营业杠杆和财务杠杆的联合作用。

总杠杆系数（DTL），是营业杠杆系数和财务杠杆系数的乘积，用公式表达如下：

$$总杠杆系数（DTL） = 营业杠杆系数（DOL） \times 财务杠杆系数（DFL）$$

经典例题

[2017年真题·多选题]影响企业财务杠杆系数的因素有（ ）。
A. 息税前盈余 B. 债务年利息额
C. 股权集中度 D. 金融资产比重
E. 无形资产比重

[答案] AB

[解析] 本题实则考查的是财务杠杆系数的变形公式。根据公式,财务杠杆系（DFL）= $\dfrac{息税前盈余}{息税前盈余-债务年利息额}$,可知影响财务杠杆系数的因素有息税前盈余和债务年利息额,A、B两项正确。

[2014年真题·单选题] 财务杠杆系数是指（　　）的变动率与息税前盈余变动率的比值。
A. 普通股每股收益　B. 营业额　　　C. 营业利润　　　D. 产销量

[答案] A

[解析] 财务杠杆系数是指普通股每股收益变动率与息税前盈余变动率的比值,A项正确。

[例题·单选题] 某公司的营业杠杆系数和财务杠杆系数为1.2,则该公司总杠杆系数为（　　）。
A. 1.00　　　　　B. 1.20　　　　　C. 1.44　　　　　D. 2.40

[答案] C

[解析] 总杠杆系数＝营业杠杆系数×财务杠杆系数＝1.2×1.2＝1.44,C项正确。

【考点四】资本结构理论

资本结构是指企业各种资金来源的构成及其比例关系。资本结构理论可用于指导企业做出有效的筹资决策。常见的资本结构理论如表8-2-2所示。

表8-2-2　资本结构理论

资本结构理论		要点
早期资本结构理论	净收益观点	认为债务资本成本率一般低于股权资本成本率,因此公司的债务资本越多,债务资本比例就越高,综合资本成本就越低,公司价值就越大,但该观点忽略了债务资本过多带来的财务风险
	净营业收益观点	认为在公司的资本结构中,债务资本的多少、比例的高低,与公司的价值没有关系,决定公司价值的真正因素是公司的净营业收益
	传统观点	认为增加债务资本对提高公司价值是有利的,但债务资本规模必须适度
MM资本结构理论		—
现代资本结构理论	代理成本理论	认为债权资本适度的资本结构会增加股东的价值
	啄序理论	认为公司倾向于首先采用内部筹资。如需要外部筹资,公司将先选择债权筹资,再选择其他外部股权筹资
	动态权衡理论	该理论将调整成本纳入了最优资本结构的分析中,当调整成本小于次优资本结构所带来的公司价值损失时,公司的实际资本结构会向其最优资本结构进行调整;否则,公司将不进行这种调整
	市场择时理论	该理论研究结论是,在股票市场非理性、公司股价被高估时,理性的管理者应该发行更多的股票;当股票被过分低估时,则应回购股票

经典例题

[2017年真题·单选题] 资金来源构成及其比例关系称为（　　）。
A. 债务结构　　　B. 资金结构　　　C. 股本结构　　　D. 资本结构

[答案] D

[解析] 本题的考点为资本结构的概念。资本结构是指企业各种资金来源的构成及其比例关系,D项正确。

> **经典例题**
>
> [2017年真题·单选题] 将调整成本纳入最优资本结构分析的理论是（　　）。
> A. 代理成本理论　　　　　　　B. 啄序理论
> C. 动态权衡理论　　　　　　　D. 市场择时理论
> [答案] C
> [解析] 在各资本结构理论中，动态权衡理论将调整成本纳入了最优资本结构的分析中，C项正确。
>
> [2016年真题·单选题] 根据资本结构理论中的啄序理论，公司倾向于首先选择的筹资方式是（　　）。
> A. 发行股票　　　　　　　　　B. 银行借款
> C. 发行债券　　　　　　　　　D. 内部筹资
> [答案] D
> [解析] 啄序理论认为，公司倾向于首先采用内部筹资，D项正确。

【考点五】资本结构决策

企业资本结构决策即确定最佳资本结构。最佳资本结构是指企业在适度财务风险的条件下，使其预期的综合资本成本率最低，同时使企业价值最大的资本结构。由此可知，企业测算资本成本和通过财务杠杆系数测算财务风险是为了优化资本结构。下面介绍两种常用的资本结构定量决策方法。

一、资本成本比较法

资本成本比较法是指在适度财务风险的条件下，测算可供选择的不同资本结构或筹资组合方案的综合资本成本率，并以此为标准相互比较确定最佳资本结构的方法。其测算步骤具体如下：

（1）计算出不同筹资组合方案的综合资本成本率。
（2）在适度的财务风险条件下，比较选择综合资本成本率较低的筹资组合方案。

二、每股利润分析法

每股利润分析法是利用每股利润无差别点进行资本结构决策的方法。每股利润无差别点是指两种或两种以上筹资方案下普通股每股利润相等时的息税前盈余点。每股利润分析法的决策规则如下：

（1）计算出每股利润无差别点。
（2）将每股利润无差别点与实际的息税前盈余进行比较。
　　1）当实际的息税前盈余（EBIT）大于无差别点时，则选择资本成本固定型的筹资方式，如银行贷款、发行债券或优先股。
　　2）当实际的息税前盈余（EBIT）小于无差别点时，则选择资本成本非固定型的筹资方式，如发行普通股。

> **经典例题**
>
> [2015年真题·单选题] 使用每股利润分析法选择筹资方式时，计算得到的每股利润无差别点是指两种或两种以上筹资方案普通股每股利润相等时的（　　）水平。
> A. 营业利润　　B. 息税前盈余　　C. 净利润　　D. 利润
> [答案] B
> [解析] 每股利润无差别点是指两种或两种以上筹资方案下普通股每股利润相等时的息税前盈余点，B项正确。

经典例题

[2013年真题·单选题] 根据每股利润分析法，当公司实际的息税前利润大于息税前利润平衡点时，公司宜选择（　）筹资方式。
A. 资本成本波动型　　　　　　B. 资本成本固定型
C. 资本成本递增型　　　　　　D. 资本成本递减型
[答案] B
[解析] 根据每股利润分析法的决策原则，当实际息税前盈余（EBIT）大于无差别点，选择资本成本固定型的筹资方式，B项正确。

第三节　投资决策

本节考点概览

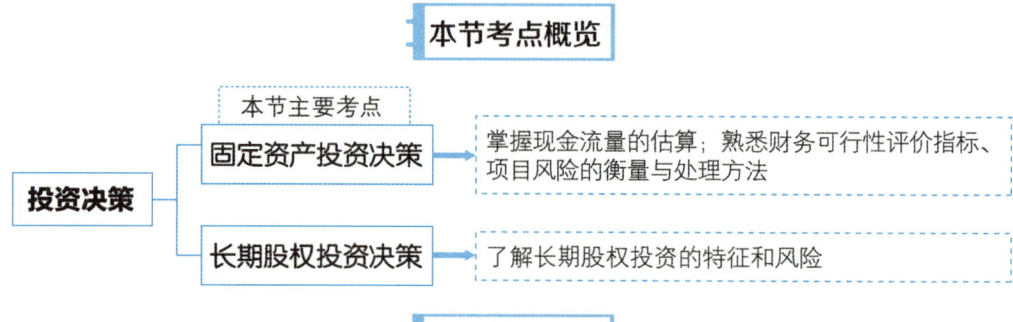

本节考点详解

【考点一】固定资产投资决策

 扫码听课

一、现金流量的估算

投资中的现金流量是指一定时间内由投资引起的各项现金流入量、现金流出量及现金净流量的统称。通常按项目期间，将现金流量分为初始现金流量、营业现金流量和终结现金流量。

（一）初始现金流量

初始现金流量，是指开始投资时发生的现金流量，总体是现金流出量，用负数或带括号的数字表示，包括：

（1）固定资产投资额。如固定资产的购入或建造成本、运输成本和安装成本等。

（2）流动资产投资额。如对材料、在产品、产成品和现金等流动资产的投资。

（3）其他投资费用。指与长期投资有关的职工培训费、谈判费、注册费用等。

（4）原有固定资产的变价收入。指固定资产更新时原有固定资产的变卖所得的现金收入。

【注意】上述第（1）—（3）项内容为现金流出量，第（4）项为现金流入量。以上四种情况在计算初始现金流量时均需考虑在内。

（二）营业现金流量

营业现金流量，是指投资项目投入使用后，在其寿命期内由于生产经营所带来的现金流入和流出的数量，一般按年度进行计算。

（1）营业现金流入量。一般为投资项目每年的销售收入（营业收入）。

（2）营业现金流出量。如付现成本（即当期以现金形式支付的成本）、所得税。

(3) 每年净营业现金流量。即营业现金流入量与营业现金流出量的差额，用公式表示如下：

$$每年净营业现金流量（NCF）＝每年销售收入－付现成本－所得税$$

【注意】式中的付现成本即当期以现金形式支付的固定成本和变动成本，但不包括折旧，因为折旧属于非付现成本。即计算每年净营业现金流量时，不需要从每年销售收入中扣减掉折旧，只扣减以现金形式支付的付现成本和所得税即可。

假设非付现成本仅为折旧，每年净营业现金流量还可通过下列方式计算得出：

$$利润总额（税前利润）＝每年销售收入－付现成本－折旧$$
$$净利润（税后利润）＝利润总额－所得税$$
$$＝每年销售收入－付现成本－折旧－所得税$$

式中：所得税＝利润总额×所得税率；折旧为固定资产每年的折旧额，其计算一般采用直线折旧法，即固定资产年折旧额＝（固定资产原值－固定资产残值）/固定资产项目寿命期。

由此可知，净利润相比较每年净营业现金流量而言，从销售收入中多扣减了折旧一项，因此在净利润的基础上加上折旧也可得出每年净营业现金流量的数据，用公式表达如下：

$$每年净营业现金流量（NCF）＝净利润＋折旧$$

【举例】某公司计划投资一条新的生产线，项目经济寿命期为 5 年，项目固定资产投资包括建造厂房 65 万元，购置设备 45 万元。生产线建成投产后，预计公司年销售额增加 1 000 万元，每年以现金形式支付的固定成本 300 万元、变动成本 200 万元，企业所得税税率为 25%，项目终结时厂房按 10 万元售出，设备无残值，采用直线法折旧。试计算该项目每年营业净现金流量。

【分析】根据公式每年净营业现金流量＝净利润＋折旧，计算如下：

(1) 计算折旧。题目已告知用直线法折旧，项目寿命期为 5 年，固定资产原值总额包括厂房 65 万元和购置设备 45 万元，即 110 万元。由于题目已告知在项目终结时，设备无残值，因此固定资产残值仅剩项目终结时厂房出售的 10 万元。折旧＝（110－10）/5＝20（万元）。

(2) 计算净利润。题目已告知每年销售收入为 1 000 万元；付现成本包括固定成本 300 万元和变动成本 200 万元，即共 500 万元；折旧已计算得出 20 万元；则利润总额＝1 000－500－20＝480（万元）。题目已告知所得税税率为 25%，则所得税费＝利润总额×所得税率＝480×25%＝120（万元）。净利润＝利润总额－所得税＝480－120＝360（万元）。

(3) 每年净营业现金流量＝净利润＋折旧＝360＋20＝380（万元）。

【注意】本题也可用公式"每年净营业现金流量＝每年销售收入－付现成本－所得税"做题。但由于历年常考查"每年净营业现金流量＝净利润＋折旧"这一公式，因此解析以此公式为例进行分析。

（三）终结现金流量

终结现金流量，是指投资项目完结时所发生的现金流量，包括：

(1) 固定资产的残值收入或变价收入。
(2) 原来垫支的在各种流动资产上的资金的收回。
(3) 停止使用的土地的变价收入等。

【注意】以上各项均为现金流入量，其中第（2）项内容与初始现金流量中的流动资产投资额对应。由于在项目期间会发生多项流动资金的垫支，为避免会计上的重复核算，这些垫支均会等额收回。为了方便操作，会将这些流动资产垫支的总金额在初始现金流量一次性计入支出，在终结现金流量中一次性计入收回。因此，初始现金流量和终结现金流量均会涉及流动资产的变化。

> **经典例题**
>
> [2016年真题·多选题] 估算投资项目的初始现金流量对应计算的数据有（   ）。
> A. 固定资产投资额　　　　　　　　B. 流动资产投资额
> C. 折旧　　　　　　　　　　　　　D. 非付现成本
> E. 营业收入
> [答案] AB
> [解析] 初始现金流量包括固定资产投资额、流动资产投资额、其他投资费用、原有固定资产的变价收入，A、B两项正确。
>
> [例题·单选题] 某企业计划投资一个新的生产线项目，经测算，该项目厂房投资为200万元，设备投资为500万元，流动资产投资额为50万元；企业所得税税率为25%，则该项目初始现金流量为（   ）万元。
> A. 500.0　　　　B. 525.0　　　　C. 562.5　　　　D. 750.0
> [答案] D
> [解题思路] 本题实则考查初始现金流量包括的内容。首先，厂房投资200万元，设备投资500万元，为开始投资时的固定资产投资，属于初始现金流量的内容；其次，流动资产投资额50万元，即初始现金流量中的流动资产投资；因此，初始现金流量=200+500+50=750（万元），D项正确。
>
> [例题·单选题] 某公司准备购置一条新的生产线，新生产线使公司年利润总额增加400万元，每年折旧增加20万元，假定所得税率25%，则该生产线项目的年净营业现金流量为（   ）万元。
> A. 300　　　　B. 320　　　　C. 380　　　　D. 420
> [答案] B
> [解题思路] 根据公式，每年净营业现金流量=净利润+折旧，计算如下：①净利润=利润总额-所得税，题目已知所得税税率为25%，利润总额400万元，则净利润=400-400×25%=400-100=300（万元）。②折旧：题目已知为20万元。③每年净营业现金流量=300+20=320（万元）。

二、财务可行性评价指标

企业在进行投资决策时，需首先对现金流量进行准确的估算，再采用特定的指标对投资方案的可行性进行评价分析。这些特定指标分为非贴现现金流量指标和贴现现金流量指标两大类。

（一）非贴现现金流量指标

非贴现现金流量指标是指不考虑货币时间价值的指标，一般包括投资回收期和平均报酬率。

1. 投资回收期

投资回收期，是指回收初始投资所需要的时间，一般以年为单位。其计算方法有两种情况：

（1）每年的营业净现金流量相等的情形。

$$投资回收期=原始投资额/每年净营业现金流量$$

例如，原始投资额为100万元，每年净营业现金流量均为50万元，则投资回收期=100/50=2（年）。

（2）每年的营业净现金流量不相等的情形。

例如，某项目初始投资额为100万元，项目寿命期为4年，每年净营业现金流量分别30万元、50万元、60万元、80万元，则投资回收期计算如表8-3-1所示。

表 8-3-1　项目投资回收期计算表

年份	0	1	2	3	4
年净现金流量（万元）	初始投资（100）	30	50	60	80
年末投资回收额（万元）		30	50	20	
年末投资未收回额（万元）		70	20	0	
投资回收期（年）	＝2＋20/60≈2.33				

如表 8-3-1 所示，该项目初始投资为 100 万元，第 1 年产生 30 万元的净现金流量，即第 1 年收回 30 万元，第 1 年年末初始投资未收回额＝100－30＝70（万元），转入第 2 年继续收回；第 2 年又产生了 50 万元的净现金流量，即在第 1 年年末投资未收回额 70 万元的基础上又收回了 50 万元，则第 2 年年末的投资未回收额＝70－50＝20（万元），转入第 3 年继续收回；第 3 年的净现金流量全部有 60 万元，超过了第 3 年需最后收回的 20 万元收回额，而投资回收期只需计算全部初始投资的回收时间，多余的净现金流量所涉及的期间不计算在内，所以 100 万元的投资回收期实际只经过了第 1 年、第 2 年和第 3 年的部分时间，第 3 年的部分时间通过当年的回收额占当年净现金流量的比重来表示，所以该项目的投资回收期＝2＋20/60≈2.33（年）。

2. 平均报酬率

平均报酬率的计算公式如下：

$$\text{平均报酬率} = \frac{\text{平均年现金流量}}{\text{初始投资额}} \times 100\%$$

式中：平均年现金流量即各年净现金流量的平均数。

【举例】某公司的初始投资额为 100 万元，项目寿命期为 3 年，每年的净现金流量为 30 万元、40 万元和 50 万元，试求该项目的平均报酬率。

【分析】计算步骤如下：①平均年现金流量＝（30＋40＋50）/3＝40（万元）；②平均报酬率＝40/100×100%＝40%。

（二）贴现现金流量指标

贴现现金流量指标是指考虑货币时间价值的指标，包括净现值、内部报酬率、获利指数等。

1. 净现值

净现值（NPV），是指投资项目投入使用后的净现金流量，按资本成本率或企业要求达到的报酬率折算为现值，加总后减去初始投资以后的余额。其计算公式为：

净现值＝投资项目未来报酬总现值－初始投资额
＝（投资项目第 1 年的净现金流量×第 1 年复利现值系数＋
投资项目第 2 年的净现金流量×第 2 年复利现值系数＋…＋
投资项目第 t 年的净现金流量×第 t 年复利现值系数）－初始投资额

式中：每年的复利现值系数＝$\frac{1}{(1+\text{贴现率})^t}$，t 的取值随着年份增加，计算第 1 年复利现值系数，则 t 取值1，第 2 年取值2，以此类推；贴现率即资本成本率或企业要求的报酬率。

项目决策原则：在只有一个备选方案的采纳与否决策中，净现值为正（大于 0）则采纳；在有多个备选方案的互斥选择决策中，在可选方案中选择净现值最大的方案。

【考点小贴士】历年常考查净现值的计算，但考试部分年份可能会降低计算难度，直接给出如表 8-3-2 所示的每年的复利现值系数的数值，只需从复利现值系数这一项下查找各年的复利现值系数的数值代入公式计算即可。

【举例】 某公司拟投资某项目,该项目经济寿命期为3年,每年的年净营业现金流量分别为300万元、300万元、400万元,初始投资额为600万元,贴现率为10%,每年的复利现值系数如表8-3-2所示,求该项目的净现值?

表8-3-2 现值系数表

年底系数贴现率	复利现值系数					年金现值系数				
	1	2	3	4	5	1	2	3	4	5
10%	0.909	0.826	0.751	0.683	0.621	0.909	1.736	2.487	3.170	3.791

【分析】 根据公式,净现值=投资项目未来报酬总现值−初始投资额,计算如下:

方法一:自行计算每年的复利现值系数代入公式算出净现值。

$$净现值=\left[300\times\frac{1}{(1+10\%)^1}+300\times\frac{1}{(1+10\%)^2}+400\times\frac{1}{(1+10\%)^3}\right]-600\approx 820.9-600=220.9(万元)。$$

方法二:直接从复利现值系数表中查找每年的复利现值系数的数值结合其他数据计算出净现值。

$$净现值=(300\times 0.909+300\times 0.826+400\times 0.751)-600=820.9-600=220.9(万元)。$$

2. 内部报酬率

内部报酬率(IRR),是使投资项目的净现值等于零的贴现率。内部报酬率反映投资项目的真实报酬率。

项目决策原则:在只有一个备选方案的采纳与否决策中,如果计算出的内部报酬率大于或等于企业的资本成本率或必要报酬率,则采纳方案;在多个备选方案的互斥选择决策中,应选择内部报酬率超过资本成本或必要报酬率最多的投资项目。

【注意】 内部报酬率的含义实则是企业自行假设贴现率,然后结合项目的初始投资额、每年的净现金流量等数据逐次代入净现值的公式计算。将试算出净现值等于零或几乎为零的这一次假设的贴现率视为内部报酬率。

3. 获利指数

获利指数,又称利润指数(PI),是投资项目未来报酬的总现值与初始投资额的现值之比。用公式表达如下:

$$获利指数=投资项目的未来报酬总现值\div初始投资额$$

项目决策原则:在只有一个备选方案的采纳与否决策中,获利指数大于或等于1,则采纳;在有多个方案的互斥选择决策中,在可选方案中选择获利指数最大的投资项目。

【考点小贴士】 获利指数与净现值的公式区别在于计算符号不一样。净现值是一个绝对数指标,即投资项目的未来报酬总现值与初始投资额的差额,因此用的是减法计算;而获利指数是一个相对数指标,是计算投资项目未来报酬总现值占初始投资额的比重,因此用的是除法计算。

经典例题

[2014年真题·单选题] 在使用内部报酬率法进行固定资产投资决策时,方案可行的标准是内部报酬率要(   )。

A. 小于或等于资本成本率   B. 大于或等于资本成本率
C. 大于或等于标准离差率   D. 小于或等于标准离差率

[答案] B
[解析] 根据内部报酬率的决策原则可知，在只有一个备选方案的采纳与否决策中，如果计算出的内部报酬率大于或等于企业的资本成本率或必要报酬率，则采纳方案，B项正确。

[例题·单选题] 如果一个项目的内部报酬率（IRR）为10%，这说明（　　）。
A. 如果以10%为贴现率，该项目的获利指数大于1
B. 如果以10%为贴现率，该项目的净现值小于0
C. 如果以10%为贴现率，该项目的净现值大于0
D. 如果以10%为贴现率，该项目的净现值等于0
[答案] D
[解题思路] 内部报酬率是使投资项目的净现值等于零的贴现率。即在试算过程中，当以10%为贴现率代入净现值公式计算时，项目的净现值等于0，此次计算净现值的贴现率视为内部报酬率，内部报酬率为10%。所以反过来理解，当项目内部报酬率为10%，说明以10%为贴现率，计算出该项目的净现值等于0，D项正确。

三、项目风险衡量与处理的方法

项目风险衡量与处理一般使用的方法如表8-3-3所示。

表8-3-3　项目风险衡量与处理的方法

方法	要点
调整现金流量法	把不确定的现金流量调整为确定的现金流量，然后用无风险报酬率作为折现率计算净现值
	肯定当量系数是指不确定的1元现金流量相当于使投资者肯定满意的金额系数，数值在0—1之间
调整折现率法	对高风险的项目采用较高的折现率计算净现值

经典例题

[2013年真题·多选题] 在投资决策中，项目风险的衡量和处理方法有（　　）。
A. 调整资本成本法　　　　B. 调整资产结构法
C. 调整营业杠杆法　　　　D. 调整折现率法
E. 调整现金流量法
[答案] DE
[解析] 项目风险的衡量与处理方法包括调整现金流量法和调整折现率法，D、E两项正确。

【考点二】长期股权投资决策

一、长期股权投资的特征

长期股权投资是以股东名义将资产投资于被投资单位，并取得相应的股份，按所持股份比例享有被投资单位的权益以及承担相应的风险。长期股权投资是一种交换行为，是企业将资产让渡给被投资单位所获得的另一项资产。企业所取得的是伴随表决权甚至控制权的资产（股权），所获得的经济利益不同于其他资产为企业带来的经济利益，主要是通过分配来增加财富、分散风险或谋求其他利益。

二、长期股权投资的风险

长期股权投资的风险类型如表8-3-4所示。

表 8-3-4　长期股权投资的风险类型

类型	具体内容
投资决策风险	（1）违反国家法律法规风险、未经审批或超越授权审批风险、被投资单位所处行业和环境的风险及其本身的技术和市场风险 （2）投资项目的尽职调查及可行性论证风险 （3）决策程序不完善和程序执行不严的风险
投资运营管理风险	（1）股东选择风险、公司治理结构风险、投资协议风险、道德风险 （2）被投资企业存在的经营风险和财务风险 （3）项目小组和外派人员的风险 （4）信息披露风险
投资清理风险	（1）退出风险 （2）投资退出时机与方式选择的风险

经典例题

[2017年真题·单选题] 甲公司出资1亿元对乙公司进行股权投资，该项投资应计入（　　）。
A. 甲公司资产负债表上的资产　　B. 乙公司资产负债表上的负债
C. 甲公司资产负债表上的负债　　D. 甲公司资产负债表上的股东权益
[答案] A
[解题思路] 长期股权投资是一种交换行为，是企业将资产让渡给被投资单位所获得的另一项资产。本题中甲公司出资1亿元对应公司进行股权投资获得乙公司的股权，而现金和股权均属于资产的类型，可理解为现金类资产与股权类资产的互换，因此该项投资应计入甲公司资产负债表上的资产，A项正确。

[2014年真题·多选题] 长期股权投资的运营管理风险有（　　）。
A. 投资项目的可行性论证风险　　B. 公司治理结构风险
C. 投资协议风险　　D. 道德风险
E. 退出风险
[答案] BCD
[解析] 本题的考点为长期股权投资的风险。选项中，公司治理结构风险、投资协议风险和道德风险均属于长期股权投资的运营管理风险，因此B、C、D三项正确。A项，投资项目的可行性论证风险属于长期股权投资的投资决策风险。E项，退出风险属于长期股权投资的投资清理风险。

第四节　并购重组

本节考点概览

并购重组
- 本节主要考点
  - 并购重组方式及效应：掌握并购和分立的类型及含义；熟悉并购和分立的效应、资产置换与资产注入、债转股与以股抵债
  - 企业价值评估：了解企业价值评估的方法

本节考点详解

【考点一】并购重组方式及效应

一、并购的含义

并购，是指两家或者更多的独立企业、公司合并组成一家企业。收购和兼并是企业实施加速扩展战略的主要形式，二者统称为并购。

（1）收购，是指一个企业用现金、有价证券等方式购买另一家企业的资产或股权，以获得对该企业控制权的一种经济行为。

（2）兼并，是指一个企业购买其他企业的产权，并使其他企业失去法人资格的一种经济行为。狭义的兼并也称吸收合并，吸收合并与新设合并统称为合并。

【考点小贴士】历年常常考查收购、兼并与新设合并在概念上的区分。三者的区分方法详见本章末尾的【本章易错易混考点】。

二、企业并购的类型

企业并购按照不同的标准可进行不同的分类，具体如表8-4-1所示。

表8-4-1 企业并购的类型

划分标准	类型	概念
双方的业务性质	纵向并购	处于同类产品且不同产销阶段的两个或多个企业所进行的并购，即实现纵向一体化的发展，如某空调生产企业并购一家空调配件供应企业
	横向并购	处于同一行业的两个或多个企业所进行的并购，即实现横向一体化的发展，如某房地产公司并购另一家房地产公司
	混合并购	处于不相关行业的企业所进行的并购，即实现非相关多元化的发展，如某房地产企业并购一家医药企业
双方是否友好协商	善意并购	双方通过友好协商的形式进行并购
	敌意并购	并购企业不顾被并购企业的意愿而采用非协商性的手段，强行并购被并购企业
并购的支付方式	承担债务式并购	并购企业以承担被并购企业全部或部分债务为条件，取得被并购企业的资产所有权和经营权
	现金购买式并购	并购企业用现金购买被并购企业的资产或股权
	股权交易式并购	并购企业用其股权换取被并购企业的股权或资产
涉及被并购企业的范围	整体并购	将被并购企业的资产和产权整体转让的并购
	部分并购	将被并购企业的资产和产权分割成若干部分进行交易而实现的并购
是否利用被并购企业本身资产	杠杆并购	并购企业利用被并购企业资产的经营收入，来支付并购价款或作为此种支付的担保
	非杠杆并购	并购企业不利用被并购企业的自有资金及营运所得来支付或担保支付并购价款，如甲企业利用自有资金并购乙企业
并购的实现方式	协议并购	双方经过一系列谈判后达成共识，通过签署股权转让、受让协议实现并购的方式
	要约并购	买方向目标公司的股东就收购股票的数量、价格、期限、支付方式等发布公开要约（公告），以实现并购目标公司的形式
	二级市场并购	买方通过股票二级市场并购目标公司的股权，从而实现并购目标公司的并购方式

> **经典例题**

[2015年真题·单选题] 某环保企业使用自有资金并购另一同行业企业，这种并购属于（　　）。
A. 横向并购　　　B. 纵向并购　　　C. 混合并购　　　D. 杠杆并购
[答案] A
[解题思路] 首先，根据题目信息"某环保企业使用自有资金并购"，可知该环保企业（并购企业）用的是自己的自有资金，而不是被并购企业的自有资金，可知为非杠杆并购；其次，根据题目信息可知该次并购属于同行业的两家企业的并购，即横向并购，A项正确。

[例题·单选题] 甲公司作为买方，将收购股票的数量、价格、期限、支付方式等收购事项以发布公告的方式告知给目标公司的股东，此种并购方式称为（　　）。
A. 要约并购　　　B. 协议并购　　　C. 二级市场并购　　　D. 杠杆并购
[答案] A
[解析] 本题的考点为要约并购的概念。根据题目信息"将收购股票的数量、价格、期限、支付方式等收购事项以发布公告的方式告知"，即以要约的形式将收购的条件发送给目标公司的股东，可知为要约并购，A项正确。

三、分立

公司分立，即一家公司依照法律规定、行政命令或公司自行决策，分解为两家或两家以上的相互独立的新公司，或将公司某部门资产或子公司的股权出售的行为。公司分立主要有三种方式，具体如表8-4-2所示。

表 8-4-2　公司分立的种类

种类	概念
标准分立	一个母公司将其在子公司所拥有的股份，按母公司股东在母公司中的持股比例分配给现有母公司的股东，从而在法律上和组织上将子公司的经营从母公司的经营中分离出去 【注意】标准分立后母公司与子公司之间不再存在持股控股关系
分拆 （持股分立）	是将公司的一部分分立为一个独立的新公司的同时，以新公司的名义对外发行股票，而原公司仍持有新公司的部分股票 【注意】分拆后母公司与子公司之间存在持股控股关系
出售	将公司的某一部分股权或资产出售给其他企业

> **经典例题**

[例题·单选题] 下图为A公司重组前（图8-4-1）后（图8-4-2）的构架示意图（箭线旁表示的百分数为相应股东的持股比例），此图说明A公司与B公司之间重组采用的方式为（　　）。

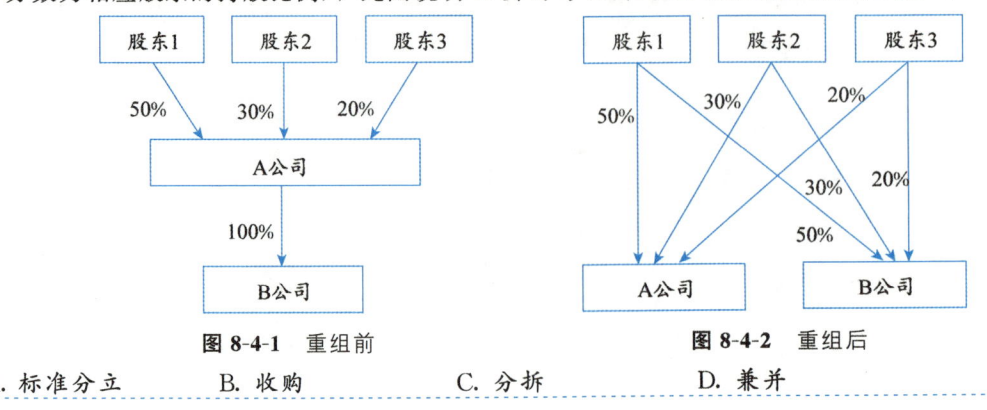

图 8-4-1　重组前　　　　　图 8-4-2　重组后

A. 标准分立　　　B. 收购　　　C. 分拆　　　D. 兼并

[答案] A

[解题思路] 本题的考点为标准分立的概念。两个示意图的关键在于 A 公司与 B 公司重组后的关系，重组前 A 公司是 B 公司的母公司，且持有 100％的股份。重组后，A 公司和 B 公司两家公司分开，且 A 公司不再持有 B 公司的任何股份，因此从这一特点可判断为标准分立，A 项正确。B、D 两项，本题示意图是分立的形式，而收购和兼并均为并购的形式，因此错误。C 项，分拆又称持股分立，重组后母公司与子公司之间是存在持股控股关系的，可知不符合本题示意图的含义，因此错误。

[例题·单选题] 某旅游集团公司以本公司旗下的一个酒楼的资产作为出资，新组建一个有限责任公司，集团公司拥有新公司 54％的股权，此项重组属于（　　）。

A. 资产置换　　　　　　　　B. 以股抵债
C. 分拆　　　　　　　　　　D. 出售

[答案] C

[解析] 分拆也称持股分立，分立后原公司仍持有新公司的部分股票。根据题目分析，旅游集团与酒楼分拆后，建立一个新公司，该集团仍持有新公司的股份，可知符合分拆的概念，C 项正确。

四、并购与分立的效应

并购与分立的效应具体如表 8-4-3 所示。

表 8-4-3　并购与分立的效应

重组的类型	效应
并购	（1）实现协同效应，包括管理协同、经营协同、财务协同 （2）实现战略重组，开展多元化经营 （3）获得特殊资产和渠道 （4）降低代理成本，包括契约成本、监督成本、剩余损失
分立	（1）适应战略调整 （2）减轻负担 （3）筹集资金 （4）清晰主业 （5）化解内部竞争性冲突

经典例题

[2013 年真题·单选题] 并购机制使企业管理层面临接管威胁，有利于企业降低（　　）。

A. 沉没成本　　　　　　　　B. 资本成本
C. 机会成本　　　　　　　　D. 代理成本

[答案] D

[解析] 并购的效应之一是有利于降低代理成本，可知 D 项正确。

[例题·多选题] 企业通过重组实施加速扩张战略，开展多元化经营，可采用的方式有（　　）。

A. 收购　　　　　　　　　　B. 吸收合并
C. 标准分立　　　　　　　　D. 以股抵债
E. 换股分立

[答案] AB

[解析] 并购的效应之一是实现战略重组，开展多元化经营，而选项中只有收购和吸收合并（兼并）属于并购的形式，因此 A、B 两项正确。

五、资产置换、资产注入、债转股和以股抵债

资产置换、资产注入、债转股和以股抵债四种重组形式的概念及要点如表 8-4-4 所示。

表 8-4-4 资产置换、资产注入、债转股和以股抵债

形式	概念	积极意义
资产置换	交易者双方按某种约定价格（如谈判价格、评估价格等），在某一时期内相互交换资产的交易	—
资产注入	交易双方中的一方将公司账面上的资产，可以是流动资产、固定资产、无形资产、股权中的某一项或某几项，按评估价或协议价注入对方公司 【注意】接受资产方支付方式包括现金和股权两种形式	—
债转股	公司债权人将其对公司享有的合法债权转为出资（认购股份），增加公司注册资本的行为	（1）使被投资公司降低债务负担 （2）使债权人获得通过债务企业上市、股权交易或股票回购方式收回全部投资的机会
以股抵债	债务人以其持有的股权抵偿其所欠债务	有效提升债权公司的资产质量，使每股收益和净资产收益率水平提高

经典例题

[2016 年真题·单选题] 甲公司的债权人 A 将其持有的对甲公司的债权转换成其对甲公司的股权，在甲公司（　　）。
A. 留存收益增加　　　　　　B. 长期负债增加
C. 注册资本增加　　　　　　D. 长期股权投资增加
[答案] C
[解题思路] 根据题目信息分析，债权人 A 将其持有的甲公司的债权转为了甲公司的股权。即债转股，由于债转股实则是债权公司将原先借给被投资公司的资金转化为资本金注入到被投资公司，以此获得被投资公司的股权，因此债转股可增加被投资公司注册资本。在本题中，甲公司即为被投资公司，因此可增加其注册资本，C 项正确。

[2015 年真题·单选题] 甲公司以其持有的乙公司的全部股权，与丙公司的除现金以外的全部资产进行交易，甲公司与丙公司之间的这项资产重组方式是（　　）。
A. 以资抵债　　　　　　　　B. 资产置换
C. 股权置换　　　　　　　　D. 以股抵债
[答案] B
[解析] 根据题目信息分析，这项重组是甲公司以股权类资产与丙公司的除现金以外的全部资产进行交易，即相互交换资产的交易，可知为资产置换，B 项正确。

【考点二】企业价值评估

价值评估，是指买卖双方对标的（企业或股权或资产）做出的价值判断，是并购重组的重要环节。价值评估的主要方法具体如表 8-4-5 所示。

表 8-4-5 价值评估的方法

方法	具体内容
收益法	将预期收益资本化或折现来确定价值，常用的具体方法包括股利折现法和现金流量折现法
市盈率法	（1）市盈率＝某股票普通股每股市价（或市值）/每股盈利（或净利润总额） （2）目标企业的价值＝企业净利润总额×标准市盈率

续表

方法	具体内容
市净率法	(1) 市净率＝每股市价/每股净资产 (2) 目标企业的价值＝企业净资产总值×标准市净率
市盈率相对盈利增长比率法	市盈率相对盈利增长比率，也称PEG指标。当PEG＝1时，说明市场对股票的估值可以充分反映其未来业绩的成长性；当PEG大于或小于1时，则说明这只股票的价值可能被高估或低估，或市场认为这家公司的业绩成长性会高于（或低于）市场的预期
市销率估值法	(1) 市销率（价格营收比）＝股票市值/销售收入（营业收入） (2) 目标企业的价值＝销售收入（营业收入）×标准市销率

经典例题

[2017年真题·单选题] 使用市销率法对公司估值的计算方式是（　　）。
A. 标准市销率×销售费用　　　　B. 标准市销率×销售成本
C. 标准市销率×营业利润　　　　D. 标准市销率×销售收入
[答案] D
[解析] 根据市销率估值法可知，目标企业的价值＝销售收入（营业收入）×标准市销率，D项正确。

本章易错易混考点

【易错易混考点一】长期债务筹资与股权筹资的区别

长期债务筹资与股权筹资的区别具体如表Ⅰ所示。

表Ⅰ　长期债务筹资与股权筹资的区别

区别	长期债务筹资	股权筹资
类型	长期借款、长期债券	普通股、优先股、留用利润
特点	(1) 考虑税收抵扣因素，资本成本较低 (2) 财务风险较大 (3) 增加企业负债，使企业资产负债率提高	(1) 不考虑税收抵扣因素，资本成本较高 (2) 财务风险较小 (3) 每股收益会被摊薄，大股东控股权益被稀释

[例题·多选题] 在测算不同筹资方式的资本成本时，应考虑税收抵扣因素的筹资方式有（　　）。
A. 长期借款　　B. 长期债券　　C. 普通股　　D. 留存收益
E. 优先股
[答案] AB
[解析] 考虑税收抵扣因素的筹资方式主要是长期债务筹资，具体形式包括长期借款和长期债券，A、B两项正确。C、D、E三项，普通股、留存收益、优先股属于股权筹资形式，股权筹资形式不考虑税收抵扣因素，因此错误。

【易错易混考点二】财务可行性评价指标

贴现现金流量指标和非贴现现金流量指标的区别具体如表Ⅱ所示。

表Ⅱ　贴现现金流量指标与非贴现现金流量指标的区别

可行性指标类型		是否考虑资金的时间价值	优缺点
非贴现现金流量指标	投资回收期	不考虑	(1) 优点：容易理解，计算简便 (2) 缺点：没有考虑回收期满后的现金流量状况，无法反映整个项目的收益
	平均报酬率	不考虑	优点：简明、易算、易懂

续表

可行性指标类型		是否考虑资金的时间价值	优缺点
贴现现金流量指标	净现值	考虑	（1）优点：能够反映各种投资方案的净收益 （2）缺点：不能揭示各个投资方案本身可能达到的实际报酬率
	内部报酬率	考虑	（1）优点：反映了投资项目的真实报酬率，且概念易于理解 （2）缺点：计算过程比较复杂
	获利指数	考虑	优点：能真实地反映投资项目的盈亏程度

【注意】由于非贴现现金流量指标不考虑资金的时间价值，因此在进行项目财务可行性评价时，运用非贴现现金流量指标的风险较大。因此在进行投资决策时，主要采用的是贴现现金流量指标。在互斥选择决策中，使用贴现现金流量指标的三个指标选择结论不一致时，在无资本限量的情况下，以净现值为选择标准。

[例题·多选题] 下列投资决策评价指标中，属于贴现现金流量指标的有（　　）。
A. 投资回收期　　　　　　　　B. 净现值
C. 内部报酬率　　　　　　　　D. 获利指数
E. 平均报酬率
[答案] BCD
[解析] 贴现现金流量指标包括净现值、内部报酬率、获利指数，因此B、C、D三项正确。而A、E两项，投资回收期、平均报酬率属于非贴现现金流量指标。

【易错易混考点三】收购、兼并（吸收合并）和新设合并的区别

三者概念上的区分主要是依据合并之后原有各方企业法人资格存续情况来进行判断，具体如表Ⅲ所示。

表Ⅲ　收购、兼并（吸收合并）和新设合并的区别

类型	原有企业法人资格存续情况	举例
收购	合并后原有各方企业法人资格均存在	A公司收购了B公司，收购之后A公司和B公司的法人资格均存在
兼并（吸收合并）	合并后，兼并公司存在、被兼并公司不存在	A公司兼并B公司，兼并后B公司注销法人资格，全部资产并入A公司
新设合并	合并后原有各方企业均不存在，合并为一个新公司	A公司和B公司合并成立一个新的C公司，原有A公司和B公司的法人资格均注销

[例题·单选题] 甲公司与乙公司重组后，甲公司存续，乙公司全部资产并入甲公司，并注销乙公司法人资格，此重组采用的（　　）方式。
A. 新设合并　　B. 吸收合并　　C. 收购　　D. 回购
[答案] B
[解析] 根据题目信息可知，重组后乙公司法人资格注销，资产全部并入甲公司，而甲公司的法人资格仍然存在，可知为兼并（吸收合并），B项正确。

历年经典真题回顾

一、单项选择题（每题1分，每题备选项中，只有1个最符合题意）

1. 普通股每股税后利润变动率与息税前利润变动率的比值称为（　　）系数。[2016年真题]
A. 联合杠杆　　　　　　　　　　B. 财务杠杆

C. 经营杠杆 D. 营运杠杆
[答案] B
[解析] 本题的考点为财务杠杆系数的概念。财务杠杆系数是指普通股每股收益变动率与息税前盈余变动率的比值，B项正确。

2. 甲公司与乙公司合并设立新公司，则（　　）。[2016年真题]
   A. 甲、乙公司均存续 B. 甲、乙公司均解散
   C. 仅甲公司解散 D. 仅乙公司解散
   [答案] B
   [解析] 本题的考点为新设合并的概念。新设合并是指两个以上公司合并设立一个新的公司为新设合并，合并各方解散，B项正确。

3. 某公司发行优先股，约定无到期日，每年股息6元，假设年利率为10％，则该优先股股利的现值为（　　）元。[2015年真题]
   A. 45 B. 50
   C. 55 D. 60
   [答案] D
   [解析] 本题的考点为永续年金的现值。其中，优先股股利的现值＝每年股息/利率＝6/10％＝60（元），D项正确。

4. N公司将其持有的对M公司的债权转换为对M公司的股权。此项重组是（　　）。[2014年真题]
   A. 资产置换 B. 以股抵债
   C. 资产注入 D. 债转股
   [答案] D
   [解析] 本题的考点为债转股的概念。根据题目信息"对M公司的债权转换为对M公司的股权"，即债转股，D项正确。

5. 营业杠杆是由于企业成本费用中存在（　　）而产生的风险收益放大效应。[2013年真题]
   A. 直接人工成本 B. 固定成本
   C. 付现成本 D. 固定财务费用
   [答案] B
   [解析] 本题的考点为营业杠杆等概念。营业杠杆又称经营杠杆或营运杠杆，是指企业生产经营中，由于固定成本存在，当销售额（营业额）增减时，息税前盈余会有更大幅度的增减，B项正确。

6. 连续盈利的公司支付的优先股股利可视为（　　）。[2013年真题]
   A. 先付年金　B. 后付年金　C. 递延年金　D. 永续年金
   [答案] D
   [解析] 本题的考点为货币的时间价值计算中优先股的现值相关内容。优先股有固定股利而无到期日，可视为永续年金，D项正确。

二、多项选择题（每题2分，每题备选项中，有2个或2个以上符合题意，至少有1个错项。错选，本题不得分；少选，所选的每个选项得0.5分）

1. 使用收益法对企业价值进行评估的具体方法有（　　）。[2017年真题]
   A. 每股利润分析法 B. 现金流量折现法
   C. 股利折现法 D. 净现值法
   E. 目标成本法
   [答案] BC

[解析] 本题的考点为企业价值评估中收益法相关内容。收益法常用的具体方法包括股利折现法和现金流量折现法，B、C两项正确。

2. 下列模型中，可以用于估算普通股资本成本率的有（　　）。[2016年真题]

　　A. 现金流折现模型　　　　　　B. 股利折现模型
　　C. 资本资产定价模型　　　　　D. 市场模拟模型
　　E. 成本模型

[答案] BC

[解析] 本题的考点为普通股资本成本率的测算。普通股资本成本的测算方式包括股利折现模型和资本资产定价模型，B、C两项正确。

3. 可用于指导企业筹资决策的理论有（　　）。[2015年真题]

　　A. 市场结构理论　　　　　　　B. 动态权衡理论
　　C. MM资本结构理论　　　　　　D. 啄序理论
　　E. 双因素理论

[答案] BCD

[解析] 本题的考点为资本结构理论。资本结构理论包括：①早期资本结构理论，具体包括净收益观点、净营业收益观点、传统观点；②MM资本结构理论；③现代资本结构理论，具体包括代理成本理论、啄序理论、动态权衡理论、市场择时理论，因此B、C、D三项正确。

4. N公司将资产注入M公司，M公司可用（　　）作为购买该笔资产的方式。[2014年真题]

　　A. 现金　　　　　　　　　　　B. 股权
　　C. 公益金　　　　　　　　　　D. 库存股
　　E. 资本公积

[答案] AB

[解析] 本题考点为资产注入。M公司为接受资产的一方，其支付的方式包括现金和股权两种形式，A、B两项正确。

5. 企业的财务杠杆系数越大，表明企业的（　　）。[2013年真题]

　　A. 营业风险越高　　　　　　　B. 营业杠杆利益越大
　　C. 财务风险越高　　　　　　　D. 流动资产比率越高
　　E. 财务杠杆利益越大

[答案] CE

[解析] 本题的考点为财务杠杆。如果财务杠杆系数越大，则企业追求的财务杠杆利益越大，财务风险也越大，C、E两项正确。

三、案例分析题 （每题2分。由单选和多选组成。错选，本题不得分；少选，所选的每个正确选项得0.5分）

（一）

　　某公司正在论证某生产线改造项目的可行性，经测算，项目完成后生产线的经济寿命为10年。项目固定资产投资为5 500万元，项目终结时残值收入为500万元，流动资产投资为1 000万元。项目完成并投产后，预计每年销售收入增加2 500万元，每年总固定成本（不含折旧）增加100万元，每年总变动成本增加900万元，假设该公司所得税率为25%。[2017年真题]

　　根据以上资料，回答下列问题。

1. 该项目的初始现金流量为（　　）万元。

　　A. 5 000　　　B. 5 500　　　C. 6 000　　　D. 6 500

[答案] D

[解析] 本题的考点为现金流量的估算。初始现金流量包括固定资产投资额、流动资产投资额、其他投资费用、原有固定资产的变价收入。案例资料已知"项目固定资产投资为5 500万元,项目终结时残值收入为500万元,流动资产投资为1 000万元",可知其中的固定资产投资5 500万元和流动资产1 000万元均需计入初始现金流量,一共为6 500万元,D项正确。

2. 该项目的每年净营业现金流量为（　　）万元。

　　A. 1 000　　　　　　　　　　　B. 1 125
　　C. 1 250　　　　　　　　　　　D. 2 100

[答案] C

[解题思路] 本题的考点为现金流量的估算。根据公式,每年净营业现金流量＝净利润＋折旧,计算如下:

(1) 折旧＝（固定资产原值－固定资产残值）/使用年限。案例资料已知"项目固定资产投资为5 500万元,项目终结时残值收入为500万元""生产线的经济寿命为10年",因此,折旧＝(5 500－500)/10＝500（万元）。

(2) 净利润＝利润总额－所得税。首先,利润总额＝每年销售（营业）收入－付现成本－折旧,每年销售收入案例资料已知为2 500万元;付现成本包括以现金形式支付的每年的固定成本和总变动成本两部分。案例资料已知固定成本为100万元,总变动成本为900万元,因此付现成本为100＋900＝1 000（万元）;折旧已计算得出为500万元,因此,利润总额＝2 500－1 000－500＝1 000（万元）。其次,所得税＝利润总额×所得税率＝1 000×25％＝250（万元）。最后,净利润＝1 000－250＝750（万元）。

(3) 每年净营业现金流量＝750＋500＝1 250（万元）。

[注意] 本题也可采用公式,每年净营业现金流量＝每年营业收入－付现成本－所得税,进行做题。

3. 该公司若采用内部报酬率法判断项目的可行性,项目可行的标准是该项目的（　　）。

　　A. 内部报酬率大于资本成本率
　　B. 内部报酬率小于资本成本率
　　C. 内部报酬率大于必要报酬率
　　D. 内部报酬率小于必要报酬率

[答案] AC

[解析] 本题的考点为财务可行性评价指标中内部报酬率。根据内部报酬率的决策规则可知,在只有一个备选方案的采纳与否决策中,如果计算出的内部报酬率大于或等于企业的资本成本率或必要报酬率,则采纳方案,A、C两项正确。

4. 若该项目风险比较大,基于谨慎原则,公司计算净现值时应该选择（　　）。

　　A. 较高的折现率　　　　　　　B. 较低的折现率
　　C. 较高的离差率　　　　　　　D. 较低的离差率

[答案] A

[解析] 本题的考点为项目风险的衡量和处理方法中的调整折现率法。调整折现率法的基本思路是对高风险的项目采用较高的折现率计算净现值,A项正确。

(二)

某公司正在论证新建一条生产线项目的可行性。经测算,项目的经济寿命为5年,项目固定资产投资额为1 000万元,期末残值收入为100万元,流动资产投资额为100万元;项目各年现金

流量如表1所示,假设该公司选择的贴现率为10%,现值系数如表2所示。[2016年真题]

表1 项目各年现金流量表

年份	0	1	2	3	4	5
现金流量合计	(1 100)	180	400	400	400	400

表2 现值系数表

年底系数贴现率	复利现值系数					年金现值系数				
	1	2	3	4	5	1	2	3	4	5
10%	0.909	0.826	0.751	0.683	0.621	0.909	1.736	2.487	3.170	3.791

根据以上资料,回答下列问题。

1. 该项目的终结现金流量为( )万元。
   A. 100　　B. 200　　C. 300　　D. 320
   [答案] B
   [解题思路] 本题的考点为现金流量的估算。其中,终结现金流量包括固定资产的残值收入或变价收入、原先垫支在各种流动资产上的资金的收回、停止使用的土地的变价收入等。案例资料已告知"经测算,项目的经济寿命为5年,项目固定资产投资额为1 000万元,期末残值收入为100万元,流动资产投资额为100万元",可知期末残值收入和流动资产投资额应计入终结现金流量,因此,该项目终结现金流量=100+100=200(万元),B项正确。

2. 该项目的净现值为( )万元。
   A. -504　　B. 198　　C. 216　　D. 618
   [答案] C
   [解题思路] 本题的考点为财务可行性评价指标中净现值的计算。案例资料已给出了复利现值系数表,故可直接查找表格中每年的复利现值系数的数值后结合其他数据代入公式计算,根据公式,净现值=投资项目未来报酬总现值-初始投资,计算如下:
   (1) 投资项目未来报酬总现值=180×0.909+400×0.826+400×0.751+400×0.683+400×0.621=1 316.02(万元)。
   (2) 初始投资,查找表格数据,已知为1 100万元。
   (3) 净现值=1 316.02-1 100=216.02≈216(万元),C项正确。

3. 根据净现值法的决策规则,该项目可行的条件是净现值( )。
   A. 大于零　　　　　　　B. 小于零
   C. 等于零　　　　　　　D. 大于投资额
   [答案] A
   [解析] 本题的考点为财务可行性评价指标中净现值的相关内容。根据净现值的决策原则可知,在只有一个备选方案的采纳与否决策中,净现值为正则采纳,即大于零则采纳,A项正确。

4. 评价该项目在财务上是否可行,除了计算项目的净现值,还可以计算项目的( )。
   A. 投资回收期　　　　　B. 内部报酬率
   C. 获利指数　　　　　　D. 风险报酬系数
   [答案] ABC
   [解析] 本题的考点为财务可行性评价指标。评价项目在财务上的可行性可采用的指标包括:①非贴现现金流量指标,如投资回收期、平均报酬率;②贴现现金流量指标,如净现值、内部报酬率、获利指数。结合题目给出的数据可知,投资回收期、平均报酬率、内部报酬率、获利指数均可以进行计算,因此A、B、C三项正确。D项,财务可行性评价指标不包括风险报酬系数。

(三)

某企业准备用自有资金2亿元投资一个项目,现有A、B两个项目可供选择。据预测,未来市场状况存在繁荣、一般、衰退三种可能性,概率分别为0.2、0.5和0.3,两项投资在不同市场状况的预计年报酬率如下表所示。为了做出正确决定,公司需进行风险评价。[2013年真题]

市场状况	发生概率	预计年报酬率(%)	
		A项目	B项目
繁荣	0.2	20	40
一般	0.5	10	10
衰退	0.3	0	−10

根据以上资料,回答下列问题。

1. A项目的期望报酬率为( )。
   A. 7%
   B. 9%
   C. 10%
   D. 20%
   [答案] B
   [解析] 本题的考点为单项资产的风险衡量中期望报酬率的计算。根据公式和案例资料中表格的数据,A项目的期望报酬率=20%×0.2+10%×0.5+0×0.3=4%+5%+0=9%,B项正确。

2. 如果A、B两个项目的期望报酬率相同,则标准离差大的项目( )。
   A. 风险大
   B. 风险小
   C. 报酬离散程度小
   D. 报酬离散程度大
   [答案] AD
   [解析] 本题的考点为单项资产的风险衡量相关内容。在期望报酬率相同的情况下,可采用标准离差比较各项目投资的风险程度。标准离差与风险和离散程度均成同方向变动,标准离差越小,说明离散程度小,风险也就越小,反之则离散程度大,风险越大,A、D两项正确。

3. 如果A、B两个项目的期望报酬率不同,则需通过计算( )比较两项目的风险。
   A. 资本成本率
   B. 风险报酬系数
   C. 风险报酬率
   D. 标准离差率
   [答案] D
   [解析] 本题的考点为单项资产的风险衡量相关内容。标准离差是一个绝对值,它只能比较期望报酬率相同的各项投资的风险程度,而不能用来比较不同期望报酬率的各项投资的风险程度,因此当各投资项目的期望报酬率不同时,需要进一步引入标准离差率对比不同期望报酬率的各项投资的风险程度,D项正确。

4. 公司选择风险大的项目进行投资,是为了获取( )。
   A. 更高的风险报酬
   B. 更高的货币时间价值
   C. 更低的债务资本成本
   D. 更低的营业成本
   [答案] A
   [解析] 本题的考点为风险价值。风险报酬率高低与风险大小有关,风险越大,要求的报酬率越大,因此公司选择风险大的项目进行投资,是为了获取更高的风险报酬,A项正确。

本章同步练习

一、**单项选择题**（每题1分，每题备选项中，只有1个最符合题意）

1. 某企业发行债券融资，每张债券面值100元，票面利率8%，期限5年，发行200万张，筹资总额2亿元，约定每年付息一次，到期一次性还本，假设筹资费用率为1.5%，企业所得税率为25%，则该债券的资本成本率是（　　）。
   A. 5.78%　　　　　　　　　　B. 5.85%
   C. 5.94%　　　　　　　　　　D. 6.09%

2. 营业杠杆系数是指（　　）的变动率相对于销售额（营业额）变动率的倍数。
   A. 经营费用　　　　　　　　　B. 变动成本
   C. 财务费用　　　　　　　　　D. 息税前盈余

3. 如果某企业的营业杠杆系数为2，则说明（　　）。
   A. 当公司息税前盈余增长1倍时，普通股每股收益将增长2倍
   B. 当公司普通股每股收益增长1倍时，息税前盈余应增长2倍
   C. 当公司营业额增长1倍时，息税前盈余将增长2倍
   D. 当公司息税前盈余增长1倍时，营业额应增长2倍

4. 每股利润无差别点是指两种筹资方案下普通股（　　）。
   A. 每股利润相等时的息税前盈余点　　B. 息税前盈余相等时的每股利润点
   C. 每股利润相等时的息前盈余点　　　D. 息前盈余相等时的每股利润点

5. 某公司计划投资一条新的生产线。生产线建成投产后，预计公司年销售额增加1 000万元，年付现成本增加750万元，年折旧额增加50万元，企业所得税税率为25%，则该项目每年营业净现金流量是（　　）万元。
   A. 50　　　　B. 150　　　　C. 200　　　　D. 700

6. 下列成本费用项目中，在估算营业现金流量时，每年的营业现金支出不包括（　　）。
   A. 管理费用　　　　　　　　　B. 财务费用
   C. 折旧　　　　　　　　　　　D. 制造费用

7. 如果某一项目的项目期为5年，项目总投资额为800万元，每年现金净流量分别为100万元、180万元、200万元、200万元、220万元，则该项目不考虑资金时间价值时的平均报酬率为（　　）。
   A. 12.5%　　　　　　　　　　B. 22.5%
   C. 33.3%　　　　　　　　　　D. 35.5%

8. 下列投资决策评价指标中，无法反映项目收益情况的是（　　）。
   A. 净现值　　　　　　　　　　B. 获利指数
   C. 内部报酬率　　　　　　　　D. 投资回收期

9. 公司在互斥的投资方案选择决策中，当使用不同的决策指标所选的方案不一致时，在无资本限量的情况下，应以（　　）指标为选择依据。
   A. 投资回收期　　　　　　　　B. 获利指数
   C. 内部报酬率　　　　　　　　D. 净现值

10. 在企业并购中，如并购双方的法人资格均仍然存在，则双方的并购行为可具体称为（　　）。
    A. 收购　　　　　　　　　　　B. 兼并
    C. 吸收合并　　　　　　　　　D. 新设合并

11. 一家钢铁公司用自有资金并购了其铁石供应商，此项并购属于（　　）。
    A. 混合并购　　　　　　　　　B. 杠杆并购
    C. 横向并购　　　　　　　　　D. 纵向并购

二、多项选择题（每题2分，每题备选项中，有2个或2个以上符合题意，至少有1个错项。错选，本题不得分；少选，所选的每个选项得0.5分）

1. 企业进行筹资决策时，需要计算的成本有（　　）。
   A. 直接人工成本　　　　　　　B. 营业成本
   C. 个别资本成本　　　　　　　D. 综合资本成本
   E. 直接材料成本

2. 根据股利折现模型，影响普通股资本成本率的因素有（　　）。
   A. 股票发行价格　　　　　　　B. 股票发行费用
   C. 股利水平　　　　　　　　　D. 普通股股数
   E. 企业所得税率

3. 在进行投资项目的营业现金流量估算时，现金流出量包括（　　）。
   A. 付现成本　　　　　　　　　B. 所得税
   C. 折旧　　　　　　　　　　　D. 非付现成本
   E. 营业收入

4. 当企业分拆出一个子公司后会产生代理成本，这种代理成本包括（　　）。
   A. 机会成本　　　　　　　　　B. 剩余损失
   C. 监督成本　　　　　　　　　D. 契约成本
   E. 资本成本

三、案例分析题（每题2分。由单选和多选组成。错选，本题不得分；少选，所选的每个正确选项得0.5分）

（一）

G公司拟建一条生产线，经调研和测算，该生产线的经济寿命为10年，新建厂房投资额为200万元，设备投资额为600万元，流动资产投资额为120万元，公司决定，该投资形成的固定资产采用直线法计提折旧，无残值。该生产线建成投产后的第2年至第10年，每年可实现200万元净利润。公司总经理要求在进行项目可行性分析时，要根据风险评估来调整现金流量，以体现谨慎原则。

根据以上资料，回答下列问题。

1. 该生产线的每年净营业现金流量为（　　）万元。
   A. 100　　　　B. 150　　　　C. 240　　　　D. 280

2. 评估该生产线项目财务可行性时，该公司可采用的贴现现金流量指标是（　　）。
   A. 净现值　　　　　　　　　　B. 内部报酬率
   C. 标准离差率　　　　　　　　D. 年金现值系数

3. 估算该生产与投资现金流量时，该生产线的流动资产投资额应计入（　　）。
   A. 初始现金流量　　　　　　　B. 营业现金流量
   C. 终结现金流量　　　　　　　D. 自由现金流量

4. 若该公司引入肯定当量系数调整现金流量，肯定当量系数的数值应在（　　）之间。
   A. −1—0　　　　　　　　　　B. −1—1

C. 0—1   D. 1—100

（二）

某上市公司2017年的营业额为8亿元，息税前盈余为2.2亿元，公司的资产总额为24亿元，负债总额为16亿元，债务年利息额为1.1亿元。公司计划2018年对外筹资3亿元投资一个新项目，筹资安排初步确定为发行股票筹资1亿元，从银行贷款2亿元。经过估算，发行股票的资本成本率为15%，银行贷款的资本成本率为7%。

根据以上资料，回答下列问题。

1. 该公司2017年的财务杠杆系数为（　　）。
   A. 1.0   B. 1.3
   C. 1.5   D. 2.0

2. 根据初步筹资安排，3亿元筹资的综合资本成本率为（　　）。
   A. 7.55%   B. 8.63%
   C. 9.67%   D. 11.00%

3. 资本成本理论及杠杆理论综合起来研究的目的是（　　）。
   A. 优化资本结构   B. 获取营业杠杆利益
   C. 规避经营风险   D. 降低代理成本

4. 如果公司提高银行贷款在筹资总额中的比重，则（　　）。
   A. 公司综合资本成本率会降低   B. 公司综合资本成本率会提高
   C. 公司资产负债率会提高   D. 公司资产负债率会降低

本章同步练习参考答案及解析

一、单项选择题

1. [答案] D

   [解题思路] 根据公式"长期债券资本成本率 $= \dfrac{债券每年支付利息 \times (1-所得税率)}{债券筹资额 \times (1-筹资费用率)}$"，计算如下：

   (1) 债券每年支付利息＝债券票面金额×票面利率，本题未直接告知债券票面金额，但告知了每张债券的面值和发行的债券总数，因此债券票面金额＝每张债券面值×发行的债券总数＝100×2 000 000＝200 000 000（元），即2亿元。所以，债券每年支付利息＝2×8%＝0.16（亿元）。

   (2) 再结合题目已知的其他数据计算，长期债券资本成本率 $= \dfrac{0.16 \times (1-25\%)}{2 \times (1-1.5\%)} \approx$ 6.09%，D项正确。

2. [答案] D

   [解析] 本题的考点为营业杠杆系数的概念。营业杠杆系数也称营业杠杆程度，是息税前盈余的变动率相当于销售额（营业额）变动率的倍数，D项正确。

3. [答案] C

   [解析] 本题的考点为营业杠杆系数的概念。营业杠杆系数是息税前盈余的变动率相当于销售额（营业额）变动率的倍数。因此，当营业杠杆系数为2时，表示息税前盈余变动率相当于销售额变动率的2倍，即营业额增长1倍时，息税前盈余将增长2倍，C项正确。

4. [答案] A

   [解析] 本题的考点为每股利润分析法。每股利润无差别点是指两种或两种以上筹资方案下普通股每股利润相等时的息税前盈余点，A项正确。

5. [答案] C

   [解题思路] 本题的考点为现金流量的估算。根据公式，每年营业现金流量＝净利润＋折旧，计算如下：

   (1) 净利润＝利润总额－所得税税费。首先，利润总额＝每年销售（营业）收入－付现成本－折旧，题目已知销售额增加1 000万元，付现成本增加750万元，年折旧额增加50万元，因此，利润总额＝1 000－750－50＝200（万元）；其次，所得税税费＝利润总额×所得税税率＝200×25%＝50（万元）；最后，净利润＝200－50＝150（万元）。

（2）折旧：题目已知为50万元。

（3）每年净营业现金流量＝150＋50＝200（万元），C项正确。

6. [答案] C

[解析] 本题的考点为现金流量的估算。估算营业现金流量时，只考虑当期以现金形式的收入和支出，而折旧属于非付现成本，并不是以现金形式支出的，因此不属于营业现金支出的形式，C项正确。

7. [答案] B

[解析] 本题的考点为财务可行性评价指标中平均报酬率。平均现金流量＝（100＋180＋200＋200＋220）/5＝180（万元）。题目已告知初始投资额为800万元，因此，平均报酬率＝（平均现金流量/初始投资额）×100%＝180/800×100%＝22.5%。

8. [答案] D

[解析] 本题的考点为财务可行性评价指标。其中，投资回收期的缺点是不考虑回收期满后的现金流量，因此无法反映整个项目的收益情况，D项正确。

9. [答案] D

[解析] 本题的考点为财务可行性评价指标。在进行投资时，主要根据的是贴现指标，在互斥选择决策中，当使用三个贴现指标选择结论不一致时，在无资本限量的情况下，以净现值为选择标准，D项正确。

10. [答案] A

[解析] 本题的考点为收购的概念。根据题目关键信息"双方的法人资格均仍然存在"，可知为收购，A项正确。

11. [答案] D

[解析] 本题的考点为企业并购的类型。纵向并购是沿着供产销产业链纵向合并，铁石属于钢铁的上游产品，可知属于纵向并购，D项正确，A、C两项错误。B项，题目已告知这家钢铁企业用的是本企业的自有资金，并未利用铁石供应商的资金进行并购，因此属于非杠杆并购，而不是杠杆并购，所以此项错误。

二、多项选择题

1. [答案] CD

[解析] 本题的考点为资本成本的测算。在筹资决策时，通常需要计算两个成本，即个别资本成本和综合资本成本，C、D两项正确。

2. [答案] ABC

[解析] 本题的考点为普通股资本成本率的测算。根据股利折现模型，影响普通股资本成本率的因素包括普通股融资净额或普通股每股融资净额、发行价格、发行费用、股利水平、股利政策，A、B、C三项正确。

3. [答案] AB

[解析] 本题的考点为现金流量的估算。根据公式，每年净现金流量＝每年营业收入－付现成本－所得税，可知现金流出量包括付现成本和所得税，A、B两项正确。

4. [答案] BCD

[解析] 本题的考点为并购的效应。并购的效应之一是可以降低代理成本，而代理成本包括契约成本、监督成本、剩余损失，B、C、D三项正确。

三、案例分析题

（一）

1. [答案] D

[解析] 本题的考点为现金流量的估算。根据公式，每年净营业现金流量＝净利润＋折旧，计算如下：

（1）净利润，案例资料已知"每年可实现200万元净利润"。

（2）折旧，案例资料已知"新建厂房投资额为200万元，设备投资额为600万元""经济寿命期为10年""该投资形成的固定资产采用直线法计提折旧，无残值"，可知固定资产原值总共为 200＋600＝800（万元），固定资产残值为 0，因此折旧＝（800－0）/10＝80（万元）。

(3) 每年净营业现金流量＝200＋80＝280（万元），D 项正确。

2. [答案] AB

[解析] 本题的考点为财务可行性评价指标中的贴现现金流量指标。其具体包括净现值、内部报酬率、获利指数，A、B 两项正确。

3. [答案] AC

[解析] 本题的考点为现金流量的估算。其中初始现金流量和终结现金流量均涉及流动资产投资，因此该生产线流动资产投资额应计入初始现金流量和终结现金流量，A、C 两项正确。

4. [答案] C

[解析] 本题的考点为项目风险的衡量和处理方法中调整现金流量法。其中，根据调整现金流量法的内容可知，肯定当量系数是指不确定的 1 元现金流量相当于使投资者肯定满意的金额系数，数值在 0—1 之间，因此 C 项正确。

(二)

1. [答案] D

[解析] 本题的考点为财务杠杆。财务杠杆系数＝息税前盈余/（息税前盈余－债务年利息额），且案例资料已直接告知了息税前盈余为 2.2 亿元、债务年利息额为 1.1 亿元，因此，财务杠杆系数＝2.2/（2.2－1.1）＝2.2/1.1＝2，D 项正确。

2. [答案] C

[解析] 本题的考点为综合资本成本率的测算。案例资料已知"公司计划 2018 年对外筹资 3 亿元投资一个新项目，筹资安排初步确定为发行股票筹资 1 亿元，从银行贷款 2 亿元。发行股票的资本成本率为 15％，银行贷款的资本成本率为 7％"，可知为发行股票和银行贷款两种筹资方式，因此，综合资本成本率＝1/3×15％＋2/3×7％≈9.67％，C 项正确。

3. [答案] A

[解析] 本题的考点为资本结构决策。企业测算资本成本和通过财务杠杆系数测算财务风险是为了优化资本结构，A 项正确。

4. [答案] AC

[解析] 本题的考点为资本成本。首先，提高银行贷款，即增加债务筹资，因此会导致负债总额提高，资产负债率也会随之提高；其次，银行贷款属于长期债务筹资形式，其资本成本相较于普通股这种股权筹资形式的资本成本低，且根据本案例资料所给出的数据也能直接可知银行贷款的资本成本率为 7％，而普通股的资本成本率为 15％，银行贷款的资本成本率是低于普通股资本成本率的。如果筹资总额不变，那么加大银行贷款的比重，则会减少普通股筹资的比重，意为企业更多地选择了较低成本的筹资方式，因此计算得出的综合资本成本率就会降低。综上所述，如果公司提高银行贷款在筹资总额中的比重，则会导致综合资本成本率降低、资产负债率提高，因此 A、C 两项正确。

错题收集

第九章 电子商务

本章考情分析

节名	题型	2017	2016	2015
第一节 电子商务概述	单项选择题	1分	4分	2分
	多项选择题	0分	2分	2分
第二节 电子商务的运作系统	单项选择题	1分	4分	1分
	多项选择题	2分	0分	2分
第三节 电子支付	单项选择题	3分	0分	1分
	多项选择题	0分	2分	0分
第四节 网络营销	单项选择题	2分	0分	2分
	多项选择题	2分	0分	0分
合计		11分	12分	10分

本章学习提示

本章是为了顺应电子商务的发展，自2015年开始新增的一章，大部分内容与人们的生活息息相关，基本为原文考核，考试难度不大，大多数考题根据常识即可判断选择，因此建议学习本章内容时，可与日常生活中的所见所闻联系在一起进行学习和记忆。

第一节 电子商务概述

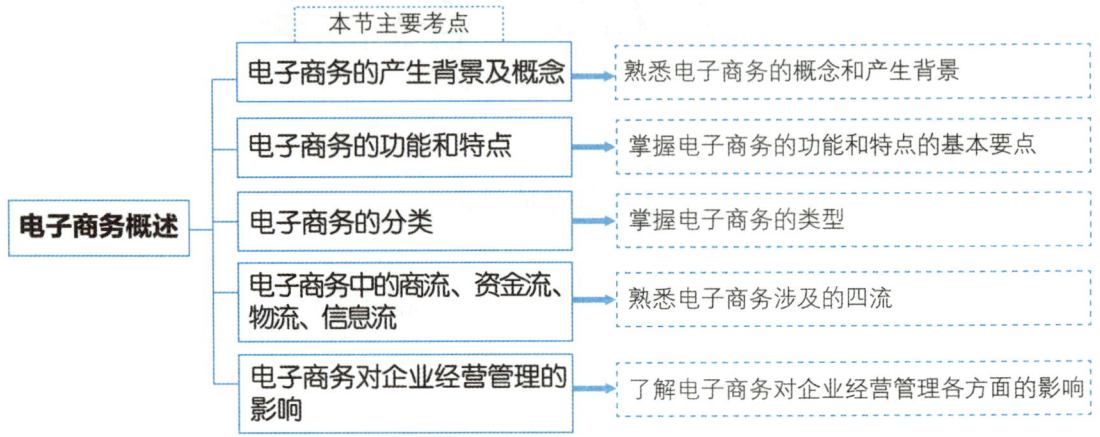

本节考点详解

【考点一】电子商务的产生背景及概念

一、促使电子商务产生的主要因素

（1）经济全球化。经济全球化是指世界经济活动超越国界，商品、信息、货币、人员等生产要素跨国跨地区流动，通过对外贸易、资本流动、技术转移、提供服务、相互依存、相互联系而形成的全球范围的有机经济整体。

（2）信息技术革命。信息技术革命是指由于信息产生、处理手段的高度发展而导致的社会生产力、生产关系的变革。它使得商业贸易活动在互联网开放的网络环境下，买卖双方不谋面地进行各种商贸活动成为可能，为电子商务的产生奠定了技术基础。

二、电子商务的概念

（一）狭义的概念

电子商务是指通过使用互联网等电子手段（电报、电话、广播、电视、传真、计算机、计算机网络、移动通信等）在全球范围内进行的商务贸易活动，包括商品和服务的提供者、广告商、消费者、中介商等各方行为的总和。

（二）广义的概念

电子商务是指企业通过电子手段进行的所有运营管理活动，即通过互联网等电子手段，使企业内部、供应商、客户和合作伙伴之间，利用电子业务共享信息，实现企业间业务流程的电子化，配合企业的电子化生产管理系统，提高企业的生产、库存、流通和资金等各个环节的效率。

---经典例题---

[2016年真题·单选] 电子商务产生的技术基础是（　　）。
A. 物联网技术革命　　　　　　B. 信息技术革命
C. 工业技术革命　　　　　　　D. 电子技术革命

[答案] B

[解析] 促使电子商务产生的两个因素中，信息技术革命为电子商务的产生奠定了技术基础，B项正确。

【考点二】电子商务的功能和特点

一、电子商务的功能

（1）广告宣传。

（2）咨询洽谈。电子商务借助互联网上的网站、电子邮件、新闻组和讨论组等手段来了解市场和商品信息，洽谈交易事务，如有进一步的需求，还可用网上的白板会议来交流即时的图形信息。

（3）网上订购。

（4）电子支付。

（5）网上服务。对于某些适合在网上传递的货物，如软件、音乐、视频、电子读物、信息服务等信息产品，能直接通过电子商务从电子仓库中将货物发送到用户端。此外，还可通过网络提供其他服务。

（6）网络调研。电子商务能十分方便地采用网页上的"选择""填空"等格式文件来收集用户对商品、服务的意见，使企业能够提高服务水平、改进产品、发现市场的商业机会。

（7）交易管理。

二、电子商务的特点

（1）市场全球化。电子商务的全球市场由计算机网络连接而成，网络的不间断特性使之成为一个与地域及时间无关的一体化市场，世界任何地方的任何人都可以通过计算机和互联网进行商务活动。

（2）跨时空限制。电子商务能在世界各地瞬间完成传递与计算机自动处理，只要有互联网的地方，人们就可以随时、随地、随意地进行商务活动。

（3）交易虚拟化。通过以互联网为代表的计算机网络进行贸易，交易双方从开始洽谈、签约到订货、支付等，无须当面进行，均通过网络完成，整个交易完全虚拟化。

（4）成本低廉化。

（5）交易透明化。电子商务中双方的洽谈、签约，以及货款的支付、交货的通知等整个交易过程都在电子屏幕上显示，交易显得更加透明，减少了信息不对称的现象。

（6）操作方便化。国际互联网的网页可以实现24小时服务，任何人都可以在任何时间向网上企业查询信息。

（7）服务个性化。企业利用网络追踪、数据挖掘等技术分析消费者的偏好、需求和购物习惯，促进企业针对消费者进行研究和开发活动，更好地为他们提供个性化服务。

（8）运作高效化。由于互联网将贸易中的商业报文标准化，使商业报文能在世界各地瞬间完成传递与计算机自动处理。

经典例题

[2016年真题·单选题] 交易双方通过计算机网络进行贸易、从洽谈、签约到订货、支付等事项，均通过网络完成，无须当面进行，这体现电子商务的（　　）特点。

A. 运输全球化　　B. 资本虚拟化　　C. 经济全球化　　D. 交易虚拟化

[答案] D

[解析] 本题的题干为电子商务特点中交易虚拟化的叙述，D项正确。

[2015年真题·单选题] 某企业为了提高服务水平，通过电子商务平台收集对服务的意见和偏好，该企业的活动实现了电子商务的（　　）功能。

A. 广告宣传　　B. 网上订购　　C. 网络调研　　D. 咨询洽谈

[答案] C

[解析] 本题的题干为电子商务功能中网络调研的叙述，C项正确。

【考点三】电子商务的分类

按照不同的分类标准，电子商务可分为不同的类型，具体如表9-1-1所示。

表9-1-1 电子商务的分类

划分标准	分类	概念要点
商业活动的运作方式	完全电子商务	整个商务过程都可以在网络上实现，其对象主要包括无形货物和服务，如音乐、视频、网络游戏、信息服务、计算机软件等可以数据形式通过网络传送给顾客的商品
	非完全电子商务	无法完全依靠电子商务方式实现和完成整个交易过程，其对象主要包括有形商品的物流配送、线下支付、现场服务等
开展电子交易的地域范围	区域化电子商务	本地区或本城的电子商务活动
	远程国内电子商务	本国范围内的电子交易活动
	全球电子商务	全世界范围内的电子交易活动
交易的主体	B2B、B2C、C2C、O2O、B2G、C2G	

经典例题

[2017年真题·单选题] 下列商品或服务中，可以实现完全电子商务的是（　　）。
A. 计算机　　　　B. 汽车　　　　C. 网络游戏　　　　D. 办公桌

[答案] C

[解析] 完全电子商务的对象主要包括无形货物和服务，按常理判断四个选项中只有网络游戏属于数字化的无形货物，其余的计算机、汽车、办公桌均属于有形商品，C项正确。

【考点四】电子商务中的商流、资金流、物流、信息流

电子商务涉及的四流的主要考点如表9-1-2所示。

表9-1-2 电子商务的四流

电子商务的四流	相互关系	概念
商流	动机和目的	物品在流通中发生形态变化的过程，即由货币形态转化为商品形态，以及由商品形态转化为货币形态，随着买卖关系的发生，商品所有权发生转移的过程
物流	终结和归宿	商品从供应地向接收地的实体物流过程
信息流（双向传递）	手段	电子商务各个主体之间的信息传递与交流的过程
资金流	条件	买卖双方间随着商品实物及其所有权的转移而发生的资金往来流程

经典例题

[2016年真题·单选题] 电子商务所涉及的四流中，具有明显双向传递特征的是（　　）。
A. 商流　　　　B. 物流　　　　C. 资金流　　　　D. 信息流

[答案] D

[解析] 电子商务的四流中，只有信息流具有双向传递的特征，D项正确。

【考点五】电子商务对企业经营管理的影响

电子商务对企业经营管理的影响具体如表 9-1-3 所示。

表 9-1-3　电子商务对企业经营管理的影响

企业经营管理要点	具体影响
组织结构	由金字塔形向扁平形转变，无边界的新型虚拟企业的出现
管理模式	由单向的"一对多"到双向的"多对多"转换
生产经营	降低企业的交易成本、减少企业库存、缩短企业的生产周期、增加企业交易机会
竞争方式	速度、质量、服务、信用等成为企业竞争的核心要素
人力资源管理	使人力资源管理从烦琐的行政事务中脱离出来，能够站在战略的高度来思考问题，提高了工作效率，增强了企业的竞争力
管理思想	树立全球化、标准化、快速创新和注重知识的观念

经典例题

[2015 年真题·单选题] 电子商务模式下出现的一种无明显边界的新型企业是（　　）。
A. 集团企业　　　　　　　　B. 联盟企业
C. 合资企业　　　　　　　　D. 虚拟企业
[答案] D
[解析] 在电子商务模式下，企业的经营活动打破了时间和空间的限制，把现有资源组合成为一种超越时空、利用电子手段传输信息的经营实体，出现了一种类似于无边界的新型企业——虚拟企业，D 项正确。

第二节　电子商务的运作系统

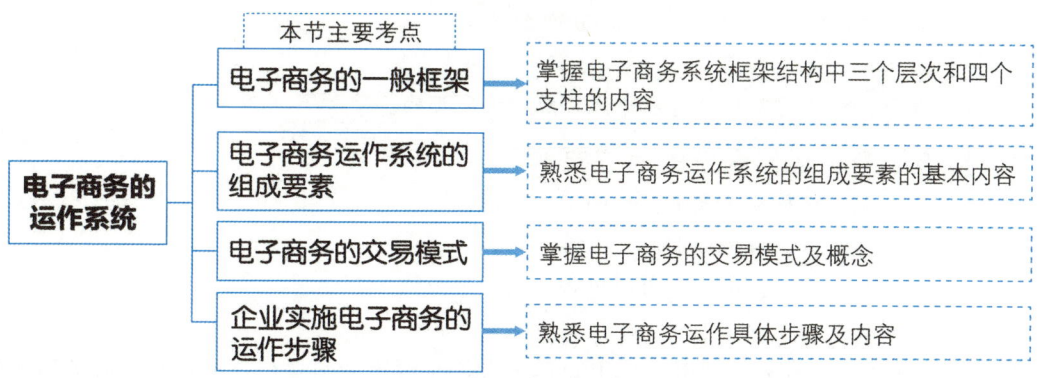

【考点一】电子商务的一般框架

电子商务系统框架结构是由三个层次和四个支柱组成的，具体如表 9-2-1 所示。

表 9-2-1 电子商务的一般框架的组成

组成		具体内容
三个层次	网络层	指基础设施，即所谓的"信息高速公路"，包括远程通信网、有线电视网、无线通信网、互联网
	信息发布（传输）层	解决如何在网上传输各种信息的问题
	一般业务服务层	为了交易而提供的通用业务服务，如电子支付、客户服务、电子认证（CA 认证）、商业信息安全传递等。其核心是 CA 认证
四个支柱	公共政策	是指政府制定的促进电子商务发展的宏观政策
	技术标准	是信息发布、传递的基础，是网络上信息一致性的保证，定义了用户接口、传输协议、信息发布标准等技术细节
	网络安全	保证电子商务活动的安全是电子商务的核心领域
	法律规范	维系着商务活动的正常运作，对市场的稳定发展起到了很好的制约和规范作用

经典例题

[2017 年真题·多选题] 实现电子商务的最基层网络硬件基础设施包括（   ）。
A. 远程通信网　　　　　　　　　B. 有线电视网
C. 无线通信网　　　　　　　　　D. 电网
E. 互联网
[答案] ABCE
[解析] 电子商务的最基层网络硬件基础设施即电子商务系统中网络层的基础设施，包括远程通信网、有线电视网、无线通信网、互联网。
[解题思路] 本题实则送分题，根据生活常识分析选项也可做题，五个选项中，A、B、C、E 四项的内容均与互联网有关，而 D 项的电网是供电用的，与互联网无关。

[2016 年真题·单选题] 实现电子商务的基础设施层是（   ）。
A. 网络层　　　　　　　　　　　B. 信息传输层
C. 业务服务层　　　　　　　　　D. 数据库层
[答案] A
[解析] 电子商务系统中的基础设施层即网络层，A 项正确。

【考点二】电子商务运作系统的组成要素

(1) 消费者。消费者构成了商务活动的核心要素。
(2) 企业。企业是电子商务中的重要主体。
(3) 银行。银行在电子商务中起着不可替代的货币流通中介作用。
(4) 物流配送体系。
(5) CA 认证中心。即数字证书认证中心，采用公开密钥基础架构技术，专门提供网络身份认证服务，负责签发和管理数字证书，鉴别交易伙伴，确定合同、契约、单据的可靠性并预防抵赖行为的产生。它是保证电子商务相关主体身份的真实性和交易的安全性、权威性、公正性的第三方信任机构。
(6) 其他要素。在一个完整的电子商务系统中，还需要工商、税务和海关等组成的协作，来完成相应的功能。

> **经典例题**
>
> [2016年真题·单选题] 电子商务运作系统中，保证相关主体身份真实性和交易安全性的机构是（ ）。
> A. 企业　　　　　B. 物流配送机构　　C. CA 认证中心　　D. 银行
> [答案] C
> [解析] 电子商务运作系统的组成要素中，CA 认证中心保证相关主体身份的真实性和交易的安全性，C 项正确。

【考点三】电子商务的交易模式

一、B2B

B2B 电子商务是企业与企业之间的电子商务，即以企业为主体，企业与企业之间通过互联网进行产品、服务及信息交换的电子商务活动，针对企业内部以及企业与上下游协作厂商之间的信息整合，并在互联网上进行企业与企业间的交易。按市场战略的不同，B2B 电子商务模式分为卖方控制型市场战略、买方控制型市场战略和中介控制型市场战略。

二、B2C

B2C 电子商务是企业与消费者之间的电子商务，由网上商店、物流系统和电子支付系统三个基本部分组成，按交易商品的范围可分为以下两种类型：

（1）综合型 B2C。即中间商或零售商通过电子商务平台向消费者提供多种类型的商品，其典型代表是亚马逊、京东、当当。

（2）垂直型 B2C。其专注于某一特定的细分市场而不是综合的商品。

三、C2C

C2C 电子商务是指消费者与消费者之间的电子商务。其代表是易贝（eBay）、淘宝。

四、O2O

O2O 电子商务是指线上与线下协调集成的电子商务，是 B2C 的一种特殊形式，是把互联网与地面店完美对接，实现互联网落地，让消费者在享受线上交易优点的同时，又可享受线下贴心的服务。O2O 电子商务具体有两种模式：①自建官方商城＋连锁店铺的形式；②借助第三方平台。

五、其他电子商务模式

（1）B2G 电子商务是企业与政府管理部门之间的电子商务，分为三类：①企业通过网络向政府管理部门办理各种手续，如工商注册、办证、报关、出口退税；②政府管理部门对企业进行征税和监管；③政府部门进行工程的招标或政府采购。

（2）C2G 电子商务是政府的电子商务行为，不以营利为目的，主要包括政府采购、网上报关、报税等。

> **经典例题**
>
> [2016年真题·单选题] 某家电生产企业开通网上商店，为终端消费者进行商品配送，提供电子支付系统，该企业的电子商务模式是（ ）。
> A. B2B　　　　　B. B2C　　　　　C. B2G　　　　　D. C2C
> [答案] B
> [解析] 根据题目信息可知，该电子商务模式的一端是企业，另一端是消费者，即企业与消费者之间的电子商务，其英文缩写为 B2C，B 项正确。

【考点四】企业实施电子商务的运作步骤

（1）明确愿景。

（2）制定战略。

（3）选择策略。

  1）运营模式确定。

  2）渠道建设。

  3）品牌营销策略。

（4）系统设计与开发。

  1）功能设计。依据电子商务系统功能层次图，分析企业电子商务的所有功能和子功能，对企业电子商务的各项活动进行整体设计。

  2）流程设计。其包括以供应商为核心的流程设计、以客户为核心的流程设计、内部流程设计。

  3）网站设计。其可分为三个方面：①整体设计，包括提出系统架构的建议、选择技术组合、决定项目建设方式（外包还是自建）等；②网站功能与结构设计，包括绘制网站结构功能图，进行网站的主要信息内容与导航的策划；③网站艺术设计，具体而言就是确定网站的结构、栏目的设置、网站的风格、颜色搭配、版面布局以及文字图片的应用等。

  4）数据库设计。其主要包括程序设计和结构设计，针对模块、代码对象等进行设计。

  5）系统开发。

（5）电子商务组织实施。

前四步的问题解决后，企业开始实施电子商务活动，具体包括电子商务网站推广、试运行、评估反馈、完善、全面实施等。

经典例题

[2017年真题·单选题] 在电子商务网站设计过程中，颜色搭配、版面布局以及文字图片应用等活动属于（　　）。

A. 功能设计　　　B. 结构设计　　　C. 艺术设计　　　D. 数据库设计

[答案] C

[解析] 在系统设计和开发阶段中，网站设计包括整体设计、网站功能与结构设计、网站艺术设计。其中，艺术设计具体而言就是确定网站的结构、栏目的设置、网站的风格、颜色搭配、版面布局以及文字图片的应用等，C项正确。

第三节　电子支付

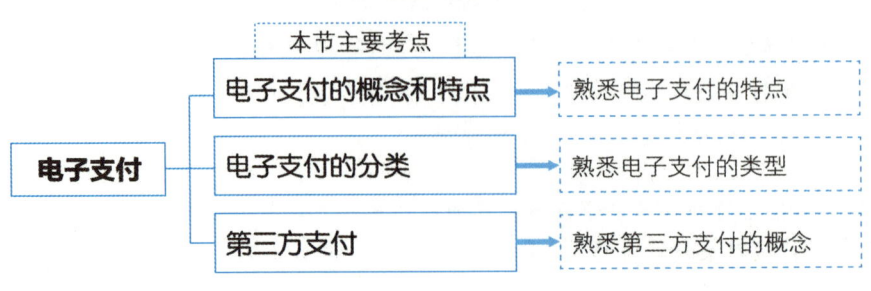

本节考点详解

【考点一】电子支付的概念和特点

一、电子支付的概念

电子支付是指单位、个人直接或授权他人通过电子终端发出支付指令,实现货币支付与资金转移的行为。

二、电子支付的特点

与传统的支付方式相比,电子支付具有的特点如表 9-3-1 所示。

表 9-3-1　电子支付与传统支付的比较

项目	电子支付	传统支付
支付方式	数字流转、数字化方式	现金的流转、票据的转让、银行的汇兑
工作环境	开放系统平台(互联网)	较为封闭的系统中运作
通信手段	使用最先进的通信手段,对软、硬件设施要求很高	传统的通信媒介,对软、硬件要求不高
优势	方便、快捷、高效、经济	—

经典例题

[2016年真题·多选题] 与传统支付方式相比,电子支付的优势主要包括(　　)。
A. 无风险　　　　B. 方便　　　　C. 快捷　　　　D. 高效
E. 经济
[答案] BCDE
[解析] 与传统的支付方式相比,电子支付具有方便、快捷、高效、经济的优势,B、C、D、E 四项正确。

【考点二】电子支付的分类

一、电子支付的类型

电子支付的类型具体如表 9-3-2 所示。

表 9-3-2　电子支付的类型

划分标准	具体类型
电子支付指令发起方式	网上支付、电话支付、移动支付、销售点终端交易、自动柜员机交易、其他电子支付
电子支付具体的工具方式	(1)电子货币类:电子现金、电子钱包 (2)电子信用卡类:智能卡、借记卡、电话卡 (3)电子支票类:电子支票、电子汇款、电子划款

二、常见的电子支付方式

(一)电子货币

1. 电子货币的概念

电子货币是指用一定金额的现金或存款从发行者处兑换并获得代表相同金额的数据,通过使用某些电子化方法将该数据直接转移给支付对象,从而清偿债务。这种电子数据称为电子货币。

2. 电子货币的主要功能

(1)转账结算功能。如直接消费结算,代替现金转账。

(2) 储蓄功能。如使用电子货币存款和取款。

(3) 兑换功能。如异地使用货币时,进行货币汇兑。

(4) 消费贷款功能。如先向银行贷款,提前使用货币。

【考点小贴士】电子货币形式可以日常生活中使用银行卡中的存款数据为例来理解。

(二) 银行卡

银行卡是商业银行等金融机构及邮政机构向社会发行的,具有消费信用、转账结算、存取现金等全部或部分功能的信用支付工具,包括信用卡和借记卡两种。

(三) 网上银行

1. 网上银行的概念

网上银行,又称网络银行、在线银行,是指银行利用互联网技术,通过互联网客户提供开户、查询、对账、行内转账、跨行转行、信贷、网上证券、投资理财等传统服务项目,使客户可以足不出户就能够安全便捷地管理活期和定期存款、支票、信用卡及个人投资等。

2. 网上银行的主要优势

(1) 全面实现无纸化交易。

(2) 服务方便、快捷、高效、可靠。

(3) 经营成本低廉。

(4) 简单易用。

(四) 移动支付

1. 移动支付的概念

移动支付是指用户使用其移动终端(通常是手机)对所消费的商品或服务进行资金支付的一种支付方式。移动支付所使用的移动终端是智能手机、掌上电脑、移动个人计算机等。

2. 移动支付的特点

(1) 移动性。

(2) 及时性。

(3) 定制化。

(4) 集成性。

经典例题

[2017年真题·单选题] 下列电子支付工具中,属于电子货币的是( )。

A. 电子现金　　　　　　　　B. 电子支票

C. 借记卡　　　　　　　　　D. 电子汇款

[答案] A

[解析] 电子支付按照电子支付的具体工具方式可分为电子货币类、电子信用卡类和电子支票类。其中,电子货币类包括电子现金、电子钱包等,A项正确。B、D两项,电子支票、电子汇款属于电子支票类。C项,借记卡属于电子信用卡类。

[2017年真题·单选题] 下列电子设备中,可以作为移动支付时所使用的移动终端是( )。

A. 固定电话　　　　　　　　B. 智能手机

C. 台式PC机　　　　　　　　D. 电视机

[答案] B

[解析] 此题可根据生活常识做题,用于移动支付的移动终端的特点是可随身携带,并可随时随地用于上网进行电子支付,可知选项中只有智能手机具备此特点,B项正确。

【考点三】第三方支付

第三方支付是指一些和产品所在国家以及国内外各大银行签约,并具备一定实力和信誉保障的第三方独立机构提供的交易支持平台。在通过第三方支付平台的交易中,买方选购商品后,使用第三方平台提供的账户进行货款支付,由第三方通知卖家货款到达、进行发货;买方检验物品后,就可以通知付款给卖家,第三方再将款项转至卖家账户,因此第三方支付解决了先付款还是先发货的矛盾。在第三方支付交易流程中,商家看不到客户的信用卡信息,同时又避免了信用卡信息在网络上多次公开传输而导致信息被窃的情况。

【考点小贴士】可以支付宝为第三方支付平台的代表理解其概念。

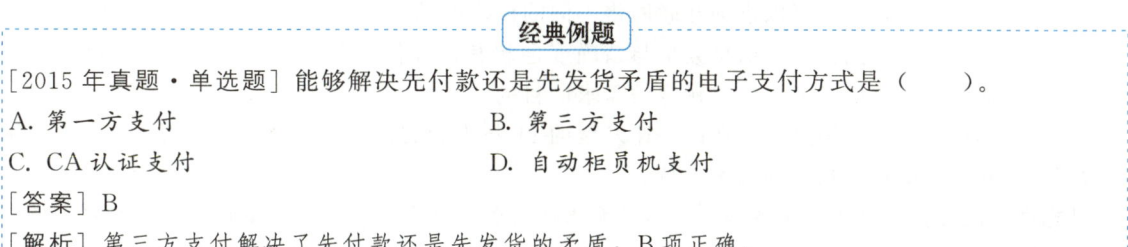

[2015年真题·单选题] 能够解决先付款还是先发货矛盾的电子支付方式是（　　）。
A. 第一方支付　　　　　　　　B. 第三方支付
C. CA 认证支付　　　　　　　　D. 自动柜员机支付
[答案] B
[解析] 第三方支付解决了先付款还是先发货的矛盾,B 项正确。

第四节　网络营销

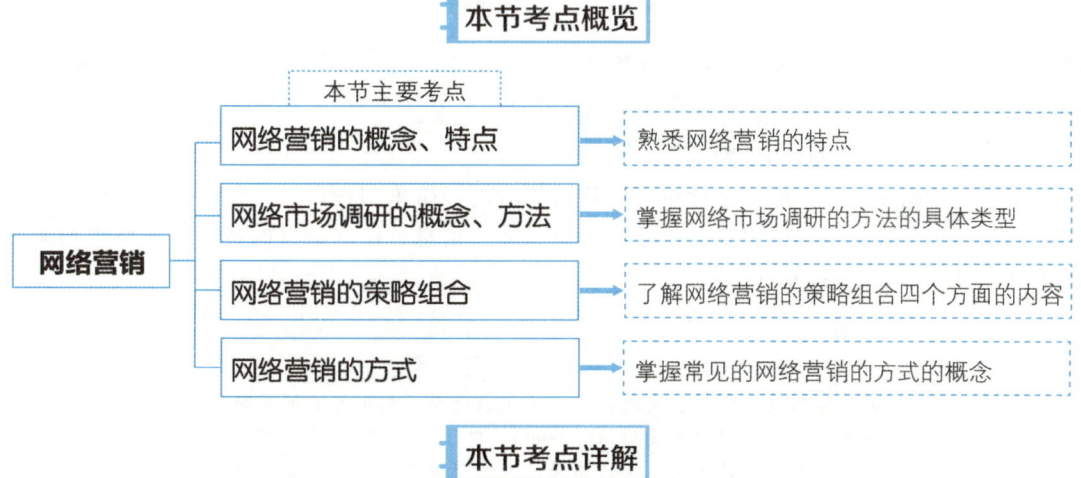

【考点一】网络营销的概念、特点

一、网络营销的概念

网络营销是指基于互联网、移动互联网平台,利用信息技术与软件工具,满足商家与客户之间交易产品、提供服务的过程,通过在线活动创造、宣传和传递客户价值,并对客户关系进行管理,以达到一定营销目的的新型营销活动。

二、网络营销的特点

(1) 跨时域性。由于互联网能够超越时间约束和空间限制进行信息交流,使得营销脱离时空限制进行交易变成可能,企业可每周 7 天,每天 24 小时随时随地提供全球性营销服务。

(2) 交互式。互联网通过展示商品图像、提供商品信息查询,来实现供需互动与双向沟通。

(3) 个性化。互联网上的促销是一对一的、理性的、消费者主导的、非强迫性的、循序渐进式的，而且是一种低成本与个性化的促销。

(4) **经济性**。通过互联网进行信息交换，可减少印刷费与邮递成本，实现无店铺销售，免交租金，节约水电与人工成本，还可以减少由于反复多次交换带来的损耗。

(5) **多维性**。网络营销是多维的，能将文字、图像和声音有机地组合在一起，传递多感官的信息。

(6) **超前性**。互联网是一种功能强大的营销工具，它所具备的一对一的营销能力，符合定制营销与直复营销的未来发展趋势。

(7) **整合性**。网络营销将商品信息至收款、售后服务做了很好的集成，因此也是一种全程的营销渠道，另一方面，企业可以借助互联网将不同的传播营销活动进行统一设计规划和协调实施。

(8) **高效性**。互联网传达的信息数量与精确度远超其他媒体，企业通过及时更新产品或调整价格，能够达到及时有效了解并满足顾客的需求的目的。

(9) **技术性**。网络营销是建立在以高速发展的 IT 技术为支撑的互联网基础上的，企业实施网络营销必须有一定的技术投入和技术支持。

【考点小贴士】各特点的扩展描述均为其意思的延伸，且含有同义词，按常理熟悉即可。做题亦可通过找同义词的形式选择。

经典例题

[2017年真题·单选题] 网络营销将商品信息发布、收款和售后服务做了很好的集成，这体现了网络营销的（　　）。
A. 经济性　　　　B. 整合性　　　　C. 交互性　　　　D. 多维性
[答案] B
[解析] 本题可直接根据词义做题，根据题目信息"将商品信息发布、收款和售后服务做了很好的集成"，对比四个选项，其中整合性与集成意思相近，B项正确。

【考点二】网络市场调研的概念、方法

网络市场调研是指在互联网上针对特定营销环境进行简单调查设计、收集资料和初步分析的活动，以及利用各种搜索引擎寻找竞争环境信息、客户信息、供求信息的行为。网络市场调研有两种方法，具体如表 9-4-1 所示。

表 9-4-1　网络市场调研的方法

类型	具体方法
直接调研	(1) 网上观察法：利用相关软件和人员记录登录网络浏览者的活动 (2) 专题讨论法：通过新闻组（Usenet）、电子公告牌（BBS）或邮件列表讨论组进行 (3) 在线问卷法：请求浏览网页的每人参与企业的各种调查，可委托专业公司进行 (4) 网上实验法：通过网络中所投放的广告内容与形式进行实验
间接调研	利用搜索引擎查找资料、访问相关网站收集资料、利用网上数据库查找资料

【考点三】网络营销的策略组合

一、产品策略

适合网上销售的产品的特点包括产品标准化、重构性、时尚性、廉价性。

二、价格策略

网络营销中产品和服务的定价要考虑的因素包括国际化、趋低化、弹性化、价格解释体系。

三、促销策略

网络促销的工具包括导购、有奖促销、赠品促销、积分促销、虚拟货币促销、折扣促销、免费资源和服务促销等。

四、渠道策略

企业进行网络营销时一个重要的方式是渠道的选择，主要有以下几种：

（1）会员网络。即在企业建立虚拟组织的基础上形成的网络团体，通过会员制，促进顾客相互间的联系和交流，以及顾客与企业的联系和交流，培养顾客对企业的忠诚，并把顾客融入企业的整个营销过程中，使会员网络的每一个成员的都能互惠互利，共同发展。

（2）分销网络。如企业提供的是信息产品，则可直接在网上进行销售，需要较少的分销商，甚至不需要分销商；如企业提供的是有形产品，企业则需要分销商。

（3）快递网络。对于提供有形产品的企业，要把产品送到顾客手中，就需要快递公司的送货网络来实现。

（4）服务网络。它分为网上产品服务营销和客户服务营销两种。

（5）生产网络。为了实现及时供货，以及降低生产、运输等成本，企业需在一些目标市场建立生产中心或配送中心，形成企业的生产网络。

【考点四】网络营销的方式

常见的网络营销的主要形式具体如表 9-4-2 所示。

表 9-4-2　常见的网络营销形式

方式	概念要点
搜索引擎营销	基于搜索引擎平台的网络营销，其方法包括竞价排名、分类目录登陆、搜索引擎登录、付费搜索引擎广告、关键词广告、搜索引擎优化（搜索引擎自然排名）、地址栏搜索、网站链接策略等
博客营销	通过博客网站或博客论坛接触博客作者和浏览者，其本质是通过原创专业化内容进行知识分享、争夺话语权，建立起个人品牌，树立自己"意见领袖"的身份，进而影响读者和消费者的思维和购买行为
论坛营销	又称 BBS 营销，利用论坛这种网络交流平台
即时通信营销	通过即时通信工具推广，具体有网络在线交流、广告两种情况
病毒式营销	利用的是用户口碑传播的原理，这种"口碑传播"更为方便，可以像病毒一样迅速蔓延。这种传播是用户之间自发进行的，企业几乎不需要费用，常用于网站推广、品牌推广等
网络知识性营销	利用百度的"知道""百科"或企业网站自建的疑问解答板块等平台，通过与用户之间提问、解答的方式来传播企业品牌、产品和服务信息
网络事件营销	以网络为传播平台，通过精心策划、实施可以让公众直接参与并享受乐趣的事件，并通过这样的事件达到吸引或转移公众注意力，改善、增进与公众的关系，塑造企业、组织良好的形象
网络口碑营销	以文字、图片、视频等口碑信息与目标客户之间进行互动沟通
网络直复性营销	通过网络直接发展分销渠道或直接面对最终消费者销售产品的营销方式，如 B2C、B2B
网络视频营销	将各种视频短片以各种形式放到互联网上，达到宣传企业品牌、产品以及服务信息的目的的营销手段
网络图片营销	把设计好的有创意的图片，在各大论坛、空间、博客和即时聊天等工具上进行传播或通过搜索引擎自动抓取，最终达到传播企业品牌、产品和服务等信息
网络软文营销	又称网络新闻营销，通过网络上门户网站、地方或行业网站等平台传播一些具有阐述性、新闻性和宣传性的文章，包括一些网络新闻通稿、深度报道、案例分析等，把企业、品牌、人物、产品、服务、活动项目等相关信息以新闻报道的方式向社会公众广泛传播

续表

方式	概念要点
网络电子订阅杂志营销	又称RSS营销,利用RSS这一互联网工具传递营销信息的网络营销模式,使用RSS营销的大多都是行业业内人士,比如研究人员、财经人员、企业管理人员
社会性网络服务营销	即SNS营销,利用SNS网站(比如人人网、开心网)的分享和共享功能,在六维理论的基础上实现的一种营销

【考点小贴士】 历年常考其中某一种网络营销形式的概念,可通过该方式的名称和日常生活的所见所闻来记忆本知识点。比如搜索引擎营销,该方式名称就体现了这种营销方式概念要点,是通过搜索引擎平台进行的网络营销。

经典例题

[2017年真题·单选题] 下列网络营销活动中,属于即时通信营销的是( )。

A. 论坛发帖宣传　　　　　　B. 博客宣传
C. 网络在线交流　　　　　　D. 网络视频宣传

[答案] C

[解析] 即时通信营销是生活中很常见的营销方式,主要是通过即时通信工具(如QQ),与客户之间即时进行交流、互动,具体形式包括网络在线交流和广告,C项正确。

本章易错易混考点

本章内容较为简单,涉及的易错易混考点较少,历年考生较为容易混淆的是本章第四节中直接调研和间接调研各自的方法,二者的区分在于获取信息的渠道不同:

(1) 直接调研:直接从"用户"那里获得需要的一手资料和信息,如网上观察法,其观察和调查对象是用户;专题讨论法,则可通过论坛与用户讨论获得资料和信息;在线问卷法是直接以问卷形式向用户提问;网上实验法是通过向用户投放广告获得其反馈信息。

(2) 间接调研:通过其他"第三方渠道",如搜索引擎、相关网站、网上数据库等第三方渠道获得二手资料、信息。

[2017年真题·多选题] 下列网络市场调研的方法中,属于网络市场直接调研的方法有( )。

A. 搜索引擎法　　　　　　B. 网上观察法
C. 在线问卷法　　　　　　D. 网上实验法
E. 网上数据库法

[答案] BCD

[解析] 网络直接调研的方法包括网上观察法、专题讨论法、在线问卷法、网上实验法,B、C、D三项正确。A、E两项,搜索引擎、网上数据库均为间接调研的方法。

历年经典真题回顾

一、单项选择题(每题1分,每题备选项中,只有1个符合题意)

1. 下列电子支付方式中,可以确保商家看不到客户相关支付隐私信息的是( )。[2017年真题]

A. 手机支付　　　　　　B. 银行卡支付
C. 第三方支付　　　　　D. 电子支票支付

[答案] C

[解析] 本题的考点为第三方支付。在第三方支付交易流程中,商家看不到客户的信用卡信息,同时又避免了信用卡信息在网络上多次公开传输而导致信息被窃的情况,C项正确。

2. 下列电子商务模式中，不以营利为目的是（　　）。[2016年真题]

　　A. B2B　　　　　　　　　　B. B2C

　　C. C2G　　　　　　　　　　D. C2C

　　[答案] C

　　[解析] 本题的考点为电子商务的交易模式。其中，C2G是政府的电子商务行为，不以营利为目的，C项正确。

3. 电子商务的"四流"指的是（　　）。[2015年真题]

　　A. 商流、资金流、物流、信息流

　　B. 商流、资金流、客户流、信息流

　　C. 现金流、资金流、物流、数据流

　　D. 商流、现金流、物流、数据流

　　[答案] A

　　[解析] 本题的考点为电子商务涉及的四流。电子商务交易活动达成必须要商流、资金流、物流、信息流在时空上的协作，A项正确。

4. 在电子商务的运作过程中，电子商务网站推广属于（　　）阶段的工作。[2015年真题]

　　A. 制定电子商务战略　　　　B. 选择电子商务策略

　　C. 系统设计和开发　　　　　D. 电子商务组织实施

　　[答案] D

　　[解析] 本题的考点为企业实施电子商务的运作步骤。其中，电子商务组织实施阶段的工作包括电子商务网站推广、试运行、评估反馈、完善、全面实施等，D项正确。

5. 下列网络市场调研中，属于网络市场间接调研的是（　　）。[2015年真题]

　　A. 网上观察法　　　　　　　B. 在线问卷法

　　C. 网上实验法　　　　　　　D. 搜索引擎法

　　[答案] D

　　[解析] 本题的考点为网络市场调研的方法。其中，网络市场间接调研的方法包括利用搜索引擎查找资料、访问相关网站收集资料、利用网上数据库查找资料，D项正确。A、B、C三项均属于网络市场直接调研的方法。

6. 某企业通过门户网站的新闻报道，把企业、品牌、产品、服务等相关信息及时、全面地向社会公众广泛传播，该企业所采用的网络营销方式是（　　）。[2015年真题]

　　A. 网络软文营销　　　　　　B. 网络直复营销

　　C. 网络知识性营销　　　　　D. 博客营销

　　[答案] A

　　[解析] 本题的考点为网络营销的方式中网络软文营销的概念。根据题目关键信息"通过门户网站的新闻报道"，可知为网络软文营销，A项正确。

二、多项选择题（每题2分。每题备选项中，有2个或2个以上符合题意，至少有1个错项。错选，本题不得分；少选，所选的每个选项得0.5分）

1. 下列商品中，适合完全电子商务的有（　　）。[2016年真题]

　　A. 视频　　　　　　　　　　B. 音乐

　　C. 计算机软件　　　　　　　D. 汽车

　　E. 信息咨询

　　[答案] ABCE

[解析] 本题的考点为电子商务的分类中完全电子商务。完全电子商务交易的对象主要包括无形货物和服务，视频、音乐、网络游戏、计算机软件、信息咨询均可在互联网通过数据的形式传送，因此适合完全电子商务，A、B、C、E 四项正确。

2. 促使电子商务产生的主要因素有（　　）。[2015 年真题]

　　A. 经济全球化　　　　　　　　B. 实体店升级
　　C. 信息技术革命　　　　　　　D. 全球交通便利化
　　E. 再工业化

[答案] AC

[解析] 促使电子商务产生的主要因素包括经济全球化和信息技术革命，A、C 两项正确。

3. 从结构层次的角度看，电子商务系统的框架结构包括（　　）。[2015 年真题]

　　A. 物流层　　　　　　　　　　B. 客户关系层
　　C. 网络层　　　　　　　　　　D. 信息发布（传输）层
　　E. 一般业务服务层

[答案] CDE

[解析] 本题的考点为电子商务的一般架构。其中，三个层次包括网络层、信息发布（传输）层、一般业务服务层，C、D、E 三项正确。

本章同步练习

一、单项选择题（每题 1 分，每题备选项中，只有 1 个符合题意）

1. 某企业可以利用网上主页和电子邮件在全球范围内做广告，为客户提供更为丰富的关于企业和产品等方面的信息，该企业的做法实现了电子商务（　　）的功能。

　　A. 网上服务　　　　　　　　　B. 网络调研
　　C. 咨询洽谈　　　　　　　　　D. 广告宣传

2. 电子商务中双方的洽谈、签约，以及货款的支付、交货的通知等整个交易过程都在电子屏幕上显示，极大地减少了信息不对称的现象，这体现了电子商务（　　）的特点。

　　A. 跨时空限制　　　　　　　　B. 成本低廉化
　　C. 交易透明化　　　　　　　　D. 服务个性化

3. 在电子商务活动中，实现商品所有权转移的是（　　）。

　　A. 商流　　　　　　　　　　　B. 物流
　　C. 资金流　　　　　　　　　　D. 信息流

4. （　　）是电子商务中的重要主体，是推动电子商务发展的根本力量。

　　A. 企业　　　　　　　　　　　B. 消费者
　　C. 银行　　　　　　　　　　　D. 政府

5. B2B 电子商务模式是指（　　）的电子商务。

　　A. 政府与企业　　　　　　　　B. 消费者与消费者
　　C. 企业与企业　　　　　　　　D. 企业与消费者

6. 企业利用互联网、移动互联网平台，可以每周 7 天，每天 24 小时随时随地提供全球性营销服务，这体现了网络营销（　　）的特点。

　　A. 交互式　　　　　　　　　　B. 个性化
　　C. 超前性　　　　　　　　　　D. 跨时域性

7. 企业利用相关软件和人员记录登录网络浏览者的活动以此获得资料和信息，该企业采用的网络市场直接调研的方法属于（　　）。
　　A. 在线问卷法　　　　　　　　B. 专题讨论法
　　C. 网上实验法　　　　　　　　D. 网上观察法
8. 企业利用百度的"知道""百科"，通过与用户之间提问、解答的方式来传播企业品牌、产品和服务的信息的网络营销方式属于（　　）。
　　A. 网络知识性营销　　　　　　B. 网络事件营销
　　C. 病毒式营销　　　　　　　　D. BBS营销

二、多项选择题（每题2分。每题备选项中，有2个或2个以上符合题意，至少有1个错项。错选，本题不得分；少选，所选的每个选项得0.5分）
1. 电子商务按照商业活动的运作方式分类，可分为（　　）。
　　A. 完全电子商务　　　　　　　B. 非完全电子商务
　　C. 区域化电子商务　　　　　　D. 远程国内电子商务
　　E. 全球电子商务
2. 电子商务对企业经营管理的影响表述正确的有（　　）。
　　A. 企业的组织结构向扁平形转变
　　B. 企业组织信息传递的方式向双向的"多对多"的方式转变
　　C. 企业的资产、仓库及员工成为企业竞争的核心要素
　　D. 增加企业的交易机会
　　E. 推动企业树立全球化、差异化、快速创新、注重产品的观念
3. 电子商务系统的四个支柱包括（　　）。
　　A. 网络基础设施　　　　　　　B. 公共政策
　　C. 技术标准　　　　　　　　　D. 网络安全
　　E. 法律规范
4. 企业实施电子商务的运作步骤中，系统设计和开发阶段的工作有（　　）。
　　A. 数据库设计　　　　　　　　B. 功能设计
　　C. 电子商务网站推广　　　　　D. 电子商务网站试运行
　　E. 系统开发
5. 搜索引擎营销的方法包括（　　）。
　　A. 竞价排名　　　　　　　　　B. 分类目录登录
　　C. 互动式营销　　　　　　　　D. 网站促销
　　E. 关键词广告

本章同步练习参考答案及解析

一、单项选择题

1. [答案] D
   [解析] 本题的考点为电子商务的功能。根据题目信息"可以利用网上主页和电子邮件在全球范围内做广告"，可知为广告宣传，D项正确。

2. [答案] C
   [解析] 本题的考点为电子商务的特点。其中，交易透明化体现在电子商务中双方的洽谈、签约，以及货款的支付、交货的通知等整个交易过程都在电子屏幕上显示，因此交易显得更加透明，极大地减少了信息不对称的现象，C项正确。

3. [答案] A
   [解析] 本题的考点为电子商务中的商流、资金流、物流、信息流。其中，商流是指

物品在流通中发生形态变化的过程，即由货币形态转化为商品形态，以及由商品形态转化为货币形态，随着买卖关系的发生，商品所有权发生转移的过程，A项正确。

4. [答案] A

   [解析] 本题的考点为电子商务运作系统的组成要素。其中，企业是电子商务中的重要主体，它既是产品和服务的提供者，又是信息的提供者，是推动电子商务发展的根本力量，A项正确。

5. [答案] C

   [解析] 本题的考点为电子商务的交易模式。其中，B2B电子商务是指企业与企业之间的电子商务，C项正确。

6. [答案] D

   [解析] 本题的考点为网络营销的特点。其中，跨时域性体现在互联网能够超越时间约束和空间限制进行信息交流，使得营销脱离时空限制进行交易变成可能，企业可每周7天，每天24小时随时随地提供全球性营销服务，D项正确。

7. [答案] D

   [解析] 本题的考点为网络市场调研的方法。其中，网上观察法是利用相关软件和人员记录登录网络浏览者的活动，D项正确。

8. [答案] A

   [解析] 本题考点为网络营销的方式。其中，网络知识性营销是利用百度的"知道""百科"或企业网站自建的疑问解答板块等平台，通过与用户之间提问、解答的方式来传播企业品牌、产品和服务的信息，A项正确。

二、多项选择题

1. [答案] AB

   [解析] 本题的考点为电子商务的类型。电子商务按照商业活动的运作方式分类，可分为完全电子商务和非完全电子商务，A、B两项正确。C、D、E三项属于按开展电子交易的地域范围划分的类型。

2. [答案] ABD

   [解析] 本题的考点为电子商务对企业经营管理的影响。C项，电子商务意味着大小企业之间的竞争机会均等，速度、质量、服务、信用等成为企业竞争的核心要素，错误；E项，应当是推动企业树立全球化、标准化、快速创新、注重知识的观念，不涉及差异化观念，错误。

3. [答案] BCDE

   [解析] 本题的考点为电子商务的一般框架。电子商务系统框架结构是由三个层次和四个支柱组成的。其中，四个支柱包括公共政策、技术标准、网络安全、法律规范，B、C、D、E四项正确。A项，网络基础设施即电子商务系统的网络层属于三个层次的内容。

4. [答案] ABE

   [解析] 本题的考点为企业实施电子商务的运作步骤。其中，系统设计和开发阶段的工作包括功能设计、流程设计、网站设计、数据库设计、系统开发，A、B、E三项正确。C、D两项属于电子商务组织实施阶段的内容。

5. [答案] ABE

   [解析] 本题的考点为网络营销的方式。其中，搜索引擎营销的主要方法包括竞价排名、分类目录登录、搜索引擎登录、付费搜索引擎广告、关键词广告、搜索引擎优化（搜索引擎自然排名）、地址栏搜索、网站链接策略等，A、B、E三项正确。

错题收集

第三篇
2018年模拟试卷及参考答案与解析

尽力而为，即使失败也是伟大的，放手一搏书写自己灿烂的人生！

2018年工商管理专业知识与实务（中级）模拟试卷

一、单项选择题（每题1分，每题备选项中，只有1个最符合题意）

1. 某手机生产企业为提升手机产品在市场的竞争地位，加大智能手机的投资和研发力度，不断拓展智能手机市场，从战略层次分析，该企业采用的战略属于（　　）。
   A. 企业公司战略　　　　　　　　B. 企业总体战略
   C. 企业业务战略　　　　　　　　D. 企业职能战略

2. 企业战略管理的主体是（　　）。
   A. 战略的目标　　　　　　　　　B. 企业的管理者
   C. 战略的内容　　　　　　　　　D. 企业的全体员工

3. 麦肯锡公司提出的7S模型指出，企业要获得战略实施的成功，需要将硬件要素与软件要素相结合，通盘考虑，下列属于企业硬件要素的是（　　）。
   A. 结构　　　　　　　　　　　　B. 风格
   C. 技能　　　　　　　　　　　　D. 共同价值观

4. 战略控制应能反映不同经营业务的性质与需要，根据各部门的业务范围、工作特点制定不同的监控标准和方式，才能适合不同的经营业务的需要，这体现了战略控制的（　　）。
   A. 适度控制原则　　　　　　　　B. 适时控制原则
   C. 适应性原则　　　　　　　　　D. 确保目标原则

5. 根据企业核心竞争力分析，能够成为企业持续竞争优势的经营资源是（　　）。
   A. 先进的生产设备　　　　　　　B. 充足的流动资金
   C. 研发能力　　　　　　　　　　D. 库存物资

6. 某石油公司对自己开采的原油进行炼化，生产各种石化产品，并自行组织这些产品的销售。该公司实施的是（　　）。
   A. 集中化战略　　　　　　　　　B. 前向一体化战略
   C. 调整型战略　　　　　　　　　D. 后向一体化战略

7. 从环境因素的可控程度看，经营决策可分为（　　）。
   A. 长期决策和短期决策　　　　　B. 战略决策、战术决策和业务决策
   C. 初始决策和追踪决策　　　　　D. 确定型决策、风险型决策和不确定型决策

8. （　　）是指经济主体对稀缺性资源所拥有的占有、使用、收益和处置等权利。
   A. 债权　　　B. 所有权　　　C. 诉讼权　　　D. 管理权

9. 企业的市场竞争力在一定程度上反映了经营者的能力和努力程度，这就使低能力、不努力或努力程度不够的经营者随时都有可能被能力强的、努力程度高的经营者代替，这体现了（　　）机制对经营者的激励和约束。
   A. 报酬　　　　　　　　　　　　B. 声誉
   C. 市场竞争　　　　　　　　　　D. 管理

10. 股份有限公司股东行使股权的重要原则是（　　）。
    A. 多数通过原则　　　　　　　　B. 数额多数决
    C. 一股一权　　　　　　　　　　D. 一人一票

11. 根据我国《公司法》，有限责任公司董事会成员人数为（　　）。
    A. 2～10人　　B. 3～13人　　C. 5～20人　　D. 5～19人

12. 下列关于独立董事的说法，错误的是（　　）。
    A. 担任独立董事应当具有5年以上法律、经济或其他履行独立董事职责所必须的工作经验
    B. 上市公司应当设立独立董事，且董事会成员中应当至少包括1/3独立董事
    C. 独立董事行使职权应当取得全体独立董事的1/3以上同意
    D. 为上市公司或者其附属企业提供财务、法律、咨询等服务的人员不得担任该上市公司的独立董事

13. 下列关于有限责任公司监事会的说法，正确的是（　　）。
    A. 监事会应当包括适当比例的公司职工代表，其中职工代表的比例不得低于1/3
    B. 监事的任期为每届3年，任期届满，不可连任
    C. 监事会每6个月至少召开一次会议
    D. 监事会设主席一人，由股东所持表决权的2/3以上绝对多数通过选举产生

14. 某食品生产企业的高层管理者认为，"消费者需要什么，我们就应该生产什么"，这种营销观念是（　　）。
    A. 产品观念
    B. 推销观念
    C. 生产观念
    D. 现代市场营销观念

15. 香烟对消费者身体是有害的，而消费者对香烟的需求属于（　　）。
    A. 下降需求
    B. 充分需求
    C. 有害需求
    D. 负需求

16. 某企业决定向同一顾客群，提供各种性能不同的产品，该企业采用的目标市场选择模式属于（　　）。
    A. 产品专业化
    B. 市场专业化
    C. 选择性专业化
    D. 全面进入

17. 产品由三个层次构成，（　　）是消费者购买产品的本质所在，如女性购买化妆品实质是为了买到美容或滋养皮肤、青春健康和希望。
    A. 附加产品
    B. 形式产品
    C. 扩展产品
    D. 核心产品

18. 下列定价方法中，（　　）是一种进攻性的定价方法。
    A. 成本加成定价法
    B. 随行就市定价法
    C. 直接价格评比法
    D. 竞争价格定价法

19. 某企业为了鼓励消费者大量购买，规定如消费者一次购买5件以上，则每件商品仅需70元，5件以下则每件100元，该企业采用的折扣定价策略属于（　　）。
    A. 数量折扣
    B. 现金折扣
    C. 复合折扣
    D. 价格折让

20. 海尔公司是国内知名家电企业，"海尔"已成为国内外成功的家电品牌，涵盖了企业系列产品，同时海尔公司又给不同系列产品起了一个富有魅力的名字，如该公司推出的海尔—小神童洗衣机，"神童"一词传达了该系列洗衣机"智能、全自动"的特点和优势，海尔公司采用的品牌战略的类型属于（　　）。
    A. 伞型品牌战略
    B. 主副品牌战略
    C. 多品牌战略
    D. 单一品牌战略

21. 某车间单一生产产品，车间生产面积2 000平方米，单位面积有效工作时间为每日8小时，单班制，全年工作时间为300天，每件产品占用生产面积2平方米，生产每件产品占用时间为2

小时,该车间的年生产能力为（　　）万件。
A. 120　　　　B. 240　　　　C. 480　　　　D. 80

22. 作为考核企业生产水平和经营状况的主要依据,（　　）是企业年度经营计划的核心。
A. 中长期生产计划　　　　B. 年度生产计划
C. 生产作业计划　　　　D. 短期生产计划

23. 某成批生产企业的产品生产需按照加工工序经过甲车间、乙车间、丙车间三个车间的生产才能完成。该企业运用提前期法来确定各车间的生产任务。丙车间（最后车间）8月份应生产到600号,产品的平均日产品为10台,生产周期为30天;乙车间为丙车间的前一道工序车间,乙车间的生产保险期为10天,则乙车间8月份出产的累计号是（　　）。
A. 600　　　　B. 900　　　　C. 1 000　　　　D. 1 800

24. 下列生产控制的方式中,属于前馈控制的是（　　）。
A. 事后控制　　　　B. 事前控制
C. 事中控制　　　　D. 实时控制

25. 企业库存量过小会导致（　　）。
A. 流动资金被大量占用　　　　B. 服务水平下降
C. 增加库存保管费用　　　　D. 订货次数减少

26. 下列物流活动功能要素中,在物流系统中起着缓冲、调节和平衡作用的是（　　）。
A. 运输　　　　B. 仓储　　　　C. 包装　　　　D. 流通加工

27. 企业物流按照物流活动的主体可分为不同类型,某公司因销售量的稳步上升,为了更好地满足顾客需求,自己准备车队、仓库、人员等进行商品配送,该企业的物流类型属于（　　）。
A. 自营物流　　　　B. 第三方物流
C. 生产企业物流　　　　D. 专业子公司物流

28. 当产品处于生命周期的（　　）阶段时,竞争异常激烈,竞争状况增加了物流活动的复杂性和作业要求的灵活性,企业应建立配送仓库网络来满足不同渠道的各种服务需求。
A. 介绍期　　　　B. 成长期
C. 成熟期　　　　D. 衰退期

29. 企业产品从投料到最后完工应按预定的计划均衡地进行,能够在相等的时间间隔内完成大体相等的工作量或稳定递增的生产工作量,避免时松时紧,突出加工现象,这体现了企业生产物流的（　　）特征。
A. 均衡性、节奏性　　　　B. 连续性、流畅性
C. 比例性、协调性　　　　D. 柔性、适应性

30. 将企业生产物流划分为工厂间物流和工序间物流的依据是（　　）。
A. 生产专业化程度　　　　B. 工艺过程的特点
C. 生产的个性化　　　　D. 物料流经的区域

31. 下列关于项目型生产物流的特点的说法,错误的是（　　）。
A. 物料需求与具体产品存在一一对应的相关需求
B. 物料采购量大,供应商多变
C. 物流在加工场地的方向确定
D. 生产过程原材料、在制品占用的物流量大

32. 在精益生产模式下,关于拉动式生产物流管理的特点的说法,错误的是（　　）。
A. 计算机与看板相结合

B. 以最终用户的需求为生产起点

C. 以物料为中心，维持一定的在制品库存

D. 将生产中的一切库存视为"浪费"

33. 按照库存的目的分类，库存可分为（   ）。

   A. 商品库存、制造业库存和其他库存

   B. 经常库存、安全库存、生产加工和运输过程的库存、季节性库存

   C. 库存存货、在途库存、委托加工库存和委托代销库存

   D. 原材料库存、零部件库存、半成品库存和成品库存

34. 下列销售物流综合考评体系的指标中，能够反映客户满意程度的指标是（   ）。

   A. 问题的处理率　　　　　　　B. 准确完成物流率

   C. 订货处理费用　　　　　　　D. 迅速物流及时率

35. 技术创新按照创新模式可分为多种类型，其中最常见、最基本的技术创新形式是（   ）。

   A. 引进、消化吸收再创新　　　B. 集成创新

   C. 原始创新　　　　　　　　　D. 根本创新

36. 相对于交互作用创新模式而言，需求拉动创新模式的特点是（   ）。

   A. 创新难度较难　　　　　　　B. 创新成功的关键是科学家

   C. 重视长期研发项目　　　　　D. 技术和经济发展相互促进

37. 高校利用自身的有形资产和无形资产、自己研究出的科技成果和人才优势，创办自主经营、自负盈亏的经济实体属于产学研联盟形式中的（   ）。

   A. 校内产学研合作模式　　　　B. 多向联合体合作模式

   C. 双向联合体合作模式　　　　D. 中介协调型合作模式

38. 下列企业联盟组织运行模式中，联盟的核心是由具备最重要核心能力的企业联合组成的核心团队的组织运行模式是（   ）。

   A. 星形模式　　　　　　　　　B. 联邦模式

   C. 矩阵模式　　　　　　　　　D. 平行模式

39. 国际上将研究与发展分为不同类型，其中（   ）没有特定的应用目的或目标，主要是为了获得有关现象和事实的基本原理和规律，如飞机制造业研究气流中的压力条件与固定浮力。

   A. 基础研究　　　　　　　　　B. 应用研究

   C. 开发研究　　　　　　　　　D. 试验开发与发展

40. 下列关于知识产权法保护科技成果属性的说法，错误的是（   ）。

   A. 专利法的排他性强　　　　　B. 著作权法和专利法均为长期保护

   C. 商标法排他性最弱　　　　　D. 商标法的风险高

41. 在企业人力资源规划中，确定后备人员数量，提高绩效目标是属于（   ）的目标。

   A. 人员使用计划　　　　　　　B. 人员接续及升迁计划

   C. 人员培训开发计划　　　　　D. 人员补充计划

42. 某企业通过统计分析发现，本企业的销售额与所需销售人员数成正相关关系，并根据过去10年的统计资料建立了一元线性回归预测模型 $Y=a+bX$，X 代表销售额（单位：万元），Y 代表销售人员数（单位：人），回归系数 $a=20$，$b=0.05$。同时该企业预计2018年销售额将达到2 000万元，则该企业2018年需要销售人员（   ）人。

   A. 15　　　　　　　　　　　　B. 40

   C. 65　　　　　　　　　　　　D. 120

43. 在绩效考核中，属于绩效考核结果和运用阶段的工作任务是（　　）。
    A. 绩效考核评价　　　　　　　　B. 将考核结果的资料进行分析整理
    C. 明确考核目的和对象　　　　　D. 就绩效考核的结果与考核对象沟通

44. 考核者以书面文字的形式对考核对象做出评价的绩效考核方法是（　　）。
    A. 关键事件法　　　　　　　　　B. 民主评议法
    C. 行为锚定法　　　　　　　　　D. 书面鉴定法

45. 企业薪酬管理活动会受到外部因素的影响，比如企业要按照社会保险法律规定，为员工缴纳一定数额的社会保险费，这是受到（　　）的影响。
    A. 企业的财务状况　　　　　　　B. 法律法规
    C. 劳动力市场状况　　　　　　　D. 员工所处的职位

46. 下列属于薪酬对企业的功能是（　　）。
    A. 保障功能　　　　　　　　　　B. 增值功能
    C. 调节功能　　　　　　　　　　D. 激励功能

47. 下列关于福利的说法错误的是（　　）。
    A. 是企业支付给员工的间接薪酬
    B. 具有准固定成本的性质
    C. 形式灵活多样，可满足员工不同的需要
    D. 与员工的个人绩效有直接的联系

48. 某公司连续5年于每年年初存入银行200万元，银行存款利率为10%，则该公司第5年年末一次取出的复利终值为（　　）。

后付年金终值系数表

利率	1	2	3	4	5	6
10%	1	2.1	3.31	4.641	6.105 1	7.715 6

A. 220.22　　　B. 1 856.23　　　C. 1 343.12　　　D. 778.98

49. 下列费用中，属于资本成本中筹资费用的是（　　）。
    A. 向普通股股东支付的股利　　　B. 向债券持有人支付的利息
    C. 向银行支付的利息　　　　　　D. 债券的发行费用

50. 某公司从银行借款1 000万元，借款期限5年，年利率为6.6%，每年付息一次，到期一次还本，办理银行借款手续费为10万元，企业所得税税率为25%。企业该笔银行借款的资本成本率为（　　）。
    A. 3.97%　　　　　　　　　　　B. 5.00%
    C. 7.10%　　　　　　　　　　　D. 6.60%

51. 根据市场择时理论，当公司股价被高估时，管理者应当（　　）。
    A. 向银行贷款　　　　　　　　　B. 发行更多的股票
    C. 回购股票　　　　　　　　　　D. 发行债券

52. 某公司正在论证新建一条生产线项目的可行性。经测算，项目的经济寿命为5年，项目固定资产投资包括厂房800万元，购置设备200万元，流动资产投资额为200万元，项目建成投产后，每年净利润为400万元，所得税税率为25%。项目终结时厂房按150万元售出，设备按直线法折旧，无残值，则该项目的终结现金流量为（　　）万元。
    A. 200　　　B. 350　　　C. 370　　　D. 400

53. 某投资项目的初始投资额为3 600万元,项目经济寿命期为4年,每年营业净现金流量均为1 200万元,则该项目的投资回收期为(　　)年。
   A. 2.00　　　B. 3.00　　　C. 4.07　　　D. 13.33

54. 某公司计划对某一项目进行投资,初始投资额为200万元,期限为3年,每年净现金流量分别为150万元、200万元、200万元。假设资本成本率为10%,则该项目的获利指数为(　　)。

复利现值系数表

期间	1	2	3	4	5
复利现值系数	0.909	0.826	0.751	0.683	0.621

   A. 1.08　　　B. 2.26　　　C. 3.90　　　D. 4.00

55. 并购按照实现方式不同,可分为(　　)。
   A. 杠杆并购和非杠杆并购
   B. 善意并购和敌意并购
   C. 协议并购、要约并购和二级市场并购
   D. 承担债务式并购、现金购买式并购和股权交易式并购

56. 债务人F以其持有的甲公司的股权抵偿对乙公司的债务,则原由债务人F持有的甲公司的股权变为由乙公司持有,这种形式属于(　　)。
   A. 资产置换　　　　　　　B. 以股抵债
   C. 债转股　　　　　　　　D. 资产注入

57. 下列活动,不属于电子商务的是(　　)。
   A. 电子支付　　　　　　　B. 实体店铺购物
   C. 网上广告宣传　　　　　D. 网络调研

58. 电子商务使得买卖双方进行产品介绍、宣传时,无需中介者参与,减少了交易的有关环节,避免了做广告、发印刷品等费用,这体现了电子商务的(　　)特点。
   A. 交易透明化　　　　　　B. 交易虚拟化
   C. 操作方便化　　　　　　D. 成本低廉化

59. 下列电子商务模式中,(　　)电子商务是指线上与线下协调集成的电子商务。
   A. B2B　　　B. C2C　　　C. B2C　　　D. O2O

60. 企业在其网站上发布问卷,请求浏览企业的网站的用户参与企业的各种调查,该企业采用的网络市场调研的方法属于(　　)。
   A. 网上观察法　　　　　　B. 网上间接调研方法
   C. 在线问卷法　　　　　　D. 网上实验法

二、多项选择题 (共20题,每题2分,每题的备选项中,有2个或2个以上符合题意,至少有1个错项。错选,本题不得分;少选,所选的每个选项得0.5分)

61. 实施成本领先战略的企业应当符合的条件包括(　　)。
   A. 企业能够严格控制一切费用开支　　B. 企业有很强的研究开发能力
   C. 企业有较高的市场占有率　　　　　D. 企业有很强的市场营销能力
   E. 大批量生产的企业,产量达到经济规模

62. 企业进入国际市场的模式有多种类型,下列属于契约进入模式的形式有(　　)。
   A. 合资进入　　　　　　　B. 特许经营
   C. 合同制造　　　　　　　D. 许可证经营

E. 管理合同

63. 在现代企业中，所有者与经营者的关系主要表现为（　　）。
   A. 自愿平等关系　　　　　　B. 信任委托关系
   C. 委托代理关系　　　　　　D. 相互制衡关系
   E. 平等合作关系

64. 董事会的职权包括（　　）。
   A. 召集股东会议　　　　　　B. 执行股东机构的决议
   C. 修改公司章程　　　　　　D. 聘任或解聘公司经理、财务负责人
   E. 决定公司的经营要务

65. 市场营销环境是指作用于企业营销活动的一切外界因素和力量的总和，可以分为宏观环境和微观环境，下列选项中属于微观环境的有（　　）。
   A. 人口环境　　　　　　　　B. 公众
   C. 顾客　　　　　　　　　　D. 竞争者
   E. 自然环境

66. 下列市场细分变量中，属于行为变量的有（　　）。
   A. 待购阶段和态度　　　　　B. 购买动机
   C. 交通条件　　　　　　　　D. 购买时机
   E. 忠诚程度

67. 下列生产计划指标中，属于产品产值指标的是（　　）。
   A. 盈亏平衡点产销量　　　　B. 产品型号
   C. 工业增加值　　　　　　　D. 工业商品产值
   E. 产品平均技术性能

68. 下列属于大批大量生产企业的期量标准的是（　　）。
   A. 节拍　　　　　　　　　　B. 在制品定额
   C. 生产周期　　　　　　　　D. 生产提前期
   E. 生产间隔期

69. 物料需求计划的主要输入信息包括（　　）。
   A. 主生产计划　　　　　　　B. 库存处理信息
   C. 物料清单　　　　　　　　D. 生产作业计划
   E. 顾客需求订单

70. 企业供应物流的基本流程包括（　　）。
   A. 取得资源　　　　　　　　B. 组织到厂物流
   C. 组织销售物流　　　　　　D. 组织厂内物流
   E. 组织厂外物流

71. 检查是仓储保管业务的一项措施，其内容主要包括（　　）。
   A. 数量检查　　　　　　　　B. 质量检查
   C. 保管条件检查　　　　　　D. 包装检查
   E. 价值检查

72. 关于项目组合评估的矩阵法的说法，正确的有（　　）。
   A. 矩阵法从技术的重要性和技术的相对竞争地位两个方面来分析技术组合
   B. 对于技术的重要性和相对竞争地位均高的技术项目，企业应当重点投资

C. 对于技术的重要性和相对竞争地位均低的技术项目，企业应当撤出或终止进一步投资

D. 对于技术的重要性程度高，但技术的相对竞争地位弱的项目，企业可以坐收渔人之利，无需重点投资

E. 对于技术的重要性程度低，但技术的相对竞争地位强的项目，企业可投资或与竞争对手竞争

73. 国际技术贸易的内容包括（　　）。
   A. 专利
   B. 商标
   C. 工业产权
   D. 许可贸易
   E. 专有技术

74. 下列激励薪酬的形式中，属于绩效工资的是（　　）。
   A. 绩效调薪
   B. 绩效奖金
   C. 利润分享计划
   D. 特殊绩效认可计划
   E. 月/季度浮动薪酬

75. 下列福利类型中，属于国家法定福利的是（　　）。
   A. 基本养老保险
   B. 企业为员工家属提供的老人护理
   C. 住房公积金
   D. 公休假日
   E. 带薪休假

76. 根据股利折现模型，影响普通股资本成本率的因素有（　　）。
   A. 股利政策
   B. 股票发行价格
   C. 股利水平
   D. 企业所得税税率
   E. 股票发行费用

77. 下列投资决策评价指标中，属于贴现现金流量指标的有（　　）。
   A. 投资回收期
   B. 净现值
   C. 内部报酬率
   D. 获利指数
   E. 平均报酬率

78. 下列方法中，可用于企业价值评估的方法有（　　）。
   A. 获利指数法
   B. 市盈率法
   C. 收益法
   D. 投资回收期法
   E. 每股利润分析法

79. 电子商务系统的四个支柱包括（　　）。
   A. 物流配送体系
   B. 公共政策
   C. 技术标准
   D. 法律规范
   E. 网络安全

80. 移动支付所使用的移动终端可以是（　　）。
   A. 银行柜台
   B. 智能手机
   C. 掌上电脑
   D. 固定电话
   E. 自动取款机

三、案例分析题（共20题，每题2分。有单选和多选。错选，本题不得分；少选，所选的每个选项得0.5分）

（一）

某建筑材料生产企业采用SWOT分析法，分析企业面临的内外部环境，经分析发现，该企业

拥有良好的品牌和声誉，目前市场上对节能环保材料的需求增长势头强劲。为了把握市场机会，减少开发的风险和资金的投入，2015年该企业与某研究机构签订契约，共同出资、共享成果，合作开发节能环保新型材料。2018年该企业拟推出新产品，通过预测，市场存在畅销、一般、滞销三种市场状态，新产品的生产共有甲、乙、丙、丁四种方案可供选择，每种方案的市场状态及损失值如下表所示。（单位：万元）

损益值 市场状态 方案	畅销	一般	滞销
甲	420	300	−20
乙	450	360	−10
丙	500	320	−50
丁	480	380	10

根据以上资料，回答下列问题。

81. 采用SWOT分析法进行战略选择，该企业应当采用的战略是（　　）。
   A. SO战略　　　　　　　　B. WO战略
   C. ST战略　　　　　　　　D. WT战略

82. 该企业与研究机构合作建立的战略联盟属于（　　）。
   A. 产品联盟　　　　　　　　B. 营销联盟
   C. 技术开发与研究联盟　　　D. 产业协调联盟

83. 若根据等概率原则，四种产品方案中，可使该企业获得最大经济效益的产品是（　　）。
   A. 甲产品　　　　　　　　B. 乙产品
   C. 丙产品　　　　　　　　D. 丁产品

84. 若市场状态概率为：畅销0.5、一般0.3、滞销0.2，该企业选择甲方案能够获得的损益期望值为（　　）万元。
   A. 125　　　　　　　　　B. 296
   C. 340　　　　　　　　　D. 486

（二）

某大批量生产企业为了全面地安排企业计划期的生产活动，建立了完善的生产指标体系。该企业在确定产品产量指标时采取盈亏平衡分析法（盈亏平衡示意图见下图）。该企业2018年计划生产A产品，单价为80元，单位产品的变动成本为45元，固定成本为350万元。

由于A产品的需求比较稳定，因此该企业在安排生产进度时，将全年计划产量平均分配到各月，以此满足市场的需求。

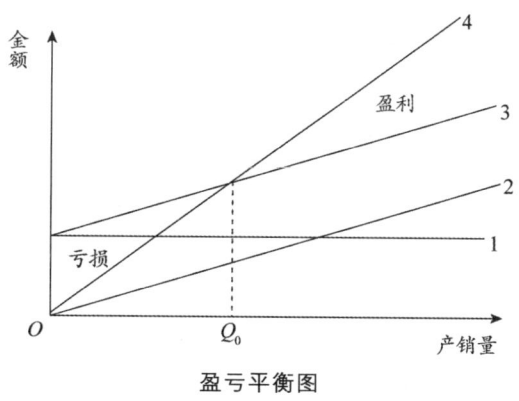

盈亏平衡图

根据以上资料，回答下列问题。

85. 根据盈亏平衡图分析，下列说法正确的是（　　）。
    A. 图中 Q_0 点即盈亏平衡点产销量　　B. 图中标号为1的线是固定成本线
    C. 图中标号为3的线为销售收入线　　D. 图中标号为2的线为变动成本线

86. 该企业2018年生产的A产品的盈亏平衡点产销量是（　　）件。
    A. 22 000　　　　B. 45 000　　　　C. 100 000　　　　D. 280 000

87. 该企业2018年若想盈利210万元，则产销量是（　　）件。
    A. 120 000　　　B. 225 000　　　C. 160 000　　　D. 280 000

88. 该企业安排A产品的生产进度采用的方法是（　　）。
    A. 各期产量均匀增长分配法　　　　B. 各期产量年均分配法
    C. 各期产量线性增长分配法　　　　D. 各期产量抛物线形增长分配法

（三）

某医药品生产企业需定期采购大量的A类原材料，A类原材料的年需求量为3 600吨，每次订购成本为每次900元，单价2 000元/吨，单位保管费率为0.1%。由于企业的药品功效良好，需求不断增加，企业管理者为了防止原材料供应商交货延期导致生产延误，从而影响产品销售，除了准备日常生产需要的原材料库存外，还会额外存储一部分原材料以防止不确定因素的发生。同时，企业也建立完善的仓库管理制度，对各项仓储物资均进行严格的验收后方可入库。

根据以上资料，回答下列问题。

89. 该企业A类原材料的经济订货批量为（　　）吨。
    A. 1 400　　　　B. 1 800　　　　C. 2 000　　　　D. 3 000

90. 该企业为防止原材料供应商交货延期导致生产延误而额外存储的原材料属于（　　）。
    A. 经常库存　　　　　　　　　　B. 安全库存
    C. 季节性库存　　　　　　　　　D. 在途库存

91. 该企业生产的医药品适合采用的堆码方式是（　　）。
    A. 散堆　　　　B. 垛堆　　　　C. 成组　　　　D. 货架

92. 在企业仓储管理的业务中，入库业务主要有（　　）。
    A. 货物验收　　　　　　　　　　B. 填单销账
    C. 货物接运　　　　　　　　　　D. 货物的盘点

（四）

2017年某企业进行人力资源需求与供给预测。通过统计研究发现，销售额每增加1 000万元，需增加管理人员、销售人员和客服人员共40名，新增人员中，管理人员、销售人员和客服人员的比例是1∶5∶2。该企业预计2018年销售额将增加2 000万元。

该企业现有销售人员160人，业务主管30人，销售经理10人，销售总监1人，经过1年后该企业人员变动矩阵如下表。

职务	人员调动概率				离职率
	销售总监	销售经理	业务主管	销售人员	
销售总监	0.8				0.2
销售经理	0.1	0.7			0.2
业务主管		0.2	0.7		0.1
销售人员			0.1	0.7	0.2

根据以上资料，回答下列问题。

93. 根据转换比率分析法计算，该企业2018年需要增加销售人员（　　）人。
   A. 50 B. 10
   C. 20 D. 25

94. 影响该企业人力资源需求预测的因素是（　　）。
   A. 企业员工流动率 B. 行业劳动力市场供求状况
   C. 本地区的人力资源供给率 D. 企业财务资源

95. 根据马尔可夫模型法计算，该企业2018年销售经理的内部供给量为（　　）人。
   A. 10 B. 20
   C. 13 D. 25

96. 该企业可采用的人力资源内部供给预测的方法是（　　）。
   A. 管理人员接续计划法 B. 人员核查法
   C. 管理人员判断法 D. 德尔菲法

（五）

某企业准备用自有资金3亿元投资一个项目，现有甲、乙两个项目可供选择。据预测，未来市场状况存在繁荣、一般、衰退三种可能性，概率分别为0.2、0.5和0.3，两项投资在不同市场状况的预计年报酬率如下表所示。为了做出正确决定，公司需进行风险评价。

市场状况	发生概率	预计年报酬率（%）	
		甲项目	乙项目
繁荣	0.3	30	60
一般	0.5	15	10
衰退	0.2	10	−20

根据以上资料，回答下列问题。

97. 甲项目的期望报酬率为（　　）。
   A. 7.5% B. 9.5%
   C. 10% D. 18.5%

98. 若甲项目的标准离差为7.76%，乙方案的标准离差为29%，则表明（　　）。
   A. 甲项目的报酬离散程度相对更大
   B. 乙项目的报酬离散程度相对更大
   C. 甲项目的风险相对更大
   D. 乙项目的风险相对更大

99. 如果甲、乙两个项目的期望报酬率不同，则需通过计算（　　）比较两项目的风险。
   A. 标准离差率 B. 标准离差
   C. 风险报酬率 D. 必要报酬率

100. 若甲项目的风险报酬系数为10%，标准离差率为41.9%，无风险报酬率为5%，则甲项目的投资必要报酬率为（　　）。
   A. 4.19% B. 5%
   C. 9.19% D. 10%

2018年工商管理专业知识与实务（中级）模拟试卷参考答案与解析

一、单项选择题

1. [答案] C

   [解析] 本题的考点为企业战略的层次。根据题目关键信息"为提升手机产品在市场的竞争地位，加大智能手机的投资和研发力度"，可知该企业采用的战略重点是为了提升产品在市场中的竞争地位，符合企业业务战略的概念，故C项正确。

2. [答案] B

   [解析] 本题的考点为企业战略管理的内涵。企业战略管理的主体是企业管理者，故B项正确。

3. [答案] A

   [解析] 本题的考点为7S模型。7S模型包含7个方面要素，其中，硬件要素包括战略、结构、制度；软件要素包括共同价值观、人员、技能、风格，故A项正确。

4. [答案] C

   [解析] 本题的考点为战略控制的原则。其中，适应性原则体现在，控制能反映不同经营业务的性质与需要，应根据各部门的业务范围、工作特点等制定不同的监控标准和方式，才能适应不同的经营业务的需要，故C项正确。

5. [答案] C

   [解析] 本题的考点为核心竞争力的特征。其中，持久性是指无形资源的持久性，选项中只有研发能力属于无形资源，而先进的生产设备、充足的流动资金、库存物资均属于有形资源，故C项正确。

6. [答案] B

   [解析] 本题的考点为一体化战略的类型。根据题目信息可知该企业原有的经营领域为石油开采，现向其产业链下游领域的石化产品和销售发展，可知属于前向一体化战略，故B项正确。

7. [答案] D

   [解析] 本题的考点为经营决策的类型。按照环境因素的可控程度，经营决策划分为确定型决策、风险型决策和不确定型决策，故D项正确。

8. [答案] B

   [解析] 本题的考点为所有权或产权的概念。所有权或产权是指经济主体对稀缺性资源所拥有的一组权利的集合，包括占有、使用、收益和处置等权利，故B项正确。

9. [答案] C

   [解析] 本题的考点为经营者激励与约束机制。根据题目的信息"企业的市场竞争力在一定程度上反映了经营者的能力和努力程度"，可知为市场竞争机制的体现，故C项正确。

10. [答案] C

    [解析] 本题的考点为股份有限公司股东行使表决权的依据。一股一权是股份有限公司行使股权的重要原则，故C项正确。

11. [答案] B

    [解析] 本题的考点为有限责任公司董事会的组成。有限责任公司董事会人数为3~13人，故B项正确。

12. [答案] C

    [解析] 本题的考点为关于独立董事的相关内容。C项说法错误，独立董事行使其职权应当取得全体独立董事的1/2以上同意。

13. [答案] A

    [解析] 本题的考点为有限责任公司的监事会相关内容。有限责任公司监事的任期每届为3

年，监事任期届满，连选可以连任，B项错误。有限责任公司监事会每年至少召开一次会议，而股份有限公司监事会定期会议才是每6个月召开一次会议，C项错误。有限责任公司监事会设主席一人，由全体监事过半数选举产生，D项错误。

14. [答案] D

[解析] 本题的考点为现代市场营销观念。现代市场营销观念是一种以顾客的需求和欲望为导向的市场营销管理哲学，认为"消费者需要什么，我们就生产什么""市场需要什么，我们就卖什么""哪里有消费者的需求，哪里就有营销机会"，故D项正确。

15. [答案] C

[解析] 本题的考点为市场营销管理的任务中有害需求的概念。烟、酒是对人们身体有害的产品，符合有害需求的定义，故C项正确。

16. [答案] B

[解析] 本题的考点为企业选择目标市场的模式。根据题目信息"提供各种性能不同的产品"，"同一顾客群体"可知属于市场专业化模式，故B项正确。

17. [答案] D

[解析] 本题的考点为产品的概念。其中，核心产品即产品向消费者或用户提供的基本效用或利益，是消费者购买产品的本质所在，故D项正确。

18. [答案] D

[解析] 本题的考点为竞争导向定价法。其中，竞争价格定价法是指企业通过不同营销方法，使同种同质的产品在消费者心目中树立起不同的产品形象，进而根据自身特点，选取低于或高于竞争者的价格作为本企业产品价格，因此，竞争价格定价法是一种进攻性的定价法，故D项正确。

19. [答案] A

[解析] 本题的考点为折扣折让定价策略。其中，数量折扣是指根据购买数量的多少，分别给予不同的折扣，购买数量越多，折扣越大，可知符合本题所述，故A项正确。

20. [答案] B

[解析] 本题的考点为品牌战略的类型。其中，主副品牌战略是以一个成功品牌作为主品牌，涵盖企业的系列产品，同时又给不同产品起一个富有魅力的名字作为副品牌，以突出产品的个性形象，海尔公司的主品牌即"海尔"，对其推出的智能洗衣机又同时赋予了"小神童"的名字作为副品牌，突出其产品的特点和优势，可知采用的是主副品牌战略，故B项正确。

21. [答案] A

[解析] 本题的考点为单一品种生产条件下生产能力核算。分析题目可知，本题考核的是作业场地生产能力的核算。根据公式，作业场地生产能力＝（单位面积有效工作时间×作业场地的生产面积）/（单位产品占用生产面积×单位产品占用时间），计算如下：

(1) 单位面积有效工作时间：题目已知"单位面积有效工作时间为每日8小时，单班制，全年工作时间为300天"，即$8×1×300=2\ 400$（小时）。

(2) 作业场地生产面积：题目已知为2 000平方米。

(3) 单位产品占用生产面积：题目已知为2平方米。

(4) 单位产品占用时间：题目已知为2小时。

(5) 该车间年生产能力＝$(2\ 400×2\ 000)/(2×2)=4\ 800\ 000/4=1\ 200\ 000$（件），即120万件，故A项正确。

22. [答案] B

[解析] 本题的考点为生产计划的概念。生产计划的三个层次中，年度生产计划是企业年度经营计划的核心，故B项正确。

23. [答案] C

[解析] 本题的考点为提前期法（累计编号法）的计算应用。根据公式"本车间出产累计号数＝最后车间出产累计号＋本车间出产提前期×最后车间平均日产量"计算如下：
(1) 最后车间出产累计号：题已知为丙车间，8月份生产到600号。
(2) 本车间出产提前期：即乙车间的出产提前期，采用公式"本车间出产提前期＝后车间投入提前期＋保险期"进行计算。首先，题目告知乙车间为丙车间的前一道工序车间，可知乙车间的后车间为丙车间，由于丙车间是最后车间，生产周期为30天，因此其投入提前期从丙车间出产期为起始点（0天），往前提前30天则为丙车间的投入提前期，即0＋30＝30（天）。其次，题目已知乙车间的生产保险期为10天，因此乙车间的出产提前期＝30＋10＝40（天）。
(3) 最后车间平均日产量：题目已知最后车间丙车间的平均日产量为10台。
(4) 乙车间8月份出产累计号数＝600＋40×10＝600＋400＝1 000（号），故C项正确。

24. [答案] B
[解析] 本题的考点为生产控制的方式。其中，事前控制方式属于前馈控制，故B项正确。

25. [答案] B
[解析] 本题的考点为库存合理控制相关内容。企业库存量过小产生的问题包括：①造成服务水平的下降，影响销售利润和企业信誉；②造成生产系统原材料或其他物料供应不足，影响生产过程的正常进行；③使订货间隔期缩短，订货次数增加，使订货（生产）成本提高；④影响生产过程的均衡性和装配时的成套性，故B项正确。流动资金被大量占用、增加库存保管费用属于库存量过大会产生的问题，A、C两项错误。库存量过小应导致订货次数增加，而不是减少，D项错误。

26. [答案] B
[解析] 本题的考点为企业物流的内容。其中，仓储（保管）在物流系统中起着缓冲、调节和平衡的作用，故B项正确。

27. [答案] A
[解析] 本题的考点为企业物流的分类。企业自备车队、仓库、场地、人员等，自给自足的方式经营企业的物流业务，属于自营物流，故A项正确。

28. [答案] C
[解析] 本题的考点为企业物流的作业目标。在产品生产周期的成熟期具有激烈竞争的特点，物流活动会变动，具有高度的选择性，而竞争对手之间会调整自己的基本服务承诺，以提供独特的服务，取得顾客的青睐。为了能在产品周期的成熟期调整多重销售渠道，许多企业采用建立配送仓库网络的方法，以满足来自不同渠道的各种服务。成熟期的竞争状况增加了物流活动的复杂性和作业要求的灵活性，故C项正确。

29. [答案] A
[解析] 本题的考点为企业生产物流概述中企业生产物流的基本特征。其中，均衡性、节奏性是指产品从投料到最后完工都能按预定的计划（一定的节拍、批次）均衡地进行，能够在相等的时间间隔（如月、旬、周、日）完成大体相等的工作量或稳定递增的生产工作量，很少有时松时紧、突出加工现象，故A项正确。

30. [答案] D
[解析] 本题的考点为企业生产物流的类型。按照物料流经的区域划分，企业生产物流可分为工厂间物流和工序间物流，故D项正确。A项，企业生产物流按生产专业化的程度划分，应分为大量生产、单件生产和成批生产。B项，企业生产物流按工艺过程的特点划分，应分为连续型生产物流和离散型生产物流。不涉及C项内容的分类。

31. [答案] C
[解析] 本题的考点为不同生产类型下的企业生产物流特征中项目型生产物流的特征。C项表

述错误，项目型生产物流的特点之一是物流在加工场地的方向不确定、加工路线变化极大，工序之间的物流联系不规律。

32. [答案] C

    [解析] 本题的考点为精益生产模式下拉动式模式的特点。C项表述错误，此项内容属于推进式模式的特点。

33. [答案] B

    [解析] 本题的考点为库存的类型。按照库存的目的分类，库存可分为经常库存、安全库存、生产加工和运输过程的库存、季节性库存，故B项正确。A项内容属于按经济用途划分的类型。C项内容属于按存放地点划分的类型。D项内容属于按生产过程中的不同阶段划分的类型。

34. [答案] A

    [解析] 本题的考点为企业销售物流综合绩效考评体系的指标。其中，能够反映客户满意程度的指标包括货物到达客户手中的及时率、货物发送的正确率、货物出现损伤的频率、完成一次销售的周期和时间、客户的投诉率、问题的处理率，故A项正确。B、D两项，准确完成物流率和迅速物流及时率属于企业物流效率评价的指标。C项，订货处理费用属于企业销售物流管理绩效的成本指标。

35. [答案] A

    [解析] 本题的考点为技术创新的类型。按照创新模式划分的类型中，引进、消化吸收再创新是最常见、最基本的创新形式，故A项正确。

36. [答案] A

    [解析] 本题的考点为技术推动创新、需求拉动创新、交互作用创新模式的特点。需求拉动创新模式相较于交互作用创新模式而言，其创新难度较难，故A项正确。需求拉动创新模式创新成功的关键人物是企业家，而不是科学家，B项错误。需求拉动创新模式忽视长期项目研发，C项错误。D项内容是交互作用创新模式的特点。

37. [答案] A

    [解析] 本题的考点为产学研联盟。产学研联盟涉及的各种类型中，校内产学研合作模式是高校为促进教学与科研结合，促进科研成果转化为生产力，筹措教育经费，利用校内自身的有形资产和无形资产、自己研究出的科技成果和人才优势，创办自主经营、自负盈亏的经济实体，并将经营实体与教学学习基地合二为一，以达到人才培养、科研发展与经营效益并举的目的，故A项正确。

38. [答案] B

    [解析] 本题的考点为企业联盟的组织运行模式。其中，联邦模式的联盟核心为由具备最重要核心能力的企业联合组成的核心团队，故B项正确。

39. [答案] A

    [解析] 本题的考点为研究与发展的主要类型。研究与发展主要有基础研究、应用研究和开发研究三种类型。其中，基础研究也称为纯理论的研究，是指认识自然现象，揭示自然规律，获取新知识、新原理、新方法的研究活动，这种研究没有特定的商业目的，故A项正确。B项，应用研究具有与产品和工艺相关的特定商业目的。C、D两项，开发研究也称试验开发与发展，此种研发类型不涉及基本原理和规律的研究，但是具备特定应用目的或目标的，是利用基础研究和应用研究的结果开发新产品、新材料、新装置等。

40. [答案] B

    [解析] 本题的考点为企业知识产权保护策略。B项说法错误，专利法保护期不是长期保护，因为发明专利有20年，实用新型和外观设计专利权的保护期只有10年，且超过规定年限，不再受到保护，因此不是长期保护。

41. [答案] B

[解析] 本题的考点为企业人力资源规划内容。其中，人员接续及升迁计划的目标包括确定后备人员数量，优化人员结构，提高绩效目标，故 B 项正确。

42. [答案] D

[解析] 本题的考点为一元回归分析。结合题目已知数据，代入公式 $Y=a+bX$ 计算即可。已知 2018 年销售额将达到 2 000 万，因此 $X=2\ 000$ 万元；其次，题目已知 $a=20$，$b=0.05$；因此，2018 年需要销售人员数量 $=20+0.05\times 2\ 000=20+100=120$（人），故 D 项正确。

43. [答案] B

[解析] 本题的考点为绩效考核的步骤。其中，绩效考核结果和运用阶段的工作任务包括将考核结果的大量信息、资料进行分析整理，把这些结果合理地运用到人力资源开发与管理工作的各个环节上去，使之成为人力资源开发与管理各个环节的重要依据，故 B 项正确。A 项内容属于绩效考核实施阶段的主要任务。C 项内容属于绩效考核准备阶段的工作任务。D 项内容属于绩效考核结果的反馈阶段的工作任务。

44. [答案] D

[解析] 本题的考点为绩效考核的方法中书面鉴定法的概念。根据题目关键信息"考核者以书面文字的形式做出评价"，可知为书面鉴定法，故 D 项正确。

45. [答案] B

[解析] 本题的考点为影响薪酬管理的因素。其中，企业外部因素中的法律法规这项因素，顾名思义即国家法律法规对企业的行为具有强制的约束性，故 B 项正确。

46. [答案] B

[解析] 本题的考点为薪酬的功能。薪酬对企业的功能包括增值功能，改善用人活动功效的功能，协调企业内部关系、塑造企业文化的功能，促进企业变革和发展的功能，故 B 项正确。保障功能、调节功能和激励功能均属于薪酬对员工的功能，A、C、D 三项错误。

47. [答案] D

[解析] 本题的考点为福利的特点。D 项说法错误，福利的特点之一是福利具有普遍性，与员工个人的绩效并没有太大的直接联系。

48. [答案] C

[解析] 本题的考点为先付年金终值计算。根据公式，先付年金终值＝后付年金终值×（1＋利率），计算如下：

(1) 计算后付年金终值。由于本题直接通过后付年金终值系数表告知了每年后付年金终值系数的数值，因此无需通过繁琐的过程计算后付年金终值。根据后付年金终值变形公式的表达方式，后付年金＝每年支付金额×后付年金终值系数，每年支付金额题目已知 200 万元；已知计息期数为 5，因此查表可知第 5 年的后付年金终值系数为 6.105 1，因此，后付年金终值 $=200\times 6.105\ 1=1\ 221.02$（万元）。

(2) 利率：题目已知为 10%。

(3) 先付年金终值 $=1\ 221.02\times（1+10\%）\approx 1\ 343.12$（万元），故 C 项正确。

49. [答案] D

[解析] 本题的考点为资本成本的概念及构成。资本成本包括用资费用和筹资费用两部分。其中，筹资费用是在筹集资金时一次性支付，如办理银行贷款的手续费，债券或股票的发行费，因此 D 项正确。A、B、C 三项均属于用资费用的形式。

50. [答案] B

[解析] 本题的考点为长期借款资本成本的计算。根据公式，长期借款资本成本率＝$\dfrac{长期借款年利息\times（1-所得税税率）}{长期借款筹资额\times（1-长期借款筹资费用率）}\times 100\%$，计算如下：

(1) 长期借款年利息＝1 000×6.6%＝66（万元）。

(2) 所得税率：题目已知为25%。

(3) 由于本题直接告知了银行借款手续费为10万元，即筹资费用为10万元，银行借款为1 000万元，因此，长期借款筹资总额×（1－长期借款筹资费用率）＝长期借款筹资总额－长期借款筹资费用＝1 000－10＝990（万元）。

(4) 银行借款资本成本＝66×（1－25%）/990＝5%，故B项正确。

51. [答案] B

[解析] 本题的考点为现代资本结构理论中市场择时理论。在股票市场非理性、公司股票被高估时，理性管理者应该发行股票以利用投资者的过度热情；当股票被过分低估时，理性的管理者应该回购股票，故B项正确。

52. [答案] B

[解析] 本题的考点为现金流量估算中终结现金流量的计算。终结现金流量包括固定资产的残值收入或变价收入、原先垫支在各种流动资产上的资金的收回、停止使用的土地的变价收入，据此分析如下：

(1) 固定资产的残值收入或变价收入：题目已知固定资产包括厂房800万元，设备200万元，厂房在项目终结时按150万元售出，设备无残值，因此厂房售出的150万元应计入终结现金流量。

(2) 原先垫支在各种流动资产上的资金的收回：题目已知在项目初始时有流动资产投资额200万元，因此该项现金支出应当在终结时计入收回，故原先垫支的流动资产投资额200万元应计入终结现金流量。

(3) 所得税率、净利润是在计算营业现金流量时才须考虑的，因此计算终结现金流量不涉及此两项内容。

(4) 该项目终结现金流量＝150＋200＝350（万元），故B项正确。

53. [答案] B

[解析] 本题的考点为投资回收期法。根据题目所述，可知属于每年营业净现金流量相等的情形，因此，项目投资回收期＝3 600/1 200＝3（年），故B项正确。

54. [答案] B

[解析] 本题的考点为获利指数。根据公式，现值指数＝未来报酬总现值÷初始投资，计算如下：

(1) 未来报酬总现值＝150×0.909＋200×0.826＋200×0.751＝136.35＋165.20＋150.20＝451.75（万元）。

(2) 初始投资：题目已知为200万元。

(3) 获利指数＝451.75/200≈2.26，故B项正确。

55. [答案] C

[解析] 本题的考点为企业并购的类型。并购按实现方式划分，可分为协议并购、要约并购、二级市场并购，故C项正确。A项内容属于按是否利用被并购企业本身资产来支付并购资金划分的类型。B项内容属于按双方是否友好协商划分的类型。D项内容属于按并购的支付方式划分的类型。

56. [答案] B

[解析] 本题的考点为以股抵债。以股抵债顾名思义即债务人以其持有的股权抵偿其所欠债务，可知符合本题所述，故B项正确。

57. [答案] B

[解析] 本题的考点为电子商务的概念。电子商务是利用计算机技术和网络通信技术进行的商务活动，可知实体店铺购物不属于电子商务的活动，故B项正确。

58. [答案] D

[解析] 本题的考点为电子商务的特点。根据题目信息"电子商务减少了交易的有关环节，避免了做广告、发印刷品等费用"，即电子商务可降低这些环节的费用支出，使企业成本降低，可知体现了电子商务成本低廉化的特点，故D项正确。

59. [答案] D

[解析] 本题的考点为电子商务的交易模式。其中，O2O电子商务是指线上与线下协调集成的电子商务，故D项正确。

60. [答案] C

[解析] 本题的考点为网络市场直接调研的方法中在线问卷法的概念。根据题目关键信息"企业在其网站上发布问卷，请求浏览企业的网站的用户参与"，对应名称可知是在线问卷法，故C项正确。

二、多项选择题

61. [答案] ACE

[解析] 本题的考点为成本领先战略的适用范围。成本领先战略的适用范围包括：①该战略是用于大批量生产的企业，产量要达到经济规模，这样才会有较低的成本；②企业有较高的市场占有率，严格控制产品定价和初始亏损，从而形成较高的市场份额；③企业有能力使用先进的生产设备；④企业能够严格控制一切费用开支，全力以赴地降低成本，故A、C、E三项正确。B、D两项的内容属于差异化战略适用的范围。

62. [答案] BCDE

[解析] 本题的考点为进入国际市场的模式。其中，契约进入模式是指企业通过与目标市场国家的企业之间订立长期的、非投资性的无形资产转让合同或契约而进入目标市场国家，包括许可证经营、特许经营、合同制造、管理合同等多种形式，故B、C、D、E四项正确。

63. [答案] CD

[解析] 本题的考点为所有者与经营者的关系。所有者与经营者的关系主要表现为两个方面：委托代理关系、相互制衡关系，故C、D两项正确。

64. [答案] ABDE

[解析] 本题的考点为董事会的职权。A、B、D、E四项内容均属于董事会的职权范围之内，因此正确。修改公司章程属于股东会的职权，而不是董事会的职权，C项错误。

65. [答案] BCD

[解析] 本题的考点为市场营销环境。其中，微观环境包括企业自身的各种因素、竞争者、营销渠道企业、顾客、公众，故B、C、D三项正确。人口环境和自然环境属于宏观环境，A、E两项错误。

66. [答案] ADE

[解析] 本题的考点为市场细分变量。其中，行为变量包括使用状况、使用频率、追求的利益、忠诚程度、待购阶段和态度、购买时机，故A、D、E三项正确。购买动机属于心理变量，B项错误。交通条件属于地理变量，C项错误。

67. [答案] CD

[解析] 本题的考点为生产计划指标。其中，产值指标包括工业总产值、工业商品产值、工业增加值，故C、D两项正确。

68. [答案] AB

[解析] 本题的考点为期量标准。其中，大批大量生产企业的期量标准包括节拍或节奏、流水线的标准工作指标图表、在制品定额等，故A、B两项正确。

69. [答案] ABC

[解析] 本题的考点为物料需求计划。物料需求计划的主要输入信息包括主生产计划、物料清

单、库存处理信息，故 A、B、C 三项正确。

70. [答案] ABD

    [解析] 本题的考点为企业供应物流的基本过程。该过程包括三个阶段：取得资源、组织到厂物流、组织厂内物流，故 A、B、D 三项正确。

71. [答案] ABC

    [解析] 本题的考点为企业仓储管理的主要业务中的保管业务。货物的检查是为了保证在仓储保管的货物质量完好、数量准确，必须经常对所保管的货物数量、质量、保管条件、安全等进行检查，故 A、B、C 三项正确。

72. [答案] ABC

    [解析] 本题的考点为矩阵法。A、B、C 三项内容均符合矩阵法的描述，因此正确。D、E 两项错误，此两个选项叙述刚好相反，技术重要性程度高、技术相对竞争地位弱的项目属于第 Ⅱ 象限的项目，企业应当投资、与竞争对手竞争或放弃投资；技术的重要性程度低、技术的相对竞争地位强的项目属于第 Ⅳ 象限的项目，企业应坐收渔人之利，不需要重点投资。

73. [答案] ABCE

    [解析] 本题的考点为国际技术贸易的内容。国际技术贸易的内容包括专利、商标、工业产权、专有技术，故 A、B、C、E 四项正确。国际技术贸易的内容即国际技术贸易主要的交易标的，而许可贸易是国际技术贸易的方式，D 项错误。

74. [答案] ABDE

    [解析] 本题的考点为个人激励薪酬中绩效工资的形式。绩效工资有四种形式，包括绩效调薪、绩效奖金、月/季度浮动薪酬、特殊绩效认可计划，故 A、B、D、E 四项正确。利润分享计划属于群体激励薪酬的形式，而绩效工资属于个人激励薪酬的形式，C 项错误。

75. [答案] ACDE

    [解析] 本题的考点为福利的类型。其中，法定福利主要包括：①法定社会保险，如基本养老保险、基本医疗保险、失业保险、工伤保险和生育保险；②住房公积金；③公休假日；④法定休假日；⑤带薪休假，故 A、C、D、E 四项正确。企业为员工家属提供的老人护理是属于企业自主福利的形式，B 项错误。

76. [答案] ABCE

    [解析] 本题的考点为股权资本成本的测算中普通股资本成本率的测算相关内容。根据股利折现模型，影响普通股资本成本率的因素包括普通股融资净额或普通股每股融资净额、发行价格、发行费用、股利水平、股利政策，故 A、B、C、E 四项正确。

77. [答案] BCD

    [解析] 本题的考点为财务可行性评价指标。其中，贴现现金流量指标包括净现值、内部报酬率、获利指数，故 B、C、D 三项正确。投资回收期和内部报酬率均属于非贴现现金流量指标，A、E 两项错误。

78. [答案] BC

    [解析] 本题的考点为企业价值评估。企业价值评估的方法主要有收益法、市盈率法、市净率法、市盈率相对盈利增长比率法、市销率估值法，故 B、C 两项正确。A、D 两项，获利指数和投资回收期属于财务可行性评价指标。E 项，每股利润分析法属于资本结构决策方法。

79. [答案] BCDE

    [解析] 本题的考点为电子商务的一般框架。其中，四个支柱包括公共政策、技术标准、网络安全、法律规范，故 B、C、D、E 四项正确。

80. [答案] BC

    [解析] 本题的考点为移动支付相关内容。移动支付所使用的移动终端是智能手机、掌上电

脑、移动个人计算机，故B、C两项正确。

三、案例分析题

（一）

81. [答案] A

    [解析] 本题的考点为企业综合分析中SWOT分析法。SWOT分析法是从企业的内部环境和外部环境两个方面进行分析，企业内部环境可能存在优势（S）或劣势（W），外部环境可能存在机遇（O）和威胁（T）。结合案例资料信息"经分析发现，该企业拥有良好的品牌和声誉，目前市场上对节能环保材料的需求增长势头强劲"，可知该企业拥有品牌和声誉的内部优势，且外部市场对节能环保材料的需求增长势头强劲，即外部环境存在机会，因此应使用优势，利用机会，即采用SO战略，故A项正确。

82. [答案] C

    [解析] 本题的考点为战略联盟。战略联盟分为股权式战略联盟和契约式战略联盟两大类型。首先，案例资料中并未提及该企业与研究机构涉及股权方面的融合，且本题的选项内容均为契约式战略联盟的类型，因此可初步判定本题考查的是契约式战略联盟类型之一。其次，契约式战略联盟中，技术开发与研究联盟是由于技术开发风险大、耗资多、历时长，许多企业通过该种联盟形式获取充分的资金和自己缺少的技术，以减少开发新技术或技术应用于生产的风险，这种联盟可以包括大学、研究机构、企业在内的众多成员，研究成果归所有参与者共同享有。再结合案例资料信息"为了把握市场机会，减少开发的风险和资金的投入，2015年该企业与某研究机构签订契约，共同出资、共享成果，合作开发节能环保新型材料"，可知符合技术开发与研究联盟的概念，故C项正确。

83. [答案] D

    [解析] 本题的考点为不确定型决策方法中等概率原则。具体步骤如下：

    （1）计算出各方案所有市场状态损益值的平均数：

    甲：[420+300+（−20）]/3＝（420+300−20）/3＝700/3≈233.33（万元）；

    乙：[450+360+（−10）]/3＝（450+360−10）/3＝800/3≈266.67（万元）；

    丙：[500+320+（−50）]/3＝（500+320−50）/3＝770/3≈256.67（万元）；

    丁：（480+380+10）/3＝870/3＝290（万元）。

    （2）选择损益值的平均数最大的方案为最优方案。比较第一步的计算结果可知，丁产品的损益值的平均数最大，故D项正确。

84. [答案] B

    [解析] 本题的考点为风险型决策方法中期望损益决策方法。题目已告知三种状态发生的概率，且题目仅问选择甲方案能获得的损益期望值是多少，可知只需要计算甲方案的期望损益值即可，因此根据期望损益值计算公式，结合表1中甲方案三种状态下的损益值数据计算即可。甲方案的期望损益值＝420×0.5+300×0.3+（−20）×0.2＝210+90−4＝296（万元），故B项正确。

（二）

85. [答案] ABD

    [解析] 本题的考点为生产计划指标中产品产量指标相关内容。首先，根据资料盈亏平衡图可知，标号1的线为固定成本线，标号2的线为变动成本线，标号3的线为总成本线，标号4的线为销售收入线，由此可知B、D两项说法正确，C项说法错误。其次，图中线3和线4的交点对应在横坐标上的点Q_0即盈亏平衡点产销量，故A项说法正确。综上所述，本题说法正确的是A、B、D三项。

86. [答案] C

[解析] 本题的考点为生产计划指标中产品产量指标相关内容。根据公式"盈亏平衡点产销量＝固定成本/（单价－单位变动成本）"计算如下：
(1) 固定成本：案例资料已知350万元，即3 500 000元。
(2) 单价：案例资料已知80元。
(3) 单位变动成本：案例资料已知45元。
(4) 盈亏平衡点产量＝3 500 000/（80－45）＝3 500 000/35＝100 000（件），故C项正确。

87. [答案] C
[解析] 本题的考点为生产计划指标中产品产量指标相关内容。根据公式，利润＝销售收入－总成本，计算如下：
(1) 利润：题目已知210万元，即2 100 000元。
(2) 销售收入＝单价×产销量。单价案例资料已知为80元，因此，销售收入＝80×产销量。
(3) 总成本＝固定成本＋单位产品变动成本×产销量。案例资料已知单位产品变动成本为45元，固定成本为350万元，即3 500 000元；因此，总成本＝3 500 000＋（45×产销量）。
(4) 将以上数据代入利润计算的公式。即2 100 000＝（80×产销量）－[3 500 000＋（45×产销量）]，推出产销量为160 000件，故C项正确。

88. [答案] B
[解析] 本题的考点为大量大批生产企业生产进度安排的方法。其中，各期产量年均分配法即将企业全年计划产量平均分配到各季、月，这种方法适用于社会对该产品需要比较稳定的情况。对比案例资料信息"由于A产品的需求比较稳定，因此该企业在安排生产进度时，将全年计划产量平均分配到各月，以此满足市场的需求"，可知符合各期产量年均分配法的概念，故B项正确。

(三)

89. [答案] B
[解析] 本题的考点为基本经济订货批量模型中经济订货批量的计算。将案例资料已知数据代入经济订货批量公式计算即可。经济订货批量 $=\sqrt{\dfrac{2\times 年需求量\times 单次订货费用}{单价\times 单位保管费率}}=\sqrt{\dfrac{2\times 3\,600\times 900}{2\,000\times 0.1\%}}=1\,800$（吨），故B项正确。

90. [答案] B
[解析] 本题的考点为库存的分类中安全库存的概念。安全库存是指为了防止不确定因素（如大量突发性订货、交期突然延期等）而准备的缓冲库存，可知符合本题所述，故B项正确。

91. [答案] D
[解析] 本题的考点为企业仓储业务中保管业务相关内容。货物的堆码有多种类型，其中，货架方式适用于不宜堆高，需特殊保管存放的小件包装的货物，如小百货、小五金、绸缎、医药品，故D项正确。

92. [答案] AC
[解析] 本题的考点为企业仓储管理业务。其中，入库业务包括货物入库前的准备、货物的接运、货物的验收、货物的入库、办理入库手续，故A、C两项正确。填单销账属于出库业务的内容，B项错误。货物的盘点属于保管业务的内容，D项错误。

(四)

93. [答案] A
[解析] 本题的考点为人力资源需求预测的方法中转换比率分析，计算如下：
(1) 找出业务增加量与人力资源增加量的关系。案例资料已知"销售额每增加1 000万元，需增加管理人员、销售人员和客服人员共40名，该企业预计2018年销售额将增加2 000万

元",根据此关系可推出,当销售额增加2 000万元(1 000万元的2倍),人员总数应当同比例增加80人(40人的2倍)。

(2) 确定各职位人员之间的比例关系。案例资料已知"新增人员中,管理人员、销售人员和客服人员的比例是1:5:2",可知销售人员占总人数的5/8。

(3) 需增加销售人员数量=80×(5/8)=50(人),故A项正确。

94. [答案] AD

[解析] 本题的考点为影响外部人力资源需求预测的因素。其具体包括:①企业未来某个时期的生产经营任务及其对人力资源的要求;②预期的员工流动率及由此引起的职位空缺规模;③企业生产技术水平的提高和组织管理方式的变革对人力资源需求的影响;④企业提高产品或服务质量或进入新市场的决策对人力资源需求的影响;⑤企业的财务资源对人力资源需求的约束,故A、D两项正确。B、C两项属于影响企业人力资源外部供给的因素。

95. [答案] C

[解析] 本题的考点为人力资源内部供给预测方法中马尔可夫模型。根据案例资料"该企业现有销售人员160人,业务主管30人,销售经理10人,销售总监1人",再结合案例资料中表格的数据信息,计算出2018年销售经理的内部供给量人数=10×0.7+30×0.2=7+6=13(人),故C项正确。

96. [答案] AB

[解析] 本题的考点为人力资源内部供给预测方法。其具体包括人员核查法、管理人员接续计划法、马尔可夫模型法,故A、B两项正确。C、D两项,管理人员判断法和德尔菲法属于人力资源需求预测的方法。

(五)

97. [答案] D

[解析] 本题的考点为单项资产(或单项投资项目)的风险衡量相关内容。结合案例资料已知数据,将数据代入期望报酬率公式计算即可。甲项目的期望报酬率=30%×0.3+15%×0.5+10%×0.2=9%+7.5%+2%=18.5%,故D项正确。

98. [答案] BD

[解析] 本题的考点为单项资产(或单项投资项目)的风险衡量相关内容。标准离差与项目报酬的离散程度和项目的风险均成同方向变动,标准离差越大,项目报酬的离散程度越大,风险更大。根据题目已知信息可知,乙项目的标准离差更大,因此乙项目的报酬的离散程度更大,风险相对更大,故B、D两项正确。

99. [答案] A

[解析] 本题的考点为单项资产(或单项投资项目)的风险衡量相关内容。标准离差是一个绝对值,它只能比较期望报酬率相同的各项投资的风险程度,而不能用来比较不同期望报酬率的各项投资的风险程度,因此需要进一步引入标准离差率对比不同期望报酬率的各项投资的风险程度,故A项正确。

100. [答案] C

[解析] 本题的考点为风险报酬估计相关内容。根据公式,投资必要报酬率=无风险报酬率+风险报酬率,计算如下:

(1) 无风险报酬率:题目已知为5%。

(2) 风险报酬率=风险报酬系数×标准离差率=10%×41.9%=4.19%。

(3) 投资必要报酬率=5%+4.19%=9.19%,故C项正确。

问卷调查

扫码参与问卷调查
赢大礼包

　　《零基础过经济师·工商管理专业知识与实务》的图书读到这一部分，已经进入收尾阶段。恭喜您，从备考起点走到了终点。

　　这个系列的图书从制作到出版历时9个多月，四位作者、上百位教研和编辑人员付出了无数的心血，每位参与的人员都尽心尽力，力求让这套书的内容更完善，但是我们仍感觉还有一些可以改进的地方。现在，我们想听听您的心声，了解一下您学完这套书的感悟。

　　请您协助完成此问卷，将问卷拍照后发至QQ邮箱：**1297271115@qq.com**。我们收到后将以邮件形式回复，并赠送您一份价值188元的经济师考前突击超值电子版资料。

　　为了更好地保障调研数据的真实及有效性，请您仔细填写以下信息（部分可多选）。

1. 您的专业基础　　　　□0基础，我就是一张大白纸
　　　　　　　　　　　□50基础，一瓶不满，半瓶咣当
　　　　　　　　　　　□100基础，我是行业精英，就差个证了

2. 封面设计　　　　　　□美观，有欲望读下去　　□设计一般，不是我喜欢的　　□无感觉

3. 内文字号　　　　　　□大小刚刚好，适合我　　□有些小，看得眼花　　　　□还可以再小点

4. 内文行距及字间距　　□还好，舒适　　□太密，我有密集恐惧症　　□有些稀松　　□无感觉

5. 全书用纸　　　　　　□颜色舒适　　　□颜色不舒服　　　　□透字　　　□不透字

6. 装订印刷效果　　　　□好　　　　　　□不好　　（建议改进的地方：　　　　　　　　　）

7. 图书购买价格　　　　□能承受　　　　□还需考虑一下　　　□偏贵　　　□物有所值

8. 是否推荐别人购买　　□推荐　　　　　□不推荐

9. 看完这套书是否还需要教材　　□需要　　　　□不需要

10. 您认为这套书设计不合理的地方　□篇幅长，找不到重点　□专业术语强，看不懂　□书厚，看不完
　　　　　　　　　　　　　　　　□其他不足，如＿＿＿＿＿＿＿＿＿＿＿＿＿＿＿＿＿＿＿

11. 您认为书中有待改进的是哪一个部分？请提出宝贵的改进建议。
＿＿
＿＿

12. 平时工作较忙，还想一次考过，您希望的辅导书还应该具备哪些特点？
＿＿
＿＿